Martin Breul / Julian Tappen

Von Teekannen, Gott und Gänseblümchen

AF627917

Martin Breul / Julian Tappen

Von Teekannen, Gott und Gänseblümchen

Theologische Gedankenexperimente. Einführung in die Systematische Theologie

HERDER

FREIBURG · BASEL · WIEN

MIX
Papier | Fördert
gute Waldnutzung
FSC® C083411

© Verlag Herder GmbH, Freiburg im Breisgau 2023
Hermann-Herder-Str. 4, 79104 Freiburg
Alle Rechte vorbehalten
www.herder.de

Bei Fragen zur Produktsicherheit:
produktsicherheit@herder.de
Umschlaggestaltung: Gestaltungssaal, Rohrdorf
Umschlagmotiv: © Astro Ann / shutterstock, © BolshieBufera / shutterstock, © Sharamand / shutterstock
Satz: SatzWeise, Bad Wünnenberg
Herstellung: CPI books GmbH, Leck
Printed in Germany
ISBN Print 978-3-451-39417-1
ISBN E-Book (PDF) 978-3-451-83106-5

Inhalt

Teil II
Überwachungskameras, Neurochirurgen und Ostern unter Palmen
Gedankenexperimente zum Verhältnis von Welt und Gott (Quaestio Christiana)

Teil III
Spaghettimonster, Weltverbesserer und The Beatles
Gedankenexperimente zu Religion, Kirche und Gesellschaft (Quaestio Catholica)

Danksagung

Dieses Buch ist eine Ko-Produktion von zwei Theologen, die ihren wissenschaftlichen Ursprung im Institut für Katholische Theologie der Universität zu Köln haben. Daher möchten wir an erster Stelle allen, die das Kölner Institut über viele Jahre, die wir gemeinsam dort tätig waren, zu einem überaus produktiven und experimentierfreudigen Ort theologischer Forschung und Lehre gemacht haben, von Herzen danken! Dank gebührt auch Anna-Maria Rakus, Lena Juchems, Pia Schümmer und Valerie Stenzel, die sich um viele redaktionelle Arbeiten und das Korrekturlesen des Manuskripts verdient gemacht haben. Dem Herder-Verlag und insbesondere Dr. Stephan Weber danken wir für die tatkräftige Unterstützung für dieses Buchprojekt. Einen besonderen Dank möchten wir den Studierenden der Katholischen Theologie an der TU Dortmund, der Universität Tübingen und der RWTH Aachen aussprechen, die in verschiedenen Lehrveranstaltungen Gedankenexperimente mit uns durchgespielt und uns von der Tragfähigkeit unserer Idee überzeugt haben, eine Einführung in die Grundfragen der Systematischen Theologie über die Methode der Gedankenexperimente zu versuchen.

Widmen möchten wir das Buch unseren Kindern Jakob und Hannah sowie Valentin und Philippa, denen wir nicht zuletzt auch manche Inspiration für das ein oder andere Gedankenexperiment verdanken. Vielleicht macht dieses Buch in ein paar Jahren auch ihnen Freude.

Dortmund / Tübingen,
im Frühjahr 2023

Martin Breul /
Julian Tappen

Einleitung

Ist es sinnvoll, an eine unsichtbare Teekanne zu glauben, die zwischen Erde und Mars ihre Bahnen zieht, ohne je von Menschen beobachtet werden zu können? – Was hätte eine Überwachungskamera im Grab Jesu aufgenommen? – Können wir uns vorstellen, dass Menschen in ihrem Leben erfolgreich den Verstrickungen in Schuldzusammenhänge entkommen? – Wäre es legitim, wenn eine weltanschauliche Mehrheit, die Gänseblümchen für heilig hält, Gesetze erlässt, die das Rasenmähen unter Strafe stellen, da Gänseblümchen zu Schaden kommen könnten?

Wenn Sie auf die hypothetischen Szenarien, die durch diese Fragen angedeutet sind, intuitiv Antworten formulieren, dann sind Sie schon mittendrin in dem, was man als ‚Gedankenexperiment' bezeichnet. Anders als bei naturwissenschaftlichen Experimenten brauchen Sie dafür kein großes Labor, Sie brauchen keine komplizierten Apparate oder technische Hilfsmittel. Sie brauchen nicht einmal philosophisches oder theologisches Vorwissen. Alles, was Sie brauchen, ist Lust und Zeit, sich auf diese Form von Experimenten einzulassen. Wenn Ihr Geist sich erst einmal auf die Reise gemacht hat, wird er ausgehend von den hier vorgestellten Gedankenexperimenten schnell zu eigenen Lösungsvorschlägen für eine Reihe religionsphilosophischer und theologischer Fragestellungen kommen – und Sie werden unterwegs, ohne dass es besonders anstrengend war, eine Menge über diese Fragestellungen gelernt haben. Wir laden Sie daher herzlich auf diese Reise ein: Durchqueren Sie mit uns theologische Gefilde und nutzen Sie dabei das Transportmittel der Gedankenexperimente – dann versprechen wir Ihnen eine Reihe interessanter Einsichten und neuer Erkenntnisse nicht nur über Teekannen und Liebestränke, sondern auch über existenziell tiefergreifende Fragen zu Gott und seiner Geschichte mit den Menschen.

Bevor wir starten, möchten wir uns einige Gedanken dazu machen, was Gedankenexperimente überhaupt sind. Zunächst einmal ist zu sagen, dass Gedankenexperimente eine Art ‚Exportschlager' der Philosophie sind: Es gibt wohl kaum eine philosophische Methode, die mehr Impulse für die Popkultur gibt als Gedankenexperimente. Beispielsweise basiert der Film ‚Matrix' auf dem bekannten philosophischen Gedankenexperiment der ‚Gehirne im Tank', das herausfinden möchte, woher wir eigentlich wissen können, was real ist. Der Film ‚Minority Report' macht sich ebenfalls ein berühmtes Gedankenexperiment zunutze, in dem es um die Vereinbarkeit von menschlicher Freiheit, dem Vorherwissen der Zukunft und der Verantwortlichkeit für das eigene Handeln geht. Im Film ‚Inception' geht es um die Zugänglichkeit des Bewusstseins anderer Personen – auch er findet Inspiration in einer Reihe von Gedankenexperimenten, in denen es um das Problem des Fremdpsychischen geht. Gedankenexperimente scheinen also eine unterhaltsame Methode des Philosophierens zu sein, die diverse kulturelle Werke stark beeinflusst hat.

Schauen wir uns beispielhaft einmal den Film ‚Matrix' von 1999 an, den sicherlich viele kennen werden (oder zumindest eine seiner Fortsetzungen): Der Hauptdarsteller Neo erfährt, dass die Menschheit in einer ‚Virtual Reality' gefangen ist, die von intelligenten Maschinen erschaffen wurde. Die Körper der Menschen sind in Tanks gefangen und vielfach verkabelt, da die künstliche Intelligenz die Energie der Körper abzapft, während der Geist der Menschen durch das Leben in der computersimulierten Realität beschäftigt wird.[1] Neo wird vor die Wahl gestellt, ob er eine rote oder eine blaue Pille schlucken möchte – mit der blauen würde er in der Illusion der Matrix weiterleben, mit der roten würde er diese für immer verlassen und in der realen Welt leben, in der man allerdings von Agenten der Matrix gejagt wird und die generell unangenehmer ist. Er entscheidet sich dennoch für die rote Pille und schafft es am Ende, die Strippenzieher:innen hinter der Matrix zu besiegen.

Wir wollen hier nicht näher auf den Film oder die philosophische Idee eingehen, dass die Realität auch eine Illusion sein könnte.[2] Vielmehr möchten wir zeigen, dass Gedankenexperimente nicht nur gute Ideen für Blockbuster liefern, sondern zentral für viele philosophische und theologische Argumentationen sind:

---

[1] Zu den philosophischen Fragen und Problemen, die in der Matrix-Trilogie thematisiert werden, gibt es viel zu sagen – vgl. Grau 2005.

[2] Für eine ausführlichere Kritik dieser Annahme vgl. Breul 2020a, bes. 178–185.

Sie eröffnen die Möglichkeit, bestimmte philosophische Probleme auf den Begriff zu bringen und kreative Lösungen für diese Probleme zu formulieren. Daher sind in der zeitgenössischen Philosophie Gedankenexperimente sehr beliebt. Sie dienen als ‚Intuitionenpumpen', um inhaltliche Fragen zu klären und spielen in der Moralphilosophie, Handlungstheorie und der Religionsphilosophie eine große Rolle.[3] Was aber bedeutet es, dass Gedankenexperimente ‚Intuitionenpumpen' sein sollen?

In der gegenwärtigen Moralpsychologie werden häufig zwei Arten des Urteilens unterschieden: „The crucial distinction is really between two different kinds of cognition: intuition and reasoning." (Haidt 2013, 53)[4] Das intuitive Denken ist schnell, anstrengungslos und im Alltag ständig aktiv: Es vergeht kein Tag, ohne dass wir unzählige intuitive Urteile fällen, Wertungen vornehmen und Entscheidungen treffen. Das vernünftige Denken hingegen ist langsam, anstrengend und muss von uns erst in Gang gesetzt werden: Wenn bestimmte Urteile, Wertungen oder Entscheidungen angefragt werden, suchen wir nach guten Gründen, um diese zu rechtfertigen und geben von Zeit zu Zeit auch intuitive Urteile angesichts guter Gegengründe auf. Gedankenexperimente sind nun gerade deshalb spannend, weil sie beide Formen des Denkens *gleichzeitig* ansprechen: Sie erzählen eine Geschichte, die bestimmte Intuitionen hervorruft – und zugleich ist diese Geschichte so angelegt, dass sie in eine philosophische oder theologische Debatte einführt, in der vernünftige Gründe zählen.

Im Sinne einer ersten Arbeitsdefinition kann man Gedankenexperimente daher so definieren: „Bei Gedankenexperimenten handelt es sich um hypothetische Szenarien von überschaubarem Ausmaß, die dem Prinzip der Variation genügen und aus einer Reihe von Gründen (praktischen, ethischen, finanziellen etc.) nicht außerhalb der Imagination realisiert werden." (Fehige 2011, 109) Gedankenexperimente konstruieren also eine bestimmte Geschichte, die manchmal realistisch ist, häufig aber auch aus dem Reich der Fantasie stammt, und lassen diese Geschichte auf eine Frage

---

[3] Als Überblick über gängige Gedankenexperimente in der Philosophie vgl. Bertram 2012; Bossart 2014.

[4] Wir danken Martin Dürnberger für den Hinweis auf die Schriften von Haidt.

zulaufen, die eine bestimmte Intuition bei der Leser:in auslösen soll. Mit Hilfe dieser Intuition soll dann ein philosophisches Problem tiefer verstanden und einer Lösung zugeführt werden. Gedankenexperimente helfen also bei der Formulierung und Bearbeitung philosophischer Problemstellungen. Und Philosoph:innen wären nicht Philosoph:innen, wenn sie über den konkreten inhaltlichen Gebrauch von Gedankenexperimenten hinaus nicht auch eine lebhafte Debatte über die Methoden, den Mehrwert und die Mängel von Gedankenexperimenten entwickelt hätten. (Vgl. Stuart/Fehige/Brown 2017)

Interessanterweise gibt es an dieser Stelle ein Ungleichgewicht zwischen Philosophie und Theologie: Die gegenwärtige Theologie ist bislang weit weniger produktiv, was Gedankenexperimente angeht. Sie spielen keine große Rolle, und es findet auch keine größere Debatte über ihren theologischen Mehrwert statt.[5] Inhaltlich wie methodisch scheint uns dieses Ungleichgewicht aber unbegründet zu sein. Im Gegenteil sind es gerade Fragen nach der Existenz Gottes, nach Erlösung, nach dem Verhältnis von Gnade und Freiheit usw., die im Rahmen einer ,Theologie in Gedankenexperimenten' nicht nur sehr unterhaltsam, sondern auch inhaltlich innovativ erschlossen werden können. Schaut man in die Geschichte der Theologie, ist die gegenwärtige Abstinenz gegenüber Gedankenexperimenten ebenfalls nicht zu begründen. Schon in der Bibel ist das Experiment ein beliebtes Werkzeug – beispielsweise lassen sich die Gleichnisse Jesu auch als Gedankenexperimente interpretieren. (Vgl. Höhn 2021, 20f.) Und im Laufe der Jahrhunderte haben Denker wie Boethius, Thomas von Aquin, Nikolaus von Kues und viele weitere berühmte Theolog:innen immer wieder Gedankenexperimente genutzt, um theologische Argumente zu plausibilisieren.

Wir schließen mit diesem Buch an diese Traditionen an: Sie werden im Folgenden zu einer Reihe von Gedankenexperimenten eingeladen, die dazu dienen, die Grundfragen der Systematischen Theologie zu erörtern. Das Buch ist dabei so angelegt, dass es die zentralen Fragen behandelt, die in einer ,Einführung in die Systematische Theologie' vorkommen sollten. Wir unterteilen die the-

---

[5] Eine Ausnahme bildet das Buch *Experimente mit Gott* des Kölner Theologen Hans-Joachim Höhn; vgl. Höhn 2021.

matischen Horizonte in drei Bereiche: Im *ersten* Teil des Buches soll es um Gedankenexperimente gehen, die die Frage nach Gott thematisieren: Wieso sollte man überhaupt an die Existenz Gottes glauben? Und, wenn man das tut: Welche Gründe sollte man für diese Glaubensüberzeugung vorbringen können? Was bedeutet es, dass Gott allmächtig ist? Gefährdet die göttliche Allwissenheit menschliche Freiheit? Was zeigen religiöse Erfahrungen – liefern sie gute Gründe für die Rationalität religiöser Überzeugungen? Der *zweite* Teil des Buches nimmt das Verhältnis von Gott und Welt in den Blick: Wie kann das Leid auf der Welt mit dem Glauben an Gott verträglich sein? Sind Menschen frei? Wie verhält sich die Freiheit des Menschen zur Gnade des Glaubens? Was bedeutet Auferstehung? Und braucht es die Auferstehung für den Glauben an Jesus als den Christus? Im *dritten* Teil des Buches geht es um das Verhältnis von Religion und Gemeinschaft: Können die Moralvorstellungen einer Religionsgemeinschaft eigentlich über die je eigene Religionsgemeinschaft hinaus verallgemeinert werden? Wie verhalten sich die Wahrheitsansprüche der verschiedenen Weltreligionen zueinander? Wozu braucht es eine Gemeinschaft der Glaubenden? Und wie sähe die Welt aus, wenn es keine Religionen gäbe?

Die Struktur der Kapitel ist stets die Gleiche: Der Ausgangspunkt ist eine kurze Geschichte, die Sie in ein hypothetisches Szenario einführt und bestimmte Intuitionen abrufen möchte. Auf Basis dieser Geschichte erörtern wir dann die dahinterstehende philosophisch-theologische Frage und diskutieren, was dieses Gedankenexperiment eigentlich zeigt (und was nicht). So führen wir auf intuitive Weise in grundlegende Fragestellungen der Systematischen Theologie und Religionsphilosophie ein. Die Gedankenexperimente stehen jeweils für sich, weshalb die Kapitel auch durcheinander gelesen werden können. Auf diesem Wege lernen Sie nicht nur etwas über Theologie, sondern klären auch Ihre eigenen Intuitionen zu diesen Fragen – und können prüfen, ob Ihre Intuitionen auch mit guten Gründen gerechtfertigt werden können oder ob Sie hin und wieder von Ihren Intuitionen in die Irre geführt werden.

Dieses Buch stellt eine kurzweilige Einführung in die Grundfragen der Systematischen Theologie und Religionsphilosophie dar, die auf Grund des narrativen Zugangs über Gedankenexperimente sowohl für Schüler:innen der Sekundarstufe und Studierende in den ersten Semestern als auch für alle gedacht und geeignet ist, die an ‚letzten Fragen' nach Gott, nach seiner Geschichte mit den Menschen und nach dem Verhältnis von Religion und säkularer Gesellschaft interessiert sind. Wir hoffen, dass die Lektüre genauso viel Spaß bereitet, wie uns das Schreiben der Gedankenexperimente gemacht hat – und nun laden wir Sie herzlich ein, sich mit uns auf die Reise zu Teekannen, Gott und Gänseblümchen zu begeben!

Teil I
Von Tornados, Liebeskummer und Privatkonzerten
Gedankenexperimente zu Gott (Quaestio Religiosa)

I.1 Fliegende Teekannen im Weltall. Oder: Muss man beweisen, dass Gott existiert?

Das Kerngeschäft der Theologie ist die vernünftige Verantwortung des Glaubens. Das klingt erst mal gut, aber: Wie genau soll man sich das vorstellen? Geht es darum, Evidenzen zu sammeln – oder sind Gründe für den Glauben anders beschaffen als Gründe für wissenschaftliche Hypothesen? Der britische Philosoph Bertrand Russell hat in seinem Gedankenexperiment der ‚Fliegenden Teekanne' zu zeigen versucht, dass es keine wissenschaftlichen Evidenzen für den Gottesglauben gibt und er daher falsch sein muss. Aber sehen Sie selbst:

> Stellen Sie sich vor, dass im Nachbarhaus eine neue Mieterin einzieht. Sie wirkt sehr sympathisch und sie lernen sich schnell näher kennen. Als Sie eines Tages zu einer Tasse Tee bei ihr zu Besuch sind, sind Sie verblüfft, denn Ihre Nachbarin erzählt Ihnen eine abenteuerliche Geschichte: „Ich glaube übrigens, dass sich zwischen der Erde und dem Mars eine fliegende Teekanne befindet. Diese hat das Universum erschaffen. Ihr Schöpfungsziel ist es, dass möglichst viele Personen Tee trinken. Ich bin eine Teeistin!" Zuerst glauben Sie, dass Ihre Nachbarin Ihnen einen Bären aufbinden möchte – aber Sie gibt auf Ihre ungläubigen Rückfragen, ob sie das denn wirklich ernst meine und dass eine solche Teekanne ja wohl inzwischen von Astronomen hätte entdeckt werden müssen, leicht empört die Antwort: „Natürlich hat diese Teekanne noch nie irgendjemand beobachtet – sie ist ja auch ganz klein und unsichtbar!" Nach einiger Zeit merken Sie also, dass Ihre Nachbarin wirklich an die Existenz einer solchen Teekanne glaubt. Sie besteht darauf, dass die Existenz einer solchen Teekanne nicht widerlegbar ist und sie deshalb mit guten Gründen an Ihrem Glauben festhalten kann. Sie sind perplex, wie man so einen Unsinn glauben kann, aber wissen zunächst auch nicht weiter.
> *Was denken Sie? Hat Ihre Nachbarin vernünftige Gründe genannt, um an die Existenz einer fliegenden Teekanne zu glauben? Sollten Sie das verneinen, steht natürlich sofort die Frage im Raum: Was ist mit der Existenz Gottes? Ist das nicht im Prinzip das Gleiche wie die – völlig*

verrückte – Annahme der Existenz einer fliegenden Teekanne irgendwo zwischen der Erde und dem Mars?

Dieses Gedankenexperiment haben wir leicht abgewandelt vom berühmten englischen Philosophen Bertrand Russell übernommen. (Vgl. Russell 1998) Er entwarf dieses Gedankenexperiment, weil er zeigen wollte, dass der Glaube an Gott nicht rational sei. Ein solcher Glaube unterscheide sich nämlich durch nichts von einem Glauben an eine fliegende Teekanne im Universum: Beide seien zwar nicht widerlegbar, aber für beide sprechen auch keine Evidenzen. Und wenn für etwas keine Evidenzen sprechen, sollten vernünftige Wesen nicht an dieses Etwas glauben. Russell möchte zeigen, dass die Beweislast für die Frage, ob Gott existiert, nicht bei denen liegt, die Gottes Existenz bezweifeln, sondern bei denen, die von seiner Existenz ausgehen: Genau wie der Atee-ist nicht belegen muss, dass eine fliegende Teekanne nicht existiert, sondern die Tee-istin aufgefordert ist, Evidenzen für diese Annahme zu liefern, muss auch die Atheistin nicht belegen, dass Gott nicht existiert, sondern der Theist zeigen, welche Evidenzen für die Existenz Gottes sprechen. Am Ende geht es Russell darum, dass in einer aufgeklärten und vernünftigen Sicht der Dinge nicht an etwas geglaubt werden sollte, nur weil dessen Existenz nicht widerlegbar ist: So wie es nicht vernünftig sei zu glauben, dass der Pumuckl durch das eigene Haus geistert und einfach immer unsichtbar wird, sobald er von irgendjemandem beobachtet wird, sei es auch nicht vernünftig, an einen unsichtbaren und unbeobachtbaren Gott zu glauben.

Die von Russell in Anspruch genommene Position nennt man – naheliegenderweise – Evidentialismus. Der Evidentialismus geht davon aus, dass lediglich solche Überzeugungen gerechtfertigt sind, für die positive Evidenzen – also empirische Daten oder theoretische Beweise – vorliegen. In der Theologie wird diese Position manchmal geteilt und behauptet, dass für Gottes Existenz, im Gegensatz zur Teekannen-Existenz, eben doch viele Evidenzen sprechen. So argumentiert der britische Theologe Richard Swinburne dafür, dass unter Berücksichtigung aller Argumente für und wider die Existenz Gottes die Evidenzen eher dafür sprechen, dass Gott existiert. Er schreibt:

> „Die Existenz des Universums, seine Ordnung, die Existenz von Tieren und Menschen, die Fähigkeiten des Menschen zur Zusammenarbeit beim Erwerb von Wissen und bei der Gestaltung des Universums, der Verlauf der Geschichte und das Vorkommen von Wundern sowie schließlich die Tatsache religiöser Erfahrungen sind allesamt Ereignisse, die wir mit gutem Grund erwarten dürfen, wenn es einen Gott gibt und die wir viel weniger Grund hätten zu erwarten, wenn es ihn nicht gibt." (Swinburne 1987, 384)

Swinburne lässt sich auf einen Wettstreit der Evidenzen ein und betrachtet die Annahme eines theistischen Gottes als *konkurrierende Erklärungshypothese.* Solange sich die argumentative Waage zur Seite des Theismus neige, sei man, Swinburne zufolge, berechtigt, an der Rationalität eines religiösen bzw. theistischen Bekenntnisses festzuhalten. Sein Vorgehen ist dabei induktiv: Auch wenn einzelne Gottesbeweise wie z. B. der kosmologische oder der teleologische Gottesbeweis nicht in einem deduktiven Sinne gültig und schlüssig sind und damit die Existenz Gottes zweifelsfrei beweisen, sind diese Gottesbeweise jedoch Teil der Gesamtheit des ‚Beweismaterials' und können in einer kumulativen Argumentation dazu dienen, die Wahrscheinlichkeit des Theismus insgesamt zu erhöhen. Dementsprechend kommt Swinburne zu dem Schluss, dass es „auf der Basis unseres gesamten Beweismaterials insgesamt wahrscheinlicher [ist], dass es einen Gott gibt, als dass es ihn nicht gibt." (Swinburne 1987, 404)

Dieses Sich-Einlassen auf den Evidentialismus führt allerdings zu einigen theologischen Problemen. Der Evidentialismus betrachtet den Glauben an Gott als quasi-wissenschaftliche Hypothese, über deren Geltung in einem empirischen Forschungsprozess entschieden werden kann. Viele Theolog:innen bezweifeln aber, dass Swinburne damit das Spezifikum von Glaubensüberzeugungen einfängt: Eine Glaubensüberzeugung scheint mehr als nur das theoretische Für-Wahr-Halten eines Satzes zu sein. Sie scheint eher auf die Art und Weise zu zielen, wie Menschen ihr Leben führen. Man könnte auch sagen, dass religiöse Überzeugungen eine Lebenspraxis im Ganzen regulieren. Daher unterscheiden sich die Erkenntnisbedingungen für Sätze wie ‚Kupfer ist ein elektrischer Leiter' und für Sätze wie ‚Gott hat sich in Jesus von Nazareth als unbedingt zugewandte Liebe selbst mitgeteilt' fundamental: Während der erstere Satz empirisch geprüft und bei besseren Evidenzen auch ohne weiteres revidiert werden kann, betrifft der letztere Satz die Art und Weise, auf die Menschen die Welt sehen. Daher stellt sich religiöser Glaube meist auch nicht dadurch ein, dass man rational überlegt, ob es sinnvoll wäre an Gott zu glauben; und umgekehrt wird religiöser Glaube meist auch nicht einfach durch die Lektüre religionskritischer Schriften aufgegeben. Vielmehr scheinen lebenspraktische, existenziell bedeutsame Erfahrungen ein Schlüssel dafür zu sein, ob man eine religiöse Selbst- und Weltdeutung für richtig hält oder nicht. Martin Dürnberger spricht daher auch treffend von der „eigentümlichen Verschränkung von Festigkeit und Fragilität" (Dürnberger 2017, 239) religiöser Überzeugungen und hält den Evidentialismus für eine „intellektualistische Verkürzung des Glaubens" (Dürnberger 2017, 53). Es scheint schlicht etwas realitätsfern zu sein, religiöse Überzeugungen als kontingente Hypothesen zu verstehen, die Menschen auf Basis einer probabilistischen Abwägung von Argumenten für wahr oder falsch halten – so funktionieren religiöse Überzeugungen nicht. Der Evidentialismus blendet also die Relevanz der praktischen Dimension des Glaubens für Fragen seiner Rechtfertigung aus.

Theologisch scheint demnach der Evidentialismus unplausible Bedingungen für die Rechtfertigung religiöser Überzeugungen zu formulieren. Daraus ist aber noch nicht zu schließen, dass im Glauben vernünftige Gründe oder etwaige Evidenzen keine Rolle spielen und man letztlich einfach auch gegen alle guten Gründe glauben kann. Diese Position des ‚Glaubens-ohne-Gründe' nennt man Fideismus und diese Position steht ebenfalls vor großen Problemen, weil aus ihr eine völlige Beliebigkeit zu folgen scheint. Im Fideismus wäre es problemlos möglich, an die fliegende Teekanne zu glauben – und Russel hätte Recht mit seiner Annahme, dass sich Tee-ismus und Theismus nicht unterscheiden. Wenn aber weder Evidentialismus noch Fideismus zu überzeugen vermögen, könnte man versuchen, zu zeigen, dass das Gedankenexperiment der fliegenden Teekanne implizit bestimmte Dinge voraussetzt, die problematisch sind. Es könnte sich zeigen, dass das Gedankenexperiment bestimmte Vorannahmen über den religiösen Glauben in sein Setting ‚hineinschmuggelt', ohne diese transparent zu machen.

Eine solche Vorannahme besteht in der Auffassung, dass Glaubensüberzeugungen und Wissensüberzeugungen identisch sind. Die Frage, wie viele Lichtjahre das Sonnenlicht bis zur Erde braucht und die Frage, ob Gott existiert, scheinen für Russell nicht unterschiedlich mit Blick auf die Bedingungen zu sein, unter denen der Satz rational annehmbar, also vernünftig gerechtfertigt ist. Russells Schüler Ludwig Wittgenstein hat hier schon weiter gesehen, wenn er in einer seiner typischen Kurzformeln festhält: „Religiöser Glaube und Aberglaube sind ganz verschieden. Der eine entspringt aus Furcht und ist eine Art falscher Wissenschaft. Der andre ist ein Vertraun." (Wittgenstein 1984 [1977], 551) Das grundlegende Problem des Gedankenexperiments könnte also sein, den religiösen Glauben als ‚eine Art falscher Wissenschaft' zu verstehen und die eigentlich relevanten Gesichtspunkte des religiösen Glaubens, wie z. B. die Eigenart des Vertrauens, gar nicht in den Blick zu nehmen.

In der Theologie wird daher in der Regel versucht, diese Eigenarten von Glaubensüberzeugungen und die Unterschiedlichkeit von Glaubens- und Wissensüberzeugungen herauszuarbeiten. Im Anschluss an Immanuel Kant lassen sich drei Formen der Erkenntnis unterscheiden, die jeweils eine unterschiedliche Reichweite und einen unterschiedlichen Grad an theoretischer Gewissheit bieten: Wissen, Meinen und Glauben. *Wissen* zielt auf ein objektiv gewisses, durch Vernunft allein erzeugbares Für-Wahr-Halten von Überzeugungen. *Meinen* ist ein unbegründetes Für-Wahr-Halten, für das vernünftige Argumente keine Rolle spielen. *Glaube* steht nun zwischen diesen beiden Formen. Glaubensüberzeugungen sind einerseits keine bloßen unbegründeten Meinungen, weil ihre rationale Rechtfertigung der Schlüssel ist, um sie beispielsweise von Überzeugungen eines Tee-isten zu unterscheiden. Zugleich sind sie nicht identisch mit Wissensüberzeugungen, da theoretische Argumente allein nicht hinreichend sind, den Glauben herzustellen (oder ihn zu beseitigen). Folgt man Kant, lässt sich somit sagen, dass der „Ausdruck des Glaubens (...) ein Ausdruck der Bescheidenheit in objektiver Absicht, aber doch zugleich der Festigkeit des Zutrauens in subjektiver" (Kant: KrV, B 855) Absicht sei. Glaube ist *begründetes Vertrauen*: Vertrauen ohne Begründung wäre blind und ideologieanfällig, Begründung ohne Vertrauen würde das Spezifische einer religiösen Selbst- und Weltdeutung verfehlen.[1]

---

[1] Vgl. dazu auch das Gedankenexperiment „Der Widerstandskämpfer im Unrechtsregime" in Kapitel I.2.

Im Anschluss an Saskia Wendel kann daher festgehalten werden, dass die entscheidende Frage für den religiösen Glauben nicht die Frage ‚Was kann ich wissen?' ist, sondern vielmehr die Fragen ‚Was soll ich tun?' und ‚Was darf ich hoffen?'. Es geht nicht um theoretische Erkenntnis allein, sondern um die Vernunft einer Lebenspraxis: „Glauben ist nicht Wissen, und sein primäres Ziel ist nicht Erkenntnis, weder Selbst- noch Welt- noch Gotteserkenntnis, sondern gelingende Lebensführung und Lebensform im Horizont einer Lebensdeutung, die der kontingenten Existenz Sinn verleiht." (Wendel 2016, 44) Die Vernunft des Glaubens zeigt sich in der Rationalität einer Praxis, weshalb sie im Rahmen der praktischen Vernunft diskutiert werden kann – nicht das Streben nach einer wissensgleichen Gewissheit, sondern das Streben nach einer Haltung des Vertrauens steht im Fokus.

Das heißt nun aber gerade nicht, dass der Glaube etwas Beliebiges ist, in den man nach Lust und Laune springen könnte und für den vernünftige Argumente irrelevant sind. Schon Kant hat aus seiner Kritik an der ‚dogmatischen Metaphysik' seiner Zeit nicht den Schluss gezogen, dass eine rationale Theologie sinnlos sei – sinnlos ist lediglich eine Theologie, die Gott als raumzeitlich ausgedehntes Ding versteht. Zur Frage nach der Existenz von Dingen können *Evidenzen* abgewogen werden – über die Vernunft einer Lebenspraxis entscheiden *Gründe*. Kant zeigt auf, dass die Frage nach Gott in theoretischer Perspektive zwar bleibend unentscheidbar, aber die Annahme der Existenz Gottes ein Erfordernis unserer moralischen Praxis ist. Er nennt ein solches Erfordernis der praktischen Vernunft auch ‚Postulat'. Damit zeigt er, dass für die Frage nach der Existenz Gottes nicht so sehr der Blick in den Kosmos, sondern vielmehr der Blick nach innen relevant ist: Können wir überhaupt unsere konkrete Existenzweise für vernünftig erachten, ohne Gott anzunehmen? Oder setzen wir Gott nicht schon voraus, wenn wir nicht die Gleichgültigkeit eines anonymen Universums, sondern zwischenmenschliche Liebe als Leitfaden unseres Handelns annehmen? Ein solcher ‚praktischer Vernunftglaube' muss existenziell überzeugend sein – und dies wird er dann sein, wenn er lebensweltlich anschlussfähig ist, nicht aber, wenn im Sinne des Evidentialismus weitere Gottesbeweise die Waage der Wahrscheinlichkeiten auf die Seite des Theismus neigen lassen.[2]

Was also folgt aus dem Gedankenexperiment der fliegenden Teekanne? Zunächst folgt aus diesem Gedankenexperiment, dass die Annahme der Nicht-Existenz Gottes genau dann naheliegt, wenn man Gott genauso versteht wie eine fliegende Teekanne. Wenn Gott als irgendwie mirakulöser, raumzeitlich ausgedehnter aber dennoch unbeobachtbarer Gegenstand irgendwo im Universum betrachtet wird, dann sprechen tatsächlich nicht viele Gründe dafür, an einen solchen Gott zu glauben. Der eigentliche theologische Lerneffekt, der sich durch das Gedankenexperiment der fliegenden Teekanne einstellt, besteht aber in der Einsicht, dass von Gott anders zu reden ist als von einer fliegenden Teekanne. Die (vielleicht richtige) Glaubensüberzeugung, dass der letzte Grund des Seins den Menschen zugewandte, göttliche Liebe ist, ist etwas völlig anderes als die (vermutlich falsche) Wissensüberzeugung, dass eine Teekanne zwischen Erde und Mars umherfliegt. Das Gedankenexperiment der fliegenden Teekanne zeigt also nicht, dass Gott nicht existiert. Es zeigt vielmehr, dass der Glaube an Gott nicht mit den gleichen Mitteln geprüft werden kann, mit denen man die Existenz einer unsichtbaren Teekanne überprüfen würde.

Literatur zum Weiterlesen

Breul, Martin/Langenfeld, Aaron/Rosenhauer, Sarah/Schiefen, Fana: Gibt es Gott wirklich? Gründe für den Glauben – ein Streitgespräch, Freiburg i. Br. 2022. *[Vier klassische Argumente für die Existenz Gottes in zeitgemäßer Reformulierung]*

Joas, Hans (Hg.): Was sind religiöse Überzeugungen?, Göttingen 2003. *[Verschiedene Beiträge zur Eigenart von Glaubensüberzeugungen in Abgrenzung zu Wissensüberzeugungen]*

Wendel, Saskia: Religionsphilosophie (Grundwissen Philosophie), Freiburg i. Br. 2010. *[An Fragen der Eigenart religiöser Überzeugungen orientierte Einführung in die Religionsphilosophie]*

[2] Vgl. zu den Gottesbeweisen auch die Gedankenexperimente in den Kapiteln I.4 – I.6.

I.2 Der Widerstandskämpfer im Unrechtsregime. Oder: Was sind gute Gründe, um zu vertrauen?

Eine Grundkategorie des religiösen Glaubens ist das Vertrauen. Die meisten religiösen Menschen würden wahrscheinlich ihren Gottesglauben mit dem Satz ‚Ich glaube an Gott' ausdrücken und nicht mit dem Satz ‚Ich glaube, dass Gott existiert'. Damit wird angezeigt, dass der Glaube eine Haltung des Vertrauens ist, nicht des stets revidierbaren Wissens. Was aber macht Vertrauen zu einem begründeten Vertrauen? Wie unterscheidet sich das religiöse Vertrauen von einem blinden Vertrauen, das anfällig für Ideologien und Aberglaube ist? Um diese Frage zu beantworten, reisen wir in einem Gedankenexperiment in ein düsteres Unrechtsregime.

> Stellen Sie sich vor, Sie leben nicht in einer freiheitlichen und liberalen Demokratie, sondern in einer unterdrückerischen Diktatur. Es gibt aber eine Widerstandsbewegung, von der Sie schon mehrmals gehört haben. Eines Abends treffen Sie einen Fremden, mit dem Sie ins Gespräch kommen und der großen Eindruck auf Sie macht. Nach einiger Zeit offenbart er Ihnen, dass er Teil der Widerstandsbewegung ist und bittet Sie, ihm zu vertrauen, egal was auch geschehe. Sie sind überzeugt davon, dass der Fremde wahrhaftig und authentisch spricht und beschließen, ihm zu vertrauen. In den nächsten Wochen und Monaten treffen Sie sich nie wieder zu zweit, aber Sie beobachten das Verhalten des Fremden. Es ist zweideutig: Manchmal scheint völlig klar, dass er tatsächlich Teil des Widerstands ist, weil er ihren Mitgliedern hilft und sie schützt. Manchmal beobachten Sie aber auch, wie er Mitglieder an die Diktatur ausliefert und nichts dagegen unternimmt, wenn diese ins Gefängnis wandern. Sie sind aber so überzeugt von der Aufrichtigkeit des Fremden, dass Sie weiter darauf vertrauen, dass er eigentlich auf Ihrer Seite steht.
> *Nach einigen Monaten sind Ihre Freunde fast schon wütend auf Sie: ‚Wie kannst du nur an dieser Person festhalten? Woher weißt du, dass sie auf unserer Seite steht?' Und Ihre Freunde haben ja recht: Sie wissen es nicht. Sie vertrauen nur darauf, dass Sie sich nicht getäuscht haben. Nur: Wie oft dürften Sie vom Fremden noch enttäuscht werden, bis Ihr*

Vertrauen endgültig verspielt ist? Ist Ihr Vertrauen unendlich – oder gibt es eine Grenze, an der das Vertrauen nicht mehr vernünftig wäre?

Dieses Gedankenexperiment ist eng an eine Parabel angelehnt, welche vom englischen Religionsphilosophen Basil Mitchell stammt. (Mitchell 1971, 18–20)[1] Er möchte mit diesem Gleichnis zeigen, wie religiöser Glaube funktioniert: Es geht auch im religiösen Glauben um Vertrauen, aber dieses Vertrauen ist kein blindes Vertrauen – es wird immer wieder auf die Probe gestellt und Glaubende fragen sich von Zeit zu Zeit, inwiefern ihr Vertrauen überhaupt noch gerechtfertigt ist.

Theologisch lässt sich diese Ebene des Vertrauens, die den Glauben an etwas oder jemanden auszeichnet, anhand einer Grundunterscheidung auf den Begriff bringen, die bereits auf Augustinus zurückgeht: Glaubensüberzeugungen haben sowohl das Element des *Glaubensakts* als auch das des *Glaubensinhalts.* Augustinus nennt den Glaubensakt auch *fides qua creditur,* also der Glaube, mit dem geglaubt wird; und den Glaubensinhalt *fides quae creditur,* also der Glaube, der geglaubt wird. In etwas moderner Sprache könnte man auch von *faith* und *belief* sprechen: *Faith,* also die *fides qua,* bezeichnet die Ebene der praktischen Einstellung, die der Glaube hat – eine Einstellung des Vertrauens zur Welt, eine Haltung der Liebe und Zugewandtheit. *Belief,* also die *fides quae,* bezeichnet die Ebene der konkreten Inhalte des Glaubens – bestimmte Sätze, die ein Gläubiger für wahr hält, also z. B. dass Gott existiert, dass sich dieser in der Welt inkarniert hat oder dass Gott dreifaltig ist.

Religiöser Glaube ist also ziemlich komplex: Das Vertrauen ist eine entscheidende Kategorie – aber diese ist zugleich qualifiziert, da dieses Vertrauen mit bestimmten inhaltlichen Überzeugungen verknüpft ist, die wiederum vernünftig gerechtfertigt werden können und sollen. Daher handelt es sich um ein *begründetes* Vertrauen, welches zudem eine Handlungspraxis anleitet. Theoretische Beweise der Existenz Gottes sind daher theologisch gar nicht besonders interessant, weil sie die praktische Dimension des Vertrauens unterbelichten und den Glauben an die Existenz Gottes lediglich als

---

[1] Für eine ausführliche Diskussion dieser Parabel vgl. Dürnberger 2020, 33–48.

besondere Form des Wissens begreifen.[2] Daraus folgt, dass sich gute Gründe für den Glauben insbesondere aus der Perspektive einer Teilnehmerin an einer Glaubenspraxis erschließen lassen, nicht aber als außenstehender Beobachter. Vertrauen lässt sich nicht in einem isolierten Experiment messen, sondern bedarf der konkreten Verortung und Bewährung in einer Praxis. Zugleich geht damit aber nicht einher, dass ein solches Vertrauen eine ausschließlich subjektive Vorliebe ausdrückt, für die (oder gegen die) keine Gründe genannt werden können. Thomas Schärtl reformuliert Mitchells Analyse der fragilen Balance des religiösen Glaubens so:

> „Einerseits kann und darf er [der religiös Glaubende, MB/JT] nicht nur hypothetisch an seinem Glauben festhalten. Denn die Beteiligungsperspektive gebietet, dass der Glaubende sozusagen mit ganzem Herzen seinem Gott anhängt. Andererseits wäre es intellektuell unredlich, mögliche Gegenindizien in den Wind zu schlagen und sich gegen den Einspruch von Gegenanzeigen immun zu machen. Der religiöse Glaube hat, so Mitchell, gewissermaßen zwischen diesen beiden Polen zu balancieren: jenseits eines in Skrupulante gehenden, kühlen Rationalismus und diesseits einer überzeugungsrenitenten Ignoranz." (Schärtl 2017, 113)

So könnte man sagen, dass *Glauben* zwar nicht die gleichen Erkenntnisbedingungen wie *Wissen* hat, aber deshalb keinesfalls im Gegensatz zur Vernunft steht, sondern ein *begründetes* Vertrauen darstellt. Diese Haltung des begründeten Vertrauens kann zwar nicht den Anspruch auf objektive Gewissheit erheben, aber dennoch mit guten Gründen gerechtfertigt werden. Glaubensüberzeugungen lassen sich argumentativ plausibilisieren, ihre Wahrheit lässt sich aber nicht beweisen oder als metaphysisch gewiss aufweisen. Der religiöse Glaube ist daher bestimmbar als eine „Tat des Vertrauens" (Werbick 2019a, 96).

Mit der Rede von einer ‚Tat des Vertrauens' kann zudem das Verhältnis von Aktivität und Passivität im Glauben in den Blick genommen werden. Auch dies scheint nämlich durchaus komplex zu sein, da sich in einem Vertrauensakt aktive und passive Momente wechselseitig ergänzen: Es ist nur schwer vorstellbar, sich ausschließlich in einer aktiven Handlung dazu zu entschließen, jemandem zu vertrauen. Vertrauen ist nicht nur ein Akt der Vernunft, sondern etwas,

---

[2] Vgl. dazu auch das Gedankenexperiment „Fliegende Teekannen im Weltall" in Kapitel I.1.

das Menschen widerfährt. Manchmal möchte man ja sogar jemandem vertrauen und strengt sich an, dies zu schaffen, aber es geht einfach nicht – Vertrauen lässt sich nicht aus dem eigenen Willen heraus herstellen. Es wäre sehr komisch zu sagen ‚Ich habe mich dazu entschieden, dir ab morgen um 15:00 Uhr zu vertrauen'. Eine solche Art zu sprechen verkennt, dass sich Vertrauen einstellen muss und nicht willentlich erzeugt werden kann.

Allerdings ist es aber genauso schwierig, die Widerfahrniskomponente absolut zu setzen und zu sagen, dass Vertrauen immer nur ein Geschenk sein kann und sie gar nichts dafür oder dagegen tun können, ob sie jemanden vertrauenswürdig finden oder nicht. Wenn man einer Person vertraut, kann dieses Vertrauen auch wieder entzogen werden, wenn man massiv enttäuscht worden ist – und umgekehrt kann das eigene Vertrauen auch verdient werden, wenn sich jemand als verlässlich erweist. Vertrauen ist also weder allein ein Willensakt noch allein ein Widerfahrnis – und ähnliches ließe sich wohl auch über den religiösen Glauben sagen. Jürgen Werbick formuliert dieses Zusammenspiel von Aktivität und Passivität so: „Der Glaubende selbst glaubt; er wird nicht geglaubt. Aber er kann nur glauben, weil sich ihm schenkt, was er glaubt, weil sich ihm der als anvertrauenswürdig erweist, dem er sich anvertraut – weil der ihn ins Vertrauen zieht." (Werbick 2019a, 97)

Dieses Zusammenspiel von Aktivität und Passivität spiegelt sich, wenn man die Frage stellt, wie religiöser Glaube eigentlich entsteht – oder wie er verloren wird. Religiöser Glaube scheint nichts zu sein, was aufgrund von Argumenten angenommen oder wieder abgelegt wird. Auch angesichts neuer wissenschaftlicher Erkenntnisse hören religiöse Personen meist nicht auf, an ihrem Glauben festzuhalten, sondern tendieren eher dazu, ihren Glauben an diese neuen Erkenntnisse anzupassen. Klaus von Stosch illustriert diesen Punkt mit folgendem Beispiel: Während im 19. Jahrhundert die meisten Christ:innen religiöse Überzeugungen hatten, die mit der Evolutionstheorie nicht verträglich waren, scheint die Evidenz der Evolutionstheorie den meisten Christ:innen heutzutage keine großen Schwierigkeiten zu bereiten, weil sich das Verständnis von Schöpfung entscheidend verändert hat.[3] (Vgl. Stosch

[3] Vgl. dazu auch das Gedankenexperiment „Kann ein Tornado auf einem Schrottplatz ein Flugzeug zusammenbauen?" in Kapitel I.12.

2003, 107 f.) Dies zeigt zweierlei: Zum einen ist es vielen Gläubigen wichtig, rationale Dinge zu glauben – wäre das nicht so, könnte ihnen ja recht egal sein, wie sich Evolutionstheorie und Schöpfung zueinander verhalten. Zum anderen ist der Glaube aber in kognitiver Hinsicht meist recht erschütterungsresistent, da er bei Veränderungen des Kontextes nicht im Ganzen aufgegeben, sondern in diese neuen Kontexte transformiert wird. So wie sich auch zwischenmenschliche Beziehungen über Jahrzehnte hinweg entlang der Kontexte, in denen sie gelebt werden, verändern, so verändert sich auch der Glaube. Das, was in der Praxis den Glauben erschüttern oder erzeugen kann, sind existenzielle Erfahrungen. Daher ist es am Ende ein Zusammenspiel von Vertrauen und Begründung, welches für den religiösen Glauben entscheidend ist: „Das Vertrauen des Partisanen […] ist irritationssensibel, weil der Widerstandskämpfer wahrnimmt, dass man die Dinge anders sehen kann als er; er leidet selbst an der Ambivalenz im Verhalten des Fremden, hält aber an seinem Vertrauen fest. Christlicher Glaube weist damit eine eigentümliche Verbindung von lebensorientierendem Vertrauen und existenzieller Fragilität auf." (Dürnberger 2020, 47)

Wenn Glaube eine Mischung aus Begründung und Vertrauen, oder besser: begründetes Vertrauen ist, dann liegt es nahe, dass sich Vertrauen und Begründung wechselseitig ergänzen. Es ist schwierig, im Vorfeld klären zu wollen, ob jemand vertrauenswürdig ist, da es gewissermaßen keine ‚Exit-Option' gibt: Wenn sich die Frage des Vertrauens stellt, dann steht man ja schon in einer Beziehung zu einer Person, die um Vertrauen wirbt. Es wäre nicht vernünftig, Sie zu fragen, ob Sie jemandem vertrauen, wenn dieser jemand Ihnen völlig unbekannt ist und am anderen Ende der Welt wohnt. Vertrauen entsteht in einer Praxis, im Teilnehmen an bestimmten Beziehungsgefügen. Und dies scheint auch für das Vertrauen auf Gott zu gelten, da Sie auch hier immer schon in Beziehung stehen und den Ausdruck ‚Gott' kennen. Es ist auch hier keine sinnvolle Sache, eine Person, die noch nie von Gott gehört hat, zu fragen ‚Vertraust du auf Gott?'. Daher gilt, mit Markus Knapp gesprochen: „Auch im Falle des Gottvertrauens entstehen die dieses Vertrauen rechtfertigenden Gründe erst mit dem Vertrauensakt selbst. Sie stützen und bestätigen den mit dem Glauben unabdingbar verbundenen Anspruch, dass das im Glaubensakt sich erschließende wahr ist." (Knapp 2021, 33) Vertrauen ohne Begründung wäre blind, eine Begründung ohne Vertrauen wäre leerlaufende Spekulation. Und daher ist der Glaube weder eine empirische Hypothese über bestimmte materielle Dinge im Universum noch eine im Prinzip falsifizierbare Theorie, sondern eine Lebenspraxis, zu der wesentlich auch inhaltliche Überzeugungen gehören, die aber nicht ohne weiteres von der Lebenspraxis entkoppelt und in einem isolierten Experiment geprüft werden können.

Kommen wir zurück zum Gedankenexperiment: Es zeigt, dass Vertrauen kein Wissen ist. Sie können nicht sicher sein, dass der Fremde auf jeden Fall auf Ihrer Seite ist. Es zeigt aber auch, dass Vertrauen nicht jeglichen Gründen gegenüber verschlossen ist, im Gegenteil: Wenn Sie dem Fremden vertrauen würden, ohne dass Sie Ihren Mitstreiter:innen dafür Gründe geben könnten, hätten Sie ein Problem. Vieles spricht dafür, dass religiöser Glaube ähnlich funktioniert: Das Vertrauen auf Gott bedarf der rationalen Rechtfertigung – aber diese rationale Rechtfertigung kann aus Glaubensüberzeugungen kein Wissen machen, nicht den Zweifel durch den Beweis der Richtigkeit des Glaubens still stellen. Doch selbst wenn damit gut beschrieben ist, wie religiöser Glaube in der Praxis funktioniert, bleibt Mitchells Frage im Raum stehen: Gibt es Kipppunkte, an denen Vertrauen zu Gewissheit oder das Festhalten am Vertrauen irrational wird?

Literatur zum Weiterlesen

Dürnberger, Martin: Die Dynamik religiöser Überzeugungen. Postanalytische Epistemologie und Hermeneutik im Gespräch mit Robert B. Brandom, Paderborn 2017. *[Komplexe und tiefgehende Analyse der Struktur religiöser Überzeugungen im Gespräch mit der zeitgenössischen Erkenntnistheorie]*

Hartmann, Martin: Die Praxis des Vertrauens, Frankfurt a.M. 2011. *[Philosophische Analyse des Konzepts des Vertrauens in den Bahnen der Anerkennungstheorie Axel Honneths]*

Hoffmann, Veronika: zweifeln und glauben, Stuttgart 2018. *[Gut zugängliche Kartographierung des Verhältnisses von Zweifel und Glaube mit einem Plädoyer dafür, beide nicht als Gegensatz zu verstehen]*

Werbick, Jürgen: Christlich glauben. Eine theologische Ortsbestimmung, Freiburg i.Br. 2019. *[Entwurf einer ‚Theologie des Glaubens' als Analyse dessen, was die Erkenntnisform des Glaubens ausmacht und welche Bedeutungsdimensionen dem Glauben in einer christlichen Perspektive zukommen können]*

I.3 Der Super-Religionswissenschaftler Ulf. Oder: Welche Relevanz haben Erfahrungen für den Glauben?

In der ‚Philosophie des Geistes', die nach dem Verhältnis von Leib und Seele bzw. nach dem Verhältnis von körperlichen und geistigen Vermögen fragt, gibt es ein berühmtes Gedankenexperiment, welches die Intuition zum Ausdruck bringen soll, dass es bestimmte geistige Dimensionen der menschlichen Existenzweise gibt, die nicht auf körperliche, also physikalische Vorgänge reduziert werden können. Die zentrale Rolle im Gedankenexperiment, welches vom amerikanischen Philosophen Frank Jackson erfunden wurde, spielt die Superwissenschaftlerin Mary. Für die Theologie lässt sich dieses Gedankenexperiment leicht adaptieren, wenn wir uns den Super-Religionswissenschaftler Ulf vorstellen.

> Stellen Sie sich einmal vor, dass es einen extrem begabten Religionswissenschaftler namens Ulf gibt. Sein Spezialgebiet ist das Christentum. Er weiß in einem wörtlichen Sinne einfach alles, was es über diese Religionsgemeinschaft zu wissen gibt: Er kennt ihre Glaubenssätze und heiligen Schriften, ihre wechselhafte Geschichte und hat alles über ihre Rituale und Liturgien gelesen. Jedes Lehrbuch kennt er auswendig, und alles, was nicht in Lehrbüchern steht, hat er selbst erforscht. Man könnte sagen, dass Ulf ein Superwissenschaftler ist, weil er perfektes Wissen über das Christentum hat. Die ganze Sache hat nur einen Haken: Ulf lebt in einem Labor, das komplett abgeschottet von der Außenwelt ist. Er weiß zwar alles über die christliche Glaubenslehre und wie man sich als Christ:in verhalten müsste, aber er hat noch nie eine Kirche von innen gesehen oder an einer Glaubenspraxis teilgenommen. Stellen wir uns nun vor, dass sich Ulf eines Tages dazu entschließt, das Labor zu verlassen. Draußen sucht er als Erstes die größte Kirche der Stadt auf. Er steht an einem schönen Sommermorgen in der lichtdurchfluteten Kirche, nimmt zum ersten Mal an einem Gottesdienst teil und saugt seine Ästhetik förmlich in sich auf. Ulf ist begeistert: Obwohl er vermeintlich alles über das Christentum wusste, wusste er nicht, wie es sich anfühlt, religiöse Erfahrungen zu haben.[1]

Was meinen Sie: Hat Ulf dadurch, dass er zum ersten Mal das Labor verlassen und das Christentum in der Praxis erlebt hat, sein Wissen über das Christentum erweitert? Oder hätte er, da er ja schon alles über das Christentum wusste, auch wissen müssen, wie es sich anfühlt, eine religiöse Erfahrung zu erleben?

Frank Jackson, der Erfinder des Gedankenexperiments, möchte eine klare Intuition abrufen: Durch das subjektive Erleben einer Sache lernt man etwas Neues, selbst wenn man theoretisch schon alles über die Sache wusste: Obwohl Mary in der Theorie alles über Farben weiß, weiß sie nicht, *wie es sich anfühlt*, das Goldgelb der Abendsonne zu sehen. Nicht umsonst nennt Jackson den Aufsatz, in dem er dieses Gedankenexperiment entwirft, auch ‚What Mary Didn't Know'. (Vgl. Jackson 1986)

Der philosophische Fachausdruck für diese Art von subjektiv privilegiert zugänglichen Erlebnissen lautet ‚Qualia'. Wie der Name schon nahelegt, geht es um qualitative, nicht empirisch quantifizierbare Arten und Weisen des Erlebens von Dingen. Manche sprechen auch von ‚phänomenalem Wissen', welches von empirischem Wissen unterschieden sei: Zwar könne man aus Sicht der empirischen Wissenschaften theoretisch alles über eine Sache wissen, aber diese Perspektive könne aus begrifflichen Gründen die Ebene der subjektiven Wahrnehmung dieser Phänomene nicht erreichen. Es ist eine nicht auf physikalische Vorgänge reduzierbare, gewissermaßen nur dem einzelnen Subjekt vorbehaltene Erfahrung, die Art und Weise zu erleben, wie etwas schmeckt, riecht oder sich anfühlt. Keiner weiß, wie es sich für Sie ganz konkret anfühlt, den Duft des Meeres zu riechen, eine saftige Erdbeere zu essen oder verliebt zu sein. Sie können vielleicht versuchen, das zu beschreiben und feststellen, dass andere Ihre Erlebnisse ähnlich (oder auch ganz anders) beschreiben. Aber es ist unmöglich, die je eigene subjektive Perspektive mit der anderer Personen einfach auszutauschen.

Unser Gedankenexperiment stellt die Frage, inwiefern sich eine religiöse Haltung solchen Qualia-Erfahrungen verdankt, gerade weil auch eine religiöse Haltung auf bestimmten Erfahrungen beruht, die man gemacht haben muss (und nicht einfach nur aus

[1] Zur ursprünglichen Version dieses Gedankenexperiments vgl. Jackson 1982.

einem Lehrbuch wissen kann). Ist Religion nicht auch eine Art und Weise, die Welt zu sehen und daher eben nicht in Theorien über Religion allein fassbar? Wenn dies bejaht wird, könnte man auch weiter fragen: Sind religiöse Erfahrungen gute Gründe für die Wahrheit religiöser Überzeugungen und können sie diese im Diskurs mit Anders- oder Nichtgläubigen rechtfertigen? Oder begründen religiöse Erfahrungen vielleicht sogar in der individuellen Biographie das Aufkommen der Grundhaltung von Religiosität?

Diese Fragen sind nicht mit einem einfachen Ja oder Nein zu beantworten, weil sie nicht genau genug gestellt sind. Es gibt hier mindestens zwei Möglichkeiten. Die erste Möglichkeit wäre, eine direkte Rechtfertigung einer religiösen Weltsicht durch das subjektiv evidente Erlebnis einer religiösen Wahrheit zu behaupten. Typische Kandidaten wären hier beispielsweise Visionen, in denen sich eine göttliche Wahrheit als solche zeigt. Und in der Tat wäre dies ja auch die plausibelste Parallelisierung zur Superwissenschaftlerin Mary: Auch hier geht es um eine für das einzelne Subjekt privilegiert zugängliche Form von Wissen, die zwar nicht kommunikabel, aber deren erlebte Wahrheit evident ist. In der Religionsphilosophie wird eine solche Position von William Alston vertreten, der Glaubenssätze für gerechtfertigt hält, wenn sie auf mystischen Erfahrungen basieren, in denen sich die göttliche Wirklichkeit zeigt. (Vgl. Alston 1991) Alston nennt diese wahrnehmungsbasierten Glaubenssätze auch ‚M-beliefs', wobei M für ‚Manifestation' steht – in der Wahrnehmung Gottes manifestiere sich, wie Gott wirklich sei.

Zugleich steht diese erste Option – so plausibel sie mit Blick auf die Superwissenschaftlerin Mary ist – für die Rechtfertigung religiöser Überzeugungen vor einigen schwerwiegenden Problemen. Das erste Problem der Idee, dass sich religiöse Überzeugungen durch den Verweis auf eine direkte Erfahrung der göttlichen Wirklichkeit als solcher rechtfertigen ließen, ist die Kopplung religiöser Überzeugungen an Begriffssysteme. Diese zeigt sich schon empirisch: Die vermeintlich direkten, also vorbegrifflichen religiösen Erfahrungen stehen bei genauerem Hinsehen in begrifflichen Abhängigkeiten, da die Erfahrungen in der Regel in den Kategorien der eigenen Religion gemacht werden. Ein Beispiel: Personen, die behaupten, in einer direkten Vision gesehen zu haben, dass Gott trinitarisch ist, sind nahezu immer solche, die schon vorher in einer

Tradition groß geworden sind, in der Gott als trinitarisch geglaubt wird. Hingegen werden religiöse Erfahrungen in Kontexten von Religionen, die auf die Auflösung des Subjekts setzen, eher Erfahrungen einer solchen Auflösung sein. Es scheint also doch so zu sein, dass die vorherrschenden religiösen Begriffe, in die man hineinsozialisiert wurde, die vermeintlich direkten religiösen Erfahrungen implizit formen. Damit ist religiöse Erfahrung aber keine vorbegriffliche Erfahrung der göttlichen Wirklichkeit als solcher, sondern eine (explizite oder implizite) Interpretation der Wirklichkeit in Begriffen des Göttlichen. Religiöse Erfahrungen sind Teil von Religionen, aber sie begründen keine Religionen. Dies hält Saskia Wendel prägnant fest:

> „Religiöse Erfahrung gehört also als diskursive Praxis bereits konkreten Religionen an und kann daher das Aufkommen von Religion nicht begründen. Vielmehr ist sie als konkrete religiöse Praxis innerhalb einer Religion bereits Form und kulturelle Ausfaltung von Religiosität. Dementsprechend gibt es auch keine spezifische religiöse Erfahrung neben anderen Erfahrungen, die sich von ihnen qua Objekt oder qua Vollzug unterscheidet, sondern es gibt lediglich Erfahrungen, deren Objekt und deren Vollzug religiösen Traditionen entsprechend religiös interpretiert wird." (Wendel 2006, 30)

Eine Alternative zur Position, dass direkte Wahrnehmungen der göttlichen Wirklichkeit als solcher für die Rechtfertigung religiöser Überzeugungen hilfreich sein können, bietet der wohl berühmteste katholische Theologe des 20. Jahrhunderts – Karl Rahner. Rahner entwickelt ein Konzept ‚transzendentaler Erfahrung', welches er von ‚kategorialer Erfahrung' unterscheidet. Kategoriale Erfahrungen sind alle konkreten innerweltlichen Erfahrungen – eben solche, die auf Kategorien, also bestimmte Begriffssysteme angewiesen sind. Der grundlegende Fehler, den Theorien der direkten Wahrnehmbarkeit Gottes in speziellen religiösen Erfahrungen machen, besteht Rahner zufolge in der Annahme, dass sich das unendliche Geheimnis Gottes unmittelbar in der Welt zeigen könne. Doch genau dies würde die Göttlichkeit Gottes zerstören – Rahner zufolge ist der göttliche Grund nicht als er selbst in der Welt vorhanden, wenn er wirklich der Grund von allem sein soll: „Denn eben der Grund kommt nicht innerhalb des Begründeten vor, wenn er wirklich der radikale, also der göttliche Grund und nicht eine Funktion in einem Geflecht von Funktionen ist." (Rahner 1999 [1976], 87)

Daraus lässt sich – nicht ohne eine Spur Ironie – folgern: Gerade wenn beansprucht wird Gott selbst als Inhalt einer unvermittelten religiösen Erfahrung zu erleben, ist dies ein sicheres Indiz dafür, dass es sich nicht um eine Erfahrung Gottes handelt.

Rahner legt die Erfahrbarkeit Gottes ganz anders an. Für ihn ist die Erfahrung Gottes im Rahmen der ‚transzendentalen Erfahrung' in jedem Erkenntnisakt des Menschen mitgesetzt. Der Mensch macht ständig kategoriale Erfahrungen: Jeder konkrete Erkenntnisakt ist zunächst ‚kategorial', d.h. er verwendet bestimmte begriffliche Kategorien. Zugleich ist in jedem dieser konkreten Erkenntnisakte auch schon ein Moment des Überschreitens eingeschrieben, denn die Erfahrung eines konkreten Gegenstandes grenzt ihn gerade gegen alle anderen Dinge in der Welt ab, die zugleich aber als Horizont fungieren, vor dem der konkrete Gegenstand als solcher in Erscheinung treten kann. Weil damit aber eine Struktur menschlicher Erkenntnis überhaupt beschrieben ist, lässt sie sich auch auf kategoriale bzw. endliche Erfahrung überhaupt beziehen: Kategoriale, bedingte Erfahrungen sind nur denkbar unter der Annahme eines nicht-kategorialen Horizonts, vor dem Endliches als Endliches erscheint. Der Mensch erfährt sich als Wesen der Transzendenz, der in jedem konkreten Akt der Erkenntnis auf etwas Übernatürliches bezogen ist – wenn auch zunächst unthematisch, also ohne dass er sich dessen bewusst ist und ohne dass er das darin Erfahrene in Begriffen adäquat zum Ausdruck bringen kann. Rahner nennt dies die transzendentale Erfahrung, die jede kategoriale Erfahrung begleitet und ermöglicht. Zugleich bezeichnet Rahner die damit gezeigte Offenheit des Menschen für das Unbedingte auch als ‚Existenzial' des Menschen: Es macht die Existenz jedes Menschen aus, den jeweiligen konkreten Kontext überschreiten zu können. (Vgl. Rahner 1999 [1976], 126f.) Religiöse Erfahrungen sind also gar keine direkten oder außeralltäglichen Visionen, sondern eher der Tiefenstrom der menschlichen Existenzweise – und die geschichtlichen Ereignisse rund um Jesus von Nazareth verwirklichen und konkretisieren diesen Gottesbezug des Menschen. Rahner geht also davon aus, dass konkrete, kategoriale Erfahrungen und abstrakte, transzendentale Erfahrungen wechselseitig aufeinander verweisen und damit eine Beziehung zwischen Gott und Mensch allererst ermöglichen. Magnus Lerch fasst diese Dialektik so zusammen:

> „Ohne den ‚transzendentalen' [Aspekt] könnte Gott selbst in der Geschichte die *Vernunft und Freiheit* des Menschen nicht erreichen, wäre ein Gottesbezug für uns gar nicht *möglich*. Ohne den ‚kategorialen' [Aspekt] wäre Gott selbst nicht in die *Geschichte* eingetreten, bliebe unser Gottesbezug zwar theoretisch immer möglich, wäre aber niemals und nirgendwo *wirklich*." (Langenfeld/Lerch 2018, 78)

Rahners Auffassung ist – bei allem Verdienst seiner Theologie insgesamt – theologisch inzwischen durchaus umstritten, da sie eine (mindestens vorbewusste) Gottesbeziehung eines jeden Menschen behauptet und es fraglich ist, ob in pluralen Gesellschaften sich nicht viele Atheist:innen beschweren würden, wenn man ihnen diese Gottesbeziehung einfach überstülpt. Zwar sollte man theologisch sicher an der Möglichkeit festhalten, dass jeder Mensch die *Möglichkeit* hat, die Frage nach Gott zu stellen und eine Beziehung zu seinem Schöpfer zu haben. Rahners Behauptung ist aber viel offensiver: Er sagt, dass jeder Mensch mit *Notwendigkeit* auf Gott bezogen ist. Für den Münsteraner Theologen Thomas Pröpper ist damit bei Rahner die menschliche Freiheit zu wenig berücksichtigt, sich für oder gegen das göttliche Beziehungsangebot zu entscheiden. Ihm zufolge leidet Rahners Freiheitsbegriff daran, „Freiheit im wesentlichen nur als weiteren Aspekt der Transzendenz des Menschen [zu] betrachten" (Pröpper 1988, 130), d. h. Freiheit nicht als Vermögen des nicht-festgelegten Sich-Verhaltens zum Dasein, sondern nur als Vermögen der Bejahung des Daseins zu begreifen. Pröpper bezweifelt Rahners Aussage, dass es innerhalb eines solchen Freiheitsverständnisses eine reale Möglichkeit des Widerspruchs gegen Gott gebe, da „der Anteil der Freiheit bei der Erkenntnis und Anerkenntnis Gottes [...] auf die Zustimmung zum bereits als notwendig Erkannten" (Pröpper 1988, 131) eingeschränkt sei. Pröppers Anliegen ist dagegen, die Unbedingtheit der Freiheit selbst zu wahren und sie nicht als Anhängsel menschlicher Transzendenz und damit notwendig auf Gott ausgerichtet, sondern vielmehr als *Möglichkeit* der menschlichen Ansprechbarkeit für Gottes Offenbarung zu denken. (Vgl. Pröpper 1988, 133 f.)

Zugleich ist mit der Kritik Pröppers an der Position Rahners noch lange nicht der erkenntnistheoretische Wert religiöser Erfahrung in Abrede gestellt. Religiöse Überzeugungen funktionieren zwar nicht ohne Begriffe, Inhalte und Interpretationskategorien, aber eben auch nicht ohne lebensweltliche Erfahrungen und Praktiken. Die Rede von einer religiösen Deutung der Welt setzt ja voraus, dass es etwas gibt, das zu interpretieren ist – also bestimmte Erfahrungen, die Personen mit und in der Welt machen. Dies gilt vor allen Dingen, wenn die Rede von religiösen Erfahrungen davon entlastet wird, unbedingt die Dimension des Außeralltäglichen zu beinhalten. Möglicherweise gibt es Menschen, die außeralltägliche Erfahrungen machen – Nahtoderfahrungen oder Erscheinungen beispielsweise. Die meisten Menschen tun das aber nicht. Das heißt aber eben nicht, dass sie keine religiösen Erfahrungen machen, wenn man ‚religiöse Erfahrung' als innerhalb einer religiösen Tradition gedeutete Lebenserfahrung versteht. Die Art und Weise, wie wir Beziehungen führen, die Liebe, die wir für unsere Eltern, Kinder, Freund:innen empfinden und zum Ausdruck bringen, aber auch Erfahrungen von der Erhabenheit der Natur oder von der Unbedingtheit moralischer Gebote können als Einbruch einer transzendenten Wirklichkeit gedeutet werden: Es ist Gottes Liebe, die der letzte Grund des Daseins ist; und nicht das gähnende Nichts eines absurd großen und schon absurd lange existenten Universums. Sie müssen nicht so gedeutet werden – natürlich kann man Erfahrungen von Liebe, Freundschaft, Erhabenheit, Moralität oder des Guten auch naturalistisch oder humanistisch interpretieren. Aber es ist rational legitim, sie so zu deuten; und der Anhalt der christlichen Grundbotschaft an der Lebenswelt vieler Menschen ist ein Entdeckungszusammenhang der tieferen Bedeutung des Christentums. Der Paderborner Theologe Aaron Langenfeld fasst den dahinter stehenden Zusammenhang von Begriff und Erfahrung so:

> „Das *Begreifen* der Liebe als demjenigen, worüber hinaus nichts Größeres *gedacht* werden kann, steht der *Erfahrung* der Liebe als demjenigen, worüber hinaus Größeres nicht *geschehen* kann, nicht so gegenüber als handelte es sich um zwei getrennte Bereiche der Wirklichkeit. Vielmehr ist das Begreifen von Liebe *als* Liebe selbst ein Moment an der Erfahrung und umgekehrt die Erfahrung Moment am Begreifen überhaupt." (Langenfeld 2022, 21)

Die Relevanz religiöser Erfahrungen zeigt sich also gerade darin, der Entdeckungszusammenhang religiöser Überzeugungen zu sein. Zwar ersetzt der Verweis auf eine rein subjektiv zugängliche Erfahrung nicht das Geschäft der rationalen Glaubensverantwortung –

selbst wenn eine besondere religiöse Erfahrung einen hohen Grad an subjektiver Gewissheit für eine Einzelperson erzeugt, liefert sie noch keinen guten Grund für eine andere Person, das religiöse Überzeugungssystem dieser Person für rational zu halten. Aber ohne lebensweltliche Erfahrungshorizonte, ohne Anschlussmöglichkeiten an Handlungspraxen hätten religiöse Überzeugungen wohl keine Chance, als plausibel zu gelten.

Was also zeigt das Gedankenexperiment des Super-Religionswissenschaftlers Ulf? Zunächst hält es eine wichtige Einsicht für die theologische Anthropologie bereit: Die menschliche Erfahrungswelt ist durch die subjektive Perspektive auf die Dinge zu reichhaltig, als dass sie vollständig aus der Perspektive eines naturwissenschaftlichen Beobachters beschrieben werden könnte. Ein solcher Reduktionismus ist falsch, und da die theologische Anthropologie meist anti-reduktionistisch argumentiert, ist dies ein wichtiges Argument für ein nicht-reduktives Menschenbild. Zugleich hat dieses Gedankenexperiment Grenzen, wenn man religiöse Erfahrungen mit Qualia-Erfahrungen parallelisieren möchte: Das Erleben von Qualia zeichnet sich dadurch aus, dass es das Subjekt allein ist, das einen Zugriff auf diese Erfahrung hat. Diese Erfahrung ist zudem nicht kommunikabel, nicht auf den Begriff zu bringen. Das gilt für religiöse Erfahrung jedoch nicht: Sie ist immer schon Teil einer diskursiven Praxis und setzt bestimmte materiale religiöse Überzeugungen voraus. Das zeigt schon die banale Feststellung, dass religiöse Erfahrungen durch die eigenen Traditionen und die individuelle Sozialisationsgeschichte vorgeprägt sind. Der eigentliche Wert religiöser Erfahrungen besteht daher vielmehr darin, den Entdeckungszusammenhang religiöser Selbst- und Weltdeutungen zu bilden. Kurzum, der zentrale Unterschied zwischen der Art und Weise, einen bestimmten Farbton zu sehen, und religiöser Erfahrung ist die Unmittelbarkeit: Religionen und auch religiöse Erfahrungen sind im Gegensatz zu Qualia-Erfahrungen immer schon diskursiv vermittelt.

Literatur zum Weiterlesen

Hansberger, Andreas: Wird der Glaube durch Erfahrung gerechtfertigt? Zum erkenntnistheoretischen Status des Gehalts religiöser Erfahrung, Stuttgart 2007. *[Rekonstruktion und kritische Auseinandersetzung mit Alstons Theorie der direkten religiösen Erfahrung]*

Langenfeld, Aaron: Frei im Geist. Studien zum Begriff direkter Proportionalität in pneumatologischer Absicht (Innsbrucker theologische Studien 98), Innsbruck 2021. *[Zeitgenössische Reformulierung eines an Rahner angelehnten theologischen Ansatzes]*

Rahner, Karl: Grundkurs des Glaubens. Einführung in den Begriff des Christentums, in: ders.: Grundkurs des Glaubens. Studien zum Begriff des Christentums (Sämtliche Werke 26), Freiburg i. Br. 1999 [1976], 1–442. *[Das Spätwerk Karl Rahners ist zwar nicht leicht zugänglich, aber eine lesenswerte Summe seines theologischen Ansatzes]*

I.4 Denken Sie groß! Oder: Was zeigt der ontologische Gottesbeweis?

Seit vielen Jahrhunderten fasziniert ein Argument für die Existenz Gottes Philosoph:innen und Theolog:innen gleichermaßen. Um dieses Argument nachvollziehen zu können, müssen Sie keinerlei Erfahrungen mit der Welt gemacht haben – es schließt allein aus dem Begriff Gottes darauf, dass seine Existenz notwendig ist. Wir begeben uns dazu aber zunächst einmal auf das Feld der Künste ...

Stellen Sie sich vor, dass Sie durch ein Museum laufen, in dem viele beeindruckende Kunstwerke ausgestellt sind. Als Sie abends zurückkommen, sind Sie ganz inspiriert und denken sich im Kopf ein Bild aus – und sind ganz überrascht über sich selbst: DAS ist das vollkommene Bild! Alles ist perfekt! Nun kennen wir Ihre ästhetischen Vorlieben nicht, daher lassen Sie Ihrer Fantasie freien Lauf: Wie sähe dieses Bild für Sie aus? Vielleicht ist es besonders monumental oder vielleicht auch ganz klein, vielleicht ist es figürlich oder eher abstrakt, vielleicht hat es schillernde und leuchtende Farben oder es ist in grauen oder gar schwarz-weißen Tönen gehalten? Eventuell denken Sie auch an ein bestimmtes Bild, das Sie kennen und welches Sie besonders beeindruckend finden? Denken Sie einfach an ein möglichst vollkommenes Bild, dessen Erleben Ihnen unverhofft möglich gemacht wird.
Nun die entscheidende Frage: Wäre dieses Bild noch besser, wenn es tatsächlich existieren würde – und nicht nur in Ihrem Kopf? Müsste dieses Bild, wenn es wirklich vollkommen sein soll, nicht tatsächlich existieren – oder wäre es genauso vollkommen, wenn Sie auf einmal aus einem Tagtraum erwachen und merken, dass dieses Bild gar nicht wirklich in einem Museum ausgestellt ist, sondern sich nur in Ihrer Imagination befand? Kurzum, würde es nicht zu einem vollkommenen Bild dazugehören, auch wirklich zu existieren, da es sonst nicht vollkommen wäre?

Die Frage, ob etwas real Existierendes größer (im Sinne von: besser) ist als etwas, das nur im Verstand von Menschen existiert, zielt in das Herz des berühmten ‚ontologischen Gottesbeweises'.

Der ontologische Gottesbeweis geht auf Anselm von Canterbury zurück, der im 11. Jahrhundert lebte und der Erzbischof von Canterbury war. Anselm höchstselbst deutet unser Gedankenexperiment in seiner Schrift ‚Proslogion' an, in der er festhält:

> „Es ist zweierlei, ob eine Sache im Erkennen sei, oder ob erkannt werde, daß die Sache (in Wirklichkeit da) sei. Wenn ein Maler sich ein Bild ausdenkt, so hat er dieses in seinem Denken, aber er kann es nicht als daseiend erkennen, da er es noch nicht gemacht hat. Hat er es aber gemalt, hat er es sowohl in seinem Denken als auch erkennt er, daß das von ihm Gemachte (wirklich da) sei." (Anselm von Canterbury: Proslogion, 2)

Hier wird schon deutlich, was das Ziel des ontologischen Gottesbeweises ist: Er möchte allein aus dem Begriff ‚Gott' die Notwendigkeit der Existenz Gottes ableiten.

Wie funktioniert der ontologische Gottesbeweis nun konkret? Anselm beginnt mit einer Definition des Begriffs ‚Gott': Er versteht Gott als dasjenige, worüber hinaus Größeres nicht gedacht werden könne – auf Latein heißt das *id quo maius cogitari non potest*, was wir in unserem Zusammenhang der Einfachheit halber abkürzen mit *IQM*. Diese Definition von Gott kann, Anselm zufolge, jeder vernünftige Mensch verstehen – egal ob er gläubig ist oder nicht. Anselm sagt nun, dass diese Definition aber genau nicht verständlich sein könne, wenn Gott nicht auch wirklich existiert. Denn wenn der Mensch sich einen Begriff von Gott als *IQM* macht und Gott aber gar nicht wirklich existiert, sondern lediglich ein Begriff im Verstand ist, dann widerspricht genau dies schon der Definition Gottes. Sollte Gott nämlich nur im Verstand existieren, dann ist jenes, von dem gelten soll, dass es dasjenige ist, worüber hinaus Größeres nicht gedacht werden kann, offensichtlich etwas, über das hinaus sehr wohl Größeres denkbar ist: nämlich ein *tatsächlich existierender* Gott. Das bloß gedachte IQM ist also gerade *nicht* das, worüber hinaus Größeres nicht gedacht werden kann, denn sonst gäbe es ja etwas, was größer wäre, nämlich ein Gott, der wirklich (und nicht nur im Verstand) existiert. Wenn man den Begriff ‚Gott' also richtig verstehe, folge daraus schon, dass er auch notwendig existieren muss, andernfalls wäre er nicht Gott.

Der ontologische Gottesbeweis ist eine faszinierende philosophische Leistung. Im Laufe der Jahrhunderte nach Anselm finden sich Variationen dieses Argumentationsgangs bei weiteren Meisterdenkern wie René Descartes, Gottfried Wilhelm Leibniz oder Georg Wilhelm Friedrich Hegel. Auch heutzutage gibt es einige Anhänger dieses Beweises – so hat beispielsweise der Mathematiker Kurt Gödel eine sehr komplizierte und kontrovers diskutierte mathematische Variante des ontologischen Arguments formuliert, während der analytische Philosoph Alvin Plantinga eine Spielart des ontologischen Gottesbeweises verteidigt, die sich Erkenntnisse der sogenannten Modallogik zu eigen macht.[1]

Die bleibende Faszination des ontologischen Gottesbeweises liegt wahrscheinlich im Maximalversprechen, das in ihm angelegt ist. Ein erfolgreicher ontologischer Gottesbeweis käme wohl dem größten Coup des menschlichen Denkens gleich: Ein Beweis des größtmöglich Seienden, und das ohne Rekurs auf irgendwelche Erfahrungen, sondern allein aus der Logik des Begriffs! Allerdings fühlt man sich, wenn man das Argument zum ersten Mal hört, wie das Opfer eines begrifflichen Taschenspielertricks. Im Nachvollzug des Arguments sieht man die logische Notwendigkeit der Schlussfolgerung ‚Gott existiert' ein, und zugleich hat man das Gefühl, hinters Licht geführt worden zu sein, ohne genau sagen zu können, wo und wie der Trick vollzogen worden ist.

Die Entlarvung des Tricks des ontologischen Gottesbeweises ist Immanuel Kant in seiner ‚Kritik der reinen Vernunft' gelungen. Nach Kant besteht die problematische Annahme des ontologischen Beweises, die Anselm uns unterjubelt, darin, Existenz als eine Eigenschaft zu verstehen, die relevant für die Größe einer Sache sei. Existenz sei aber keine großmachende Eigenschaft, sondern vielmehr die Voraussetzung dafür, dass etwas überhaupt Eigenschaften haben kann. Mit anderen Worten: Zu existieren bedeutet, noch vor allen inhaltlichen Bestimmungen da zu sein. Zur Größe von etwas beitragen, das können nur inhaltliche Bestimmungen. Daher darf man das tatsächliche Existieren Gottes nicht ‚hinzurechnen', wenn man die Denkregel des ‚Gott ist das, worüber hinaus Größeres nicht gedacht werden kann' auf Gott anwendet. Kant im O-Ton:

---

1 Die gegenwärtige Diskussion zum ontologischen Argument, das insbesondere in der Philosophie nach wie vor recht breit diskutiert wird, ist zusammengefasst in Bromand/Kreis 2011.

> „Sein ist offenbar kein reales Prädikat, d.i. ein Begriff von irgend etwas, was zu dem Begriffe eines Dinges hinzukommen könne. Es ist bloß die Position eines Dinges oder gewisser Bestimmungen an sich selbst. Im logischen Gebrauche ist es lediglich die Copula eines Urteils. [...] Und so enthält das Wirkliche nichts mehr als das bloß Mögliche." (Kant: KrV, B 626 f.)

Von diesem Einwand hat sich der ontologische Gottesbeweis nie wirklich erholen können. Dennoch wird er auch heute noch lebhaft diskutiert – zum einen, weil es nach wie vor einige Anhänger:innen dieses Beweises gibt, zum anderen und hauptsächlich, weil in Anselms Argument viele kleine theologische Goldstücke stecken, auch wenn der Beweis als Ganzer nicht überzeugend ist. Ein erstes solches Goldstück ist Anselms Bestimmung des Gottesbegriffs als dasjenige, worüber hinaus Größeres nicht gedacht werden kann. So versteht, unter Rückgriff auf den evangelischen Theologen Karl Barth, Klaus von Stosch Anselms Gottesbegriff daher auch nicht als Ausgangspunkt eines strikt logischen Beweises, der das Sein Gottes belegen möchte, sondern vielmehr als Formulierung einer Denkregel, die die Bildung von Aussagen über Gott anleiten kann. Anselms formale Definition Gottes als dasjenige, worüber hinaus Größeres nicht gedacht werden kann, kann also eine Regel des Sprechens über Gott sein:

> „IQM sollte also zunächst einmal nicht als inhaltliche Bestimmung Gottes verstanden werden, sondern als Aufforderung zu einer komparativen Handlung bis zur Grenze des menschlichen Denkens und darüber hinaus. Wenn Du versuchen willst – so könnte man diese Regel formulieren –, Gott zu denken, so steigere alles Sein-Sollende in einer unüberbietbaren Weise und übersteige noch einmal diese letzte Steigerung." (Stosch 2009, 92)

Aus dieser Einsicht in die Sinnhaftigkeit der Anselm'schen formalen Begriffsbestimmung von ‚Gott' folgt – zweites Goldstück – auch eine wichtige Einsicht für die Gotteslehre. Es ist interessant zu sehen, dass Anselm Gott nicht im Superlativ bestimmt. Er sagt nicht, Gott ist das Größte, was zu denken ist. Anselm nimmt vielmehr eine Bestimmung im Komparativ vor: Gott ist das Je-Größere. Damit ist eine Dynamik im Sprechen über Gott angelegt, da Gott immer noch einmal größer ist und seine Vollkommenheit nicht mit weltlichen Maßstäben gemessen werden kann. Dies stellen Johannes Grössl und Matthias Remenyi heraus:

> „Was also ist mit Anselms ontologischem Argument gewonnen? Gewonnen ist die Erkenntnis, dass der Gottesbegriff keine Entität anzeigt, die sich nur in quantitativer Hinsicht von anderen, innerweltlichen Entitäten unterscheidet. Mit großem Bedacht nämlich spricht Anselm gerade nicht vom denkbar Größten, sondern von dem, worüber hinaus Größeres nicht gedacht werden kann. Es geht ihm also gerade nicht um einen zumindest denkerisch erreichbaren Superlativ, dessen Gehalt sich im Vergleich mit anderen – dann endlichen – Wirklichkeiten entsprechend dem Grad an Ähnlichkeit mit bzw. dem Maß an Überbietung zu diesen bestimmen ließe. [...] Gewonnen ist folglich die Einsicht in die strenge Singularität des Gottesbegriffs." (Grössl/Remenyi 2021, 27)

Anselms ontologisches Argument ist also von bleibendem Wert, weil es einen Weg aufzeigt, wie man überhaupt von Gott sprechen kann, ohne einerseits nur negative Aussagen darüber zu treffen, was Gott alles nicht ist, und ohne andererseits in die Widersprüche eines Vollkommenheitsdenkens zu geraten, das Gott als superlativische Steigerung alles irdisch Guten begreift und ihn damit gerade wieder verweltlicht. Gott ist größer und besser als alles, was Menschen sich vorstellen können, aber er ist nicht der ganz Andere, dessen Wesen völlig dunkel und geheimnisvoll ist. Wendet man Anselms Denkregel an, kann man darauf vertrauen, dass die Wirklichkeit Gottes die menschlichen Sprechversuche nicht einfach dementieren, sondern sie nochmals umfassen wird.

Der ontologische Gottesbeweis zeigt daher auf, dass es in solchen Beweisen gar nicht primär darum gehen muss, einen strikt logischen Beweis der Existenz Gottes zu formulieren. Das wäre ein Unterfangen, das jeglichen Unterschied zwischen Wissens- und Glaubensüberzeugungen einebnen würde.[2] Seinen bleibenden Wert hat das ontologische Argument vielmehr darin, dass es eine Selbstaufklärung des Glaubens über Möglichkeiten einer sinnvollen Rede von Gott ermöglicht. Niemand (oder zumindest kaum jemand) wird aufgrund des ontologischen Gottesbeweises beginnen, an Gott zu glauben. Aber viele, die an Gott glauben, können diesen Glauben mit der Hilfe dieses Arguments analysieren. Daher können wir dieses Kapitel gut mit einer Überlegung von Ludwig Wittgenstein beschließen, der über das Programm der Gottesbeweise Folgendes festhielt:

---

[2] Vgl. dazu auch das Gedankenexperiment „Fliegende Teekannen im Weltall" in Kapitel I.1.

„Ein Gottesbeweis sollte eigentlich etwas sein, wodurch man sich von der Existenz Gottes überzeugen kann. Aber ich denke mir, dass die *Gläubigen*, die solche Beweise lieferten, ihren ‚Glauben' mit ihrem Verstand analysieren und begründen wollten, obgleich sie selbst durch solche Beweise nie zum Glauben gekommen wären." (Wittgenstein 1984 [1977], 571)

Literatur zum Weiterlesen

Bromand, Joachim/Kreis, Guido (Hg.): Gottesbeweise. Von Anselm bis Gödel, Berlin 2011. *[Komplexe und voraussetzungsreiche Annäherung an das Thema Gottesbeweise mit besonderem Fokus auf ontologischen Argumenten]*

Kirschner, Martin: Gott – größer als gedacht: Die Transformation der Vernunft aus der Begegnung mit Gott bei Anselm von Canterbury, Freiburg i. Br. 2013. *[Umfassende, weit über das ontologische Argument hinausgehende Würdigung der Anselm'schen Theologie für die gegenwärtige Debatte um Glaube und Vernunft]*

Verweyen, Hansjürgen: Anselm von Canterbury (1033–1109): Denker, Beter, Erzbischof, Regensburg 2009. *[Intellektuelle Biographie Anselms mit Querverweisen zu seiner Bedeutung für die gegenwärtige Theologie]*

I.5 Von nix kütt nix. Oder: Was zeigt der kosmologische Gottesbeweis?

Während der ontologische Gottesbeweis allein aus dem *Begriff* ‚Gott' heraus argumentiert, geht der kosmologische Gottesbeweis auf eine allen bekannte *Erfahrung* ein – diejenige des Prinzips von Ursache und Wirkung. Das klingt kompliziert, daher lieber schnell ab in eine Bar, an den Billardtisch ...

Stellen Sie sich vor, Sie stehen vor einem Billardtisch.[1] Auf diesem Billardtisch liegt nur eine einzige Kugel, ziemlich genau in der Mitte. Sie hängen Ihren Gedanken nach, als auf einmal die Kugel in Bewegung gerät. Die Kugel rollt bis ans Ende des Billardtisches und fällt dort in ein Loch. Völlig verdutzt schauen Sie sich um: Nichts hat die Kugel berührt! Es gibt keinen Spieler, der einen Stoß ausgeführt hat, keine andere Kugel, die diese Kugel in Bewegung gesetzt hat und auch keinen starken Windstoß o. ä., der dafür verantwortlich sein könnte. Sie wollen der Sache auf den Grund gehen und schauen sich den Billardtisch und die Kugel näher an. Vielleicht steht der Tisch schief oder es gibt einen magnetischen Mechanismus im Tisch, der die Kugel auf einmal angezogen hat? Oder in der Kugel ist ein kleiner Motor, der für den Antrieb gesorgt hat? Doch auch nachdem Sie den Tisch auseinandergebaut und die Kugel zersägt haben, können Sie das Geheimnis nicht lüften – die Kugel scheint einfach so, ohne irgendeine Ursache, losgerollt zu sein. Aber: Das kann doch nicht sein, oder? Jedes Ereignis muss doch eine Ursache haben – sonst träte es ja nicht ein!

Was meinen Sie? Muss es eine von Ihnen bisher nicht entdeckte Ursache dafür geben, dass die Kugel in Bewegung geriet? Oder passieren Dinge auch manchmal, ohne dass es für sie eine Ursache gibt?

Dieses Gedankenexperiment zielt auf Ihre Intuition ab, dass es in der Welt mit rechten Dingen zugeht und es natürlich eine Ursache für die Bewegung der Billardkugel geben muss. Diese Kugeln fan-

[1] Dieses Gedankenexperiment übernehmen wir in leicht abgewandelter Form von Bossart 2014, 170.

gen nicht einfach an zu rollen, ohne dass sie durch irgendeine Kausalkraft in Bewegung gesetzt wurden – es gibt keine Ereignisse, die nicht auch Ursachen haben. In der Welt herrscht überall das Prinzip von Ursache und Wirkung: Jede Wirkung muss eine Ursache haben.

Dieses Prinzip ist der Ausgangspunkt des berühmten kosmologischen Gottesbeweises. Dieser fragt, was passiert, wenn man eine Ursachenkette immer weiter zurückgeht und kommt zu folgender Antwort: Wenn jedes Ereignis eine Ursache hat, dann muss diese Ursache wieder eine vorgelagerte Ursache haben und diese wiederum eine vorgelagerte Ursache etc. Wenn es nun aber keine plausible Auffassung ist, dass die Kette der Ursachen einfach unendlich zurückläuft, dann müssen alle Ursachenketten einen Anfang, eine erste Ursache haben. So wie eine sehr lange Kette von Dominosteinen, bei denen der nächste fallende Stein durch den vorhergehenden fallenden Stein umgeworfen wird, nur denkbar ist, wenn es irgendwo einen ersten Stein gegeben hat, der von außen umgeworfen wurde, so ist auch die unvorstellbar lange Kette von Ursachen, die die Geschichte unseres Universums bildet, nur denkbar, wenn irgendwo etwas oder jemand die erste Ursache war. Und diese erste Ursache wird in kosmologischen Gottesbeweisen dann mit Gott identifiziert.

Kosmologische Gottesbeweise sind also Argumente, die aus bestimmten ‚kosmologischen' Prinzipien die Existenz Gottes beweisen möchten. Es handelt sich um *aposteriorische* Gottesbeweise, die auf bestimmte Erfahrungen angewiesen sind. Bedeutende Vertreter dieses Gottesbeweises sind Aristoteles, Al-Ghazali, Moses Maimonides, Thomas von Aquin und Gottfried Wilhelm Leibniz. Es gibt verschiedene Spielarten kosmologischer Gottesbeweise, auf deren Besonderheiten wir hier nicht eingehen müssen. Die Grundidee ist nämlich bei allen Spielarten die Gleiche, da sie auf das Prinzip der Verursachung zurückgeht: Wenn gilt, dass alles eine Ursache hat und die Kette der Ursachen nicht unendlich sein kann, dann muss es eine erste Ursache aller innerweltlichen Kausalprozesse geben. Das ‚schlechthin Notwendige' bzw. die ‚erste Ursache' wird vom kosmologischen Argument dann mit Gott identifiziert. Thomas von Aquin verteidigt diesen auf dem Prinzip der Kausalität aufbauenden Gottesbeweis in seinen berühmten *quinque viae*, also den fünf Wegen, Gott zu beweisen, die an den Anfang seines

Hauptwerks *Summa Theologiae* gestellt werden. Der zweite dieser fünf Wege geht explizit auf den Begriff der Ursächlichkeit ein: Unsere Erfahrung zeige uns, dass alles, was existiert, auch eine Ursache habe. Zugleich sei es aber ausgeschlossen, dass die Kette der Ursachen ins Unendliche zurückgehen könne – es müsse irgendwann eine Art Initialzündung gegeben haben, die die Kette der Ursachen angestoßen habe. Woher sonst solle die kausale Kraft kommen, die die Ketten von Ursachen und Wirkungen durchziehe? Daher schließt Thomas den Beweis mit der Schlussfolgerung ab: „Also ist es notwendig, irgendeine Wirkursache als die erste anzusetzen, und diese nennen alle Gott." (Thomas von Aquin: STh I, q. 2 a.3)

Man kann die Grundidee kosmologischer Gottesbeweise in einem Bild auszudrücken versuchen: Stellen Sie sich vor, dass Sie einen fahrenden Zug beobachten, der kein Ende zu haben scheint. (Vgl. Bossart 2014, 172) Ein Waggon zieht den hinter ihm fahrenden Waggon, der wiederum den Waggon hinter ihm zieht und so weiter. Drei mögliche Erklärungen scheiden aus: Es ist, erstens, nicht möglich, dass die Reihe von Waggons irgendwo einfach aufhört, ohne dass eine Lokomotive oder sonstiger Antriebswagen an sie angekoppelt ist. Irgendetwas muss die Waggons ja anschieben, da sich Eisenbahnwaggons nicht einfach so in Bewegung setzen. Zweitens scheint auch die Möglichkeit, dass der Zug in Wahrheit im Kreis fährt und der allererste Waggon mit dem allerletzten wieder verbunden ist, keine gute Lösung – denn dies erklärt ja nicht, warum der Zug überhaupt fährt und nicht einfach in Kreisform still steht. Drittens scheint es auch nicht möglich zu sein, dass der Zug wirklich unendlich ist – irgendwo muss es einen Anfang des Zuges, eine Lokomotive geben, die die initiale Kraft von Waggon zu Waggon weitergibt. In theologischer Sprache: Weder überzeugt der dogmatische Abbruch der Ursachenkette noch die Flucht in einen Zirkel noch der unendliche Regress. Die Intuition ist klar: Es muss eine Lokomotive geben, die zwar vielleicht gerade außer Sichtweite sein mag, die aber den einzelnen Waggons die Schubkraft verleiht. Ist Gott also die Lokomotive, die das Universum anschiebt?

Der intuitive Reiz kosmologischer Argumentationsformen liegt auf der Hand, da sie eine Antwort auf eine der Urfragen der Menschheit zu geben vermögen: Woher kommt eigentlich das Universum? Auch wenn diese metaphysische Frage in den letzten Jahrhunderten zunehmend an die Physik ‚outgesourct' wurde, bleibt trotz der elaboriertesten physikalischen Theorien zur Entstehung des Universums das Unbehagen bestehen, ob zum Beispiel mit einer Urknalltheorie diese Frage hinreichend beantwortet ist. Denn in der Frage nach dem Ursprung von allem geht es nicht nur um eine naturwissenschaftliche Erklärung des immanenten Entstehungsprozesses des Universums, sondern immer auch um eine Klärung der Stellung des Menschen im Kosmos und den Sinn von Seiendem als solchem, und dies sind keine empirisch zu beantwortenden, sondern metaphysische Fragen.

Zugleich wird der starke Anspruch einer Beweisbarkeit Gottes aus einer kosmologischen Argumentationsform heutzutage nur noch selten vertreten. Das Hauptproblem kosmologischer Gottesbeweise besteht darin, dass gegen die in Anspruch genommenen metaphysischen Prinzipien gewichtige Einwände vorliegen. Zunächst ist nicht klar, warum eine in die Vergangenheit reichende, ununterbrochene Kette von zureichenden Gründen ausgerechnet bei Gott stoppen sollte. Man könnte ja weiterfragen, ob nicht auch Gott einen zureichenden Grund braucht – warum sollte ausgerechnet hier das Ursache-Wirkungs-Prinzip nicht mehr gelten? Wenn man aber wiederum eine Ursache für Gott angeben würde, dann würde der Regress des Fragens nach dem zureichenden Grund unendlich werden, denn man könnte ja wiederum nach der Ursache für Gott fragen und wiederum nach der Ursache für die Ursache für Gott usw. Alternativ könnte man sagen, dass die erste Ursache sich selbst erschaffen hat und keine Ursache hat – aber dies käme einem dogmatischen Abbruch gleich, da das Prinzip von Ursache und Wirkung an einer willkürlich scheinenden Stelle dann doch nicht mehr gelten würde.

Zweitens scheint auch das in Anspruch genommene Prinzip von Kausalität fragwürdig zu sein. Das sogenannte *metaphysische Kausalitätsprinzip* wurde von David Hume und Immanuel Kant wirkmächtig kritisiert. Hume zeigt auf, dass die Annahme einer *notwendigen Verknüpfung* von Ursache und Wirkung letztlich auf ein Bedürfnis der menschlichen Vernunft zurückzuführen ist. Wir Menschen behaupten kausale Zusammenhänge, um die Welt zu verstehen, aber es gibt keine Kausalität als solche in der Welt. Dort gibt es nur regelmäßig aufeinanderfolgende Ereignisse. Diese Regularitäten können wir beobachten, aber zu behaupten, dass diese in bestimmten Verhältnissen von Ursache und Wirkung stehen, ist etwas, das aus unserem Verstand stammt.

Kant führt Humes Gedanken fort und wendet gegen ein metaphysisches Kausalprinzip ein, dass Kausalität eine ‚Kategorie des menschlichen Verstandes' ist. Das bedeutet, dass kausale Zusammenhänge nicht ‚an sich' in der Welt existieren, sondern das Erkenntnissubjekt aufeinanderfolgende Weltzustände mit Hilfe der Annahme von Kausalität *deutet*. Kausalität ist kein Ding in der Welt, sondern ein Mittel, mit dem sich Erkenntnissubjekte einen Reim auf Vorgänge in der Welt machen. Kausalität gibt es nicht, so wie es Steine, Hunde oder Schokolade gibt; vielmehr ist Kausalität eine Interpretationskategorie des menschlichen Verstandes. Es ist also gar nicht ohne Weiteres klar, was im kosmologischen Gottesbeweis mit der unscheinbar scheinenden Vorannahme ‚Jedes Ereignis hat eine Ursache' gemeint sein kann.

Das dritte Problem des kosmologischen Arguments besteht darin, wie es vom Nachweis der Existenz einer ‚ersten Ursache' oder von etwas ‚schlechthin Notwendigem' zur Existenz Gottes kommen möchte. Die erste Ursache oder das schlechthin notwendig Existierende könnten ja auch einfach andere natürliche Prozesse sein. Dieser Sprung von ‚erster Ursache' zu ‚christlicher Gott' versteckte schon Thomas, wie gesehen, in der nonchalanten Schlussfolgerung ‚und diese nennen alle Gott'. Vielleicht stimmte das zu Thomas' Lebzeiten, aber heutzutage kämen wohl diverse Alternativen in Frage, was noch als ‚erste Ursache' zählen könnte. Selbst wenn kosmologische Argumente also belegen, dass nichts aus nichts entsteht, beweisen sie nicht in einem strikten Sinn die Existenz Gottes.

Trotz dieser Probleme lohnt sich theologisch die Beschäftigung mit kosmologischen Gottesbeweisen. Wie Fana Schiefen zeigt, haben sie insbesondere zwei zentrale Funktionen, nämlich eine religionskritische und eine integrative Funktion. (Vgl. Schiefen 2022, 45–71) Die *religionskritische Funktion* kosmologischer Argumente zeigt sich in vielen Transformationsschüben, die sie ausgelöst haben. Sie berühren ja nicht nur die Fragen nach der Existenz Gottes und der menschlichen Freiheit, an diesen Gott zu glauben, sondern auch nach den Eigenschaften Gottes, seiner Schöpfermacht oder seiner innerweltlichen Handlungsfähigkeit. Und gerade in ihrem Scheitern können kosmologische Argumente interne Religionskritik sein, indem sie zeigen, wie Gott nicht gedacht werden kann –

zum Beispiel als Überformung einer physikalischen Theorie wie der Urknalltheorie.

Die *integrative Funktion* kosmologischer Argumente zielt auf ihre Fähigkeit, die Erkenntnisse der empirischen Wissenschaften, der Metaphysik und der Theologie miteinander zu verzahnen. Es geht dabei nicht zwingend um eine ‚theory of everything', eine Theorie über alles, sondern zunächst einmal viel bescheidener um bestimmte Kohärenzen: Der christliche Glaube sollte nichts behaupten, das im Widerspruch zu gesicherten wissenschaftlichen Erkenntnissen steht. Nicht der Beweis der göttlichen ersten Ursache kann dann angezielt werden, aber durchaus ein vertieftes Verständnis des Verhältnisses von Gott und Welt: „So steht die Reflexion des Gott-Welt-Verhältnisses bei kosmologischen Plausibilisierungsversuchen im Zentrum. Sie stellen uns vor die große Herausforderung, Gottes Wirklichkeit so zu denken, dass er weder vollkommen losgelöst von der Welt sein kann, noch auf eine simple Erklärung eines noch nicht gelösten Zusammenhangs reduziert werden darf." (Schiefen 2022, 65 f.)

Kommen wir zurück zum Gedankenexperiment, dessen Intuition völlig klar ist: Natürlich fangen Billardkugeln nicht einfach auf magische, unverursachte Art und Weise an, sich zu bewegen. Es ist sinnvoll, hier nach einer kausalen Erklärung zu suchen. Allerdings würde man diese Intuition überstrapazieren, wenn man daraus schon ableiten würde, dass notwendig eine erste göttliche Ursache existieren muss, die die innerweltlichen Ursache-Wirkungs-Ketten angestupst habe. Aus dem Satz ‚Für alles gibt es eine Ursache' folgt nicht ‚Es gibt eine erste Ursache für alles'. (Vgl. Schiefen 2022, 65) Der Nachweis der Vernunft des Glaubens ist nicht darauf angewiesen, eine göttliche Erstursache als Schlussstein einer umfassenden Kosmologie zu beweisen. Im Gegenteil wäre es sogar problematisch, Gott beweisen zu können, da dies den Glauben in ein Wissen transformieren und den Glauben an Gott zu einer Frage der Klugheit, nicht aber der Freiheit und Liebe würde. In den Worten Klaus von Stoschs: „Da Gott nach dem christlichen Zeugnis allein mit den Mitteln der Liebe versucht, uns für ihn zu gewinnen, ist der Versuch eines Beweises seiner Existenz von vornherein inadäquat. Sie würde den Glauben von einem Akt der Liebe in einen des Wissens umwandeln." (Stosch 2017a, 198)

Die Vernunft des Glaubens an einen Gott, der die Liebe ist und der daher auf die freie Zustimmung des Menschen setzt, wäre durch einen Beweis der Existenz Gottes also gerade gefährdet. Der Glaube an Gott ist eine lebenspraktische Interpretation der eigenen Existenz, der viel von der praktischen Plausibilität dieser Deutung zehrt und nicht so sehr von einer erfolgreich formulierten Kosmologie. In den Worten des Philosophen Volker Gerhardt: „Nur der nicht beweisbare Gott kann eine existenzielle Herausforderung für den Menschen sein. […] Tatsächlich kann Gott nur dadurch, dass er keine feste Größe des Wissens ist, zu einer praktisch wirksamen Macht des Daseins werden." (Gerhardt 2002, 289) Daher sollten Sie unbedingt nach der versteckten Kausalursache suchen, wenn eine Billardkugel von alleine loszurollen scheint – in der Welt geht es mit rechten Dingen zu, und Billardkugeln rollen nicht einfach so los! Zugleich sollten Sie nicht darauf setzen, dass die dahinterstehenden Prinzipien die Existenz Gottes im strengen Sinne beweisbar machen – es könnte sein, dass Sie an der falschen Stelle nach guten Gründen für den Glauben suchen.

Literatur zum Weiterlesen

Buchheim, Thomas u.a. (Hg.): Gottesbeweise als Herausforderung für die moderne Vernunft, Tübingen 2012. *[Umfassender Sammelband, der sowohl kritische als auch affirmative Stimmen zu den Gottesbeweisen sammelt und ihre Implikationen für das Projekt einer rationalen Theologie der Gegenwart beleuchtet]*

Göcke, Benedikt/Knapp, Markus (Hg.): Gotteserkenntnis und Gottesbeweis. Philosophische und theologische Zugänge, Freiburg i.Br. 2022. *[Sammelband mit kritischen Stimmen zum Projekt der Gottesbeweise und einigen Versuchen ihrer Reaktivierung]*

Müller, Klaus: Gott erkennen. Das Abenteuer der Gottesbeweise, Regensburg 2001. *[Gut zugängliche Einführung in die Logik und Kritik der verschiedenen Gottesbeweise]*

I.6 Das Leben als Lotterie. Oder: Warum Immanuel Kant den Glauben an Gott in der Praxis verortet

Wie wir gesehen haben, haben weder der ontologische noch der kosmologische Gottesbeweis die Existenz Gottes im strikt logischen Sinne beweisen können. Theologisch ist das gut begründbar: Ein Gott der Freiheit, der die Liebe der Menschen sucht, würde durch einen Gottesbeweis die Freiheit des Menschen, sich für oder gegen den Glauben an ihn zu entscheiden, aufheben. Zudem folgt aus dem Scheitern der Gottesbeweise keineswegs, dass es keine guten und vernünftigen Gründe für die Vernunft des Glaubens geben kann. Dies zeigt sich exemplarisch im Werk Immanuel Kants: Einerseits ist er einer der wichtigsten und wirkmächtigsten Kritiker des ontologischen und des kosmologischen Gottesbeweises – seine Kritik an den klassischen Gottesbeweisen beeindruckte seine Zeitgenoss:innen so sehr, dass ihn Moses Mendelssohn den ‚Alleszermalmer' nannte. Andererseits ist dieses Etikett aber irreführend, da auch Kant ein höchst interessantes Argument für die Vernünftigkeit des Glaubens an Gott vorlegt – zwar nicht im Sinne eines theoretischen Beweises, aber im Sinne einer Forderung der praktischen Vernunft. Um diesen Gedanken zu verstehen, schauen wir uns zunächst eine Lotterie an ...

Nehmen wir einmal an, dass Sie als Aufsichtsperson für eine Lotterie beauftragt werden: Sie sollen prüfen, dass niemand schummelt, betrügt oder unlautere Mittel einsetzt, um die eigenen Gewinne zu maximieren. Schnell fällt Ihnen auf, dass viele Teilnehmer:innen an der Lotterie sich aber überhaupt nicht an die Regeln halten: Einige versuchen, schon im Vorfeld die nächsten Gewinnzahlen herauszufinden, indem sie das entsprechende Gerät manipulieren, andere halten interessierte Teilnehmer:innen gewaltsam von der Tippabgabe ab, wieder andere versuchen, die Gewinne aus dem Büro der Lotterieleitung zu stehlen. Die vielen anderen Teilnehmer:innen, die keine Schummeleien versuchen, gewinnen dementsprechend kaum etwas – sie spielen nach den Regeln, aber gegen die miesen Tricks ihrer Kontrahent:innen haben sie nur selten eine Chance. Manchmal ist das Glück auf ihrer Seite, aber die meiste Zeit wird der Jackpot zwischen denen aufgeteilt, die manipulieren und betrügen. Aufgebracht laufen Sie zur Chefin der Lotterie und berichten von ihren Beobachtungen. Die zeigt sich aber völlig desinteressiert und sagt: „So ist das Leben nun einmal. Nicht immer bekommen diejenigen, die nach den Regeln spielen, das größte Glück – und oft setzen sich diejenigen durch, die die Stärkeren und Skrupelloseren sind. Warum sollte ich also versuchen, das zu verhindern? Jetzt gehen Sie zurück auf Ihren Platz und akzeptieren die Realität!" Sie sind völlig verdattert: Das kann doch nicht richtig sein! Diejenigen, die sich als eines Gewinnes würdig erweisen, weil sie sich moralisch verhalten und die Gebote der Fairness beachten, sollten doch auch diejenigen sein, die den Gewinn bekommen!

Was meinen Sie: Ist es akzeptabel, dass das individuelle Glück offensichtlich total unfair verteilt wird? Darf es sein, dass diejenigen, die nicht nach den Regeln spielen, ungestraft große Gewinne abräumen?

Die meisten Personen – wahrscheinlich auch Sie – haben hier die Intuition, dass die geschilderte Situation natürlich eine himmelschreiende Ungerechtigkeit beschreibt. Es wäre viel gerechter, wenn diejenigen, die sich bemühen und anstrengen, um nach den Regeln zu spielen, auch diejenigen wären, die belohnt würden. Dieser Sinn für Fairness und Gerechtigkeit ist tief im Menschen verankert – und zugleich ist der Zustand der Welt so, dass es oft nicht fair und gerecht zugeht.

Nun halten Sie diese Beobachtung des Auseinanderklaffens von moralischem Verhalten und Glück vielleicht für nicht besonders spektakulär. Für Immanuel Kant ist diese Beobachtung jedoch ein einziger großer Skandal – und er hält das Problem für so relevant, dass er an dieser Beobachtung sein wichtigstes Argument für die Vernunft des Glaubens an Gott festmacht: Auch wenn die Existenz Gottes auf theoretischer Ebene weder bewiesen noch widerlegt werden kann, ist es unsere moralische Praxis, die auf die Existenz Gottes verweist und nur dann sinnvoll sein kann, wenn sie im Modus der Hoffnung auf die Existenz Gottes setzt. Doch der Reihe nach, denn Kants Argument ist ziemlich kompliziert. Daher teilen wir es in drei Argumentationsschritte ein.[1]

Der erste Schritt in der Argumentation besteht zunächst in der Diagnose, dass sowohl moralisches Verhalten als auch das Streben nach Glück Gebote der Vernunft sind: Einerseits spüren wir im Innersten moralische Ansprüche und Pflichten,[2] und andererseits ist es vernünftig, nach persönlichem Glück zu streben.[3] Beides geht aber nicht immer zusammen – das ist ja schon die Beobachtung, die wir in unserem Gedankenexperiment machen konnten: Moralisches Verhalten führt nicht immer zu individuellem Glück, und umgekehrt kann unmoralisches Verhalten manchmal zu Glück führen. In der Terminologie Kants: Wer eine moralische Gesinnung hat, erweist sich als des Glückes würdig; aber nicht jeder, der glückswürdig ist, erreicht auch den Zustand der Glückseligkeit.

Dieses Auseinanderfallen von Glückswürdigkeit und Glückseligkeit kann man natürlich an großen moralisch relevanten Weggabelungen des Lebens festmachen, aber auch im Kleinen: Vielleicht ist man genervt davon, schon wieder die Großmutter im Altenheim besuchen zu sollen – sicher wäre das eine moralische Tat, aber man könnte ja genauso gut mit der besten Freundin ins Kino gehen und einen schönen Abend verleben. Vielleicht sieht man am Monatsende auf dem Weg in die Bar einen Obdachlosen, der dringend Geld braucht, um sich etwas zu essen zu kaufen – sicher wäre es sehr moralisch, wenn man ihm das letzte eigene Geld für diesen Monat gäbe, aber der Abend in der Bar wäre damit abgeblasen. Vielleicht beobachtet man eines Tages, wie ein guter Freund eine andere Person in einer wichtigen Angelegenheit betrügt – sicher wäre es moralisch, die Sache aufzuklären und einen Betrug aus der Welt zu schaffen, aber man verlöre damit einen guten Freund, mit dem man viel gute Zeit verbringt. Die Liste dieser Beispiele ließe sich endlos fortsetzen. Der springende Punkt ist: Häufig sind diejenigen, die sich moralisch verhalten, die Gelackmeierten; und

---

[1] Vgl. für eine ausführliche Rekonstruktion des kantischen Gedankengangs auch Breul 2022a, 79–104.

[2] Kant bezeichnet das Sittengesetz als „ein Faktum der reinen Vernunft, welches wir uns a priori bewusst sind." (Kant 2003 (1788), AA V, 47).

[3] Vgl. Kant 2003 (1788), AA V, 25: „Glücklich zu sein, ist notwendig das Verlangen jedes vernünftigen aber endlichen Wesens, und also ein unvermeidlicher Bestimmungsgrund seines Begehrungsvermögens."

diejenigen, die skrupellos ihre eigenen Interessen durchsetzen, die Gewinner. Die, die es verdient hätten, glücklich zu sein, sind es oft nicht – und die, die es nicht verdient hätten, sind es.

Der zweite Argumentationsschritt besteht nun darin, die große Reichweite dieses Problems herauszustellen. Kant bezeichnet dieses Problem gar als „Antinomie der praktischen Vernunft" (Kant: KpV, AA V, 113). Eine Antinomie ist ein Widerspruch zweier Sätze, die aber für sich genommen jeweils gültig sind. In unserem konkreten Fall lautet die Antinomie der praktischen Vernunft: Die Moral verlangt den konsequenten Einsatz dafür, die Welt zu einem humaneren, besseren Ort zu machen – und doch kann sie im Diesseits nicht anders als zuzugestehen, dass am Ende nur Tod und Vernichtung stehen und nichts an moralischem Handeln etwas auf Dauer gut werden lässt. Welchen Sinn hat also moralisches Handeln? Wäre es nicht besser, entschieden das eigene Glück zu verfolgen und dem eigenen Willen zur Macht nachzugehen, anstatt sich mit den Ansprüchen der Moral herumzuschlagen? Andererseits lässt sich die Moral aber nicht einfach ‚abschalten' – in vielen Fällen ist völlig klar, was der Anspruch der Moral ist, und wir haben ein schlechtes Gewissen und nehmen es Anderen übel, wenn wir bzw. sie diese Ansprüche missachten. Dieses Problem ist keine Lappalie, sondern zielt in das Herz dessen, was es heißt, vernünftig zu sein. Kant erhöht im zweiten Argumentationsschritt also den Einsatz: Wenn es nicht gelingt, das Problem des Widerstreits der Evidenz der Moral auf der einen und der Unmöglichkeit einer vollständigen Erfüllung aller moralischen Ansprüche auf der anderen Seite zu lösen, ist die Sinnhaftigkeit der moralischen Praxis als solche in Gefahr – dann muss „auch das moralische Gesetz [...] phantastisch und auf leere eingebildete Zwecke gestellt, mithin an sich falsch sein." (Kant: KpV, AA V, 114)

Der dritte und entscheidende Argumentationsschritt soll für Kant nun die Lösung dieser Zerreißprobe sein: Er führt eine Perspektive der Hoffnung ein, genauer: Er sagt, dass es aus praktischen Gründen unumgänglich ist, sowohl die Existenz Gottes als auch die Unsterblichkeit der Seele zu postulieren. Ein Postulat versteht Kant dabei als „einen theoretischen, als solchen aber nicht erweislichen Satz [...], so fern er einem a priori unbedingt geltenden praktischen Gesetze unzertrennlich anhängt." (Kant: KpV, AA V, 122) Ein Satz wie ‚Gott existiert' ist offensichtlich zunächst eine theoretische

Aussage – aber wie Kant in seiner Kritik der Gottesbeweise zeigt, ist es unmöglich, über seine Wahrheit oder Falschheit mit den Mitteln der theoretischen Vernunft zu entscheiden. Zugleich ist er aber ein ‚Anhängsel' unserer Praxis: Weil unsere moralische Praxis sinnvoll ist und sie aber nur sinnvoll sein kann, wenn es eine Perspektive dauerhafter rettender Gerechtigkeit gibt, sind wir aus Gründen praktischer Vernunft berechtigt, an die Existenz Gottes zu glauben. Doch nicht nur der Glaube an einen Akteur, der die dauerhafte Synthese von Glückswürdigkeit und Glückseligkeit herstellen kann, ist ein Postulat der praktischen Vernunft – sondern auch die Unsterblichkeit der Seele, da es eines Subjekts bedarf, für den diese Glückseligkeit hergestellt werden kann. Auch wenn es unmöglich ist, zu *wissen*, dass Gott existiert, so legen die Sinnerfahrungen unserer Lebenspraxis es nahe, dass es vernünftig ist, an ihn zu *glauben*. In den Worten Saskia Wendels:

> „Der Glaube ist habitueller, nicht aber rechtfertigender Grund ethischer Überzeugungen; er geht diesen nicht begründend voran, sondern geht in gewisser Hinsicht aus ihnen hervor. [...] Theologisch ist diese Perspektive Kants insofern bedeutsam, als sie Religion und Glaube strikt von der Praxis her denkt: Es geht [...] um die Lebensführung endlicher Existenz und um ein Heilsversprechen, auf das sie vernünftigerweise vertraut, um die Sehnsucht nach Recht und Gerechtigkeit, nach allumfassender Versöhnung." (Wendel 2021, 138 f.)

Es ist hier wichtig zu sehen, dass Kant mit seiner Postulatenlehre keinen Gottesbeweis im klassischen Sinne vorlegt, sondern den Glauben an Gott als eine ‚Forderung der Vernunft' versteht: Wenn wir unserer moralischen Praxis Sinn zuschreiben möchten, dann erfordert diese Zuschreibung die Annahme der Existenz Gottes und der Unsterblichkeit der Seele. Beides ist damit nicht in einem theoretischen Sinne bewiesen – wir *wissen* nicht, dass Gott existiert oder die Seele unsterblich ist. Aber unsere Praxis berechtigt uns dazu, darauf zu hoffen und mit guten Gründen daran zu *glauben*. Diese Funktion seines Arguments macht Kant ganz klar:

> „Dieses moralische Argument soll keinen objektiv-gültigen Beweis vom Dasein Gottes an die Hand geben, nicht dem Zweifelgläubigen beweisen, daß ein Gott sei; sondern daß, wenn er moralisch konsequent denken will, er die Annehmung dieses Satzes unter die Maximen seiner praktischen Vernunft aufnehmen müsse. – Es soll damit auch nicht gesagt werden: es ist zur Sittlichkeit notwendig, die Glückseligkeit aller

> vernünftigen Weltwesen gemäß ihrer Moralität anzunehmen; sondern: es ist durch sie notwendig. Mithin ist es ein subjektiv, für moralische Wesen, hinreichendes Argument." (Kant: KU, AA V, 450 f.)

Theologisch ist dieses Argument breit diskutiert worden, und es ist durchaus auf Kritik gestoßen – so fragt beispielsweise Thomas Pröpper an, ob Religion in Kants Ansatz nicht zu einem bloßen Wurmfortsatz der Moral werde und es zu einer „moralischen Reduktion" (Pröpper 2011, 447) des Religiösen komme. Die Stoßrichtung der Kritik ist dabei völlig verständlich: Es klingt so, als ob Religion für Kant lediglich die Funktionsbedingung der Moral wäre. Das aber wäre eine Engführung: Es geht in Religionen nicht nur um die Frage ‚Warum moralisch sein?', sondern vielmehr um eine existenziell tragfähige Deutung der letzten Wirklichkeit, die in der kantischen Frage „Was darf ich hoffen?" zum Ausdruck kommt. Moralität ist ein Teil, aber nicht zwingend der Kern dieser Deutung.

Zugleich gibt es in der gegenwärtigen Theologie eine Reihe von Fortschreibungen des kantischen Arguments, die den grundlegenden Gedanken aufnehmen und modifizieren. Insbesondere eine Verknüpfung mit der Existenzphilosophie und der Kritischen Theorie bietet sich an, da beide im 20. Jahrhundert die existenzielle Situation des Menschen in den Blick nehmen und einen besonderen Fokus auf die Frage legen, was eigentlich den ‚Opfern der Geschichte' bleibt, also denen, die sich für eine bessere Welt eingesetzt haben und dabei aber auf der Strecke geblieben sind. Vielleicht ist es nicht primär die moralische Praxis, die das Postulat Gottes motiviert, sondern diese Frage: Können wir in der Gegenwart glücklich sein, wenn unser Glück auf dem Leid und dem Opfer vorhergehender Generationen aufgebaut ist und wir keine Perspektive für die Rettung dieser Opfer haben außer der Erinnerung an ihre Taten? Oder müsste nicht gerade aus dieser Verstrickung heraus die Postulatenlehre fortgeschrieben werden zu der Forderung, dass „der Tod nicht das Ende der Gültigkeit jenes Lebens setzt, an dem ich mich verschuldet habe [und dass] einmal die Möglichkeitsbedingungen von Vergebungsbitte und Verzeihung gegeben sein werden" (Tappen 2021, 155)?

Diese Verknüpfung von Postulatenlehre und existenzieller Situation des Menschen bietet sich an, um die moralische Engführung der Postulatenlehre im kantischen Original zu überwinden.

Der Glaube an eine Rettung über den Tod hinaus ist mehr als eine leerlaufende Sehnsucht, sondern eine Implikation unserer Praxis, wie Pröpper herausstellt:

> „Kann man den Gedanken der Vernichtung, der definitiven Vernichtung eines Menschen (zumal eines unschuldigen) denn wirklich ernsthaft vollziehen und weiterhin – als Mensch leben? Kann man es anders, als dass man diesen Gedanken im selben Augenblick, wo man ihn fasst, auch schon abdrängt und wieder vergisst? Und darf man ihn überhaupt vollziehen – ‚dürfen' streng moralisch verstanden? [...] Gibt es somit überhaupt eine andere Möglichkeit entschiedener Treue zu den Gestorbenen und Vernichteten, als für sie zu beten, d.h. in ihrem Namen Gott anzurufen?" (Pröpper 2011, 784 f.)

Es ist also weniger die moralische Praxis des Menschen als vielmehr seine existenzielle Situation, die ihn dahin drängt, den Tod nicht als letztes Nein zum Leben zu akzeptieren. Wieder gilt hier: Es wird nicht beweisbar sein, dass nicht der Tod des Menschen, sondern die Liebe Gottes das letzte Wort haben wird. Aber unsere alltägliche Praxis legt nahe, dass wir diese Annahme beständig unterstellen, da unsere Praxis in der Regel nicht vom Gefühl getragen ist, dass alles, was wir tun, zur Absurdität des Daseins beiträgt. Noch einmal Wendel:

> „Bei Kant deutet sich an, was später etwa in Walter Benjamins geschichtsphilosophischen Thesen durchschimmern wird: die Frage danach, was mit den Opfern der Geschichte, den ‚Toten und Zerschlagenen' geschieht. [...] Es geht also nicht nur um eine moralische Anforderung, die letztlich immer eine Überforderung darstellen muss, sondern um die existenzielle Situation des Daseins überhaupt, die genau besehen das Gefühl des Absurden (Camus) bzw. der Verzweiflung (Kierkegaard) hervorrufen kann." (Wendel 2021, 143 f.)

Der religiöse Glaube eröffnet eine Perspektive einer nachhaltigen Gerechtigkeit und stiftet damit Hoffnung auf eine gelingende Zukunft – und diese Hoffnung ist Bedingung für moralisches Handeln, denn halte ich das Leben des Einzelnen ohnehin für gleichgültig und die Zukunft zumindest *in the long run* ohnehin für verloren, ist jeglicher Akt der Weltverbesserung ein im Ende sinnloser Akt. Daher ist der religiös deutbare Begriff der *Hoffnung* ein Kernbegriff der Moral. Mit Onora O'Neill gesprochen: „Kant will nicht nur zeigen, dass das Fehlen von Hoffnung aus psychischen Gründen schwer zu ertragen ist, sondern dass es schlichtweg eine

Inkohärenz darstellt – es sei denn, dass das Handeln und die Moral als solche aufgegeben würden." (O'Neill 2003, 104) Damit ist keine theoretische Gewissheit herstellbar: Wir wissen Kant zufolge nicht, ob Gott existiert. Aber wir haben ein Argument an der Hand, das die praktische Vernunft des Glaubens nahelegt. Es ist die „Idee eines universalen, versöhnten Glücks" (Rediker 2021, 376), die die Triebfeder von Kants Argument für die Existenz Gottes ist – und damit liegt ein Argument vor, dass jenseits theoretischer Spekulationen über die Beweisbarkeit von Gottes Existenz eine Begründung des Gottesglaubens aus der konkreten menschlichen Lebenspraxis und Erfahrungswelt formuliert.

Kommen wir zurück zum Gedankenexperiment: Für Kant ist klar, dass es völlig unmoralisch ist, bei der Lotterie zu betrügen und große Gewinne abzuräumen, während die ehrlichen Teilnehmer:innen leer ausgehen. Zugleich verschließt er nicht die Augen vor der Realität: Er weiß, dass es im echten Leben oft so zugeht – die Ansprüche der Moral und das Streben nach Glück fallen oft auseinander; ja vielleicht sind sie von Zeit zu Zeit sogar Gegner. Wenn Sie nun nicht die Vernünftigkeit der Moral aufgeben möchten – und das wäre für Kants Philosophie der Todesstoß – dann bleibt Ihnen eigentlich nur, auf die Aufhebung des Widerstreits von Moral und Glückseligkeit zu hoffen. Offensichtlich ist dies aber nichts, was vollständig im Diesseits hergestellt werden kann. Daher eröffnet die moralische Praxis des Menschen einen Raum, um diese Praxis als auf Gott ausgerichtet zu verstehen. Gott ist dabei nicht für die Begründung der Moral relevant – Kant verteidigt eine Moral, die allein auf die Vernunft des Menschen setzt. Aber aus der Tatsache, dass viele Menschen Moral für sehr wichtig halten, lässt sich folgern, dass sie (mindestens implizit) die Existenz Gottes als Instanz einer jenseitigen rettenden Gerechtigkeit voraussetzen. Für Kant gilt: Nicht die Religion führt zur Moral, aber die Moral führt zur Religion.

Mit Blick auf die Lotterie aus unserem Gedankenexperiment würden wir daher vermuten: Sie würden nicht mehr lange als Aufsichtsperson tätig sein, wenn Sie sehen würden, dass Ihre Beschwerden nichts fruchten – und erst recht würden Sie bei diesem abgekarteten Spiel nicht selbst mitspielen wollen. Sie würden wahrscheinlich nur dann mitspielen, wenn Sie wüssten, dass eine faire und gerechte Durchführung der Lotterie gewährleistet ist. Mit

Kant gesprochen vertrauen Sie auch hier auf eine – in diesem Fall rein innerweltliche – Instanz der Gerechtigkeit, ohne die die Praxis des Lotteriespiels nicht sinnvoll wäre. Für Kant gilt das Gleiche für das Leben im Ganzen: Wir spielen das Spiel des Lebens und achten auf Fairness, Gerechtigkeit und Moral, weil wir darauf vertrauen, dass sich diese Praxis als im Ende sinnvoll herausstellen wird. Diese umfassende Sinnhaftigkeit können Menschen aber nicht herstellen – und daher nehmen wir mit jeder moralischen Handlung Sinnunterstellungen vor, indem wir die Möglichkeit Gottes als einer rettenden Gerechtigkeit postulieren.

Literatur zum Weiterlesen

Essen, Georg/Striet, Magnus (Hg.): Kant und die Theologie, Darmstadt 2005. *[Schon etwas älterer Sammelband, der aber viele wichtige Anknüpfungspunkte zwischen Kant und der Theologie markiert]*

Gerhardt, Volker: Immanuel Kant. Vernunft und Leben, Stuttgart 2002. *[Günstige, sehr gut lesbare und leicht zugängliche Einführung in das philosophische Werk Immanuel Kants]*

Gerhardt, Volker/Weber, Matthias/Schepelmann, Maja (Hg.): Immanuel Kant 1724–2024. Ein europäischer Denker, Berlin/München/Boston 2022. *[Interdisziplinäre Blicke auf das Werk und die Wirkungsgeschichte Kants in Kunst, Literatur, Politik und Philosophie, die aufgrund einer Vielzahl von Abbildungen und Kunstwerken sehr greifbar werden]*

Langthaler, Rudolf: Führt Moral unumgänglich zur Religion? Zur Kritik der Kantischen Religionsphilosophie bei Jürgen Habermas – eine Entgegnung, Freiburg/München 2021. *[Sehr textnahe Interpretation der kantischen Religionsphilosophie, die die Postulatenlehre gegen einen ihrer gegenwärtigen Kritiker verteidigt]*

Wendel, Saskia/Breul, Martin: Vernünftig glauben – begründet hoffen. Praktische Metaphysik als Denkform rationaler Theologie, Freiburg i. Br. 2020. *[Systematisch-theologische Fortschreibung von Kants Philosophie zu einer Form ‚praktischer Metaphysik']*

I.7 Mit Liebeskummer ins Kino. Oder: Die Religionskritik der funktionalistischen Großmeister

Die Kritik eines religiösen Daseinsverhältnisses begleitet den Gottesglauben seit frühester Zeit. Wer die Rationalität des Glaubens verteidigen möchte, muss sich diesen herausfordernden Einwänden stellen. Wir bieten dreien der bekanntesten Religionskritikern hier die ganz große Bühne ...

Für das Gedankenexperiment brauchen wir Ihre Mithilfe: Erinnern Sie sich bitte an Ihren letzten Liebeskummer zurück. Gehen Sie in Gedanken zu Ihrem früheren Ich, zu Ihren Gefühlen, Ihren Hoffnungen und Sehnsüchten. Ihr Herz schnürt sich dabei vielleicht ein klein wenig zu, aber lassen Sie das Gefühl – um der Wissenschaft willen – einmal zu. Vielleicht ist die Person Ihrer Träume für Sie unerreichbar, vielleicht wurden Sie emotional verletzt, vielleicht hatten Sie gedacht, dass Ihre Beziehung schon fester gewesen sei, als es sich dann herausgestellt hat, vielleicht gibt es eine Person, die zwischen Ihnen und Ihrer Liebe steht. Die Gründe für Liebeskummer sind ja vielfältig ... Sie werden hoffentlich in der Situation, an die Sie jetzt denken, einen einigermaßen akzeptablen Weg gefunden haben, mit Ihrem Liebeskummer umzugehen, der für alle Beteiligten möglichst wenig Schaden angerichtet hat. In Ihrer verzweifelten Situation haben Sie (hoffentlich!) das Glück einer besten Freundin gehabt, die nicht nur ehrlich mit Ihnen mitfühlt, sondern die für passgenaue Ablenkung sorgt. (An diesem Punkt werden die Gedanken nun experimentell.) Sie müssen dringend auf andere Gedanken kommen! Deshalb lädt Ihre Freundin Sie ins Kino ein. Sie teilen sich eine viel zu große Portion Popcorn und Jumbo-Cola, dazu Tortillas mit Chili-Cheese-Soße, die Sie abwechselnd mit Eiskonfekt in sich hineinstopfen. Ihre Freundin hat eine Schnulze für Sie ausgesucht (irgendetwas nach Art von ‚Bridget Jones' und einer verhinderten Hochzeit in letzter Sekunde oder nach Art von ‚Twilight' und einer Liebe, die eigentlich nicht sein darf ...). Sie heulen Rotz und Wasser – den ganzen Film lang – und Sie lieben es! Sie wissen nämlich ganz genau: Am Ende wartet in Filmen

dieser Art immer ein Happy End. Und so können Sie sich ganz hineinlegen in das Liebes-Drama, das sich vor Ihnen abspielt – und tatsächlich fühlen Sie sich am Ende des Films besser. Bloß: Sie wissen natürlich, dass der Film nur auf die Leinwand projiziert wird und nicht das echte Leben ist.
Nun, die Preisfrage ist natürlich: Warum geht es Ihnen am Ende des Films besser, auch wenn Sie um dessen fiktiven Charakter wissen? (Die Effekte, die auf Zucker, Fett, Tränen und eine gute Freundin an der Seite zurückzuführen sind, lassen wir an dieser Stelle außen vor.)

Entscheidend wird wohl der folgende Mechanismus sein: Ihre Situation der verzweifelt verhinderten Liebe erlaubt es Ihnen, eine tiefe Verbindung zu den Protagonist:innen des Films aufzubauen. Es ist, also würden *Sie selbst* auf der Leinwand auftauchen – mit dem Unterschied, dass Sie dann in einer Szenerie leben, in der Ihre realen Probleme gelöst erscheinen. Die beiden auf der Leinwand finden ja zueinander – am Ende wartet doch ein Happy End! Zu Beginn des Films wissen Sie noch zu genau, dass der Aufprall in der Realität am Abend umso größer sein wird, je mehr Sie sich der Illusion hingeben, die vor Ihnen entworfen wird. Aber zeitweise können Sie den Projektor vergessen, der hinter Ihnen steht und tauchen eben ganz in die Welt ab, in der Ihre Sehnsüchte erfüllt sind. Und was soll's: Es lindert halt wirklich den Schmerz.[1]

Der Mechanismus, der hier beschrieben ist, hat eine verblüffende Ähnlichkeit zur Funktionsweise und zum Wesen von Religion – zumindest, wenn man den Großmeistern der funktionalistischen Religionskritik glaubt. Ludwig Feuerbach hatte die These eingeführt, dass Religion nichts anderes ist als die Projektion menschlicher Wünsche und Sehnsüchte auf ein Wesen außerhalb seiner selbst, das wir dann Gott nennen. Religion ist wie Kino, „nur dass *wir selbst* unwissentlich der Projektor sind, der Inhalte in einen leeren Himmel projiziert“ (Dürnberger 2020, 162) – am Ende des Film- bzw. Lebensabends aber liegen wir alleine im Bett (bzw. im Sarg): Die Idee eines Gottes entpuppt sich am Ende als leere Illusion.

Diese Projektionsthese ist vielfach aufgenommen worden, am prominentesten bei Karl Marx und Sigmund Freud, die sich vor-

[1] Die Idee zu diesem Gedankenexperiment findet sich bei Dürnberger 2020, 162–164.

rangig darin unterscheiden, mit welchem Kummer die Religiösen ins Kino geschickt und welcher Film zum Trost gespielt wird. – Vorhang auf!

Feuerbachs grundlegende Beobachtung ist gar nicht so originell: In den Religionen der Geschichte und Gegenwart mögen sich die Vorstellungen der Götter zwar untereinander unterscheiden, sie haben aber auffallend häufig eine große Ähnlichkeit mit den jeweiligen kulturellen Idealen der Gläubigen. Dieser Anthropomorphismus (d.h. die Tatsache, dass die Götter der Form und Gestalt von Menschen nahekommen) ist einigermaßen verdächtig und legt die Vermutung nahe, dass die Götter die jeweiligen Ähnlichkeiten bloß deshalb aufweisen, weil sie Produkt gerade dieser kulturellen Vorstellungswelten sind. Schon der antike Philosoph Xenophanes hatte diesen Verdacht gar auf die Spitze getrieben:

> „Doch wenn Ochsen oder Löwen Hände hätten oder vielmehr malen könnten mit ihren Händen und Kunstwerke herstellen wie die Menschen, dann würden Pferde pferdeähnlich, Ochsen ochsenähnlich der Götter Gestalten malen und solche Körper bilden, wie jeder selbst gestaltet ist." (Xenophanes 1983, 43)

Feuerbach rückt diesen Gedanken in den Kern seiner Erklärung des Phänomens Religion, das sich eigentümlicherweise trotz der vielfachen theoretischen Widerlegung so hartnäckig hält: Was religiöse Menschen Gott nennen, ist nichts anderes als „das offenbare Innere, das ausgesprochene Selbst des Menschen" (Feuerbach 2006 [1841], 46)[2]. Alle Eigenschaften Gottes entsprechen zu genau den menschlichen Vorstellungen, als dass sie nicht dort ihren Ursprung hätten: „Du glaubst an die Liebe als eine göttliche Eigenschaft, weil du selbst liebst; du glaubst, daß Gott ein weises, ein gütiges Wesen ist, weil du nichts Besseres von dir kennst, als Güte und Verstand; und du glaubst, daß Gott existiert, [...] weil du selbst existierst" (Feuerbach 2006 [1841], 54). Der religiöse Mensch freilich weiß nichts (mehr) von der Herkunft des Göttlichen aus seinen eigenen Vorstellungen (so wie Sie während des Kino-Films vergessen konnten, dass Sie nicht wirklich Bella Swan sind und nicht wirklich mit Edward Cullen zusammenkommen). Wenn aber der Mechanismus

---

[2] Die vielen Hervorhebungen in den Texten Feuerbachs und Marx' haben wir in diesem Kapitel getilgt, um den Lesefluss nicht zu stören.

der Entstehung des Gottesglaubens so einfach zu durchschauen ist – versuchen Sie es selbst einmal! – dann muss es einen Grund für die Projektion geben und eine Funktion angebbar sein, die der gemachte Gott für den Menschen erfüllt. Feuerbach findet den Grund in der spannungsreichen Gegebenheit der menschlichen Sehnsüchte und Ideale, die vom Menschen tatsächlich ersehnt und erstrebt werden, zugleich aber nie vollständig erreicht und von ihm realisiert werden können. Das können Sie wiederum leicht an unserem Gedankenexperiment nachvollziehen: Sie sind ja gerade deshalb ins Kino gegangen, weil die Liebe Ihres Lebens unerreichbar ist. Sie verlieren sich so dankbar in der Illusion, weil Sie lieben wollen – und Ihr Verlangen *zugleich* unerfüllt bleibt. In Gott finden die innersten Wünsche des Menschen also ihre Erfüllung, in ihm finden Sie vollendet, was unter menschlichen Maßstäben stets erstrebt ist, aber immer unvollkommen bleiben muss.

Nun mag es zeitweise erholsam sein, sich von der Wirklichkeit wegzuträumen an einen Ort, an dem unsere innersten Sehnsüchte wirklich erfüllt sind. Bloß birgt es durchaus Gefahren, wenn wir die ausgedachte Wirklichkeit nicht mehr unterscheiden können von der wahren Welt. Diese Gefahr hebt auch Feuerbach hervor, wenn er die Konsequenzen der Gottes-Projektion nachzeichnet: „Die Religion […] ist das Verhalten des Menschen zu sich selbst oder richtiger: zu seinem Wesen, aber das Verhalten zu seinem Wesen als zu einem andern Wesen. Das göttliche Wesen ist nichts andres als das menschliche Wesen oder besser: das Wesen des Menschen […] als ein andres, von ihm unterschiedenes, eignes Wesen." (Feuerbach 2006 [1841], 48 f.) Religionen spalten das Wesen des Menschen. Wer mit sich selbst so spricht, als stünde ein anderer vor ihm, hat offensichtlich ein Problem. Aber nicht nur das: Dadurch, dass das göttliche Gegenüber mit der Erfüllung aller Träume und der Perfektion aller Sehnsüchte identifiziert wird, bleibt der Mensch elend zurück mit aller Unzulänglichkeit, Vorläufigkeit und Imperfektion:

> „Die Religion ist die Entzweiung des Menschen mit sich selbst: er setzt sich Gott als ein ihm entgegengesetztes Wesen gegenüber. Gott ist nicht, was der Mensch ist – der Mensch nicht, was Gott ist. Gott ist das unendliche, der Mensch das endliche Wesen, Gott vollkommen, der Mensch unvollkommen, Gott ewig, der Mensch zeitlich, Gott allmächtig, der Mensch ohnmächtig, Gott heilig, der Mensch sündhaft. Gott und Mensch sind Extreme: Gott das schlechthin Positive, der Inbegriff aller

> Realitäten, der Mensch das schlechtweg Negative, der Inbegriff aller Nichtigkeiten." (Feuerbach 2006 [1841], 75)

Feuerbach kritisiert Religion gerade aus diesem Grund: Sie ist nicht bloß verträumte Projektion und naive Illusion, sondern sie ist darin zutiefst schädlich, weil sie den Menschen erniedrigt und letztlich zerstört. Die Kehrseite dieser Kritik und das Ziel der Religionskritik ist daher die Aufwertung des Menschen. Feuerbach verfolgt ein hehres Ziel: Er kritisiert Religion, weil er an den Menschen und die *wirkliche* Liebe glaubt. Daher fordert er – nicht ohne kinoreifes Pathos:

> „Die Liebe zum Menschen darf keine abgeleitete sein; sie muß zur ursprünglichen werden. Dann allein wird die Liebe eine wahre, heilige, zuverlässige Macht. Ist das Wesen des Menschen das höchste Wesen des Menschen, so muß auch praktisch das höchste und erste Gesetz die Liebe des Menschen zum Menschen sein. Homo homini deus est [lat.: Der Mensch ist des Menschen Gott; MB/JT] – dies ist der oberste praktische Grundsatz, dies ist der Wendepunkt der Weltgeschichte." (Feuerbach 2006 [1841], 444)

Was zusammengehört soll nach Feuerbach also auch nicht getrennt sein! Um des Menschen willen müssten wir uns aus der religiösen Projektion befreien. Denn die wahre Liebe würden wir nicht im Film und nicht in Gott, sondern nur in der Hinwendung zum Menschen selbst finden.

Karl Marx folgt in seinem Verständnis von Religion der Rekonstruktion Feuerbachs in weiten Teilen: Religion ist das Produkt menschlicher Wünsche und Vorstellungen, die als solche entlarvt werden kann, wenn man ihre Funktion und die Geschichte ihrer Entstehung (Genese) offenlegt. Marx wechselt aber sozusagen die Kamera-Einstellung, weil er die Projektion Gottes aus den menschlichen Wünschen und Sehnsüchten nicht gleichsam zeitenthoben und abstrakt, sondern aus den konkreten sozio-ökonomischen Verhältnissen erklärt. So sehr Feuerbach die Kultursensibilität der Gottesvorstellung betont hatte, so allgemein und zeitlos sind doch die dann angegebenen Sehnsüchte und Ideale. Marx blendet daher von der Totale ins Close-Up: „Feuerbach löst das religiöse Wesen in das menschliche Wesen auf. Aber das menschliche Wesen ist kein dem einzelnen Individuum innewohnendes Abstraktum. In seiner Wirklichkeit ist es das Ensemble der gesellschaftlichen Verhältnisse." (Marx 1990 [1888], 534) – „Der Mensch, das ist die Welt des Menschen, Staat, Sozietät. Dieser Staat, diese Sozietät produzieren die Religion" (Marx 2017 [1844], 381). Wer den Nährboden der Religion sucht, wird nur in den realen Lebensbedingungen der Menschen fündig. Diese Verhältnisse, die Marx in seiner Zeit vor Augen stehen, sind geprägt durch die zerstörerische Ausbeutung des Proletariats in einem entfesselten („Manchester"-)Kapitalismus, wie ihn Friedrich Engels für das Großbritannien des 19. Jahrhunderts beschrieben hatte: Willkür, Kinderarbeit, fehlende Absicherung, dazu Löhne, die kaum zum Überleben reichten. Im Hintergrund lässt sich hier eine Gesellschaftstheorie erkennen, die mit dem Begriffspaar „Basis – Überbau" beschrieben wird: Die realen Verhältnisse sind nicht die Konkretion und Umsetzung bestimmter staatstheoretischer oder philosophischer Ideen, sondern erstere *bestimmen* Struktur des Staates und das Bewusstsein, die allgemein geteilten Ideen der Gesellschaft. In den Worten Marx': „Es ist nicht das Bewußtsein der Menschen, das ihr Sein, sondern umgekehrt ihr gesellschaftliches Sein, das ihr Bewußtsein bestimmt." (Marx 2015 [1859], 9) Daraus folgt: Religion ist allein aus den herrschenden Verhältnissen heraus zu verstehen.

In diesen Verhältnissen wirkt nun Religion wie ein Schmerzmittel. Das Leid des Proletariats ist überhaupt nur betäubt auszuhalten. Nur unter der Illusion einer ausstehenden Gerechtigkeit, eines himmlischen Lohnes und der Vergeltung im Jenseits lässt sich die Bitterkeit des Lebens ertragen: Religion „ist das Opium des Volks." (Marx 2017 [1844], 378) (Dadurch erhellt sich das auf den ersten Blick etwas umständlich gewählte Bild, dass ‚wir selbst' der Projektor der religiösen Illusion wären, weil eben auch Opiate eine halluzinogene Wirkung entfalten können …) Von hierher lässt sich leicht die Funktion angeben, die Religion nach Marx erfüllt: Sie lindert den Schmerz, tröstet die Gebrochenen und schenkt Hoffnung auf eine bessere Welt. Bloß ist all das nicht real! In Wahrheit lindert Religion bloß die Symptome einer kranken Welt, sie übertüncht bloß den Schmerz der Leidenden und vertröstet bloß auf die Illusion einer Zukunft in Fülle. Ganz real aber sediert Religion ihre Anhänger:innen, stabilisiert die ausbeuterischen Verhältnisse und wird dadurch zur Komplizin des Status Quo, die die reale Umgestaltung blockiert und die Umwälzung der ausbeuterischen Strukturen hin zu einer klassenlosen Gesellschaft verhindert.

Religion lässt sich damit auf zwei Ebenen beschreiben: Sie ist einerseits zwar wirksames Mittel, das reale Elend der Welt zu ertragen, das aber zugleich den Widerspruch gegen das Elend verhindert, indem sie auf die Illusion eines Jenseits vertröstet. Andererseits ist Religion aber auch „verlässlicher Indikator" (Dürnberger 2020, 164) gerade für eine „verkehrte Welt" (Marx 2017 [1844], 378). Hier liegt die religionskritische Bedeutung des oben kurz angesprochenen Basis-Überbau-Modells: Religion in einer Gesellschaft anzutreffen, ist ein sicheres Zeichen dafür, dass in dieser Gesellschaft, genauer: den sozio-ökonomischen Verhältnissen dieser Gesellschaft, etwas nicht stimmt. Damit erhält die Marx'sche Religionskritik eine gegenüber Feuerbach nochmal verschärfte Drift: „Der Kampf gegen die Religion ist also mittelbar der Kampf gegen jene Welt, deren geistiges Aroma die Religion ist. [...] Die Aufhebung der Religion als des illusorischen Glücks des Volkes ist die Forderung seines wirklichen Glücks." (Marx 2017 [1844], 378) Religionskritik bei Marx ist Gesellschaftskritik – genauer: Kritik einer Gesellschaft, die Religion nötig macht. Aber gerade weil der Religion die Funktion zukommt, diese Gesellschaft zu stabilisieren, führt der Weg zu einer neuen Gesellschaft nur über die Kritik der Religion. Sie bleibt allerdings dort nicht stehen, sondern ist selbst nur Mittel zum Zweck: „Die Kritik des Himmels verwandelt sich damit in die Kritik der Erde, die Kritik der Religion in die Kritik des Rechts, die Kritik der Theologie in die Kritik der Politik." (Marx 2017 [1844], 379)

Die Religionskritik Marx' hat damit eine eminent praktische Pointe: Weil es Marx letztlich um eine Ent-Täuschung des Menschen geht, um Emanzipation und Befreiung, findet die Kritik der Religion erst dort zu ihrem Ziel, wo sie in Handeln umschlägt unter dem „kategorischen Imperativ, alle Verhältnisse umzuwerfen, in denen der Mensch ein erniedrigtes, ein geknechtetes, ein verlassenes, ein verächtliches Wesen ist." (Marx 2017 [1844], 385) Während bei Feuerbach die philosophische Einsicht in den Projektionsmechanismus selbst schon als hinreichend betrachtet wird, um den Gläubigen die Religion auszutreiben, sieht Marx die Notwendigkeit, die Philosophie ‚vom Kopf auf die Füße' zu stellen: Religion wird dann wie von selbst verschwinden, wenn der Mensch nicht mehr entrechtet und entfremdet ist, sondern in einer klassenlosen Gesellschaft lebt.

Sigmund Freud schließlich nimmt gewissermaßen einen zu Marx komplementären Weg – wiewohl auch er an die Projektionsthese Feuerbachs anschließt. Die Prägungen des Bewusstseins findet die von Freud begründete Psychoanalyse nicht (wie bei Marx) im Außen der sozio-ökonomischen Verhältnisse, sondern tief im Innern des Unbewussten, jenem Ort der (unbewältigten und verdrängten, aber doch natürlichen und angeborenen) Triebe des Menschen: Die Beständigkeit religiöser Lehren „ergibt sich, wenn wir die psychische Genese der religiösen Vorstellungen ins Auge fassen. Diese [...] sind Illusionen, Erfüllungen der ältesten, stärksten, dringendsten Wünsche der Menschheit." (Freud 1991 [1927], 352) Hier ist deshalb auch die Ursache der Religion zu suchen, die nichts anderes als „in die Außenwelt projizierte Psychologie" (Freud 2005 [1904], 287) darstellt. Und wie bei Marx die Kritik der Religion letztlich in die Kritik an der Gesellschaft mündet, so ist analog dazu für Freud die religiöse „Metaphysik" durch „Metapsychologie" zu ersetzen. (Vgl. Freud 2005 [1904], 288)

Den funktionalen Zusammenhang von Religion und Psychologie können wir uns wiederum im Film, oder hier: in einer Fernsehserie bewusst machen: Adrian Monk, genialer Mordermittler und Hauptfigur der gleichnamigen Serie, leidet nach dem gewaltsamen Tod seiner Frau an einer psychischen Störung, die sich in zwanghaften Kompensationshandlungen zeigt: Regenschirme werden symmetrisch aufgehängt, schlafen kann er nur mit einer 5 Watt starken Nachttischlampe, die Routine des Duschens ist streng geregelt. Monks neurotische Zwangshandlungen ähneln ihrer Form nach, so könnten wir mit Freud analysieren, auf der Ebene des Rituals auf erstaunliche Weise religiösen Riten: Das streng und detailreich strukturierte und reglementierte Leben eines *Mönchs* im Kloster etwa oder der ‚zwanghaft' geregelte Ablauf religiöser Feiern weisen strukturelle Ähnlichkeit auf mit den kleinen aber gewissenhaft ausgeführten Handlungen Monks,[3] der in nahezu peinlicher Akribie die immer gleichen, scheinbar unbedeutenden Ordnungen herstellt, die der Gebrauch der Dinge herbeiführt:

> „Es ist leicht einzusehen, worin die Ähnlichkeit des neurotischen Zeremoniells mit den heiligen Handlungen des religiösen Ritus gelegen ist,

[3] Wir konnten nicht herausfinden, ob der Name „Monk" von den Produzent:innen der Serie bewusst in Freud'scher Absicht gewählt wurde.

> in der Gewissensangst bei der Unterlassung, in der vollen Isolierung von allem anderen Tun (Verbot der Störung) und in der Gewissenhaftigkeit der Ausführung im kleinen." (Freud 1993 [1907], 131)

Der bedeutende Unterschied zwischen beiden Formen liegt, so Freud, vor allem darin, dass das ‚neurotische Zeremoniell' im Privaten, die religiösen Praktiken jedoch öffentlich, ja kollektiv getan werden, sodass „die Neurose als eine individuelle Religiosität, die Religion als eine universelle Zwangsneurose zu bezeichnen" (Freud 1993 [1907], 139) wäre.

Die formale Ähnlichkeit erlaubt Freud einen analogen Schluss auf die Genese der beiden strukturell vergleichbaren Zwangshandlungen. Die psychoanalytische Schule verlegt den Grund zwangsneurotischer Störungen zurück in unbewältigte Konflikte zwischen „Es" und „Über-Ich" in der frühen Kindheit. Im Laufe des Erwachsenwerdens sind in der Vermittlung der angeborenen Triebe mit den gesellschaftlichen Erwartungen Prozesse der Sublimierung zu durchlaufen, in denen Lebens- und Todestrieb (‚Eros' und ‚Thanatos') in produktive und gesellschaftlich anerkannte Kulturleistungen umgeformt werden. Frühe Traumata können diese ‚gesunden' Sublimierungen verhindern und zwangsneurotische Kompensationshandlungen einfordern, die dann pathologisch sind. Auch Religionen sind nun Produkt einer sozialkompatiblen Triebbewältigung, indem sie den destruktiven Trieb auf eine Gottheit hin kanalisieren und kompensatorisch befriedigen.

> „Ein fortschreitender Verzicht auf konstitutionelle Triebe, deren Betätigung dem Ich primäre Lust gewähren könnte, scheint eine der Grundlagen der menschlichen Kulturentwicklung zu sein. Ein Stück dieser Triebverdrängung wird von den Religionen geleistet, indem sie den einzelnen seine Trieblust der Gottheit zum Opfer bringen [...], so daß die Überlassung an die Gottheit der Weg war, auf welchem sich der Mensch von der Herrschaft böser, sozialschädlicher Triebe befreite." (Freud 1993 [1907], 139)

Seinen konkreten Entstehungsort hat die religiöse Zwangsneurose im kindlich-illusionären Glauben an die Übermacht des Vaters, der in der Hilflosigkeit des Kindes dessen Bedürfnis nach liebevollem Schutz erfüllt, ja die eigene Herkünftigkeit erklärt, und zugleich über Ver- und Gebote die Regeln gebietet, wie sich das Kind zu verhalten hat. Von hieraus ist der Projektionscharakter der Religion – allemal der christlichen! – leicht zu erkennen:

> „Der religiöse Mensch stellt sich die Schöpfung der Welt so vor wie seine eigene Entstehung. [...] Selbst erwachsen geworden, weiß sich der Mensch zwar im Besitz größerer Kräfte, aber auch seine Einsicht in die Gefahren des Lebens hat zugenommen, und er schließt mit Recht, daß er im Grunde noch ebenso hilflos und ungeschützt geblieben ist wie in der Kindheit, daß er der Welt gegenüber noch immer Kind ist. Er mag also auch jetzt nicht auf den Schutz verzichten, den er als Kind genossen hat. Längst hat er aber auch erkannt, daß sein Vater ein in seiner Macht eng beschränktes, nicht mit allen Vorzügen ausgestattetes Wesen ist. Darum greift er auf das Erinnerungsbild des von ihm so überschätzten Vaters der Kinderzeit zurück, erhebt es zur Gottheit und rückt es in die Gegenwart und in die Realität." (Freud 2008 [1933], 175 f.)

Das Leben aber gewinnt dadurch Sicherheit, ist es doch nun bewahrt in der umfassenden Vorsehung Gottes, geleitet durch die Gerechtigkeit seines Willens und aufgehoben in die Unendlichkeit der Auferstehung.

Allein: So groß der individuelle Gewinn dieser kollektiven Neurose auch sein mag – er bleibt infantil und illusionär, ja „nähert sich in dieser Hinsicht der psychiatrischen Wahnidee" (Freud 1991 [1927], 353). So wie das Kind im Erwachsenwerden lernen muss, dass auch seine Eltern weder vollkommen noch ewig sind, um der Welt gewachsen zu sein, so muss auch der religiöse Mensch *erwachsen* werden: „Der Mensch kann nicht ewig Kind bleiben, er muß endlich hinaus ins ‚feindliche Leben'. Man darf das ‚die Erziehung zur Realität' heißen" (Freud 1991 [1927], 373). Oder noch einmal zusammenfassend in anderen Worten:

> „Religion ist ein Versuch, die Sinneswelt, in die wir gestellt sind, mittels der Wunschwelt zu bewältigen, die wir infolge biologischer und psychologischer Notwendigkeiten in uns entwickelt haben. Aber sie kann es nicht leisten. Ihre Lehren tragen das Gepräge der Zeiten, in denen sie entstanden sind, der unwissenden Kinderzeiten der Menschheit. Ihre Tröstungen verdienen kein Vertrauen. Die Erfahrung lehrt uns: Die Welt ist keine Kinderstube." (Freud 2008 [1933], 181)

Auch die Freud'sche Religionskritik möchte Sie also mit Ihrem Liebeskummer aus dem Kino scheuchen. Auch wenn es weh tut: Das Leben ist nicht Hollywood – und nicht immer endet eine Episode mit einem Happy End.

Abspann

Die Einwände der Religionskritik müssen einem Glauben, der nach Gründen sucht, zu denken geben. Eine rational verantwortete Hoffnung wird an den Kritiken Feuerbachs, Marx' und Freuds nicht ohne Weiteres vorbeigehen dürfen. Sie sind zumindest als Einsprüche auch in die Theologie hinein hörbar werden zu lassen, an denen sich religiöser Glaube vielleicht sogar schärfen lassen kann. Dabei wird man ohne Umschweife zunächst zugestehen müssen, dass tatsächlich unsere Gottesvorstellungen häufig genug aus unseren eigenen Wünschen und Sehnsüchten erwachsen, dass sich Religion häufig genug in den Dienst des Status Quo gestellt hat und der Trost, den sie spenden können soll, zur Vertröstung verkommt, dass religiöse Institutionen einen kindlich-naiven Glauben fördern, der nicht nur dem Begriff Gottes nicht gerecht wird, sondern spirituellem Missbrauch Vorschub leistet. In Bausch und Bogen wird man die Religionskritik der atheistischen Großmeister nicht ablehnen können.

Dennoch lassen sich auch einige Punkte in kritischer Absicht einwenden, wobei wir uns hier aus Platzgründen auf diejenigen Kritiken beschränken, die alle drei behandelten Altmeister der Religionskritik treffen. Ein erster Einwand weist auf einen logischen Fehlschluss hin, den unsere drei Religionskritiker begehen: Selbst wenn sie faktisch Recht behalten sollten und Religion Produkt einer menschlichen Projektionsleistung ist, dann sagt die Angabe dieser Genese streng genommen noch nichts über die Berechtigung der mit religiösen Überzeugungen verbundenen Geltung aus. Es kann ja sein, dass religiöse Sehnsüchte verquickt sind mit den vielfältigen Unterdrückungsstrukturen unserer Zeit – aber bedeutet das schon, dass die Überzeugung von der Existenz eines gerechten Gottes illusionär sein muss? Es mag ja sein, dass wir uns in unseren religiösen Bedürfnissen als unverwechselbares Subjekt verstehen wollen, das in Freiheit lieben kann – aber bedeutet das schon, dass der Glaube an einen Gott, der sich in Liebe den Menschen zuwendet und sie in ihrer Freiheit anspricht, nichts anderes als Projektion ist? Natürlich entstehen religiöse Vorstellungen im Menschen – aber diese Entstehungsgeschichte verrät noch nichts darüber, ob diesen religiösen Vorstellungen auch eine Realität entspricht. Um diese Frage zu klären, muss man über die Genese von

Überzeugungen hinaus fragen, welche Gründe für oder gegen sie sprechen. Armin Kreiner formuliert diesen Einwand so: „Der Schluss von den Entstehungsbedingungen auf die (Un-)Gültigkeit des Gottesglaubens ist [...] nicht nachvollziehbar. [...] Die Wahrheit der Überzeugung, dass Gott existiert, hängt davon ab, ob Gott tatsächlich existiert, nicht von den Umständen, die Menschen dazu bewogen haben, diese Überzeugung zu entwickeln." (Kreiner 2006, 159)[4]

Ein zweiter Einwand betrifft den Erklärungsanspruch, mit dem Feuerbach, Marx und Freud ihre Kritiken vortragen und der sie alle gleichermaßen treffen soll. Religion, so behaupten sie alle drei, gehe (1) förmlich darin auf, die von ihnen herausgearbeitete Funktion zu übernehmen, sei (2) restlos reduzierbar auf den von ihnen behaupteten Grund der Projektion und sei (3) ohne Ausnahme schädlich in der genannten Hinsicht. Problematisch an dieser Behauptung ist, dass sie dem durchaus vielfältigen religiösen Phänomen kaum gerecht zu werden vermag: Zum einen behaupten unsere Protagonisten die Möglichkeit der Herleitung des religiösen Glaubens mono-kausal aus je genau einer Quelle, zum anderen reduzieren sie sämtliche religiöse Praktiken, die offensichtlich aber in unterschiedlichsten Kontexten, in den unterschiedlichsten Formen und mit den unterschiedlichsten Absichten vollzogen werden, auf genau eine ihnen allen inhärente Funktion. Ist religiöser Glaube aber restlos damit beschrieben, dass er mitunter auch als geistige Flucht in die Vorstellung von Geborgenheit antreffbar ist (ad 1)? Ist Religion wirklich nichts anderes als die Projektion menschlicher Sehnsüchte auf ein fiktives Wesen (ad 2)? Und ist Religion aber schlechterdings vorzuwerfen, sie verhindere den sozialen Fortschritt hin zu einer gerechteren Welt (ad 3)? Liegt das Gottesbild der Religionen nicht vielfach quer zu anthropomorphen Vorstellungen und Wünschen? Und kennt nicht die Tradition etwa mit dem biblischen Bilderverbot Schutzmechanismen, um dem Projektionsverdacht zu begegnen? Stellt das Christentum nicht etwa die Ambivalenz des Kreuzes in den Mittelpunkt des Glaubens? Und ist mit der Idee der Gottebenbildlichkeit nicht auch ein

[4] Vgl. ähnlich Hoff 2010, 68: „Dass der Mensch auf eine bestimmte Weise ‚funktioniert', sagt nichts über die Existenz dessen aus, was der Mensch innerhalb dieser Funktionsabläufe als existent annimmt."

unhintergehbares Moment der Menschenwürde behauptet, das oft genug gegen die ausbeuterischen Mechanismen einer durchkapitalisierten Welt in Stellung gebracht worden ist? Man könnte also sagen, dass die Beschreibung von Einzelfällen, in denen sich religiöse Überzeugungen projektiven Mechanismen verdanken, von allen drei Kritikern auf unzulässige Weise verallgemeinert und ihr jeweils vorgeschlagener Projektionsmechanismus als allgemeines Gesetz der Entstehung von Religion betrachtet wird – was aber angesichts der Pluralität des Religiösen unplausibel ist.

Kommen wir zurück zum Gedankenexperiment: Die Bekämpfung von Liebeskummer durch Schnulzen im Kino kann kurzzeitig hilfreich sein. Aber wenn sie auf Dauer gestellt wird, droht sie pathologisch zu werden: Jemandem, der Liebe nur noch im Kino sucht und jahrzehntelang einer verflossenen Liebe hinterhertrauert, würden wir irgendwann sagen, dass er die Sache hinter sich lassen muss und wieder ins ‚echte Leben' eintauchen sollte. Analoges gilt für die Religionskritik von Feuerbach, Marx und Freud: Sie stellt eine interessante Herausforderung mancher religiöser Projektionsmechanismen dar und schreibt der Theologie nachhaltig ins Hausaufgabenbuch, Gott nicht einfach nur als idealisierte Version des Menschen zu denken. Zugleich hat sie eine begrenzte Reichweite: Weder sind die beschriebenen Projektionsmechanismen verallgemeinerbar, noch folgt aus der Beschreibung der Entstehungsgeschichte von Überzeugungen etwas über ihre Wahrheit oder Falschheit. So wie sich echte Liebe nicht auf der Kinoleinwand findet, so findet sich Gott nicht allein als Projektion im Geist des Menschen – sondern dort, wo echte Liebe Wirklichkeit wird.

Literatur zum Weiterlesen

Girard, René: Das Ende der Gewalt. Analyse des Menschheitsverhängnisses, Freiburg i. Br. 2021. *[Religionsphilosophische Studie im Anschluss an Freud, die Religion als Kanalisation (gesellschaftlicher) Gewaltkonflikte versteht]*

Hoff, Gregor Maria: Die neuen Atheismen. Eine notwendige Provokation, Kevelaer 2009. *[Gut lesbare Auseinandersetzung mit den religionskritischen Anfragen der Gegenwart.]*

Kühnlein, Michael (Hg.): Religionsphilosophie und Religionskritik. Ein Handbuch, Berlin 2018. *[Ausführliche Einführung in religionsphilosophische und religionskritische Perspektiven aus 2500 Jahren Philosophiegeschichte]*

Metz, Johann Baptist: Glaube in Geschichte und Gesellschaft. Studien zu einer praktischen Fundamentaltheologie (Gesammelte Schriften 3/1), Freiburg i. Br. 2016 [1977]. *[Gesamtentwurf einer (Neuen) Politischen Theologie, die maßgeblich aus der Auseinandersetzung mit der Marx'schen Religionskritik erwachsen ist]*

Weger, Karl-Heinz (Hg.): Texte zur Theologie. Religionskritik, Graz/Wien/Köln 1991. *[Zusammenstellung von Auszügen einschlägiger religionskritischer Originaltexte von der Antike bis zur Gegenwart]*

I.8 Amelie allein auf dem Konzert. Oder: Warum Gott dreifaltig ist

Eine zentrale christliche Glaubensüberzeugung besagt, dass der eine Gott dreifaltig ist. Wie aber soll das gehen: *Ein* Gott – in den *drei* Gestalten von Vater, Sohn und Geist? Um diesen Glaubenssatz zu verstehen, gehen wir zunächst mit Amelie auf ein Konzert – aber wir alle kommen, im Gegensatz zu Amelie, zu spät.

Stellen Sie sich vor, dass Ihre Lieblingsband ein Konzert in der Nähe spielt. Das Konzert ist nach wenigen Tagen ausverkauft, aber Sie sind schnell genug und ergattern eine Karte. Das gleiche schafft auch Ihre Freundin Amelie, mit der Sie sich für das Konzert verabreden – 19:00 Uhr am Haupteingang. Sie sind schon voller Vorfreude und können es kaum abwarten. In der Nacht vor dem Konzert findet die Umstellung von Sommerzeit auf Winterzeit statt. Die Uhren werden um eine Stunde zurückgestellt, aber das stört Sie nicht weiter, da inzwischen ja ohnehin fast alle Uhren per Funk automatisch umgestellt werden. Als Sie am Abend des Konzerts um 19:00 Uhr zum Eingang der Konzerthalle kommen, ist irgendetwas komisch: Sie hören schon von draußen, dass die Band bereits zu spielen begonnen hat. Schnell stürmen Sie in die Halle und sehen, dass die Band tatsächlich bereits das Konzert spielt – und die einzige Person, die vor der Bühne steht, ist Amelie. Sie laufen zu ihr, und schnell stellt sich heraus, dass sowohl die Band als auch Amelie keine Funkuhren besitzen und die Zeitumstellung schlicht und ergreifend verpasst haben. Sie sind zuerst ganz neidisch auf Ihre Freundin – eine Art Privatkonzert von Ihrer Lieblingsband, das wäre doch was! Amelie holt Sie aber schnell auf den Boden der Tatsachen zurück, als sie sagt: „Es war unendlich komisch. Die Band auf der Bühne und ich in diesem Riesensaal ganz alleine! Niemand, der mit mir tanzt; niemand, der mit mir die Texte mitsingt; niemand, mit dem ich anstoßen kann. Das war keine tolle Erfahrung. Ein Konzert macht nur Spaß, wenn es sich nicht zwischen der Band und mir als Fan abspielt, sondern wenn noch viele andere Fans mit dabei sind!"

Was meinen Sie: Würden Sie gerne in einer großen Konzerthalle ganz alleine auf ein Konzert gehen? Oder ist das Konzert besser, wenn man die Erfahrung mit anderen teilt?

Die Intuition, die hier abgerufen werden soll, ist: Ein Konzert macht erst dann richtig Spaß, wenn die Masse vor der Bühne hin und her wogt, also wenn sich in die Beziehung zwischen dem einzelnen Fan und der Band jemand Drittes in Form der anderen Fans einschaltet. Und genau diese Intuition – wenn auch nicht unbedingt im Kontext moderner Rockkonzerte – findet sich im Laufe der Entwicklung des christlichen Glaubensbekenntnisses auch in der Theologie: Echte Liebe lässt sich nur denken, wenn der eine Gott als Beziehungsgeschehen gedacht wird. Und so, wie Amelie nicht nur die Band liebt, sondern auch die Öffnung auf den dritten Akteur braucht, so ist es auch nicht hinreichend, nur eine Zweiheit in Gott zu denken. Theologisch gesprochen: Die Beziehung zwischen dem göttlichen Vater und dem göttlichen Sohn kann erst dann als vollkommene Liebe gelten, wenn sie sich auf ein Drittes hin öffnet, das in der christlichen Tradition als Heiliger Geist beschrieben wird. Daher wird im Christentum von Gott eine trinitarische, d.h. dreifaltige Struktur ausgesagt. Im Folgenden schauen wir uns zunächst etwas genauer an, aus welchen Gründen sich in den ersten Jahrhunderten der Geschichte des Christentums dieser Glaubenssatz entwickelt und werfen sodann einen Blick auf gegenwärtige Versuche, das Zueinander von der Einheit Gottes und seiner Dreifaltigkeit zu denken.

Wenn man in die Bibel schaut, gibt es weder im Alten Testament noch im Neuen Testament eine ausformulierte Trinitätstheologie. Dennoch ist der Trinitätsglaube biblisch grundgelegt, da die biblische Kernaussage der Zuwendung Gottes in Jesus und ihr Bekenntnis zu Jesus als Christus nahelegen, dass Jesus tatsächlich ganz und gar Gott ist. Zudem gibt es verschiedene dreigliedrige Formeln im Neuen Testament, die trinitarische Überzeugungen explizit machen, z.B. im Taufbefehl im Matthäus-Evangelium: „Mir ist alle Macht gegeben im Himmel und auf der Erde. Darum geht zu allen Völkern und macht alle Menschen zu meinen Jüngern; tauft sie auf den Namen des Vaters und des Sohnes und des Heiligen Geistes, und lehrt sie alles zu befolgen, was ich euch geboten habe." (Mt 28,18–20). Tatsächlich enthält die Bibel also keine ausgefeilte

Trinitätstheologie – aber es gibt in ihr viele Verweise auf das Handeln Gottes im Logos und im Geist, weshalb es auch keine Überraschung ist, dass sich in den ersten Jahrhunderten die Dreifaltigkeit Gottes als Glaubensüberzeugung des Christentums herauskristallisiert. (Vgl. Söding 2008)

Konkret entwickeln sich diese biblischen Spuren in der Geschichte der frühen Christenheit zu der Idee weiter, dass Gott dreifaltig ist, also in und durch drei Personen konstituiert ist, die als Vater, Sohn und Hl. Geist bezeichnet werden. Der Problemdruck ist dabei zunächst christologisch: Die christliche Auffassung, dass Gott sich in der Welt inkarniert, also sich in Gestalt seines Sohnes, der wahrhaft Gott und wahrhaft Mensch zugleich ist, offenbart, bringt einige Konsequenzen für die Gotteslehre mit sich: Zunächst einmal wird eine Zweiheit in Gott ausgesagt, da er ja nicht als Vater, sondern dezidiert als Sohn auf die Welt kommt. Zugleich zeigt sich in der dogmengeschichtlichen Entwicklung die Wichtigkeit der Auffassung, dass der Sohn wirklich Gott ist und nicht ein erstes geschaffenes Wesen oder ein spät von Gott adoptierter Mensch. Denn wenn Jesus wirklich der Christus, also der Erlöser der Menschen sein soll, der sie in die Gemeinschaft mit Gott führen möchte, dann muss er als Mittler zwischen Gott und Mensch „das werden, was wir sind, um uns vollkommen zu dem zu machen, was er ist – nämlich göttlich." (Irenäus von Lyon: Adv. Haer., V praef). Diese christologischen Grundsätze des Christentums werden insbesondere auf dem Konzil von Nizäa 325 sowie auf dem Konzil von Chalcedon 451 entwickelt.[1]

Zwischen Nizäa und Chalcedon liegt das Konzil von Konstantinopel. Es findet 381 statt und formuliert ein trinitarisches Bekenntnis, welches seither für alle christlichen Kirchen Gültigkeit hat:

> „Ich glaube an den einen Gott, den allmächtigen *Vater*, den Schöpfer des Himmels und der Erde, alles Sichtbaren und Unsichtbaren. Und an den einen Herrn Jesus Christus, Gottes einziggeborenen *Sohn*, und aus dem Vater geboren vor allen Zeiten, Gott von Gott, Licht vom Lichte, wahrer Gott vom wahren Gott, gezeugt, nicht geschaffen, wesensgleich dem Vater [...]. Und an den *Heiligen Geist*, den Herrn und Lebensspender, der aus dem Vater (und dem Sohne) hervorgeht, der mit dem Vater und dem Sohne zugleich angebetet und mitverherrlicht wird, der durch die Propheten gesprochen hat." (DH 150)

---

[1] Vgl. dazu das Gedankenexperiment „Wer pinkelt denn in die Nordsee?" in Kapitel II.6.

Spätestens seit dem Konzil von Konstantinopel 381 ist also die Auffassung, dass Gott in den Gestalten des Vaters, des Sohnes und des Heiligen Geistes existiert, als fundamentale christliche Glaubensüberzeugung definiert. Zum Verständnis dieses Konzils muss man sich zunächst die Theologie von drei Kirchenvätern vergegenwärtigen, die als die ‚drei Kappadokier' in die Theologiegeschichte eingegangen sind – Basilius von Caesarea, Gregor von Nazianz und Gregor von Nyssa.[2] Etwas vereinfacht gesagt besteht ihre theologische Revolution darin, die Trinitätstheologie *in* den Begriffen der antiken griechischen Philosophie, aber *gegen* einige ihrer Grundüberzeugungen zu entwickeln: Gegen die antike Vorstellung, dass jedes Wesen eine ureigene *Substanz* hat, die dann mit anderen Substanzen in Beziehung treten kann, versteht beispielsweise Gregor von Nyssa die *Relation* der trinitarischen Personen untereinander als konstitutiv für ihr Personsein. Alle drei haben die gleiche göttliche Natur, aber ihre je unterschiedliche Personalität verdankt sich den Beziehungen, in denen sie zueinander stehen. Damit ist einerseits die Göttlichkeit von Sohn und Geist gesichert, weil sie die gleiche, göttliche Natur (‚ousia') haben, und andererseits ihre Verschiedenheit ausgesagt, da sie ihre je eigene Hypostase haben, die für ihr jeweiliges Personsein entscheidend ist. Dies ist der tiefere Sinn der Aussage, dass Sohn und Heiliger Geist ‚nicht geschaffen' seien: Wären sie geschaffen, dann wären sie die ersten Geschöpfe Gottes und damit von Gott unterschieden. Weil sie aber nicht von Gott unterschieden, sondern Gott selbst sind, sind sie nicht geschaffen. Damit ist der christliche Gott spätestens im Jahr 381 als dreifaltig definiert: Er ist *ein* Gott, der seine *Einheit* in einem Beziehungsgeschehen, also in *Vielheit* lebt. Mit dieser Aussage ist zugleich eine große theologische Aufgabe definiert: Wie lässt sich Gottes Einheit in Vielheit denken, ohne einer Seite ein zu großes Übergewicht zuzuschreiben?

Bevor wir in zwei wichtige Denktraditionen zu dieser Frage einführen, sollten wir uns aber noch eine Sache vergegenwärtigen: Es ist wichtig zu sehen, dass es nicht die philosophische Spekulation ist, die das Christentum in den ersten Jahrhunderten dazu führt,

---

[2] Über jeden dieser drei Theologen gäbe es weit mehr zu sagen als hier möglich ist – vgl. als Einführung in das Denken der drei Kappadokier, die auch auf maßgebliche weiterführende Literatur verweist Stosch 2017b, 34–45.

das Bekenntnis zur Dreifaltigkeit Gottes zu formulieren, sondern vielmehr die Deutung der alltäglichen Lebenserfahrung – so wie es in unserem Gedankenexperiment komisch wäre, ganz allein auf dem Konzert zu sein, so erscheint es kaum möglich, Liebe zu denken ohne bereits ein Beziehungsgeschehen auszusagen. Joseph Ratzinger, der spätere Papst Benedikt XVI., macht dies in seiner ‚Einführung in das Christentum' deutlich: „Die Trinitätslehre ist nicht aus einer Spekulation über Gott entstanden, aus einem Versuch des philosophischen Denkens, sich zurechtzulegen, wie der Ursprung allen Seins beschaffen sei, sondern sie hat sich aus den Mühen um eine Verarbeitung geschichtlicher Erfahrungen ergeben." (Ratzinger 2000, 151) Gott ist eben nicht nur das abgründige Geheimnis, über das man als Prinzip der Welt nichts jenseits seiner Geheimnishaftigkeit wissen kann, sondern er hat auch eine ausgesagte Seite, in der er sich selbst mitteilt, und diese Selbstmitteilung Gottes kann wiederum nur beim Menschen ankommen, weil der Geist Gottes dieses Ankommen ermöglicht. Es ist also die Geschichte der Menschen mit Gott, die dazu führt, diese Vielheit in Gott auszusagen – wenn Gott zugleich als der Grund des Seins und als den Menschen zugewandtes Gegenüber erfahrbar wird, dann ist er selbst schon als Beziehungsgeschehen zu deuten: „Gott als Ursprung des Rufs, der mir im Logos herausfordernd entgegentritt, und der Liebe, die mich im Geist ergreift und verwandelt, ist ein abgründiges Geheimnis, das nur deswegen Vater genannt werden darf, weil Gott selbst uns mit seinem Logos zu dieser Anrede ermächtigt." (Stosch 2013b, 238) Und darin liegt auch der tiefere Sinn unseres Gedankenexperiments: Es ist nicht eine hohe philosophische Theorie, die zur Auffassung der Trinität führt, sondern es sind alltägliche Erfahrungen – zum Beispiel die Erfahrung, dass sich die Liebe zwischen einer Band und einem Fan nochmals steigert, wenn sie sich auf ein Drittes hin öffnet. Und sicherlich ließen sich hier weitere, auch genuin religiöse Erfahrungen anführen, die die unterschiedlichen Weisen der Gegenwart des dreieinen Gottes in den Erfahrungen der Menschen illustrieren. (Vgl. Stosch 2017b, 60–81)

Neben diesen Aussagen über die sogenannte ‚ökonomische Trinität', die sich in der Erfahrungswirklichkeit der Menschen zeigt, kann man theologisch auch über die ‚immanente Trinität', also die trinitarische Struktur Gottes selbst, nachdenken – freilich ohne sich dabei bloß in Spekulationen zu versteigen, wenn nämlich von

Gott gesagt werden kann, dass er sich nur so *zeigt* (ökonomische Trinität), wie er in Wirklichkeit *ist* (immanente Trinität). Dieses Grundaxiom der Trinitätstheologie hat Karl Rahner prägnant formuliert: *„Die ‚ökonomische' Trinität ist die ‚immanente' Trinität und umgekehrt."* (Rahner 2013 [1967], 535)

Der Freiburger Theologe Gisbert Greshake hat in seiner ‚trinitarischen Theologie' die drei trinitarischen Personen genauer in den Blick genommen und untersucht, welche charakteristischen Eigenschaften der jeweiligen Person zukommen. Greshake schreibt dem *Vater* die Rolle des entzogenen göttlichen Grundes zu, der „in der Rhythmik der Liebe Ur-Gabe" (Greshake 2007, 207) sei und daher niemals isoliert von Sohn und Geist gedacht werden könne, da es jemanden geben müsse, dem er sich geben könne. Aus diesem Grund ist die Kategorie der Relationalität konstitutiv für den Vater, der nicht als ‚ontologischer Urgrund' missverstanden werden dürfe. Vielmehr gebe er der innertrinitarischen Gemeinschaft (‚communio') Gottes Halt und Grund und sei dabei zugleich „das abgründige, unfassbare Geheimnis" (Greshake 2007, 207). Der *Sohn* ist gegen den Kristallisationspunkt des ‚Vaters' als „Peripherie, nämlich das Ausgespanntsein in das Äußerste der (göttlichen) Möglichkeiten" (Greshake 2007, 222) zu denken. Er ist Empfänger der Gabe des Vaters und sagt diese aus, gibt ihr eine konkrete Gestalt. Die Verdanktheit des Sohnes vom Vater spiegelt sich gerade in der Andersheit, die der Sohn in Gott selbst hineinträgt: „[D]ie Andersheit muss ursprünglich zum Absoluten selbst, nämlich zu Gott als dem trinitarischen Gott gehören. Sie muss ursprünglich anderes göttliches Subjekt sein: der Sohn." (Greshake 2007, 223) Dieses Anderssein von Vater und Sohn wird nun aber wieder durch den *Geist* zu einer Einheit zusammengefügt: „Der Heilige Geist empfängt sich als Liebe zwischen Vater und Sohn, als die gemeinsame Gabe also, die aber [...] deren Beziehung als ‚der Dritte' ermöglicht und garantiert." (Greshake 2007, 213)

Wenn nun also deutlich ist, was es bedeutet, dass der eine Gott dreifaltig ist, so bleibt doch die Frage, wie sich denn nun das Bekenntnis zu drei ‚Personen' in Gott zum monotheistischen Grundbekenntnis des Christentums verhält. Wie kann die Einheit Gottes gewahrt bleiben, ohne seine trinitarische Differenz auszulöschen? Oder, umgekehrt: Wie kann die göttliche Dreifaltigkeit ausgesagt werden, ohne seine Einheit aufzugeben?

Dieses Problem wird in der Trinitätslehre seit Jahrhunderten diskutiert. Es besteht eine – auch in der modernen Theologie nicht gelöste – Spannung zwischen sogenannten ‚lateinischen' bzw. monosubjektiven und ‚östlichen' bzw. sozialen Trinitätslehren. (Vgl. Stosch 2017b; Drecoll 2011) Monosubjektive Trinitätslehren betonen die Einheit Gottes, d.h. sie geben dem *einen* Wesen Gott den Vorrang und integrieren dann Momente der Vielfalt. Soziale Trinitätslehren stellen das innertrinitarische Beziehungsgeschehen in den Mittelpunkt und gehen von der Vielfalt, der Beziehung der göttlichen Personen untereinander aus, um anschließend zu erklären, dass diese Personen so eng ineinander verwoben sind, dass es sich um einen Gott handle.

Beide Positionen sind in der Geschichte der Theologie von berühmten Theolog:innen vertreten worden. Die *lateinischen Trinitätslehren,* die die Einheit Gottes betonen, wurden beispielsweise von Thomas von Aquin, Karl Rahner oder – im evangelischen Raum – von Karl Barth vertreten. In der Regel betonen Verteidiger dieser Auffassung das jüdisch-christliche Bekenntnis zum Monotheismus. Der eine Gott falte sich dann in der Trinität aus – Karl Barth spricht beispielsweise von drei ‚Seinsweisen' Gottes und plädiert dafür, den Begriff der ‚Person' durch den Begriff der Seinsweise Gottes zu ersetzen. (Vgl. Barth 1947) Karl Rahner nennt, im Anschluss an Thomas von Aquin, die drei trinitarischen göttlichen Personen ‚distinkte Subsistenzweisen' Gottes. Damit meint er, dass der eine Gott auf verschiedene (= distinkte) Arten und Weisen subsistiert. Beiden ist gemeinsam, dass sie eine Skepsis gegenüber dem Begriff der ‚Person' haben und daher stark betonen, dass Gott nur ein Subjekt sein kann. Im Anschluss an Klaus von Stosch kann daher auch von „monosubjektiven Modellen der Trinitätstheologie" (Stosch 2017b, 82) gesprochen werden.

Gegen monosubjektive Positionen betonen *soziale Trinitätslehren* die dynamischen innertrinitarischen Beziehungen. Häufig ziehen sie daraus auch politische Konsequenzen – so formuliert der Befreiungstheologe Leonardo Boff eine Trinitätstheologie, die in der Überbetonung der Einheit Gottes eine Drift zu undemokratischen oder monarchischen Tendenzen vermutet. Erst die konsequente Betonung einer Gemeinschaft in Gott, einer ‚communio' ermögliche dagegen Solidarität und Egalität. In der deutschsprachigen Theologie ist zudem ein Modell der sozialen Trinitätslehre weit verbreitet, das den neuzeitlichen Personbegriff stark macht und entsprechend den innertrinitarischen ‚Personen' jeweils Freiheit und Selbstbewusstsein zuschreiben möchte. Insbesondere Magnus Striet hat diesen Ansatz entwickelt und eine Position formuliert, die von Gott als einem ‚Kommerzium dreier Freiheiten' ausgeht. (Vgl. Striet 2003, 213–264; Striet 2004, 155–198; Striet 2005) Der neuzeitliche Personbegriff, der untrennbar mit dem Vermögen der Freiheit verbunden ist, soll dabei auf die drei trinitarischen Personen (nicht aber auf das eine Wesen Gottes) übertragen werden, sodass in dem einen Wesen Gottes drei Freiheiten existieren müssen. Diese Freiheiten konstituieren das eine Wesen Gottes, weil sie in „unvermittelter Unmittelbarkeit" (Striet 2004, 191 f.) aufeinander bezogen seien und miteinander interagierten.

Sowohl lateinische als auch soziale Trinitätslehren stehen jeweils vor Problemen. Lateinische Trinitätslehren, die die Einheit Gottes betonen, mühen sich in der Regel damit ab, der Vielfalt in Gott gerecht zu werden. Es wirkt so, als ob die verschiedenen trinitarischen Personen lediglich Erscheinungsweisen (‚Modi') Gottes seien, weshalb es nicht ohne weiteres möglich ist, ihnen jeweils einen Eigenstand zuzugestehen. Daher ist der klassische Einwand gegen monosubjektive Trinitätslehren auch, dass sie in einen ‚Modalismus' abrutschen und die Dialektik von Einheit in Differenz einseitig zugunsten der Einheit auflösen. Der eine Gott, so der Einwand des Modalismus, würde dann nur in den verschiedenen Rollen *erscheinen*, ohne in sich selbst in Verschiedenheit strukturiert zu sein. Umgekehrt mühen sich soziale Trinitätslehren in der Regel damit ab, nicht in Richtung einer Annahme von drei Göttern abzurutschen. Damit würden sie das grundlegende christliche Bekenntnis zum Monotheismus aufgeben. Entsprechend lautet der klassische Einwand gegen soziale Trinitätslehren, dass sie einen ‚Tritheismus' vertreten und die Dialektik von Einheit in Differenz einseitig zugunsten der Differenz auflösen.

Theologisch ist es eine bleibende Aufgabe, einen Vermittlungsversuch zwischen der lateinischen und der sozialen Trinitätslehre zu formulieren, der den berechtigten Intuitionen beider Seiten entgegenkommt, ohne in einen Modalismus oder einen Tritheismus abzurutschen.

Kommen wir zurück zum Gedankenexperiment: Die Vorstellung, allein auf einem Konzert zu sein, ist merkwürdig – solche Veranstaltungen leben, genau wie Stadionbesuche, Tanzveranstaltungen, das Musizieren im Orchester oder Partys davon, dass das Erlebnis geteilt wird. Wenn es um die zwischenmenschliche Ebene, um Freundschaft und Liebe geht, ist es für alle Handlungen wichtig, in sozialen und intersubjektiven Kontexten verortet zu sein. Diese Erfahrungen der Verstärkung der Liebe durch Vielheit legen es nahe, dass auch ein Gott, der die Liebe selbst ist, schon in sich relational strukturiert ist. Wenn Gott nicht nur Liebe hat, sondern die Liebe ist, dann kann sein Wesen keine monolithische Substanz sein, sondern muss als dynamisches Beziehungsgeschehen gedacht werden. Genau diesen Grundgedanken bringt das christliche Bekenntnis zur Dreifaltigkeit Gottes zum Ausdruck: Gott als das letzte Geheimnis des Seins (Vater) teilt sich seiner Schöpfung durch seine ausgesagte Seite mit (Sohn) und sorgt dafür, dass seine Geschöpfe diese Selbstmitteilung auch wahrnehmen können (Geist). Auch wenn es bleibende theologische Auseinandersetzungen darüber gibt, wie genau sich die Einheit und die Vielheit Gottes zueinander verhalten, bleibt das grundlegende Bekenntnis klar: So wie auf einem Konzert die Liebe zur Band die Öffnung auf andere impliziert, so ist ein Gott, dessen Wesen die Liebe ist, als innerlich auf Andersheit geöffnet und damit als trinitarisch strukturiert zu denken.

Literatur zum Weiterlesen

Greshake, Gisbert: Der dreieine Gott. Eine trinitarische Theologie, Freiburg i. Br. [5]2007. *[Entwicklung eines theologischen Gesamtentwurfs in konsequent trinitätstheologischer Ausrichtung]*

Moltmann, Jürgen: Trinität und Reich Gottes. Zur Gotteslehre, Gütersloh [3]1994. *[Entwurf einer sozialen Trinitätslehre aus politisch-theologischer Motivation]*

Nitsche, Bernhard: Gott und Freiheit. Skizzen zur trinitarischen Gotteslehre, Regensburg 2008. *[Komplexer und tiefschürfender, aber nicht leicht zugänglicher Versuch der Vermittlung von sozialen und lateinischen Trinitätslehren]*

Schärtl, Thomas: Theo-Grammatik. Zur Logik der Rede vom trinitarischen Gott (ratio fidei 18), Regensburg 2003. *[Ausführliche und eher philosophisch-spekulative Formulierung einer zeitgemäßen Fassung der lateinischen Trinitätslehre]*

Stosch, Klaus von: Trinität (Grundwissen Theologie), Paderborn 2017. *[Sprachlich leicht zugängliche Einführung in die Entwicklung und systematische Durchdringung der Trinitätstheologie]*

I.9 Ich weiß, was du nächsten Sommer getan haben wirst. Oder: Ein Bündel von Fragen rund um die Allwissenheit Gottes

Eine zentrale Eigenschaft, die in monotheistischen Religionen von Gott ausgesagt wird, ist seine Allwissenheit. Was aber bedeutet es, dass Gott *alles* weiß? Wie sieht es vor allen Dingen mit Zukünftigem aus? Weiß Gott die Zukunft und wenn ja, welche Konsequenzen folgen daraus für den Menschen? Wir wärmen dazu eine alte rheinische Fehde wieder auf ...

Eva liebte ihren Job: Sie liebte das Kollegium an ihrer Schule im Kölner Süden, sie liebte es, die Kinder auf ihrem Lernweg zu begleiten, sie liebte das befriedigende Gefühl, Klausurenstapel weg zu korrigieren, ja selbst die Elterngespräche machten ihr irgendwie Spaß. Sie wusste, wofür sie morgens aufstand, war allseits beliebt und durfte das tun, wofür sie brannte. Es war perfekt. – Bis sie ein Angebot erreichte: Dem Kultusministerium war ihre herausragende Leistung in der Schule nicht verborgen geblieben. Eine wie Eva brauchte man für die mit Bildungsentwicklung betraute Abteilung. Sie war prädestiniert für die frei gewordene Leitungsstelle, die zum neuen Schuljahr zu besetzen war, brachte Engagement, Weitsicht und die gewisse Zähigkeit mit sich, konnte komplexe Zusammenhänge schnell erfassen und kreative Lösungen entwickeln. Sie war gewissenhaft und zugleich voller Lebensfreude. Das Angebot las sich nicht schlecht: Sie sollte weitreichende Freiheiten bekommen, durfte Modellschulen aufbauen, eng mit der pädagogischen Forschung zusammenarbeiten, direkten Zugang zur Ministerin bekommen und auch die Besoldung war mehr als üppig. Es wäre der nächste logische Schritt für Eva auf der Karriereleiter. Für den neuen Job musste sie die Arbeit an der Schule selbst aber weitestgehend aufgeben. Strukturplanung und konkrete Unterrichtsdurchführung waren nun einmal nicht gut miteinander kompatibel. Am meisten ließ Eva aber eine Bedingung zögern, die sie kaum umsetzen konnte: Mit der Stelle war eine Residenzpflicht verbunden. Eva müsste ihre geliebte Heimat – die Domstadt am Rhein – verlassen, um dort hinzuziehen, wo die Kölnerin an sich lieber einen Bogen herum macht, wo das Bier dreckig aussieht und der Rhein schon an den großen Chemiekonzernen Leverkusens vorbeifließen musste: in die Landeshauptstadt nach Düsseldorf!

Eva wog die Argumente hin und her, erstellte Listen mit Gründen und Gegengründen, bat Freund:innen und Familie um Rat. Sollte es beim nächsten Karneval das letzte Mal „Alaaf" für sie heißen, bevor sie es gegen „Helau" eintauschen musste? Dann endlich, während sie eines Abends den Klängen des Stundengebets in Groß St. Martin lauschte, fasste sie den Entschluss: Sie wollte es versuchen. Gleich morgen wollte sie in den Zug steigen und den Arbeitsvertrag unterschreiben und im nächsten Sommer nach Düsseldorf ziehen. Es wäre eine Umstellung, ja, aber Köln wäre ja nicht aus der Welt. Und Gottes Wege sind nun einmal unergründlich ...

Kaum hatte sie den letzten Gedanken gedacht, sprang Eva erschrocken auf: Es ging hier doch nicht um Gottes, sondern um ihre Wege! Was hatte die Ministerin zu ihr noch am Telefon gesagt: Dass sie *prädestiniert* sei für die Stelle? Soll es ihr etwa *vorherbestimmt* gewesen sein Köln zu verlassen? Dann wären ja all die Pro- und Contra-Listen, all die Gespräche mit Freund:innen und Familie bloßer Schein gewesen! Sie hatte sich doch gerade selbst, freiwillig und autonom für ihren Weg entschieden. Oder waren ihre Wege nichts anderes als Wege, die Gott für sie vorgesehen hatte? Wusste Gott immer schon, wie Eva sich entscheiden werden würde? Und wenn ja, hätte sie sich also niemals ernsthaft *anders* entscheiden können?

Aus Kölner Perspektive böte sich dieses Gedankenexperiment auch dazu an, über Gottes dunkle Seiten zu reflektieren. Für uns soll aber eine andere Frage im Vordergrund stehen, die auch Eva in ihrem Schrecken schon dämmert: Wenn Gott von Ewigkeit her unfehlbar weiß, wie sich Eva zum Jobangebot aus Düsseldorf verhalten würde, kann sie dann überhaupt am nächsten Morgen ihre Entscheidung noch einmal revidieren und den Vertrag nicht unterschreiben? Immerhin hätte sich Gott dann in seinem Vorherwissen geirrt, was definitionsgemäß ausgeschlossen sein dürfte. Alles scheint auf die Alternative hinauszulaufen, Gott entweder allwissend zu denken oder den Menschen frei. Was denken Sie? Ist es möglich, dass sich Eva letztlich doch nicht von ihrer Heimatstadt trennt, selbst wenn Gott im Voraus schon unfehlbar weiß, dass sie umziehen wird?[1]

Die Frage nach dem Verhältnis von göttlicher Allwissenheit und menschlicher Freiheit berührt ein ganzes Bündel schwieriger theologischer Debatten: In welchem Verhältnis steht Gott zur Zeit? Wie steht es um die Freiheit von Mensch und Welt? Ordnet und plant Gott den Weltverlauf nach seinem Willen, fügt sie sich seiner Vorsehung? Oder ist Gott selbst wandelbar, lernt er Neues und lässt sich gar von uns überraschen? Wir wollen im Folgenden die Problemlage ordnen und einige der Optionen bedenken. Dabei hängen die Fragen offensichtlich miteinander zusammen. Wer behauptet, dass sich Eva natürlich am nächsten Morgen noch einmal umentscheiden könne, der wird vermutlich ein Verhältnis Gottes zur Zeit bevorzugen, das auch für Gott eine offene Zukunft bereithält. Und wer die Unveränderlichkeit Gottes betont, wird vermutlich auch eine starke Vorsehungslehre verteidigen. Damit wir uns also in diesem Kapitel nicht im Klein-Klein der einzelnen Positionen in den unterschiedlichen Debatten verirren, wollen wir zwei paradigmatische Sichtweisen gegenüberstellen, die jeweils einander gegenüberliegende Optionen in den Debatten einnehmen. Damit soll nicht ausgeschlossen werden, dass durchaus auch andere Kombinationen der Einzelpositionen möglich sind, für unseren Zusammenhang verzichten wir für die Übersichtlichkeit aber auf ein gewisses Maß an Komplexität. Für die Rekonstruktion möglicher theologischer Optionen orientieren wir uns im Folgenden vorrangig an zeittheoretischen Überlegungen, denn ob Gott gestern schon wusste, wie sich Eva morgen entscheiden wird, hängt offenbar zunächst am Verhältnis Gottes zur Zeit. Mit den beiden Positionen des Sempiternalismus und des Eternalismus wollen wir zwei idealtypische Positionen beschreiben, die das Attribut der göttlichen Ewigkeit je unterschiedlich ausbuchstabieren.

Beginnen wir aber mit einer schnellen Erhebung derjenigen Prämissen, die grundsätzlich unabhängig von den Intuitionen gelten sollen, die unser Gedankenexperiment bei Ihnen abrufen sollte, und die sowohl Eternalist:innen als auch Sempiternalist:innen

1 Das Gedankenexperiment ist eine Abwandlung eines ähnlichen Beispiels aus Pike 1965.

akzeptieren: (1) Gott ist allwissend. Wenn sich das göttliche Allwissenheitsprädikat auf Propositionen bezieht, (das sind Sachverhalte, die durch einen dass-Satz ausgedrückt werden können,) dann bedeutet es für Gott allwissend zu sein, dass für jede wissbare Proposition gilt, dass Gott diese Proposition weiß.[2] (2) Gott ist vollkommen. Insofern Gott als dasjenige zu denken ist, worüber hinaus Größeres nicht gedacht werden kann, ist er in jeder seiner göttlichen Qualitäten unüberbietbar. (3) Gott ist ewig. Insbesondere ist Gott nicht den Bedingungen der Endlichkeit unterworfen, sondern existiert ohne Anfang und Ende. Aus diesen Annahmen folgt bereits eine wichtige Qualifikation des göttlichen Wissens: Notwendig ist mit dem göttlichen Wissen nämlich dessen Wahrheit verknüpft. Wenn Gott etwas weiß, dann ist die gewusste Proposition notwendig wahr (Infallibilität) – und umgekehrt: Wenn eine Proposition wahr ist, dann weiß Gott diese Proposition (Vollständigkeit). (Vgl. Weingartner 2017, 322)

Die Unterschiede zwischen Eternalismus und Sempiternalismus bestehen nicht darin, die Wahrheit dieser Vorannahmen je anders einzuschätzen. Sie bestehen vielmehr darin, dass sie unter den Begriffen ‚Wissbarkeit', ‚Vollkommenheit' und ‚Ewigkeit' ganz unterschiedliche Dinge verstehen. Schauen wir uns zunächst die Ewigkeitskonzeptionen näher an:

Der Eternalismus stellt – wie der Name schon vermuten lässt – zur Bestimmung der Ewigkeiten Gottes den Gedanken der *aeternitas* in den Mittelpunkt. Gott ist in dem Sinne ewig, als er schlechthin überzeitlich, *atemporal*, existiert. Weder die sogenannte A-Reihe der Zeit, die das subjektive Erleben der Zeitlichkeit zum Ausdruck bringt (zukünftig – gegenwärtig – vergangen), noch die sogenannte B-Reihe der Zeit, die die objektiven Relationen von Ereignissen zueinander ausdrückt (früher als – später als), sind sinnvoll auf Gott anwendbar. Es wäre nach einer solchen Vorstellung also unsinnig zu sagen, dass Gott sich gern an das lustige Funkensprühen im

---

[2] Um den Begriff des Wissens hat sich seit den 1960er Jahren eine weitverzweigte philosophische Debatte entwickelt, nachdem der Philosoph Edmund Gettier mit überraschend einfachen Gegenbeispielen die seit Platon im Großen und Ganzen unhinterfragte Wissensdefinition als wahre, gerechtfertigte Meinung herausforderte. (Vgl. Gettier 1963) Wir beziehen uns im Folgenden jedoch weiter auf die sog. Standardanalyse des Wissens.

Urknall zurückerinnere, sich schon auf die zukünftige Vollendung der Welt freue oder mit Spannung die Entwicklungen in der Liturgie verfolgt. Zugleich wäre es aber ebenso fehlerhaft zu behaupten, dass das Schreiben dieses Buchs zeitlich vor Ihrer Lektüre liegt – zumindest was die göttliche Perspektive betrifft. Die göttliche Ewigkeit *erstreckt* sich also für den Eternalismus nicht auf einer unendlichen Achse, sondern *umgreift* jede zeitliche Größe in der göttlichen Dimension des „nunc permanens" (Bleibendes Jetzt), wie der spätantike Theologe und Philosoph Boethius formuliert, der zusammen mit Augustinus, Thomas von Aquin oder Anselm von Canterbury als theologiegeschichtliche Vertreter einer eternalistischen Position genannt werden kann. Um diese Idee zu erhellen, bietet sich folgendes Bild an: Vergleichen wir die physikalische Zeit mit einem Pfad, der sich in stetiger Steigung um einen Berg herumwindet. Wir erklimmen den Berg auf diesem Pfad, können den freien Weg vor uns erkennen und auf die steilen Passagen zurückblicken, die hinter uns liegen. Gott hingegen geht den Berg nicht mit uns hinauf, sondern blickt vom Gipfel des Berges auf den Pfad. Wenn Gott von oben herabschaut, sieht er immer schon den ganzen Berg mit seinem geschichtlichen Pfad. Aber nicht nur das: Er sieht auf dem Pfad nicht nur die jeweilige Gegenwart der physikalischen Zeit, also nicht nur, an welcher Stelle sich die Geschichte „gerade" befindet. Vielmehr müssen wir uns den ganzen Weg bevölkert vorstellen. Gott sieht alles in dieser Geschichte „als ob es schon geschähe" (Boethius: Consolatio Philosophiae, V, 6p., 67). Gleichermaßen steht Gott die Stelle auf dem Pfad vor Augen, wo wir diese Zeilen schreiben und die Stelle, an der Sie diese Zeilen lesen. Aus göttlicher Perspektive sind alle geschichtlichen Zeitpunkte gleich weit von ihm entfernt.

Auch der Sempiternalismus lässt sich schon von seiner Wortbedeutung herleiten: Das lateinische Adjektiv sempiternus (in dem das Ihnen vielleicht eher bekannte ‚semper' = ‚immer' enthalten ist), bedeutet so viel wie „immerwährend". Damit vertritt der Sempiternalismus die Gegenposition zum Eternalismus. Gott ist zwar nicht einfach Teil der physikalischen Zeit, aber sein ewiges Dasein ist selbst zeitlich strukturiert – und diese zeitliche Struktur verläuft zumindest teilweise parallel zur Zeitlichkeit der Schöpfung. Ewigkeit bedeutet dann der sempiternalistischen Konzeption zufolge, dass Gottes Existenz immerwährend, *omnitemporal* ist, also zu jedem einzeln identifizierbaren Zeitpunkt existiert. Im Gegensatz zum Eternalismus ist es in Bezug auf einen sempiternalistischen Gott offensichtlich durchaus sinnvoll, zeitliche Relationsaussagen zu tätigen.

Für beide Positionen sprechen nun gewichtige Gründe, die sich jeweils auch als Gegenargumente gegen die jeweils entgegenstehende Position verstehen lassen.[3] An vorderster Stelle steht dabei die Kompatibilität mit einem bestimmten Vollkommenheitsverständnis, das wir oben als geteilte Prämisse 2 genannt haben. Unter philosophiegeschichtlichen Vorzeichen scheint die Vollkommenheit Gottes zunächst eher darauf hinzudeuten, dass der Eternalismus das adäquatere Ewigkeitsverständnis zum Ausdruck bringt. Wenn wir Platon folgen, so impliziert Vollkommenheit Unveränderlichkeit, insofern eine jede Veränderung nämlich einen vorherigen Zustand verbessert oder verschlechtert. Änderte sich Gott aber zum Besseren, so war er vorher nicht göttlich, änderte er sich zum Schlechteren, so hörte er auf Gott zu sein. (Vgl. Platon: Pol., 381b–c) Veränderung aber ist untrennbar mit Zeitlichkeit verknüpft – so sieht es zumindest Aristoteles, der die Zeit als Maß der Veränderung beschreibt. (Vgl. Aristoteles: Phys. IV 12, 220b 14–16) Wenn Gott also vollkommen ist, so rufen uns die beiden philosophischen Schwergewichte zu, ist er unveränderlich – und weil Gott unveränderlich ist, ist er zeitlos zu denken. Diese Idee absoluter Perfektion aber kommt mit einem starken Preis, den Sempiternalisten nicht zu zahlen bereit sind:

> „Ein zeitloser Gott wird weder erinnern, vergessen oder Erleichterung verspüren, noch wird er aufhören etwas zu tun. Denn für einen zeitlosen Gott gibt es keine Vergangenheit, und nur das Vergangene lässt sich erinnern, vergessen usw. Ein zeitloser Gott wird weder warten, hoffen, oder erwarten, noch wird er vorauswissen, voraussagen oder etwas erwägen. Denn für einen zeitlosen Gott gibt es keine Zukunft, und nur das Zukünftige lässt sich voraussagen. Ein zeitloser Gott wird niemals beginnen etwas zu tun, denn beginnen lässt sich nur, was man dann fortführt. Wenn Gott zeitlos ist, wandelt er sich nicht, denn was sich wandelt weist erst eine bestimmte Eigenschaft auf, die dann verloren wird

[3] Für eine ausführliche Diskussion vgl. Tapp 2019; Wiertz 2019, 162–166 und Kreiner 2006, 395–431. Eine Sichtung der zeit- und ewigkeitstheoretischen Ansätze auch und vor allem in der deutschsprachigen Theologie des 20. Jahrhunderts findet sich bei Remenyi 2016, 635–704.

> und muss also an mindestens zwei verschiedenen Zeitpunkten existieren." (Leftow 2010, 257; Übersetzung MB/JT)

Das Vollkommenheitsideal der Unveränderlichkeit also, so die hier geäußerte Kritik, verunmöglicht die Rede von einem personalen Gott, der mit seiner Schöpfung interagiert – oder zumindest auf signifikante Weise auf das reagiert, was in und mit dieser Schöpfung geschieht. Die abgedroschene Floskel, ‚wer nicht mit der Zeit geht, muss mit der Zeit gehen' bringt hier etwas Wahres zum Ausdruck: Ewige Unveränderlichkeit scheint nach unseren Maßstäben nicht der Inbegriff „unbegrenzbaren Lebens" (Boethius: Consolatio Philosophiae, V, 6p., 10) zu sein, sondern vielmehr Ausdruck langweiliger Leblosigkeit. Ein Wesen, das zu echter Interaktion fähig ist, das Empathie zeigen kann usw., scheint auch nach der Anselm'schen Maxime größer, besser, wertvoller und in diesem Sinne auch vollkommener zu sein als ein ewig Unberührbares. Es kommt also darauf an, was für göttliche Vollkommenheit entscheidend sein soll: unveränderliches, perfektes Sein oder veränderliches personales Interagieren. Je nachdem, was eher als ‚Vollkommenheit' zählt, neigt man eher dem Eternalismus oder eher dem Sempiternalismus zu.

Gleiches gilt für den Begriff der Allwissenheit – mit dem wir nun langsam zu unserem Gedankenexperiment zurückkommen. Denn der Vorwurf, eine sempiternalistische Position würde Gott als ‚Gefangenen der Zeit' denken, der ihr weder souverän noch allwissend gegenüberstehe, trifft den beabsichtigten Ansatz nur dann, wenn ein allwissendes Wesen immer schon auch die Zukunft wissen muss. Wenn aber Aussagen über die Zukunft keinen Wahrheitswert haben, etwa weil ihre Realisierung von der Freiheit des Menschen abhängt, dann ist die Menge aller wissbaren Positionen auf Gegenwart und Vergangenheit beschränkt. Dann könnte man auch einem sempiternalistischen Gott, der bis zu einem gewissen Grad vom Geschehen der Zukunft überrascht wird, allwissend nennen.

Wie verhalten sich nun unsere idealtypisch skizzierten Positionen hinsichtlich Evas Unbehagen, dass die Allwissenheit Gottes ihre Freiheit aufheben könnte?[4]

---

[4] Noch einmal weisen wir hier darauf hin, dass es innerhalb der Positionen verschiedene elaborierte Versuche gibt, mit dem Vereinbarkeitsproblem umzugehen. Wir beschränken uns hier auf theoretische Tendenzen, die

Der Eternalismus könnte sich auf den ersten Blick nicht unelegant des Problems entledigen, denn die Beschreibung des Gedankenexperiments ist streng genommen innerhalb eines eternalistischen Paradigmas nicht sinnvoll. Weil Gott atemporal existiert, sind zeitliche Umschreibungen Gottes und insbesondere die Idee, dass Gott „gestern“ etwas wissen konnte, schlichtweg unsinnig. Auf den zweiten Blick aber hat der Eternalismus mit dem Verweis auf die Überzeitlichkeit Gottes nur einen Pyrrhussieg errungen. Tatsächlich verschärft sich das Problem ja noch, wenn Gott nicht nur gestern wusste, wie sich Eva heute entscheiden würde, sondern wenn Gott dieses Wissen von Ewigkeit her zukommen würde. (Vgl. Zagzebski 2011) Weil die eternalistische Position tendenziell auf einen statischen Vollkommenheitsbegriff und einen umfassenden Allwissenheitsbegriff (der auch die Zustände der physikalischen Zukunft einschließt) festgelegt ist, können bloß zwei Strategien gewählt werden: Entweder muss die Eternalistin behaupten, dass für menschliche Freiheit das Vorhandensein von Handlungsalternativen gar nicht notwendig sei,[5] oder dass sich göttliche Allwissenheit im genannten Sinne auch mit einem libertarischen Freiheitsverständnis vereinbaren lasse. Hier werden verschiedene Strategien erprobt, die zum Teil Gegenstand intensiver Auseinandersetzung geworden sind. Zum einen könnte man argumentieren, dass die ewige Schau Gottes auf Evas Entscheidung diese genauso wenig verursache, wie Ihr Blick aus dem Fenster Ihre Umwelt verursache, sodass ewiges Wissen und menschliche Freiheit problemlos miteinander kompatibel seien. So beschreibt etwa der US-amerikanische Religionsphilosoph William Hasker diesen Gedanken: „Just as my seeing you sitting, in the present, does not necessitate your sitting, so neither does God's knowledge, in the ‚eternal present', of your actions necessitate those actions.“ (Hasker 2001, 100)[6] Zum anderen könnte man das Abhängigkeitsverhältnis von göttlichem

---

den Ansätzen innewohnen. Für weitere Lösungsmöglichkeiten des Problems vgl. Schärtl 2019, 134–138.

[5] Vgl. zu einer solchen nicht-libertarischen Freiheitsauffassung die Ausführungen zum Gedankenexperiment „Der böse Neurochirurg“ in Kapitel II.1.

[6] So auch schon Boethius: „Warum also forderst du, daß das notwendig geschehe, was vom göttlichen Licht ins Auge gefaßt wird, wenn nicht einmal die Menschen das, was sie sehen, zur Notwendigkeit machen? Leiht

Wissen und menschlichem Tun umkehren und eine Art Rückwärtskausalität behaupten. Wir wären dann nicht etwa unfrei, weil Gott von Ewigkeit her um unser Handeln weiß, vielmehr würde Gott nur deshalb von Ewigkeit her um unser freies Handeln wissen, weil wir uns auf eine bestimmte Art und Weise verhalten. Beide Argumente sind hoch umstritten: Gegen das Argument, dass Gott durch sein Wissen die menschlichen Handlungen nicht verursache, lässt sich geltend machen, dass damit das Vereinbarkeitsproblem von göttlichem Vorherwissen und menschlicher Freiheit im Kern noch nicht getroffen ist. Problematisch ist ja in erster Linie nicht, dass Eva ihre Entscheidung nicht selbst verursacht habe (und daher nicht verantwortlich sei), sondern dass sie nicht anders handeln konnte, weil ihr keine alternativen Möglichkeiten gegeben sind, wenn Gott ihre Entscheidung von Ewigkeit her schon weiß. Gegen das Argument einer möglichen Rückwärtskausalität lässt sich schnell einsichtig machen, dass es grundlegende Intuitionen über kausale Zusammenhänge verletzt.[7]

Durch die Art und Weise wie wir die sempiternalistische Position vorgestellt haben, in Verbindung nämlich mit einem dynamischen Vollkommenheitsverständnis und einer auch für Gott offenen Zukunft, die als solche auch von einem allwissenden Wesen nicht gewusst werden kann, haben wir eine Lösung des im Gedankenexperiment aufgeworfenen Vereinbarkeitsproblems schon mitgeliefert: Ein Gott, der Zukünftiges nicht weiß, verfügt schlichtweg über kein Vorauswissen – und das Problem löst sich auf. Eva würde vollkommen frei ihre Entscheidung treffen können, nach Düsseldorf zu gehen oder in Köln zu bleiben. Gott würde von Evas Entscheidung vielleicht nicht überrascht werden, weil auch eine offene Zukunft nicht bedeutet, dass Gott schlechterdings ahnungslos in die Zukunft blickt. Vielmehr, so würden Vertreter:innen dieser Position eines sogenannten „Offenen Theismus“ argumentieren, ermögliche erst ein in der Zeit mit seinen Geschöpfen interagierender Gott eine wirklich *personale* Relation zwischen Gott und Mensch, in der Gott Eva so gut kennt, dass er ihre Entscheidung

---

etwa dein Schauen dem, was du als gegenwärtig betrachtest, irgendwelche Notwendigkeit?“ (Boethius: Consolatio Philosophiae, V, 6p., 74–76)

[7] Für die Verteidigung einer eternalistischen Sicht, die gleichwohl den freien Willen nicht verabschiedet vgl. z.B. Stump 2018.

vorausahnen kann – ohne sie freilich im strengen Sinn zu wissen. Offene Theist:innen behaupten, dass mit dieser Modifikation des klassischen Theismus auch theologisch eine Rückbesinnung auf ein Gottesbild ermöglicht werde, dass stärker der dynamischen Geschichte Gottes mit den Menschen gerecht werden kann, wie sie die biblischen Bücher beschreiben. Zentral ist dabei der Gedanke, dass nur und allein ein Gott, der die Freiheit seiner Geschöpfe absolut achtet, mit ihnen in eine Liebesbeziehung treten kann. Weil eine solche Freiheit aber inkompatibel ist mit einem umfassenden Vorauswissen der Zukunft (ob in der Zeit oder von Ewigkeit her), gibt der Offene Theismus die Behauptung eines solchen Wissens auf.

Im Rückblick zeigt sich in diesen Debatten eine Herausforderung der Theologie insgesamt: Was mit einer kleinen, scheinbar spitzfindigen Frage begann, hat sich ausgewachsen zu einer grundsätzlichen Entscheidung über das Gottesbild im Ganzen. Letztlich steht nicht weniger als die Frage auf dem Spiel, ob Gott, wenn er in eine offene Zukunft blickt, mit der Schöpfung ein Risiko eingegangen ist, (vgl. Grössl 2015) da die Schöpfung im Prinzip auch scheitern könnte. Die Vollendung der Welt läge nicht allein in Gottes Händen, sondern wäre auch von der Freiheit des Menschen abhängig. Wären Sie bereit, diesen Preis zu zahlen? Oder würden Sie lieber am Ende aller Tage auf Ihre Freiheit verzichten, um sich der Vorsehung Gottes anzuvertrauen?

Literatur zum Weiterlesen

Grössl, Johannes: Die Freiheit des Menschen als Risiko Gottes. Der Offene Theismus als Konzeption der Vereinbarkeit von göttlicher Allwissenheit und menschlicher Freiheit (STEP 3), Münster 2015. *[Strukturiertes Plädoyer für einen Offenen Theismus angesichts des Vereinbarkeitsproblems]*

Stump, Eleonore/Gasser, Georg/Grössl, Johannes (Hg.): Göttliches Vorherwissen und menschliche Freiheit. Beiträge aus der aktuellen analytischen Religionsphilosophie, Stuttgart 2015. *[Zusammenstellung und zum Teil erste deutsche Übersetzung zahlreicher zentraler Texte der Debatte]*

Striet, Magnus: Offenbares Geheimnis. Zur Kritik der negativen Theologie, Regensburg 2003. *[Plädoyer für einen personalen Theismus und Kritik des Axioms der Unveränderlichkeit Gottes]*

I.10 Das Burrito-Problem. Oder: Allmächtig oder nicht – das ist hier die Frage

Logische Paradoxa fesseln Philosoph:innen seit der Antike. So ist es nicht verwunderlich, dass das folgende Gedankenexperiment seit dem Mittelalter nicht nur große Denker:innen der Philosophie- und Theologiegeschichte in ihren Bann gezogen hat, sondern in etlichen Abwandlungen bis heute diskutiert wird – problematisiert es doch mit dem Allmachts-Begriff eines der zentralen Gottesprädikate. Wir orientieren uns im Folgenden an einer Fassung des sog. Stein-Paradoxons, wie es in der bekannten Comic-Serie „Die Simpsons" präsentiert wird: „Ein wahres Honigschlecken für Rätselfreunde!" (Ned Flanders)

Nach einem schmerzhaften Zusammentreffen mit einem Schwarm Krähen bekommt Homer Simpson medizinisches Marihuana verschrieben, dessen Konsum zur Linderung seiner Leiden beitragen soll. Kurz darauf bekommt Homer überraschenden Besuch seines tiefgläubigen Nachbarn Ned, den er – unter dem Einfluss der Drogen – mit einer ausgeklügelten Frage konfrontiert: „Could Jesus microwave a burrito so hot, that he himself could not eat it?" Merklich herausgefordert ringt Ned um Konsistenz in seinem Glauben: „Well, sure, of course he could – but then again ...", um dann die oben schon zitierte Einschätzung anzufügen: „Wow, as melon scratchers go, that's a honeydoodle!"[1]
Es macht die Anziehungskraft eines Paradoxons aus, dass Sie eigentlich schon verloren haben, wenn Sie Homers Frage auch nur versuchen zu beantworten. „Nun, natürlich kann er – aber andererseits ..." Und anders als im Fortgang der Szene verspricht auch die von Ned herangezogene Bibel in diesem Fall alles andere als mit Lösungen „vollgepackt" zu sein. Wie aber würden Sie antworten? Umfasst die Allmacht Gottes auch die Macht, einen Burrito so stark zu erhitzen, dass er ihn selbst nicht essen kann?

[1] Die Szene ist entnommen aus: Die Simpsons: Staffel 13, Episode 16: Weekend at Burnsie's (Erstausstrahlung: 07. April 2002).

Bevor wir uns an die Analyse möglicher Lösungen des Burrito-Problems machen, gilt es zunächst, das Paradoxon selbst genau zu verstehen. Wenn wir dabei die kleine Ungenauigkeit beiseitelassen, dass Homer offensichtlich dem Menschen Jesus von Nazareth – und nicht Gott selbst – Allmacht zuschreibt, resultiert aus seiner Frage natürlich erst dann der beabsichtigte Effekt, wenn sie vor dem Hintergrund der Behauptung göttlicher Allmacht gelesen wird. Denn die Frage, ob irgendjemand einen Burrito so hoch erhitzen kann, dass er oder sie ihn selbst nicht essen kann, ist offensichtlich zu bejahen. Es ist tatsächlich ziemlich leicht, sich die Zunge zu verbrennen ... Problematisch wird die Frage also erst unter der Prämisse, dass Gott allmächtig ist und diese Allmacht in der Fähigkeit besteht, gleichsam alles tun zu können: Es darf keinen Sachverhalt geben, den Gott nicht hervorbringen kann. Positiv formuliert: ‚Für jeden Sachverhalt gilt: Gott hat die Macht, diesen Sachverhalt hervorzubringen.'[2] Die paradoxale Struktur des Burrito-Problems entsteht nun also aus den Problemen, die *jede mögliche* Beantwortung der Homer'schen Frage mit sich bringt. Wenn Gott tatsächlich einen Burrito so heiß erhitzen kann, dass er ihn selbst nicht essen kann, dann sind zwar seine Fähigkeiten an der Mikrowelle unumschränkt, gleichzeitig ist aber gerade dadurch ein Sachverhalt entstanden, der die Absolutheit seiner Macht beschneidet. Denn seine Erhitzungs-Macht übersteigt dann diejenige, unglaublich heiße Speisen zu sich nehmen. Analog lässt sich zwar an der absoluten Fähigkeit festhalten, auch noch so hoch erhitzte Lebensmittel essen zu können, jedoch kann Gott dann offensichtlich den Burrito nicht auf eine Temperatur bringen, die ihm das Verspeisen verunmöglicht. Wie man den Burrito auch dreht oder wendet: Stets entsteht ein Sachverhalt, den Gott nicht hervorbringen kann – was im Widerspruch zur Allmachtsbehauptung steht.

Die Standard-Reaktion auf Varianten des Steinparadoxons (welches im Original in der Frage besteht, ob Gott einen Stein erschaffen könne, der so schwer sei, dass er ihn nicht mehr heben könne) lautet, dass göttliche Allmacht an die Gesetze der Logik zu binden ist. Allmächtig zu sein hieße dann nicht, *jeden* Zustand hervorbringen zu können, sondern bloß jene Sachverhalte, die *logisch widerspruchsfrei beschreibbar* sind. Auf den ersten Blick hätte man sich

[2] Zu den Formulierungen potentieller Allmacht vgl. Kreiner 2006, 309 f.

damit des Burrito-Problems elegant entledigt. Zwei Aspekte jedoch müssen bedacht werden: Erstens wäre zu prüfen, wie die vorgeschlagene Limitation göttlicher Allmacht zu bewerten ist. Lassen sich theologisch oder philosophisch plausible Gründe vorbringen, die die Einschränkung mit Blick auf die Gesetze der Logik rechtfertigen, oder läuft diese Einschränkung letztlich auf die Abschaffung des Begriffs göttlicher *All*macht hinaus? Zweitens sind die Konsequenzen zu bedenken, die für das Burrito-Problem tatsächlich folgen.

Zur ersten Frage: Kritiker:innen der Beschränkung der göttlichen Allmacht auf die Gesetze der Logik sehen das Gottesprädikat im Kern schon aufgegeben – oder sich gar des Vergehens einer Gotteslästerung schuldig gemacht! –, wenn von der Maximaldefinition auch nur ein Iota abgewichen würde. Weil schlechthin alles von Gott geschaffen ist, sind insbesondere auch die Gesetze der Logik von Gott geschaffen und gehorchen seinem Willen. Ähnlich argumentierten schon Vertreter:innen des sog. Voluntarismus im 14. und 15. Jahrhundert: Nicht deshalb hält sich Gott an die Gesetze der Logik (und etwa auch an die Maßstäbe der Moral), weil er ihnen unterliegt, sondern die Gesetze der Logik (und die Maßstäbe der Moral) gelten, weil Gott sie gelten lassen will.

Befürworter der Einschränkung göttlicher Macht auf logisch widerspruchsfrei beschreibbare Sachverhalte halten diese sehr wohl für theologisch angemessen. Ihre Intuition wird deutlich bei weniger verschachtelten Sachverhalten, als es unser Burrito-Problem ist. Ein Gott, der im Handeln nicht den Gesetzen der Logik unterliegt, müsste verheiratete Junggesell:innen erschaffen können, ein Dreieck, dessen Innenwinkel (auch in der euklidischen Geometrie) nicht 180° betragen oder Berge, die zwischen sich keine Täler hätten. Sachverhalte dieser Art aber sind für den begrenzten menschlichen Intellekt schlichtweg nicht denkbar und damit im Grunde bedeutungslos. Und selbst die theologische Aussage, dass zwar wir Menschen den beschriebenen Zuständen keinen Sinn abringen können, Gott dies in seiner Allmacht aber sehr wohl könne, führt offensichtlich in die Irre, wie der Schriftsteller C. S. Lewis in einem bekannt gewordenen Zitat festhält: „[M]eaningless combinations of words do not suddenly acquire meaning simply because we prefix to them the two other words ‚God can'." (Lewis 1950, 16) Dabei führt schon die Wortwahl der *Einschränkung* göttlicher Allmacht auf eine falsche Fährte, denn der Versuch, das Allmachtsprädikat unter Berücksichtigung der Widerspruchsfreiheit zu formulieren, beschränkt ja genau besehen nicht die göttliche Allmacht, sondern stellt allein den Versuch einer konsistenten Explikation eines zentralen Glaubensgegenstandes dar. Nicht ein zuvor maximal allmächtiger Gott wird durch die Gesetze der Logik beschränkt und verfügt nurmehr über eine Light-Version von Allmacht; vielmehr scheitert der Versuch, unter Absehung der Zuschreibung von logischen Gesetzen Theologie zu betreiben. Wer behauptet, dass Gottes Allmacht logischen Bedingungen unterliegt, schränkt diese also nicht ein, sondern sichert allererst die Möglichkeit (vernünftiger) Rede über Gott. Eine solche Sicht vertritt etwa Thomas von Aquin, wenn er schreibt:

> Das Unmögliche „ist der göttlichen Macht nicht unterworfen, nicht wegen eines Mangels, sondern weil es nicht den Charakter des Erschaffbaren oder Möglichen hat. Was immer also keinen Widerspruch einschließt, fällt unter jene möglichen Dinge, bezüglich derer Gott allmächtig heißt. Was aber einen Widerspruch einschließt, fällt nicht unter die göttliche Allmacht, weil es nicht den Charakter des Möglichen haben kann. Deshalb sagt man sinngemäßer: diese Dinge können nicht gemacht werden, als: Gott kann sie nicht machen. – Dies ist auch nicht gegen das Wort des Engels: ‚Bei Gott ist kein Wort unmöglich.' Denn was Widerspruch mit sich führt, kann kein ‚Wort' sein, weil kein Verstand es empfangen kann." (Thomas von Aquin: STh I, q. 25 a.3)

Zur zweiten Frage: Was tragen die beiden Optionen – Beschränkung der Allmacht auf das logisch Mögliche oder Beharren auf einer auch das logisch Unmögliche einschließenden Maximaldefinition – nun für unser Burrito-Problem aus?

Verteidiger:innen eines voluntaristischen Allmachtsbegriffs können sich gelassen zurücklehnen: Wenn Gott in seinem Handeln nicht auf die Regeln der Logik festgelegt ist, ja wenn nicht einmal das Prinzip des auszuschließenden Widerspruchs für ihn gilt, dann kann er ganz offensichtlich einen Burrito so heiß erhitzen, dass er selbst ihn nicht mehr essen kann – und ihn dann einfach trotzdem essen. Damit hätte man zwar behauptet, dass Gott einen Sachverhalt gleichzeitig mit seinem Gegenteil realisieren kann – wenn aber das Nichtwiderspruchsprinzip für Gott ohnehin nicht gilt, dann stellt diese Behauptung kein Problem dar. Einen solchen Ausweg zeichnet der US-amerikanische Philosoph Harry G. Frankfurt: „If an omnipotent being can do what is logically impossible, then he can not only create situations which he cannot handle but also, since he is not bound by the limits of consistency, he can handle situations which he cannot handle." (Frankfurt 1964, 263)

Wenn man andererseits – mit durchaus überzeugenden Gründen – behauptet, dass Gottes Macht logischen Beschränkungen unterliegt, dann wäre zu prüfen, ob unser heißer Burrito tatsächlich zu jener Klasse nicht widerspruchsfrei beschreibbarer Sachverhalte gehört. Mit anderen Worten: Verletzt die Beschreibung eines Burritos, der so heiß ist, dass er nicht mehr essbar ist, logische Regeln, wie etwa ein Kreis, dessen Radien unterschiedlich lang sind?

Wer die Varianten des Burrito-Problems als logische Unmöglichkeit ansieht, für den wäre dann auch in der Beschränkung der Allmacht auf logisch widerspruchsfrei beschreibbare Sachverhalte das Problem gelöst. Homer würde mit der Erschaffung eines nicht essbaren Burritos einen logisch unmöglichen Zustand beschreiben, den Gott gar nicht realisieren können muss. Gottes Allmacht wäre dann durch das Burrito-Problem nicht in Frage gestellt.

Nun haben wir aber bereits oben in der Analyse des Problems gesehen, dass die Widersprüchlichkeit in der Formulierung des Paradoxons nicht bereits in Homers Frage liegt, sondern erst in der Behauptung göttlicher Allmacht. (Vgl. Lange 2012, 15–26) Noch einmal: Einen Burrito so heiß zu erhitzen, dass er nicht mehr essbar ist, ist logisch einwandfrei beschreibbar. Problematisch ist erst die Zunahme der Prämisse eines allmächtigen Wesens, da dieser ihn zugleich essen können müsste. Wenn ein Burrito, der so heiß erhitzt wurde, dass er nicht mehr gegessen werden kann, aber gar keine logisch widersprüchliche Situation ist, dann bringt es auch nichts, die Allmacht Gottes auf logisch widerspruchsfrei beschreibbare Sachverhalte zu begrenzen – zumindest trägt sie im Hinblick auf unser Problem nichts aus. (Wir glauben trotzdem, dass es gute Gründe dafür gibt, auch in der Gotteslehre an den Gesetzen der Logik festzuhalten.)

Problemerzeugend bleiben also zwei Behauptungen: (1) Es gibt ein allmächtiges Wesen. Und (2): Allmacht besteht im Potenzial alles (widerspruchsfrei Beschreibbare) tun zu können. Wenn eine Lösung des Problems aber nicht *innerhalb* von Homers Frage zu finden ist, dann wäre es vielleicht aussichtsreicher, die Schlüssigkeit dieser impliziten Prämissen zu untersuchen bzw. zu überlegen, ob es schlüssige und vielleicht theologisch sogar vorzuziehende Alternativen zu ihnen gibt. Offensichtlich ist das Paradoxon gelöst, wenn die erste Behauptung verneint wird – bloß theologisch vorzuziehen ist diese Wahl aus naheliegenden Gründen nicht. Aussichtsreicher erscheint also eine Überarbeitung der zweiten Behauptung, dass Allmacht als Handlungspotential zu verstehen sei. Von dieser Frage hängt theologisch einiges ab, denn die Handlungsmacht Gottes wird ja nicht vornehmlich in logisch-theologischen Fingerübungen wie Burrito-Problemen angefragt, sondern noch drängender etwa in Fragen nach der Wirksamkeit von (Bitt-)Gebeten oder der Theodizee. Alternative Allmachts-Konzepte hätten auch auf diesen Feldern erhebliche Auswirkungen – wobei wir es an dieser Stelle bei der Betrachtung unseres Burrito-Problems belassen wollen.

Eine erste Alternative stellt das Konzept aktualer Allmacht dar, das prominent von Peter Knauer vorgelegt wurde. Knauer versteht Allmacht nicht als einen Raum möglicher Handlungen, d. h. nicht als Aussage über die Menge der potentiell realisierbaren Sachverhalte, die von Gott hervorgebracht werden können. Allmacht ist also kein ‚potentielles' Vermögen, das einen Burrito so heiß erhitzen können muss, dass er für das allmächtige Wesen selbst nicht mehr essbar ist – und gleichzeitig eben doch. Allmacht ist überhaupt kein Vermögen, das in Einzelakten zu realisieren wäre. Vielmehr ist Allmacht diesem Verständnis zufolge immer schon ‚aktual', also wirksam. Als Schöpfer der Welt sind alle Zustände der aktualen Welt von Gott abhängig. Was auch immer in der Welt geschieht: Nichts von dem würde geschehen, wenn Gott nicht wäre. Dabei behauptet Knauer keine *Allein*wirksamkeit Gottes in allem, was geschieht. Gott determiniert nicht die Welt in all ihren Zuständen und Abläufen, sondern Gott ist bloß notwendige Bedingung allen Seins – was das Vorhandensein anderer, ebenso notwendiger Bedingungen nicht ausschließt: „Die Welt geht in jedem Augenblick ihrer Existenz völlig darin auf, ohne Gott gar nicht sein zu können. […] Selbst unsere freiesten Handlungen sind solcher Art, dass sie ohne Gott nicht sein könnten." (Knauer 2003, 198–200) In dieser Macht nun, so Knauer, sei aber bereits deren Maximum mitausgesagt. Es kann keine Macht geben, die die so beschriebene aktuale Allmacht, ‚in allem mächtig zu sein' noch steigert. Das Burrito-Problem verschwindet unter dieser Allmachtsbeschreibung schneller als Ned Flanders sein bekanntes „dideli“ sagen kann: Ob Gott bestimmte Sachverhalte handelnd hervorbringen kann, ist schlichtweg keine Frage, die das Allmachtsprädikat (aktual verstanden) tangiert.

Eine zweite Alternative sucht keine isolierte Bestimmung göttlicher Allmacht vorzulegen, sondern orientiert den Allmachtsbegriff von vornherein an den anderen Eigenschaften Gottes, wie sie die monotheistischen Religionen alle in ähnlicher Weise bestimmen, insbesondere am Begriff göttlicher Güte bzw. Liebe. Denn die Frage nach unhebbaren Steinen und unessbaren Burritos mögen nach theologischem Zeitvertreib aussehen, sie weisen aber auf einen zentralen Punkt: Kann Gott wahrhaft freie, seiner Kontrolle entzogene Wesen erschaffen, ohne damit seine Allmacht aufzugeben? Aus dieser (Erklärungs-)Not lässt sich eine Tugend machen, wie ein in diesem Zusammenhang häufig herangezogenes Zitat des dänischen Philosophen S. Kierkegaard zeigt:

> „Das Höchste, das überhaupt für ein Wesen getan werden kann, höher als alles, wozu einer es machen kann, ist dies: es frei zu machen. Eben dazu, dies tun zu können, gehört Allmacht. [...] Gottes Allmacht ist darum seine Güte. Denn Güte ist sich ganz hingeben, aber dergestalt, daß man, indem man allmächtig sich selbst zurücknimmt, den Empfangenden unabhängig macht. Alle endliche Macht macht abhängig, Allmacht allein vermag unabhängig zu machen, aus dem Nichts hervorzubringen, was dadurch inneres Bestehen empfängt, daß die Allmacht sich ständig zurücknimmt.“ (Kierkegaard 1994 [1846], 124)

Die Existenz freier Wesen wird dann nicht zum Problem, sondern allererst zum Ausdruck wahrer Allmacht, die dann wohl nicht mehr als Omnipotenz zu denken ist, sondern letztlich mit göttlicher Liebe ineins fällt, als einer Macht, die größer nicht gedacht werden kann. (Vgl. Stosch 2016) Damit liegt eine Neudefinition von Allmacht vor: All-Macht bedeutet nicht, über die Summe aller erdenklichen irdischen Macht zu verfügen – so als ob Gott eine Kombination aller Superhelden auf einmal wäre. Vielmehr bedeutet Allmacht, die innerweltliche Machtlogik zu überschreiten und etwas zu erschaffen, dass von der eigenen Macht unabhängig ist – nämlich ein freies Wesen. Wenn man Allmacht als Liebe versteht, löst sich auch das Steinparadoxon auf, da dieses impliziert, dass Allmacht gleichbedeutend ist mit ‚Alles-logisch-Mögliche-tun-Können‘. Wenn Allmacht aber als schöpferische Kraft verstanden wird, besteht sie darin, andere in Liebe freizusetzen. In den Worten Klaus von Stoschs:

> „Wird Allmacht einfach als ins Unendliche hinein gesteigerte Potenzierung menschlicher Macht gedacht, lässt sie sich leicht als menschliche Wunschvorstellung und Projektion menschlicher Machtphantasien entlarven. Außerdem gerät sie in schwerwiegende Konsistenzprobleme, wie nicht zuletzt die Auseinandersetzung um das Steinparadox gezeigt hat. Recht verstandene Allmacht kann deshalb keine alles beherrschende und kontrollierende Super-Macht sein, sondern zeichnet sich gerade durch die Erschaffung von Wesen aus, die selber mächtig sind und aus dieser gewährten Macht heraus in ein Freiheitsverhältnis zu ihrem Schöpfer eintreten können." (Stosch 2016, 264)

Was heißt das nun alles für unseren heißen Burrito, der ganz offensichtlich mehr ist als eine Nebenwirkung der Homer'schen Medikation? Das Burrito-Problem zeigt zunächst auf methodischer Ebene wie hilfreich kritische Anfragen sind, um im Glauben zur Vernunft zu kommen. Auf der inhaltlichen Ebene dient es zudem dazu, ein weit verbreitetes Verständnis von Allmacht zu dekonstruieren, welches Allmacht superlativisch, d.h. als ins Unendliche gesteigerte Macht versteht. Nur unter dieser Annahme ist das Burrito-Problem ein logisches Problem. Versteht man Allmacht hingegen komparativisch, also als Durchbrechung irdischer Steigerungs- und Machtlogiken, dann lässt sich Allmacht als freisetzende Liebe verstehen – und ein solcher Allmachtsbegriff ist vom Burrito-Problem nicht betroffen.

Literatur zum Weiterlesen

Lange, Andrea: Allmacht denken. Studien zur widerspruchsfreien Konzipierbarkeit eines fundamentalen Gottesprädikats (Münchener Theologische Schriften 71), St. Ottilien 2012. *[Plädoyer für die Widerspruchsfreiheit des Begriffs der göttlichen Allmacht im Ausgang vom Steinparadoxon]*

Oord, Thomas: Gottes Liebe zwingt nicht. Ein offener und relationaler Zugang zum Wirken Gottes in der Welt, Downers Grove 2020. *[Interessanter Zugang aus dem ‚Offenen Theismus', der Allmacht Gottes als freisetzende Liebe versteht und damit viele Parallelen zur deutschsprachigen Debatte aufweist]*

Pröpper, Thomas: Allmacht Gottes, in: ders.: Evangelium und freie Vernunft. Konturen einer theologischen Hermeneutik, Freiburg i.Br. 2001,

288–293. *[Prägnanter Text, der die Eigenschaft der Allmacht freiheitstheoretisch reformuliert]*

Stosch, Klaus von: Allmacht als Liebe denken, in: Marschler, Thomas/Schärtl, Thomas: Eigenschaften Gottes: ein Gespräch zwischen systematischer Theologie und analytischer Philosophie (STEP 6), Münster 2016, 251–266. *[Sehr gute Einführung in eine Formulierung des Allmachtsbegriffs, der in Anlehnung an Sören Kierkegaard Allmacht nicht als maximale Machtsteigerung, sondern als Durchbrechung innerweltlicher Machtlogik begreift]*

I.11 Die Unverfügbarkeit des Geistesblitzes. Oder: Was bedeutet ‚Handeln Gottes'?

Ohne die Annahme, dass Gott zu Handlungen in der Welt fähig ist, wäre das Christentum kaum denkbar – weder wäre die Bibel verständlich, noch würden die meisten liturgischen Praktiken sinnvoll sein. Auch die persönliche Glaubenspraxis wäre stark betroffen, da z. B. das Bittgebet dann nicht mehr viel Sinn ergäbe. Zugleich ist es gar nicht so leicht, in einer naturwissenschaftlich geprägten Weltsicht eine sinnvolle Rede vom Handeln Gottes zu formulieren. Verschiedene Lösungsmöglichkeiten können anhand des folgenden Gedankenexperiments verdeutlicht werden.

Stellen Sie sich vor, Sie stehen vor einem schwierigen Problem, bei dem Sie einfach nicht weiterkommen. Vielleicht schreiben Sie eine Hausarbeit oder einen Aufsatz, vielleicht sind Sie künstlerisch tätig, vielleicht stehen Sie vor einem großen Problem in einer Beziehung zu einem guten Freund. Sie grübeln und grübeln, aber Sie kommen einfach nicht weiter. Sie wenden das Problem hin und her, aber nichts scheint wirklich eine gute Lösung zu sein. Eines Abends sind Sie besonders verzweifelt. Sie haben sich vorgenommen, nun endlich den entscheidenden Schritt weiterzukommen und verzichten auf Ihren Feierabend, aber kurz vor Mitternacht geben Sie auf und gehen zerknirscht ins Bett. Am nächsten Morgen wachen Sie auf, und während Sie sich noch ganz verschlafen einen Kaffee machen, fällt es Ihnen wie Schuppen von den Augen: Das ist die Lösung! Es ist völlig klar, wie Sie jetzt weitermachen können! Während Sie schliefen, muss es in Ihnen unterbewusst weitergearbeitet haben – und nun haben Sie den entscheidenden Geistesblitz.

Dieses Übersprudeln von Kreativität kann offensichtlich nicht erzwungen werden. Die meisten von Ihnen werden diese Erfahrung des spontanen Einfalls eines guten Gedankens kennen. Er kommt Ihnen ja nicht, wenn Sie sich nur fest genug vornehmen, dass er kommt, sondern häufig dann, wenn Sie gar nicht mehr dran denken – unter der Dusche, beim Laufen, während einer langweiligen Zugfahrt. Wenn Sie religiös sind und an einen handelnden Gott glauben, stellt sich dann aber eine spannende Interpretationsfrage ein: Sind Sie berechtigt, den spontanen Einfall eines guten Gedankens als Handeln Gottes zu deuten?

Das Szenario dieses Gedankenexperiments wird vom britischen Komiker John Cleese in seinem lesenswerten Buch über Kreativität beschrieben:

> „If I wrote a sketch by myself in the evening, I'd often get stuck, and would sit there at my little desk, cudgeling my brains. Eventually I'd give up and go to bed. And in the morning, I'd wake up and make myself a cup of coffee, and then I'd drift over to the desk and sit at it, and, almost immediately, the solution to the problem I'd been wrestling with the previous evening ... became quite obvious to me! So obvious that I couldn't really understand why I hadn't spotted it the night before. But I hadn't. This is how I began to discover that, if I put the work in before going to bed, I often had a little creative idea overnight, which fixed whatever problem it was that I was trying to deal with. It was like a gift, a reward for all my wrestling with the puzzle." (Cleese 2020, 14 f.)

Karl Rahner stellt diese Erfahrung in einen theologischen Kontext, wenn er fragt, ob ein solcher Geistesblitz eigentlich als Handeln Gottes in der Welt gedeutet werden kann. Im Hintergrund steht eine theologisch brisante Frage: Selbst wenn man akzeptiert, dass der letzte Grund des Seins mehr ist als nur ein anonymes und gleichgültiges Naturgeschehen, könnte dies ja immer noch ein abstraktes Prinzip sein, das dem Sein zugrunde liegt; oder ein geheimnisvolles Wesen, das irgendwann das Universum erschuf und seither den Dingen ihren Lauf lässt. Das Christentum aber sagt mehr: Der Schöpfer des Universums ist kein anonymer Seinserhalter, sondern eine ansprechbare Person, die mit ihren Geschöpfen interagiert und im Universum handelt.

In der Debatte um das Handeln Gottes wird in der Regel zwischen dem allgemeinen und dem besonderen Handeln Gottes unterschieden. Das allgemeine Handeln Gottes bezieht sich auf die *creatio ex nihilo,* also die Schöpfung des Universums aus dem Nichts, sowie auf die *creatio continua,* also die dauerhafte Seinserhaltung der Schöpfung. Diese Handlungsmodi Gottes sind theologisch nicht besonders umstritten, da sie abstrakt und nicht beobachtbar sind. Das besondere Handeln Gottes hingegen zielt auf die konkrete Interaktion Gottes mit seinen Geschöpfen, also auf individuierbare und einzelne Handlungen. Diese sind weitaus umstrittener, da ein Handeln Gottes empirisch bisher nicht nachgewiesen werden konnte:[1] Es gibt keine Geschehenszusammenhänge, die offensichtlich nicht anders erklärt werden können als durch die Intervention einer übernatürlichen Macht in ansonsten naturgesetzlich bestimmte Kontexte hinein. Gleichzeitig ist hingegen fraglich, ob die empirische Nachweisbarkeit überhaupt ein sinnvolles Kriterium für die Interpretation eines Geschehens als Handeln Gottes ist – bloß: Was sollte ein Handeln Gottes in der Welt anderes bedeuten, als dass sich dessen Konsequenzen in der uns umgebenden, empirischen Welt auswirkten?

Ein entscheidender Grund für die Umstrittenheit der Möglichkeit eines besonderen Handelns Gottes ist die handlungstheoretische Unklarheit darüber, was überhaupt eine ‚Handlung' sein soll. Es herrscht zwar weitgehend Einigkeit, dass die Beschreibung von Handlungen mit *Gründen* zu tun hat: Eine Handlung liegt dann vor, wenn es bestimmte Gründe gab, diese Handlung auszuführen. Wenn ich beispielsweise einen Arm hochreiße, weil ich aus dem Augenwinkel etwas Großes auf mich zufliegen sehe, ist das keine Handlung, sondern ein Reflex. Wenn ich aber einen Arm hebe, um mich beispielsweise im Unterricht zu melden, ist dies eine Handlung: Ich hebe den Arm absichtsvoll und aus Gründen. Hingegen besteht Uneinigkeit mit Blick auf die Frage, was genau Gründe sind. Zwei große Ansätze konkurrieren hier: *Kausale Handlungstheorien* gehen davon aus, dass Gründe lediglich eine Spezialform von Ursachen sind. So wie natürliche Ereignisse durch bestimmte physikalische Ursachen hervorgebracht werden, so werden Handlungen durch Gründe kausal hervorgebracht. *Intentionale Handlungstheorien* hingegen betrachten Gründe und Ursachen als grundsätzlich verschiedene Dinge. Während Ursachen bestimmte Ereignisse erzwingen, machen Gründe nur geneigt, bestimmte Handlungen zu vollziehen – es ist aber auch möglich, gute Gründe in den Wind zu

[1] Mit der Unterscheidung von allgemeinem und besonderem Handeln Gottes ist auch die Frage der Allmacht wieder aufgeworfen – wenn man sie in den Bahnen eines Handlungspotentials verstehen möchte. In der nun eingeführten Terminologie könnte man sagen, dass Modelle aktualer Allmacht die göttliche Handlungsmacht auf das allgemeine Handeln Gottes beschränken und verneinen, dass Gott über die Erschaffung und Erhaltung der Welt zu speziellem Handeln fähig ist. Vgl. dazu auch das Gedankenexperiment „Das Burrito-Problem" in Kap. I.10.

schlagen (wohingegen es sinnlos wäre zu sagen, dass ein Ereignis seine Ursache in den Wind schlägt). Das Sprachspiel kausaler Verursachung sei einfach nicht gut geeignet, um Gründe und Handlungen auf den Begriff zu bringen.

Der Streit zwischen kausalen und intentionalen Handlungstheorien kann hier nicht beigelegt werden,[2] aber er kann dazu dienen, eine Grundsatzentscheidung zu verdeutlichen, die auch für die Debatte um das Handeln Gottes zentral ist: Zielt die Rede vom Handeln Gottes auf ein kausales Einwirken Gottes auf die Welt oder auf ein intentionales und kommunikatives Geschehen? Mit anderen Worten: Muss sich das Handeln Gottes so beschreiben lassen, dass sich angeben lässt, wo es Ursache bestimmter innerweltlicher Ereignisse gewesen ist, oder ist das Handeln Gottes besser beschrieben, wenn man es als kommunikative Interaktion zwischen Schöpfer und Geschöpf versteht?

Schauen wir uns beide Varianten an: Wenn man davon ausgeht, dass das Sprachspiel der Kausalität unabdingbar für die Rede vom Handeln Gottes ist, besteht die Hauptschwierigkeit darin, das augenscheinlich geschlossene Netz innerweltlicher kausaler Beziehungen für göttliche Einflussnahmen zu öffnen. Grundsätzlich stehen dazu zwei Möglichkeiten zur Verfügung: Entweder (1) kann man zu zeigen versuchen, dass es Unterbestimmtheiten oder Lücken in innerweltlichen Kausalzusammenhängen gibt, die dann von einer göttlichen Kausalität bestimmt werden können. Das wäre ein unvermitteltes Handeln Gottes in der Welt. Oder (2) das Handeln Gottes wird vermittelt gedacht – zumeist wird dann gesagt, dass alle innerweltlichen Ursachen nochmal umfangen seien von einer göttlichen Erstursache.

Die erste Variante (1) steht vor der Schwierigkeit, einen konkreten kausalen Bezugspunkt eines Einwirkens Gottes in der Welt bestimmen zu müssen. Das heißt: Wenn behauptet werden soll, dass das unsere Welt bestimmende Netz von Ursache und Wirkung offen ist für eine göttliche Einflussnahme, dann müssen die konkreten Stellen benannt werden, an denen das eigentlich geschlossene Kausalnetz Lücken für diese göttliche Einflussnahme lässt. Es gibt viele Versuche, diese Lücken unter Rückgriff auf die Ergebnisse der Quantenphysik oder der Chaostheorie zu plausibilisieren. So

---

[2] Für eine ausführliche Darstellung vgl. Breul 2022b, 90–143.

könnte man argumentieren, dass das Einwirken Gottes innerhalb der statistischen Schwankungsbreite der Naturgesetze erfolge und damit empirisch nicht nachweisbar sei. Gott nehme aber auf der mikrophysikalischen Ebene Einfluss auf die Geschehnisse der Welt. Er steuere beispielsweise das scheinbar chaotische Verhalten komplexer Systeme oder bestimme, wann genau ein bestimmtes Atom innerhalb seiner Halbwertszeit zerfalle. Gott sei, wie die Religionsphilosophin Nancey Murphy sagt, eine ‚versteckte Variable' im Naturprozess: entscheidend für das konkrete Quantengeschehen, aber so versteckt, dass sein kausaler Einfluss empirisch nicht nachweisbar sei. Kurzum, die Theorien des unvermittelten Handelns Gottes machen sich in der Regel die Einsichten der modernen Naturwissenschaften zunutze, dass es – im Gegensatz zum Weltbild einer Newton'schen Mechanik – Räume von Unbestimmtheit in der Natur gibt, in die eine göttliche Kausalität hineinstoßen könne. Mit Blick auf unser Gedankenexperiment gesprochen: Ein Geistesblitz, der als Handeln Gottes interpretiert werden soll, würde sich gemäß dieses Ansatzes bestimmten mikrophysikalischen Prozessen innerhalb unseres Gehirns verdanken, die Gott beeinflusst hat.

Ein solches unvermitteltes Handeln Gottes wird von Vertreter:innen der Zweitursachenlehre (2), also eines vermittelten Handelns Gottes in der Welt, für höchst problematisch gehalten. Karl Rahner hält eine solche Theorie sogar für eine ‚Verzwergung' Gottes, da Gott dann in episodischen Interventionen mit innerweltlichen Ursachen konkurrieren würde und damit nicht mehr das umfassende Geheimnis der Welt, sondern nur ein Prinzip von vielen weiteren wäre. Dagegen Rahner: „[*D*]*en* Gott gibt es wirklich nicht, der als ein einzelnes Seiendes neben anderem Seienden sich auswirkt und waltet und so gewissermaßen selber noch einmal in dem größeren Haus der Gesamtwirklichkeit anwesend wäre." (Rahner 1999 [1976], 66) Für Rahner umfasst Gott die gesamte Wirklichkeit – nicht aber umfasst die gesamte Wirklichkeit die Versuche Gottes, in dieser Wirklichkeit minimalen Einfluss auf mikrophysikalischer Ebene zu nehmen. Daher ist Rahners Ansatz des Handelns Gottes auch als vermitteltes Wirken Gottes zu bezeichnen.

Unter Rückgriff auf die Idee der Zweitursachen des Thomas von Aquin geht Rahner davon aus, dass die kausalen Prozesse in der Welt autonom ablaufen. Gott pfusche nicht in diese Kette von Ursachen und Wirkungen hinein, sondern sei vielmehr die allumfassende erste Ursache, die solche Ursache-Wirkungs-Ketten allererst ermöglicht. Die Rede vom Handeln Gottes ziele darauf, zu verstehen, dass alle Ursache-Wirkungs-Ketten nochmals von Gott umfangen sind, der die erste Ursache von allem ist. Gott ist aber nie eine konkrete Ursache innerhalb von Ursache-Wirkungs-Ketten, weil er dann nicht mehr der Grund von allem wäre. Daher ist für Rahner der spontane Einfall eines guten Gedankens „als Moment der vom Grunde freigesetzten einen Welt als meiner Welt eines subjekthaften Verhältnisses zu Gott in dieser positiven Bedeutung von Gott gewollt und in diesem Sinne [als] eine ‚Erleuchtung' Gottes" (Rahner 1999 [1976], 89) zu deuten. Gott manipuliert also nicht ab und zu physikalische Prozesse im Gehirn, sondern er ermöglicht es Personen, überhaupt als selbstbewusste und freie Personen zu leben. Ein Geistesblitz ist für Rahner also ein konkretes Ereignis, das eine allgemeine Wahrheit zum Ausdruck bringt: Der Mensch ist immer schon umfangen von Gott. Während unvermittelte Theorien des Handelns Gottes einen Geistesblitz so deuten können, dass Gott bestimmte mikrophysikalische Prozesse im Gehirn beeinflusst, betrachtet Rahner dies als Manipulation des Geschöpfs durch Gott. Ein Geistesblitz verdeutliche vielmehr die Relation, in der der Mensch ohnehin schon zu Gott stehe – er zeigt konkret, dass der Mensch immer schon umfangen ist von Gott. Obwohl Rahner also deutlich gegen die Idee Stellung bezieht, dass Gottes Handeln eine kausale Ursache *inmitten* innerweltlicher Abläufe darstelle, kann er sich letztlich jedoch nicht auf die Seite eines intentionalen Handlungsmodells schlagen: Denn Gott bleibt auch bei Rahner erste (formale) Ursache der Welt und damit eingewoben in das Netz der Kausalität.

Beide Varianten des kausalen Sprachspiels haben den Vorteil, das Handeln Gottes im Gespräch mit den kausalen Strukturen der Welt zu entwickeln und damit auf ein einheitliches Bild der Wirklichkeit zu zielen. Zugleich stehen sie vor der Schwierigkeit, das Spezifikum des *Handelns* eines *personalen* Gottes einzuholen – in beiden Fällen scheint Gott doch eher eine anonyme kausale Kraft und weniger ein kommunikativ handelnder Akteur zu sein. Dies versuchen personale Modelle des Handelns Gottes besser zu machen, die weniger auf Kategorien der Kausalität als auf Kategorien der Kommunikation und des Dialogs Bezug nehmen. In den Worten Klaus von Stoschs:

> „Die Grundidee des personalen Modells besteht darin, das Verhältnis zwischen Gott und Mensch als dialogisches Freiheitsverhältnis zu bestimmen, in dem Gott allein mit den Mitteln der Liebe versucht, die Liebe des Menschen zu gewinnen." (Stosch 2006, 23)

Personale Modelle betonen also die kommunikative Natur der Interaktion Gottes mit seinen Geschöpfen. Das Handeln Gottes ist keine episodische Einflussnahme in naturkausale Prozesse oder das eher anonyme Umfassen aller Kausalprozesse, sondern ein kommunikatives Handeln, innerhalb dessen Gott sich selbst und seine Intentionen mitteilt. Markus Knapp formuliert dies so:

> „Eine solche Form des [kommunikativen, MB/JT] Handelns entspricht dem Willen Gottes, die Schöpfung als eigenständige Wirklichkeit unbedingt anzuerkennen. Ein kommunikatives Handeln überwältigt den Anderen nicht, sondern respektiert dessen Eigenständigkeit. Wer kommunikativ handelt, wirbt für die eigenen Intentionen und Ziele; er versucht, Andere davon zu überzeugen und dafür zu gewinnen, handelt also nicht an ihnen vorbei. [...] Als kommunikativ Handelnder geht Gott auf die Schöpfung zu, wirbt um sie und versucht sie für seinen Heilsplan zu gewinnen auf der Basis ihrer geschöpflichen Eigenständigkeit und Freiheit." (Knapp 2020, 221)

Im Gegensatz zu eindeutig identifizierbaren kausalen Mechanismen ist das kommunikative Werben Gottes um die Liebe seiner Geschöpfe immer deutungsoffen, da ein Geschehenszusammenhang ganz unterschiedlich interpretiert werden kann. Wenn beispielsweise die Freundschaft zu einer anderen Person einmal als konkrete innerweltliche Manifestation der Liebe Gottes gedeutet wird und ein anderes Mal als evolutiv nützliche Kooperationsbeziehung, die aus egoistischen Motiven gesucht und durch evolutive Vorteile prämiert wird, dann handelt es sich – nüchtern betrachtet – zunächst bloß um unterschiedliche Ebenen der Beschreibung. Keine von beiden kann aber mit dem Anspruch der theoretischen Gewissheit auftreten. Es geht also im personal-kommunikativen Modell des Handelns Gottes nicht darum, bestimmte Bezugspunkte der kausalen Einflussnahme Gottes zu benennen, sondern darum, im Prinzip auch innerweltlich erklärbare Geschehenszusammenhänge als Handeln Gottes zu interpretieren. Diese Deutung wird nie die einzig mögliche sein – aber sie kann unter Umständen *eine mögliche, rational legitime* Deutung sein. Nicht ein göttliches Handeln im Sinne einer sporadischen Durchbrechung innerweltlicher

Zusammenhänge wäre dann die eigentliche Pointe der Rede vom Handeln Gottes, sondern die Deutung bestimmter (auch prinzipiell anders deutbarer) Ereignisse als Selbstmitteilung Gottes im konkreten Anderen. Mit Bezug auf unser Gedankenexperiment gesprochen: Ein Geistesblitz kann als von Gott kommunikativ angebotenes Werben um den Willen einer Person gedacht werden, welches aber die Autonomie der Person unangetastet lässt – auch einem Geistesblitz muss man ja nicht folgen.

Die Schwächen eines solchen personalen Modells des Handelns Gottes sind zum einen, dass es zu einer Überbetonung der zwischenmenschlichen Ebene tendiert und damit die Möglichkeit eines Handeln Gottes in der Natur vernachlässigt. So elegant es sein mag, unsere liebevollen Beziehungen zu anderen Menschen als Ausdruck der Selbstmitteilung und damit als Handeln Gottes zu deuten, so schwierig wird es sein, Kategorien wie Interaktion, Dialog oder Kommunikation im Hinblick auf die Natur zu verwenden – und zugleich gehen viele christliche Erzählungen und Handlungszusammenhänge davon aus, dass Gott nicht nur kommunikativ-zwischenmenschlich, sondern auch in der natürlichen Umwelt handeln kann. Zum anderen ist die Suche nach einem einheitlichen Bild der Welt tief im Menschen verankert. Es ist nicht leicht, eine Pluralität von Deutungsperspektiven durchzuhalten und anzunehmen, dass Kausalität keine relevante Kategorie für die Rede vom Handeln Gottes ist – müsste ein konkretes innerweltliches Handeln Gottes nicht doch irgendwo in der kausalen Geschichte der Welt einhaken?

Es scheint also so, als ob die Rede vom Handeln Gottes sich nur aussuchen kann, in welchen sauren Apfel sie beißt: Sucht sie einen kausalen Bezugspunkt für das Handeln Gottes, steht sie vor der Schwierigkeit, das personale Handeln Gottes in einer Welt belegen zu müssen, die jegliche übernatürliche kausale Einflussnahmen beständig dementiert. Gibt sie die Suche nach einem kausalen Bezugspunkt auf und bestimmt das Handeln Gottes in kommunikativen und intentionalen Kategorien, zerfällt unser Bild der Welt in verschiedene Deutungsebenen, die den gleichen Sachverhalt unterschiedlich interpretieren. Für welche Option entscheiden Sie sich? Sind beide Äpfel gleich sauer, oder halten Sie den von der einen oder der anderen Seite hingehaltenen Apfel für bekömmlicher? Oder, nochmals mit Bezug auf unser Gedankenexperiment gesprochen: Ist ein Geistesblitz eine – wie auch immer geartete – kausale Einflussnahme Gottes auf Ihr Denken, oder ein kommunikativer Akt Gottes, der um ihre Einsicht wirbt?

Literatur zum Weiterlesen

Böttigheimer, Christoph: Wie handelt Gott in der Welt? Reflexionen im Spannungsfeld von Theologie und Naturwissenschaft, Freiburg i. Br. 2013. *[Gute Einführung in die Thematik mit Schwerpunkt auf dem Verhältnis von Theologie und Naturwissenschaften]*

Breul, Martin: Gottes Geschichte. Konturen einer theologischen Hermeneutik der Rede vom Handeln Gottes (ratio fidei 79), Regensburg 2022. *[Überblick über die Debatte um die Rede vom Handeln Gottes in den letzten Jahrzehnten und Entwurf einer Hermeneutik dieser Rede unter Rückgriff auf das Konzept der kollektiven Intentionalität]*

Büchner, Christine: Wie kann Gott in der Welt wirken? Überlegungen zu einer theologischen Hermeneutik des Sich-Gebens, Freiburg i. Br. 2010. *[Gabetheoretischer Entwurf einer Rede vom Wirken Gottes in starker Orientierung an theologiegeschichtlichen Positionen]*

Menke, Karl-Heinz: Handelt Gott, wenn ich ihn bitte?, Kevelaer 2008. *[Einführungswerk in die Debatte um das Handeln Gottes mit Fokus auf die Wirksamkeit des Bittgebets]*

Stosch, Klaus von: Gott – Macht – Geschichte. Entwurf einer theodizeesensiblen Rede vom Handeln Gottes, Freiburg i. Br. 2006. *[Profilierte Verteidigung eines personalen Modells des Handelns Gottes unter besonderer Berücksichtigung des Theodizeeproblems]*

I.12 Kann ein Tornado auf einem Schrottplatz ein Flugzeug zusammenbauen? Oder: Über Schöpfung, Evolution und Intelligent Design

Wir haben nun schon eine große Strecke zurückgelegt und einiges über Gründe für und wider die Rationalität des Glaubens und über verschiedene Eigenschaften Gottes gelernt. Ein zentraler Aspekt einer religiösen Deutung der Wirklichkeit, der bisher jedoch noch nicht zur Sprache kam und der verschiedene Eigenschaften Gottes berührt, ist die Idee, dass das Universum eine göttliche Schöpfung ist. Zugleich provoziert die Rede von der Schöpfung des Universums durch Gott: Ist diese Vorstellung durch die Physik und die Evolutionsbiologie nicht längst abgelöst? Was also kann die Rede von Schöpfung in einer naturwissenschaftlich geprägten, entzauberten Moderne noch bedeuten? Zur Beantwortung dieser Frage begeben wir uns zunächst auf einen Schrottplatz ...

Stellen Sie sich vor, in Ihrer Stadt hat es gestern einen großen Sturm gegeben. An einigen Stellen hat er sogar Tornados ausgebildet, die viel Zerstörungskraft entfaltet und auf ihrem Weg durch die Stadt große Schäden angerichtet haben. Am Tag nach dem Sturm laufen Sie durch die Straßen und kommen an einem großen Schrottplatz vorbei. Hier scheint der Sturm besonders gewütet zu haben: Es herrscht totales Chaos. Auch die Straße vor Ihnen ist blockiert. Daher entscheiden Sie sich, eine Abkürzung zu nehmen und laufen quer über den Schrottplatz zur nächsten Straße. Plötzlich glauben Sie, Ihren Augen nicht zu trauen: Als Sie um einen großen Schrotthaufen herumgelaufen sind, entdecken Sie plötzlich ein völlig intaktes, kleines Flugzeug, das von dem großen Sturm überhaupt nicht berührt worden zu sein scheint. Neben dem Flugzeug steht ein Wachmann, der Ihnen eine unglaubliche Geschichte erzählt: Gestern stand dieses Flugzeug hier noch nicht! Und niemand hat beobachtet, wie es angeliefert worden ist – es hätte bei dem Sturm auch gar nicht geliefert werden können. Es gibt nur eine mögliche Erklärung: Der Wirbelsturm muss, während er über den Schrottplatz fegte, aus ganz vielen verschiedenen Teilen, die über den Schrottplatz verstreut waren, das Flugzeug zufällig zusammengesetzt haben. *Glauben Sie dem Wachmann? Oder würden Sie sagen, dass es doch eine andere Erklärung geben muss – zum Beispiel, dass intelligente Ingenieure und Monteure das Flugzeug geplant und gebaut und es auf dem Schrottplatz geparkt haben?*

Dieses Gedankenexperiment ist eine Variation der berühmten ‚Uhrmacher-Analogie', die der englische Theologe William Paley 1802 entworfen hat. (Vgl. Paley 2006 [1802]) Paley versucht zu zeigen, dass es faktisch ausgeschlossen ist, dass der Zufall – also beispielsweise ein Wirbelsturm – etwas so Komplexes wie eine Uhr (oder eben ein Flugzeug) zusammensetzen könne. Paley möchte zeigen, dass diese Intuition auch für das Leben auf der Welt gilt: Da die Geschöpfe der Welt mindestens so komplex wie eine Uhr oder ein Flugzeug seien, könne auch ihre Existenz nicht durch den Zufall erklärt werden. Genau das Prinzip des Zufalls ist jedoch eine zentrale Säule der Evolutionstheorie – zufällige genetische Mutation ist, gemeinsam mit dem Prinzip der Selektion, die Triebfeder hinter der Entstehung der Arten. Weist die Komplexität höherstufiger Organismen also auf die Notwendigkeit der Ergänzung der Evolutionstheorie durch die Annahme eines intelligenten göttlichen Designers hin?

Die Grundidee der Uhrmacheranalogie geht weit hinter Paley zurück – beispielsweise verteidigt schon Thomas von Aquin im fünften und letzten seiner Wege, Gott zu beweisen, die Idee, dass die zweckmäßige und funktionale Einrichtung der Welt die Existenz eines weisen Schöpfers belegt. Dieses Argument heißt meist ‚teleologisches Argument', weil es aus der angenommenen Zielgerichtetheit – das griechische Wort *telos* bedeutet ‚Ziel' – auf die Existenz eines planenden Schöpfers schließt. Ziele muss schließlich irgendjemand setzen – und wenn das Universum darauf zielt, bewusste und freie Lebewesen wie Menschen hervorzubringen, dann muss auch dieses Ziel von einem Schöpfer gesetzt und die Welt von ihm zur Erreichung dieses Ziels entsprechend eingerichtet worden sein. Um eine Metapher von Thomas von Aquin aufzunehmen: Die Geschichte des Universums ist wie ein Pfeil, der durch die Zeit auf ein Ziel zufliegt. Und wenn ein Pfeil während seines Fluges beobachtet wird, käme wohl auch niemand auf die

Idee, zu sagen, dass niemand diesen Pfeil abgeschossen hätte und er nicht auf ein Ziel zuflöge. Nein, es muss einen Bogenschützen geben, der den Pfeil abgeschossen hat – und Gott ist gewissermaßen der Bogenschütze, der das Universum auf ein Ziel hin in Bewegung gesetzt und die Flugbahn des Universumpfeils genau berechnet hat.

Heutzutage ist dieses Argument insbesondere in evangelikalen Kreisen wirkmächtig, weil es die Begründung für die Bewegung des sogenannten ‚Intelligent Design' liefert: Die Intuition, die das Gedankenexperiment aktivieren soll, besteht darin, dass niemand ernsthaft glaubt, dass ein zufälliges Ereignis eine so komplexe technische Maschine wie ein Flugzeug oder eine Uhr erschaffen kann. Logisch ausgeschlossen ist zwar nicht, dass so etwas passieren kann, aber faktisch erscheint das doch unmöglich. Vertreter:innen des ‚Intelligent Design' machen sich diese Intuition zunutze, um zu zeigen, dass ein anderer zufälliger Prozess – nämlich die Evolution des Lebens auf diesem Planeten – ebenfalls faktisch nicht in der Lage sein kann, etwas so Komplexes wie ein selbstbewusstes, freiheitsbegabtes Wesen zu erschaffen. Genau wie ein Wirbelsturm kein Flugzeug bauen kann, können genetische Einzelmutationen nicht komplexe Organe wie Augen, Ohren, Gehirne etc. hervorbringen.

Trauen Sie dieser Analogie? Hat das Intelligent Design hier einen guten Punkt? Würden Sie vielleicht am Ende sogar aus der Feinabgestimmtheit der Naturkonstanten im Universum auf die notwendige Existenz eines intelligenten Schöpfergottes schließen?

Die meisten Theolog:innen sind sehr skeptisch, was dieses Argument angeht und betrachten es weder als gutes Argument für die Existenz Gottes noch als sinnvolle Beschreibung dessen, was Schöpfung bedeutet. Hauptsächlich lassen sich drei Einwände gegen die Intuition teleologischer Argumente vorbringen.

Erstens ist schon die Annahme, dass das Universum überhaupt zweckmäßig eingerichtet ist, sehr kontrovers. Verheerende Naturkatastrophen, unheilbare Krankheiten oder das bloße Ausmaß an Leiden auf der Welt sprechen dagegen, dass das Universum von einem allwissenden Schöpfer genau durchgeplant wurde. Wenn die Welt, wie sie ist, das beste ist, was ein intelligenter Schöpfer zustande bringen kann, dann scheint er entweder nicht besonders intelligent oder nicht besonders moralisch zu sein. Die Idee, dass wir in der besten aller möglichen Welten leben, hat schon Voltaire gegenüber Leibniz – der diese Auffassung vertrat – lächerlich gemacht. Voltaire lässt in seinem Stück ‚Candide. Die Beste aller Welten' von 1776 seinen Protagonisten Candide durch die Welt reisen. Während dieser Reise wird er mit einer Reihe von Schicksalsschlägen und Katastrophen konfrontiert, weshalb er seine Glaubensüberzeugung, in der besten aller möglichen Welten zu leben, aufgibt und seufzend erklärt „Ist das die beste aller möglichen Welten, nun so möcht' ich die übrigen sehen!" (Voltaire: Candide, § 6) Und auch in der gegenwärtigen Literaturlandschaft wird diese Grundannahme des Intelligent Design kritisiert – in Marc Uwe Klings Buch *Qualityland* kommt die Auffassung des Stupid Design vor, nach der die Welt insbesondere dann gut erklärt werden könne, wenn man annimmt, dass ihr Schöpfer ausgesprochen dumm gewesen sein müsse. (Vgl. Kling 2017) Kurzum, der Zustand der Welt spricht zumindest nicht eindeutig dafür, dass hinter jedem Prozess intelligente göttliche Planung steckt oder es gar ein göttliches Mikromanagement des Evolutionsprozesses gebe – dazu hat dieser Prozess viel zu viele Sackgassen und ist zudem viel zu grausam.

Zweitens steht die Annahme eines Ziels innerweltlicher Entwicklung im Widerspruch zur allgemein anerkannten darwinistischen Evolutionstheorie, die die Entwicklung des Lebens als ziellosen, auf genetischer Mutation und natürlicher Selektion aufbauenden Vorgang begreift. Abgesehen davon, dass gute Theologie ohnehin anschlussfähig an gegenwärtige wissenschaftliche Erkenntnisse sein sollte, werden damit auch empirische und theologische Kategorien vermischt. Das Problem besteht darin, den Schöpfungsglauben als alternative Erklärung der konkreten Entstehung des Lebens im Universum aufzufassen. Damit werden aber die methodischen Grenzen der beteiligten Wissenschaften überschritten: Die Theologin sollte sich nicht als Wissenschaftlerin betrachten, die dem Biologen oder der Physikerin erklären kann, wie sich die Dinge in der biologischen oder physikalischen Welt wirklich verhalten. [Dies gilt übrigens auch umgekehrt: Ein Biologe sollte sich nicht als Wissenschaftler betrachten, der der Theologin erklären kann, wie es sich mit Gottes Existenz und dem Schöpfungsgedanken wirklich verhält – das wäre eine spiegelbildliche Grenzüberschreitung]. Naturwissenschaft und Theologie spielen gewissermaßen außer Konkurrenz, da sie verschiedene Perspektiven auf die Wirklichkeit bieten, die sich nicht aufeinander reduzieren lassen. Klaus von Stosch macht dies sehr klar: „Das theologische Anliegen richtet sich nicht auf das Wie des Gewordenseins der Welt, sondern auf die Frage, warum eigentlich etwas ist und nicht vielmehr nichts. Allein auf diese Urfrage allen Philosophierens nach dem Warum antwortet der Schöpfungsglaube und kann deshalb von vornherein nicht in Konkurrenz zu naturwissenschaftlichen Hypothesen treten." (Stosch 2010, 241) Diese arbeitsteilige Auffassung ist dabei eine Position, die in der Tradition katholischer Theologie viel Widerhall findet – beispielhaft kann die Kurzformel von Leo XIII. aus der Enzyklika *Providentissimus Deus* genannt werden, in der schon 1893 festgehalten wird: „Zwischen dem Theologen und dem Naturwissenschaftler wird es freilich keinen wahren Widerstreit geben, solange sich beide auf ihr Gebiet beschränken." (DH 3287)

Drittens scheint das teleologische Argument auf bestimmte ‚Lücken' in naturwissenschaftlichen Erklärungen angewiesen, um Raum für die Interventionen eines intelligenten Planers zu gewinnen. Ein solches Rückzugsgefecht ist angesichts der naturwissenschaftlichen Fortschritte jedoch nicht nur ziemlich aussichtslos, sondern auch schlechte Theologie, da der Theologie zugemutet wird, eine alternative Theorie der Entstehung des Lebens zu liefern und darauf zu setzen, dass die Evolutionstheorie immer Lücken zurücklassen wird, in die man Gott als Hypothese hineinstopfen kann. Einen solchen ‚Lückenbüßergott' hat schon der evangelische Theologe Dietrich Bonhoeffer kritisiert: „Gott ist kein Lückenbüßer; nicht erst an den Grenzen unserer Möglichkeiten, sondern mitten im Leben muss Gott erkannt werden; im Leben und nicht erst im Sterben, in Gesundheit und Kraft und nicht erst im Leiden, im Handeln und nicht erst in der Sünde will Gott erkannt werden." (Bonhoeffer 1998 [1944], 455) Die Rede von Schöpfung wird nicht erst dann interessant, wenn naturwissenschaftliche Erklärungen an Grenzen stoßen – sie ist gerade in der Mitte des Lebens interessant, weil sie nicht auf eine Ergänzung naturwissenschaftlicher Erklärungen zielt, sondern auf eine lebenspraktische Einstellung zu allen Erklärungen.[1]

---

[1] Vgl. dazu auch eine Bemerkung Ludwig Wittgensteins zum Charakter des Schöpfungsglaubens: „Wenn der an Gott Glaubende um sich sieht und fragt: ‚Woher ist alles, was ich sehe?', ‚Woher das alles?', verlangt er *keine*

Daher muss gegen teleologische Argumentationsformen festgehalten werden: Religiöse Vorstellungen haben keinen Platz in einer methodisch begrenzten Evolutionstheorie, da Gott ansonsten zu einer quasi-wissenschaftlichen Hypothese würde. Man würde der Evolutionstheorie nur ein wenig theistischen Zuckerguss übergießen und damit verfehlen, worauf die Idee der Schöpfung eigentlich zielt. Daher besteht das eigentliche theologische Problem des Intelligent Design oder des Kreationismus darin, ein sehr funktionalistisches Bild von Gott zu haben – als ob Gott eine notwendige Arbeitshypothese sei, die irgendwelche Lücken in naturwissenschaftlichen Theorien stopfen müsse, und das auf offensichtlich ziemlich dürftige Art und Weise. Die Intuition des Gedankenexperiments ist zwar völlig klar – ein Flugzeug entsteht nicht aus Zufall –, aber es scheint schlicht ein Kategorienfehler zu sein, dieses Gedankenexperiment auf die göttliche Schöpfung der Welt im Ganzen zu beziehen.

Wenn das Intelligent Design also keine theologisch sinnvolle Position ist – wie ist Schöpfung dann zu denken? Wenn die Rede von Schöpfung nicht dazu dienen kann, die Evolutionstheorie auszuschalten oder theologisch zu überformen, was ist dann damit gemeint, wenn Christ:innen sagen, dass sie glauben, dass die Welt eine Schöpfung Gottes ist?

Theolog:innen tendieren heutzutage dazu, nicht mit den Naturwissenschaften um die beste Erklärung der *Entstehung* des Lebens konkurrieren oder gar aus theologischen Vermutungen über die Zielgerichtetheit der Natur die Existenz Gottes beweisen zu wollen. Vielmehr möchten sie Reflexionen über die *letzte Bedeutung und existenzielle Annehmbarkeit* des eigenen Lebens und der Welt machen. In diesem Sinne zielt die Rede von der Schöpfung auf die Akzeptierbarkeit des eigenen Daseins, nicht auf seine biologische Entstehung. Hans Kessler formuliert diese schöpfungstheologische Einsicht so: „Der biblisch-christliche Schöpfungsglaube denkt Gott nicht als den Designer, der allem sein fertiges Design verpasst, auch nicht als den großen Kontrolleur, der alle Marionettenfäden in der Hand behält, sondern als den, der das Geschaffene *freigibt*, es be-

---

(kausale) Erklärung; und der Witz seiner Frage ist, dass sie der Ausdruck dieses Verlangens ist. Er drückt also eine Einstellung zu allen Erklärungen aus." (Wittgenstein 1984 [1977], 570)

jaht und *dialogisch* begleitet." (Kessler 2009b, 132) Die Lebenswirklichkeit des Menschen im Ganzen wird nicht von der Evolutionstheorie erklärt – dazu ist sie methodisch gar nicht in der Lage. Nicht *Erklärung* von natürlichen Zusammenhängen, sondern *Verstehen* der existenziellen Grundsituation des Menschen: Dieser Wechsel der Ebenen ist der Schlüssel, um am Schöpfungsglauben als unverzichtbarem Bestandteil einer religiösen Weltdeutung festhalten und zugleich die Evolutionstheorie für wahr halten zu können.

Der christliche Schöpfungsglaube zielt daher auf eine Balance zwischen einer letzten Unverfügbarkeit und einer letzten Verdanktheit der eigenen Existenz. Gottes Geschöpfe sind in Beziehungswirklichkeiten freigesetzt und können darauf vertrauen, dass der letzte Grund des Universums nicht unendliche Weite – was ja letztlich dasselbe ist wie das Nichts – ist, sondern unbedingte Liebe. Der Sinn des eigenen Seins ist nicht lediglich die Weitergabe des eigenen Erbguts, um die Maschine noch ein bisschen länger am Laufen zu halten, sondern ein Teilnehmen an dieser Liebe. Die Rede von Schöpfung zielt nicht auf den zeitlichen Anfang, sondern auf den Sinngrund des Universums.

Die Entscheidung, ob man diese Welt als göttlich geschaffene denkt oder als vom Zufall regierte, ist dabei keineswegs trivial. Würde man auf die Annahme einer Geschaffenheit der Welt im Sinne ihrer Freisetzung durch ein göttliches Gegenüber verzichten und die Rede von Schöpfung säkularisieren, hätte dies weitreichende Konsequenzen für unser Selbstverständnis. Sarah Rosenhauer spielt genau diese Konstellation durch, wenn sie eine Antwort auf die Frage gibt, was wir verlieren, wenn wir die Rede von Schöpfung auf einen evolutiven Prozess reduzieren:

> „Wir verlieren das Fundament und den Horizont: Wir verlieren das unbedingte Ja des Anfangs, des *principiums*, das jedem Menschen qua Geschöpf immer schon zugesprochen ist – und ihn bejaht, geliebt sein lässt, unabhängig davon, ob er das Glück hat, in seinem Leben auf liebende Menschen zu stoßen. Und wir verlieren die, die nicht mehr handeln und verändern und schaffen und lieben können: Wir verlieren die Toten. Das säkularisierte Wunder ist wunderbar nur für die, die am Leben sind und noch kommen werden. Maximal für sie. Damit verlieren wir die Möglichkeit universeller statt nur punktueller und prospektiver Gerechtigkeit. [...] Das Wunder so zu denken, dass es in Gott gründet, bedeutet, jedes Ereignis der Liebe so zu verstehen, dass es das anfängliche Ja, das Gott zur Schöpfung gesprochen hat, durch das er die

Welt als ganze und jedes einzelne Leben in ihr ins Leben rief, aktualisiert.“ (Rosenhauer 2022, 148 f.)

Kommen wir am Ende zurück zum Gedankenexperiment. Die abgerufene Intuition ist klar: Ein Flugzeug kann nicht durch einen Wirbelsturm zusammengesetzt, sondern muss von kreativen Ingenieur:innen und kundigen Mechaniker:innen gebaut werden. Der Fehler des ‚Intelligent Design‘ ist es, dieses Gedankenexperiment auf die Schöpfung der Welt zu übertragen. Wenn die göttliche Erschaffung des Universums bloß ein Akt göttlicher Ingenieurskunst wäre, verlöre die Rede von Schöpfung aus christlicher Perspektive sowohl ihre existenzielle Relevanz als auch ihren theologischen Sinn. Mit der Rede von Schöpfung wäre dann eine quasi-naturwissenschaftliche Hypothese aufgestellt, die als Erklärung der konkreten Entstehung des Lebens auf der Welt mit der Evolutionstheorie konkurriert. Theologisch ist es aber weitaus plausibler, Schöpfung als Freisetzung und kommunikative Begleitung des Lebens zu begreifen. Wenn Gott in einem Sprechakt das Universum erschafft, geht es ihm um die grundsätzliche Bejahung des Lebens, nicht aber um ein Mikromanagement des Evolutionsprozesses. Die religiöse Rede von der Schöpfung und Geschaffenheit der Welt verweist auf eine existenzielle Dimension des eigenen Daseins, auf die letzte Unverfügbarkeit und Verdanktheit der eigenen Existenz. Das Wunder der Schöpfung ist nicht die vermeintliche Unerklärlichkeit der Komplexität von Organismen – das Wunder der Schöpfung ist vielmehr, dass die eigene Existenz als vom letzten Grund des Seins gewollt verstanden werden kann.

Literatur zum Weiterlesen

Ansorge, Dirk/Kehl, Medard: Und Gott sah, dass es gut war. Eine Theologie der Schöpfung, Freiburg i. Br. [3]2018. *[Klassiker der katholisch-theologischen Schöpfungslehre, der sowohl in die Grundlagen einführt als auch einen eigenen Entwurf entwickelt]*

Breul, Martin: Schöpfung (Grundwissen Theologie), Paderborn 2023. *[Aktuelles Lehrbuch zur Schöpfungstheologie, das einen Überblick über Geschichte und Gegenwart der Rede von Schöpfung bietet]*

Gruber, Franz: Im Haus des Lebens. Eine Theologie der Schöpfung, Regensburg 2001. *[Eigenständiger schöpfungstheologischer Entwurf mit besonderem Fokus auf die Struktur von Glaubensüberzeugungen]*

Kessler, Hans: Evolution und Schöpfung in neuer Sicht, Kevelaer 2009. *[Fokussierung des Verhältnisses von Schöpfungsglaube und Evolutionstheorie und Kritik der Extrempositionen des Neuen Atheismus und des Intelligent Design]*

Lüke, Ulrich: Das Säugetier von Gottes Gnaden. Evolution, Bewusstsein, Freiheit, Freiburg i. Br. [3]2016. *[Umfassende Einführung in das Christentum mit besonderem Augenmerk auf dem Verhältnis von Naturwissenschaft, Naturalismus und Religion]*

Teil II

Überwachungskameras, Neurochirurgen und Ostern unter Palmen

Gedankenexperimente zum Verhältnis von Welt und Gott (Quaestio Christiana)

II.1 Der böse Neurochirurg. Oder: Wie frei ist der Mensch?

Die meisten Menschen würden sich selbst als frei in ihren Entscheidungen und Handlungen bezeichnen – es liegt an Ihnen, welche Handlungen Sie vollziehen, weil Sie keine fremdbestimmte Marionette sind, sondern freie Urheberin Ihres Tuns. Was aber genau bedeutet es, frei zu sein? Wäre man vielleicht auch dann frei, wenn der Weltverlauf vorherbestimmt ist? Für die moderne Theologie ist diese philosophische Frage von großer Tragweite, weil an dem Vermögen der Freiheit viele theologische Argumente hängen, von möglichen Lösungen des Theodizeeproblems bis zur Struktur des Offenbarungsbegriffs.[1] Der amerikanische Philosoph Harry G. Frankfurt hat in einem Gedankenexperiment zu zeigen versucht, dass menschliche Willensfreiheit mit einem deterministischen Weltverlauf kompatibel ist. (Vgl. Frankfurt 1969) Der Clou dieses Gedankenexperiments liegt ironischerweise gerade darin, dass letztlich nichts Ungewöhnliches passiert ...

Nehmen wir einmal an, dass Sie sich eines Tages einer neurochirurgischen Operation unterziehen müssen. Es ist ein Routineeingriff und Sie sind unbesorgt. Der Neurochirurg, der sie operiert, führt hingegen Böses im Schilde: Im Laufe der Operation implantiert er einen Chip in Ihr Gehirn, der von nun an Ihre Aktivitäten überwacht und kontrollieren kann. Als Sie aufwachen, merken Sie aber nichts und leben Ihr Leben weiter, als wäre nichts geschehen. Nach einigen Monaten finden die nächsten Bundestagswahlen statt. Was Sie nicht wissen: Der Neurochirurg hat den Chip in Ihrem Kopf so programmiert, dass Sie sich auf jeden Fall für Partei A entscheiden werden. Sollten Sie zu Partei B oder C tendieren, wird der Chip aktiv und lenkt Sie dahin, doch wieder für Partei A zu stimmen. In den folgenden Wochen lesen Sie einige Parteiprogramme, diskutieren mit Freund:innen und wägen Argumente ab. Am Ende entscheiden Sie sich dafür, Ihre Stimme Partei A zu geben. Am Wahltag

[1] Vgl. zu freiheitsbezogenen theologischen Argumenten die Gedankenexperimente in den Kapiteln I.9, II.2, II.5 und II.10.

geben Sie Ihre Stimme für Partei A ab und der Chip wird nie aktiviert. Sie haben genauso gehandelt, als wenn der böse Neurochirurg Ihnen nicht heimlich einen Chip ins Hirn implantiert hätte. Zugleich hätten Sie aber auch nicht anders handeln können: Hätten Sie zu Partei B oder C tendiert, wäre der Chip aktiv geworden.

Sind Sie nun frei in Ihrer Entscheidung gewesen, für Partei A zu stimmen, weil sie sich dazu entschieden haben und es keine Manipulationen des Entscheidungsprozesses gab? Oder sind Sie nicht frei gewesen, weil Sie sich nicht hätten anders entscheiden können?

Harry Frankfurt möchte mit diesem Gedankenexperiment die Intuition abrufen, dass Sie Ihre Wahlentscheidung als frei betrachten, weil Sie in keiner Weise beeinflusst worden sind, sondern sich nach einigen Überlegungen selbst für Partei A entschieden haben. Es gibt zwar einen ‚Fail-Safe'-Mechanismus, der dafür sorgt, dass Sie ohnehin für Partei A stimmen; dieser Mechanismus wird aber an keiner Stelle aktiviert. Frankfurt hat noch einige weitere Gedankenexperimente entworfen, die nach einem ähnlichen Muster funktionieren. Sie könnten sich auch vorstellen, dass Sie vor 5 Türen stehen, von denen die ersten 4 verschlossen sind, und Sie sich für eine Tür entscheiden sollen. Sie entscheiden sich aus freien Stücken für die fünfte Tür und gehen hindurch – schon wieder hätten Sie nichts anderes wählen können, aber Sie haben ja auch nichts anderes gewählt als Tür Nummer 5. Oder Sie können sich auf dem Weg zur Eisdiele überlegen, dass Sie am liebsten eine Kugel Zitroneneis hätten. Diese bekommen Sie auch – was Sie aber nicht wussten: Alle anderen Eissorten waren ohnehin ausverkauft, weshalb schon feststand, dass das einzige Eis, das Sie bekommen würden, Zitroneneis sein würde. Frankfurts Gedankenexperimente sind so berühmt geworden, dass sie sogar nach ihm benannt worden sind: In der Debatte um die Willensfreiheit werden sie als ‚Frankfurt Cases' bezeichnet. Was würden Sie sagen: Ist man nur frei, wenn man echte Alternativen hat, so dass der zukünftige Zustand der Welt auch von Ihren Entscheidungen abhängt? Oder ist man auch dann frei, wenn das, was ohnehin geschieht, mit dem übereinstimmt, was man möchte?

Die philosophische Debatte im Hintergrund dreht sich um das Verhältnis von Freiheit und Determinismus. Ein strikter Determinismus geht davon aus, dass es nur einen möglichen Weltverlauf gibt: Es steht jetzt schon fest, was in Zukunft geschehen wird, und wenn man den Zeitstrahl der Geschichte des Universums zurückgeht, so könnte man bei perfektem Wissen der Umstände eines beliebigen Zeitpunkts ausrechnen, wie der Zustand des Universums zu jedem zukünftigen Zeitpunkt aussehen wird. Gegenwärtig wird in der philosophischen Debatte häufig ein naturalistischer Determinismus verteidigt, bei dem es die grundlegenden Gesetze der Physik sind, die die Welt im Ganzen vorherbestimmen und die angeblich keinen Raum für menschliche Freiheit lassen. Doch das ist nicht notwendig der Fall, da auch eine Vielzahl anderer determinierender Faktoren in Frage kommen: Sie könnten beispielsweise mit bestimmten Spielarten der Psychoanalyse der Auffassung sein, dass das menschliche Unterbewusstsein die Welt vorherbestimmt; Sie könnten mit manchen Lesarten des Marxismus die sozioökonomische Struktur der Gesellschaft als determinierend begreifen; oder Sie könnten, wie wir ja schon in Kapitel I.9 gesehen haben, auch die Existenz eines allwissenden Gottes als Argument für die Wahrheit des Determinismus nehmen.

Philosoph:innen haben sich angesichts der Möglichkeit des Determinismus gefragt, inwiefern die Annahme menschlicher Willensfreiheit mit der Annahme des Determinismus verträglich ist. Wenn man davon ausgeht, dass die Existenz von Willensfreiheit inkompatibel mit der Wahrheit des Determinismus ist, gibt es zwei grundsätzliche Möglichkeiten: Entweder hält man den Determinismus für wahr – dann wäre die Willensfreiheit dahin. Oder der Determinismus ist falsch und die Zukunft ist offen – dann ist eine starke Form von Willensfreiheit möglich (diese Position wird auch als *Libertarismus* bezeichnet). Es könnte aber auch sein, dass sich Willensfreiheit und Determinismus gar nicht ausschließen, sondern kompatibel miteinander sind (diese Position heißt daher auch *Kompatibilismus*). Frankfurt möchte mit seinem Gedankenexperiment für die Auffassung gerade eines solchen Kompatibilismus werben. Das heißt: Auch wenn Sie faktisch keine andere Alternative hatten, als Partei A zu wählen, möchte Frankfurt Ihre Wahlentscheidung als frei bezeichnen. Doch wie überzeugend ist sein Gedankenexperiment?

Zunächst muss man festhalten: Jenseits des philosophischen Fachdiskurses sind wohl die meisten Menschen Anhänger des

Libertarismus. Dies liegt daran, dass die beiden Grundprinzipien des Libertarismus recht gut das treffen, was im Alltag unter Freiheit verstanden wird. Diese beiden Grundprinzipien sind das ‚Prinzip alternativer Möglichkeiten' und das ‚Prinzip der Verantwortungszuschreibung'. (Vgl. Kane 2005, 80–92 und 120–131)

Das *Prinzip alternativer Möglichkeiten* besagt, dass es eine notwendige Bedingung freier Handlungen ist, anders handeln zu können und über alternative Handlungsmöglichkeiten zu verfügen. Der Libertarismus behauptet also, dass eine konsistente Freiheitstheorie die Annahme voraussetzt, in freien Entscheidungen und Handlungen zwischen echten Alternativen wählen zu können – eine Person hätte auch anders handeln können, als sie es faktisch getan hat. Der amerikanische Philosoph Robert Kane spricht mit Blick auf die Zukunft des Universums von einem ‚Garten sich verzweigender Pfade', die die unterschiedlichen Weltverläufe symbolisieren und deren jeweilige Realisierung Resultat der Handlungen freier Akteure ist. (Vgl. Kane 2005, 7) Es hängt also, dem Libertarismus zufolge, insbesondere von den freien Entscheidungen der jeweiligen Akteure ab, welcher der möglichen Weltverläufe aktualisiert wird: Die Wahl der Handlungsoption obliegt dem Handelnden und der Ursprung der Handlung lässt sich im Handelnden verorten, der damit zum Urheber der Handlung wird.

Das *Prinzip der Verantwortungszuschreibung* besagt, dass Personen für ihre freien Handlungen verantwortlich gemacht und zur Rechenschaft gezogen werden können. Diese Verantwortung resultiert daraus, dass die Handlung und der damit verbundene neue Weltzustand nicht eingetreten wären, wenn sich die Person nicht frei dazu entschieden hätte. Erst wenn nachgewiesen werden kann, dass eine Person nicht mehr Urheberin ihrer Handlungen ist, verzichten wir auf eine Zuschreibung von Verantwortung – dies kann z. B. in Fällen starker psychischer oder kognitiver Beeinträchtigung der Fall sein. In unserer alltäglichen moralischen und auch rechtlichen Praxis scheinen wir genauso vorzugehen: Wir schreiben Verantwortung genau dann zu, wenn wir auch Freiheit zuschreiben. Wenn eine Person glaubhaft machen kann, dass sie gar nicht anders handeln konnte, als sie es getan hat, verzichten wir auf die Verantwortungszuschreibung.

Zur Illustration kann ein Beispiel hilfreich sein: Nehmen wir einmal an, Sie sind auf einer Party und haben eine gute Zeit.

Ganz plötzlich jedoch ergießt sich über Sie ein volles Glas Bier – Ihre Klamotten sind nass und stinken, und Sie müssen die Party verlassen und sich umziehen. Wütend drehen Sie sich um: Wer war das? Nun gibt es zwei Möglichkeiten, die Geschichte weiterzuerzählen. In Möglichkeit 1 steht ein Freund von Ihnen völlig zerknirscht hinter Ihnen. Er ist über eine Teppichfalte gestolpert und konnte sich nicht mehr halten. Er entschuldigt sich und sagt ‚War keine Absicht – ich mache es wieder gut!'. In Möglichkeit 2 steht jemand hinter Ihnen, der Ihnen völlig unsympathisch ist – und Sie ihm anscheinend auch. Er schaut boshaft auf Ihre nassen Klamotten und sagt ‚Die Party ist vorbei – hier ist nur Platz für einen von uns beiden!'. Es ist klar, dass im ersten Fall keine moralische Schuldzuweisung erfolgen sollte. Vielleicht sind Sie verärgert über die Schusseligkeit Ihres Freundes, aber Sie würden wahrscheinlich nicht sagen, dass er unmoralisch gehandelt hat – es war schließlich weder seine Absicht noch hätte er anders handeln können. Gestolpert ist gestolpert. Im zweiten Fall ist es hingegen eindeutig, dass hier ein moralisch problematisches Verhalten vorliegt. Sie wurden mit voller Absicht mit Bier übergossen, und Ihr Intimfeind hätte auch andere Lösungen suchen können – die Party verlassen, Sie ignorieren, Sie zum Gehen auffordern, etc. Dieses Beispiel bringt die libertarische Intuition auf den Punkt: Es handelt sich bei einer Handlung dann um eine freie Handlung, wenn Sie auch anders hätten handeln können – und Sie schreiben dann Verantwortung zu, wenn die Person absichtlich gehandelt hat und auch anders hätte handeln können. Es scheint also zumindest auf den ersten Blick so zu sein, dass Freiheit und Determinismus nicht kompatibel sind.

Genau diese Kompatibilität von Freiheit und Determinismus aber möchte eine Position retten, die naheliegenderweise Kompatibilismus heißt. Eines der besten Argumente für den Kompatibilismus besteht in unserem ursprünglichen Gedankenexperiment: Es scheint Beschreibungen von Handlungen zu geben, in denen der Fortgang der Welt bereits feststeht, also determiniert ist: Egal was passiert, es wird immer ein bestimmter Sachverhalt eintreten. Dennoch scheinen wir uns Freiheit zuzuschreiben, wenn wir uns ohne Zwang dafür entscheiden, das zu wollen, was auch in jedem Fall eintritt. Der Kompatibilismus sagt also, dass für Freiheit nicht zwingend alternative Möglichkeiten vorliegen müssen – und verneint damit die Notwendigkeit des Prinzips alternativer Möglichkeiten. Die große Attraktivität dieser Position besteht darin, dass man völlig entspannt auf den Fortgang aller Wissenschaften schauen kann, die behaupten, den Determinismus der Welt irgendwann belegen zu können. Das ist zwar streng genommen gar nicht möglich, da der Determinismus eine metaphysische Position ist, die mit empirischen Methoden nicht be- oder widerlegt werden kann. Aber wenn man diese Möglichkeit um des Arguments willen annimmt, kann eine Kompatibilistin mit den Schultern zucken und sagen ‚Die Wahrheit des Determinismus ist für das Vermögen der Freiheit irrelevant.'

Der Libertarismus kann jedoch einen gewichtigen Gegeneinwand machen, um das Prinzip der alternativen Möglichkeiten zu retten. Unser Gedankenexperiment hat nämlich eine versteckte Vorannahme: Es funktioniert nur, wenn wir annehmen, dass die Person, der ein Chip ins Hirn eingepflanzt wurde, *nicht weiß, dass ihre Entscheidungen determiniert sind.* Sobald diese Person darüber informiert wird, dass ein Neurochirurg ihr Gehirn manipulieren wird, wenn sie sich für die falsche Partei entscheidet, wird das ihren Abwägungsprozess massiv beeinflussen. Vielleicht würde sie am Ende des Tages sogar gar nicht wählen gehen wollen oder zumindest tief verzweifelt darüber sein, was ihr vom bösen Neurochirurgen angetan wurde. Das Prinzip alternativer Möglichkeiten ist also selbst in den Frankfurt-Cases eine notwendige Unterstellung unserer freien Handlungen. Die operierte Person unseres Gedankenexperiments wähnt sich alternativen Möglichkeiten gegenüber, ohne dass sie tatsächlich gegeben sind. Vielleicht *fühlt* sie sich frei in ihren Entscheidungen, tatsächlich aber scheint sie bloß mit der *Illusion* von Freiheit zu leben.

Die Idee, dass libertarische Freiheit eine notwendige Unterstellung unserer Alltagspraxis ist, finden wir schon in Immanuel Kants ‚Kritik der reinen Vernunft'. Dort zeigt er, dass die theoretische Vernunft sowohl die Existenz von Freiheit beweisen als auch widerlegen kann. Diesen Widerspruch nennt er auch die ‚Antinomie der Freiheit': Die Existenz von Freiheit ist nichts, über das man in theoretischer Hinsicht etwas wissen kann. Daraus folgt nach Kant aber nicht, dass wir uns Freiheit in einem libertarischen Sinne nicht zuschreiben können. Wenn eine Frage theoretisch nicht entscheidbar ist, kann sie stattdessen auf dem Feld der praktischen Vernunft entschieden werden: Da wir in unserem alltäglichen Leben gar nicht anders können, als uns wechselseitig Freiheit zu unterstellen, sind wir gerechtfertigt, das Vermögen libertarischer Freiheit zu behaupten. Kant nennt dies auch das ‚Postulat' der Freiheit: Unsere libertarische Freiheit erweist sich in unserem praktischen Handeln. Sie ist kein theoretisches Wissen, sondern eine Unterstellung unserer Praxis. In praktischer Hinsicht ist das Vermögen der Freiheit gewiss, weil es im ‚Interesse der Vernunft' ist, dass Freiheit ist – und alle theoretischen Spielereien von Kompatibilismus und Determinismus lösen sich auf, wenn es ans konkrete Handeln geht. Kant wörtlich:

> „Könnte sich aber ein Mensch von allem Interesse lossagen, und die Behauptungen der Vernunft, gleichgültig gegen alle Folgen, bloß nach dem Gehalte ihrer Gründe in Betrachtung ziehen: so würde ein solcher [...] in einem unaufhörlich schwankenden Zustande sein. Heute würde es ihm überzeugend vorkommen, der menschliche Wille sei frei; morgen, wenn er die unauflösliche Naturkette in Betrachtung zöge, würde er dafür halten, die Freiheit sei nichts als Selbsttäuschung, und alles sei bloß Natur. Wenn es nun aber zum Tun und Handeln käme, so würde dieses Spiel der bloß spekulativen Vernunft, wie Schattenbilder eines Traums, verschwinden, und er würde seine Prinzipien bloß nach dem praktischen Interesse wählen." (Kant: KrV, B 503)

Theologisch hängt von der Frage, ob der Libertarismus eine gute Theorie ist, sehr viel ab. Beispielsweise ist die derzeit breit vertretene Strategie zur Lösung des Theodizeeproblems[2] von einem libertarischen Freiheitsbegriff abhängig. Generell scheint die Beziehung von Schöpfer und Geschöpf ganz grundlegend durch Freiheit gekennzeichnet zu sein – denn wenn Gott die Liebe ist, kann er auch nur mit den Mitteln der Liebe um den Menschen werben und darauf hoffen, dass sich seine Geschöpfe frei dazu entscheiden, an der Liebe Gottes teilzunehmen und diese im Diesseits ansatzweise zu verwirklichen. Der mittelalterliche Theologe Johannes Duns Scotus hat dies auf die Formel ‚Deus vult condiligentes – Gott möchte Mitliebende' (zitiert nach Stosch 2006, 23, mit Verweis auf Johannes Duns Scotus: Opus Oxoniense III, d. 32 q. 1 n.6) gebracht. Der Clou dieses Gedankens ist, dass es eben nicht möglich ist, jemanden zur

---

[2] Vgl. dazu das Gedankenexperiment „Die hypermoralische Maschine" in Kapitel II.2.

Liebe zu zwingen.[3] Wenn etwa ein Herrscher seinen Untertanen befiehlt, ihn zu lieben, dann werden sie vielleicht Dinge tun, die er von ihnen verlangt, aber er wird sich nie sicher sein können, dass sie dies nicht aus Angst oder Bequemlichkeit tun. Echte Liebe impliziert Freiheit, also die Möglichkeit, im Prinzip auch Nein sagen zu können – und genau damit ist ein libertarischer Freiheitsbegriff impliziert, dessen Kern ebendieses Prinzip alternativer Möglichkeiten ist. Glaube kann in einem solchen libertarischen Theismus also als ein Akt der Freiheit begriffen werden.

Diese Position ist theologisch natürlich nicht unumstritten. Sie gesteht dem Geschöpf eine aktive Rolle für und in seinem Glauben zu. Insbesondere in einigen protestantischen Theologien wird dagegen der Geschenkcharakter des Glaubens betont, der allein auf die Gnade Gottes zurückgeht und keine Freiheit des Subjekts vorsieht, sich zur göttlichen Initiative nochmals frei zu verhalten. Doch auch in der katholischen Theologie werden kompatibilistische Freiheitsbegriffe verteidigt – der Münsteraner Theologe Jürgen Werbick hält beispielsweise fest, dass Freiheit in christlicher Perspektive darin besteht, in die Gnade Gottes einzustimmen. Ein Nein zur göttlichen Gnade wäre hingegen völlig unverständlich und daher auch nicht mehr frei: „Ist vollendete Freiheit nicht doch dies: *gar nicht anders zu können* als diesem Ruf oder dieser Herausforderung zu folgen, weil sie mich in meine Wesens-Vollendung hineinführt?" (Werbick 2006, 68, eigene Hervorhebung) Dieses Nicht-anders-Können bleibt Werbick zufolge ein Akt der Freiheit, da ich das, was ich gar nicht anders wollen kann, immer noch bejahen könne – dem Menschen bleibt als einzige Option der Freiheit also das „dankbare Empfangen des Jasagenkönnens zu mir und zu der Zukunft, die Gott mir ist" (Werbick 2006, 68 f.), weshalb Werbick „Selbstbestimmung als Bestimmtwerden in Freiheit und zur Freiheit" (Werbick 2019b, 511) versteht. Hier zeigt sich die theologische Brisanz des Libertarismus-Kompatibilismus-Problems: Ist Freiheit im Glauben das Vermögen, Ja zur Gnade zu sagen – aber nicht Nein sagen zu können? Oder ist Freiheit im Glauben das Vermögen, sich zum göttlichen Gnadenangebot mit einem Ja oder einem Nein verhalten zu können? Oder ist vielleicht das Vermögen der Freiheit selbst schon die Gnadentat Gottes, da Gnade

[3] Vgl. dazu das Gedankenexperiment „Amortentia" in Kapitel II.5.

keine Auswahl von Glaubenden meint, sondern in der Befähigung von Personen zu Autonomie und Freiheit besteht?

Um die Dinge noch ein wenig zu verkomplizieren – das sei hier aber nur noch angedeutet – herrscht in der Theologie auch eine gewisse Skepsis vor, ob Beispiele wie die Frankfurt-Cases wirklich ins Herz dessen zielen, was wir Freiheit nennen. (Vgl. Breul/Langenfeld 2017) Freiheit könnte existenziell viel grundlegender sein als nur die Wahl zwischen verschiedenen Türen, Eissorten oder Parteien zu haben: Zum einen zielen theologische Freiheitstheorien auf existenzialistische Motive wie das der Selbstwahl ab. Gemeint ist damit, dass Freiheit nicht nur in konkreten Einzelsituationen als Vermögen einer begründeten Handlung bestimmt werden kann, sondern auch als viel grundlegendere und dauerhafte Fähigkeit der Selbst-Bestimmung und Selbst-Reflexion von freien Wesen. Zum anderen könnte man Freiheit auch viel weiter fassen – nicht nur als Fähigkeit des begründeten Entscheidens zwischen begrenzten Alternativen, sondern als grundlegendes Vermögen der Kreativität und Spontaneität, als Vermögen, etwas ganz Neues zu beginnen. (Vgl. Wendel 2020, 34–44)

Das Gedankenexperiment zeigt also, dass es gar nicht so einfach ist, das Vermögen der Freiheit auf den Begriff zu bringen. In der theologischen Anthropologie besteht also durchaus Einigkeit darüber, dass Freiheit eine Schlüsselkategorie ist – aber diese Einigkeit ist schon wieder verloren, wenn man sich darauf verständigen soll, was Freiheit konkret bedeutet. Verschiedene Intuitionen konkurrieren miteinander und haben entsprechende Auswirkungen auf daraus folgende theologische Optionen. Was denken Sie: Gehört zur Freiheit das Vermögen dazu, in einer offenen Zukunft zwischen verschiedenen Möglichkeiten zu wählen? Und welche Auswirkungen hat Ihre Antwort auf diese Frage auf Ihre religiösen Überzeugungen?

Literatur zum Weiterlesen

Keil, Geert: Willensfreiheit, Berlin/Boston ^{3}2017. *[Die wahrscheinlich beste deutschsprachige Einführung in die philosophischen Aspekte der Debatte um Libertarismus und Kompatibilismus mit einem Plädoyer für die libertarische Position]*

Stosch, Klaus von u.a. (Hg.): Streit um die Freiheit. Philosophische und theologische Perspektiven, Paderborn 2019. *[Umfangreiche Artikelsammlung zum aktuellen Stand der Freiheitsdebatte mit renommierten philosophischen und theologischen Forscher:innen aus katholischer und evangelischer Theologie]*

Wendel, Saskia: In Freiheit glauben. Grundzüge eines libertarischen Verständnisses von Glauben und Offenbarung, Regensburg 2020. *[Plädoyer für einen starken theologischen Libertarismus mit Rekurs auf transzendentale Freiheitstheorien]*

Werbick, Jürgen: Theologie anthropologisch gedacht, Freiburg i.Br. 2022. *[Entwurf einer theologischen Anthropologie mit kompatibilistischem Tiefenstrom]*

II.2 Die hypermoralische Maschine. Oder: Ist das Leid in der Welt ein Preis der Freiheit?

Das größte theologische und für viele wohl auch das größte existenzielle Problem für den Glauben an einen liebenden Gott ist das Leid auf der Welt. Dies nennt man auch das ‚Problem der Theodizee', also das Problem der Rechtfertigung des Glaubens an Gott angesichts des Übels in der Welt. Im folgenden Gedankenexperiment erkunden wir eine der vielversprechendsten theologischen Antwortstrategien auf das Theodizeeproblem, die auf dem menschlichen Vermögen der Freiheit aufbaut.

Stellen Sie sich vor, dass Sie in einer Welt leben, in der Menschen nicht die Freiheit haben, unmoralische Dinge zu tun – Sie also auch nicht. Immer dann, wenn Sie unmoralische Dinge tun wollen – von banalen Dingen wie dem Vordrängeln an der Kasse im Supermarkt bis zu schlimmen Verbrechen – hört Ihr Körper auf, das zu tun, was Sie möchten, und Sie können Ihre Pläne nicht in die Tat umsetzen. Wenn Sie das offen auf einem Tresen liegende Portmonee in einem unbeobachteten Moment stibitzen möchten – nichts zu machen, Ihre Arme bewegen sich nicht in die Richtung. Wenn Sie jemanden auf unfaire Weise bloßstellen möchten – keine Chance, Ihr Körper gehorcht Ihnen nicht. Und umgekehrt würde auch jede:r, die Ihnen Übles will, dazu nicht in der Lage sein. Es gäbe keine Raubüberfälle, keine Prügeleien, keine Genozide mehr. Aber: Es gäbe auch keine Freiheit mehr, das Gute zu tun – Sie tun das ja ohnehin immer schon automatisch, wie eine hypermoralische Maschine.
Was würde sich in Ihrem Leben ändern, wenn Sie das Gute nicht mehr aus Freiheit tun, sondern gar nicht anders könnten, als dies immer und jederzeit zu tun? Und: Würde sich etwas in Ihrem Gottesbild ändern? Am Ende des Tages steht die Frage im Raum: Wäre es besser, wenn Gott die Welt so geschaffen hätte, dass es keine Freiheit, sondern nur hypermoralische Maschinen gäbe?

Im Hintergrund dieses Gedankenexperiments steht das Theodizeeproblem: Wenn ein liebender Gott die Welt geschaffen hat, warum gibt es dann auf der Welt so viel Ungerechtigkeit und Leid? Das

Theodizeeproblem lässt sich als ein logisches Trilemma formulieren. Das heißt, dass es drei Sätze beinhaltet, von denen nicht alle drei gleichzeitig wahr sein können. Diese drei Sätze sind:

(1) Gott ist allmächtig und könnte ungerechtfertigtes Leid in der Welt verhindern.

(2) Gott ist allgütig und möchte ungerechtfertigtes Leid in der Welt verhindern.

(3) Es gibt ungerechtfertigtes Leid in der Welt.

Alle drei Annahmen können nicht zugleich wahr sein, da sie sich zumindest auf den ersten Blick widersprechen. Daher könnte man, wenn man dieses Problem theologisch lösen möchte, zunächst schauen, ob es vielleicht möglich ist, eine der drei Annahmen aufzugeben. Damit wäre das Trilemma gelöst. Allerdings ist das Theodizeeproblem deshalb so dornig, weil keine der drei Annahmen ohne Weiteres aufgebbar erscheint.

Fangen wir hinten an: Man könnte versuchen, Annahme (3) zu hinterfragen, also zu behaupten, dass es entweder gar kein Leid in der Welt gebe oder zumindest kein ungerechtfertigtes Leiden existiere. Die erste Variante ist in der Geschichte der Theologie beispielsweise in der ‚Privatio Boni'-Lehre verteidigt worden. ‚Privatio Boni' bedeutet wörtlich ‚Entzug des Guten'. Der Kirchenvater Augustinus verteidigte (zwischenzeitlich) diese Auffassung: Weil Gott gut ist, kann es gar kein Leiden geben – alles, was es geben kann, ist eine gewisse Entfernung von der Güte Gottes, also einen Mangel des Guten, aber nichts genuin Schlechtes. Ähnliche Strategien sind die ‚Bonisierung' oder ‚Depotenzierung' des Leidens – das Leiden sei gar nicht so schlimm, und in Wahrheit vielleicht sogar etwas Gutes. Neben dieser „Entübelung des Leidens" (Stosch 2006, 184) gibt es auch diverse Versuche, das Leid zu funktionalisieren bzw. zu pädagogisieren. Bei dieser Strategie geht es nicht darum, die Existenz von Leid zu leugnen oder zu depotenzieren, sondern dem Leiden einen tieferen Sinn zu verleihen. Es könnte als pädagogisches Mittel Gottes zur ‚Erziehung' der Menschen betrachtet werden oder bestimmte Funktionen in der Welt erfüllen, die Gott helfen, seinen Plan umzusetzen.

Solche Modifikationen des Leidens gelten in der modernen Theologie jedoch als inakzeptabel. Das grundlegende Problem ist moralischer Art: Eine Relativierung des eigenen Leidens mag eine jede und ein jeder vornehmen, aber es ist moralisch falsch, dies auch von anderen einzufordern. Mit Emmanuel Levinas kann man sagen, dass jede „Rechtfertigung des Schmerzes des Anderen [...] der Ursprung aller Unmoral“ (Levinas 1995, 126) ist. Daher läuft der Vorschlag, das Leiden von Hungernden, Verstümmelten, Gefolterten oder Erschlagenen zu verharmlosen oder gar seine Existenz zu leugnen, auf einen moralisch hoch problematischen Zynismus hinaus. Zudem gibt es offensichtlich unbedingt nicht-sein-sollendes Leid in der Welt, von dem die Leidenden auch nichts lernen und das keine Funktionen für sie hat. Die Leugnung der Existenz solchen sinnlosen Leidens oder seine Funktionalisierung ist eine Form der Realitätsverweigerung, mit der theologisch nichts gewonnen wird. Abgesehen von der moralischen Unerträglichkeit von Neuinterpretationen des Leidens ist auch das sich abzeichnende Gottesbild höchst problematisch: Ein Gott, der seine Geschöpfe leiden lässt, um sie zu erziehen oder ihnen Werte und Tugenden zu vermitteln, ist ein kleinmütiges und rachsüchtiges Wesen, das sich wohl eher den Projektionen des Menschen verdankt, als dass es etwas mit einer den Menschen unbedingt zugewandten Liebe zu tun hat. Theologisch ist es keine gute Idee, an der Existenz oder Sinnlosigkeit des Leidens zu zweifeln. Annahme (3) lässt sich nicht aufgeben.

Eine andere Möglichkeit ist es, Annahme (2) – die göttliche Allgüte – zu hinterfragen: Es gebe zwar Leiden auf der Welt und Gott könnte es verhindern, aber Gott sei gar kein guter Gott und möchte es daher gar nicht verhindern. Vielleicht ist Gott launisch, hat dunkle Seiten, oder vielleicht können Menschen das, was Güte eigentlich ausmacht, im irdischen Leben auch gar nicht verstehen. Auch ein solcher Schritt würde das Trilemma zwar lösen, aber auch dieser Schritt ist theologisch inakzeptabel. Er steht zum einen im krassen Widerspruch zur christlichen Grundbotschaft, dass Gott sich in Jesus von Nazareth als unbedingte Liebe selbst mitgeteilt hat. Zum anderen ist die Rede von ‚dunklen Seiten‘ in Gott angesichts des Leidens in der Welt im Letzten nur eine Umschreibung eines bösen Gottes, bei dem fraglich ist, was Menschen überhaupt mit ihm zu tun haben wollen – wenn Gott wirklich böse ist und das Leiden will, dann wäre es moralisch geboten, gegen diesen Gott zu rebellieren, nicht mehr an ihn zu glauben, jedes Dasein über den Tod hinaus abzulehnen. Damit ist das Ziel der Theodizee – die Rechtfertigung des Glaubens an Gott angesichts des

Leidens in der Welt – aber gerade verfehlt. Und schließlich kann auch der Verweis auf die Begrenztheit der menschlichen Rede von ‚Güte' nicht überzeugen, da aus ihm lediglich die Bedeutungslosigkeit des Begriffs ‚Güte' folgen würde: „Zu behaupten, dass für Gottes Güte gänzlich andere Maßstäbe gelten als für menschliche Güte hat zur Folge, dass in Bezug auf Gott der Begriff der Güte keine Bedeutung mehr hat." (Stosch 2006, 214) Also ist auch die göttliche Allgüte aus Annahme (2) nicht aufgebbar.

Die dritte Möglichkeit besteht in der Aufgabe von Annahme (1), also der Rede von einer göttlichen Allmacht. Gott würde zwar gerne etwas gegen das Leid unternehmen, kann es aber nicht – beispielsweise, weil er mit dem Schöpfungsakt seine Allmacht aufgegeben habe, wie der jüdische Philosoph Hans Jonas argumentiert. (Vgl. Jonas 1987) Oder er ist, wie die Prozesstheologie glaubt, von Vornherein begrenzt durch eine stoffliche Urmaterie, die er zwar gestalten, aber nicht nach Belieben verändern kann. (Vgl. Reitinger 2019) Das Problem solcher Versuche ist zum einen, dass sie Allmacht als beliebige Interventionsfähigkeit Gottes verstehen – Allmacht ist aber nicht die Summe jeglicher weltlicher Macht, sondern könnte theologisch ja gerade darin bestehen, innerweltliche Machtsteigerungslogiken zu durchbrechen.[1] Zum anderen ist mit einer Modifikation der göttlichen Allmacht das Problem nicht gelöst, sondern nur verlagert, denn Gott bleibt auch hier in der Letztverantwortung dafür, die Welt überhaupt erschaffen zu haben. Ist es nicht noch viel problematischer, die Welt erst zu erschaffen und dann auch noch die eigene Allmacht aufzugeben und die Welt sich selbst zu überlassen? Die Aufgabe der göttlichen Allmacht aus Annahme (1) scheint das Problem also ebenfalls nicht zu lösen.

Allerdings bahnen die Überlegungen zu einem Begriff von Allmacht, der nicht der Logik der Dominanz, sondern der Logik der Liebe folgt, einen Weg zurück zum Gedankenexperiment des Menschen als hypermoralischer Maschine und zu der Lösung des Theodizeeproblems, die am vielversprechendsten zu sein scheint: Nicht die Rede vom Leid oder von Gott selbst ist zu modifizieren, sondern unsere Auffassung darüber, wie sich Gott zur Welt verhält. Damit wird nicht eine der drei Annahmen des Trilemmas isoliert

[1] Siehe dazu auch das Gedankenexperiment „Das Burrito-Problem" in Kapitel I.10.

aufgegeben, sondern die ausgesagten göttlichen Eigenschaften Allgüte und Allmacht *in ihrer Relation zur Schöpfung* interpretiert.

An dieser Stelle setzt die sogenannte ‚Free Will Defense' an: Es gibt Leiden auf der Welt, weil Gott den Menschen als freies Gegenüber geschaffen hat, was beinhaltet, dass der Mensch seine Freiheit auch missbrauchen und Leid in der Welt erzeugen kann. Die Freiheit des Menschen wäre aufgehoben, wenn Gott die Menschen als hypermoralische Maschinen erschaffen hätte oder wenn er die menschliche Freiheit immer dann außer Kraft setzen würde, wenn sie moralisch Schlechtes im Schilde führen. Diese nachhaltige Freisetzung seiner Geschöpfe hält Gott davon ab, im Sinne eines übernatürlichen Eingreifens Leiden zu verhindern. Mit Blick auf unser Gedankenexperiment setzt die Free Will Defense auf die Intuition, dass ein Leben, in dem der Mensch lediglich eine hypermoralische Maschine ohne Freiheit zum Bösen wäre, kein gutes Leben wäre. Gott kann den Menschen aber kein Leben in Freiheit ermöglichen, ohne eine Welt zu erschaffen, in der es auch Leid gibt. Das Leid ist gewissermaßen der Preis, den wir für Freiheit und Liebe zu zahlen haben.

Die Free Will Defense stammt in ihrer modernen Form aus der angelsächsischen Religionsphilosophie. Ihr Argument lässt sich am übersichtlichsten darstellen, wenn man ihre Prämissen[2] aufschlüsselt:

(1) Die Annahme bzw. die Postulierung von Personen mit einem freien Willen ist ein unumgängliches Erfordernis moralischen Handelns. Sie ist mit Mitteln der theoretischen Vernunft und empirischer Wissenschaft nicht widerlegbar.

(2) Es ist logisch unmöglich, jemandem die Freiheit zu eröffnen, das Gute zu tun, ohne ihm gleichzeitig die Möglichkeit zu geben, auch das moralisch Falsche wählen zu können.

(3) Die Existenz von Personen, die in Freiheit das moralisch Richtige wählen können, ist besser – im Sinne von wertvoller – als die Existenz von Personen, deren Handeln durchgängig determiniert ist.

(4) Jede vom Leiden betroffene Person kann in Bezug auf die eigene Lebensgeschichte zu der Einschätzung kommen, dass der posi-

2 Wir übernehmen hier in leichter Überarbeitung die Darstellung der Prämissen aus Stosch 2018, 88–89.

tive Wert des freien Willens das damit verbundene Risiko falscher, also leiderzeugender Entscheidungen aufwiegt.

(5) Der christliche Glaube an die Begegnung mit Jesus Christus lässt sich so entfalten, dass es eine rational verantwortbare Hoffnung ist, dass tatsächlich jede Person am Ende ihrer Lebensgeschichte trotz aller erlittenen Leiden Ja zu ihrem Leben sagen wird.

Für jede dieser Prämissen ließen sich gute Pro- und gute Contra-Argumente sammeln. Die erste Prämisse ist zunächst eine Art Existenzaussage, dass Menschen wirklich mit Freiheit begabt sind – allein das ist philosophisch und theologisch nicht unumstritten. Daher ist diese Annahme hier mit Absicht vorsichtig formuliert: Freiheit ist ein Postulat unseres moralischen Handelns – wir würden uns selbst als moralische Wesen nicht länger verstehen können, wenn wir aufhörten, uns gegenseitig Freiheit zu unterstellen. In einem theoretischen Sinne beweisbar muss Freiheit gar nicht sein, damit die Free Will Defense funktioniert. Die zweite Prämisse zielt auf ein vertieftes Verständnis des Freiheitsbegriffs – die Free Will Defense ist auf einen libertarischen Freiheitsbegriff festgelegt, nach dem Freiheit die Möglichkeit beinhaltet, eine echte Wahl zwischen verschiedenen Handlungsoptionen zu haben.[3]

Unser Gedankenexperiment zielt auf die dritte Prämisse. Diese ist weder eine Existenzaussage noch eine nähere Explikation des Freiheitsbegriffs, sondern eine wertende Aussage: Es ist gut und wertvoll, dass es Freiheit gibt. Eine Handlung, die jemand aus freien Stücken vollzieht, ist wertvoller, als eine Handlung, zu der jemand vorherbestimmt ist. Wären Menschen nur programmierte Maschinen, die den alternativlosen Weltverlauf vollziehen, würden wir – diese Intuition möchte zumindest das Gedankenexperiment abrufen – uns nicht mehr als Wesen verstehen, deren Handlungen beeindruckend oder verachtenswert sind. Dies kann man sich verdeutlichen, wenn man überlegt, wie wir die ‚Handlungen' von Robotern bewerten: Wenn wir uns zum Beispiel vorstellen, dass an einer gefährlichen Straßenkreuzung irgendwann eine Art Roboter installiert wird, der kleine Kinder immer dann zurückhält, wenn sie im Begriff sind, während der Rotphase der Ampel auf die Straße

[3] Vgl. dazu auch das Gedankenexperiment „Der böse Neurochirurg" in Kapitel II.1.

zu laufen, würden wir dies sicherlich für eine gute Idee halten. Wir würden aber nicht sagen, dass der Roboter eine moralisch beeindruckende Handlung vollzogen hat, weil er unter Einsatz seiner Existenz das Leben eines Kindes gerettet hat – er tut einfach das, worauf er programmiert worden ist. Wenn aber ein Mensch unter Einsatz seines Lebens ein Kind von der Straße zieht, welches überfahren zu werden droht, würden wir dies moralisch als gut bewerten und ihn als Held bezeichnen. Er hätte eben auch anders handeln können – angesichts der Gefahr für sich selbst zurückzucken, an seinen eigenen wichtigen Termin denken, den er wahrscheinlich verpasst, wenn er eingreift, etc. Daher können Roboter keine Helden sein – sie tun, wozu sie programmiert sind. Personen sind aber nicht programmiert, sondern stehen ständig vor Entscheidungen, was zu tun ist – und genau das unterscheidet die Unvertretbarkeit ihrer Existenz von austauschbaren Maschinen.

Es ist wichtig zu sehen, dass dieses Vermögen der Freiheit nicht allein für moralische Fragen relevant ist, sondern das Dasein von Personen auf den tiefsten existenziellen Ebenen durchzieht. Es ermöglicht nämlich, authentische Beziehungen zu führen und so etwas wie Freundschaft oder Liebe zu empfinden. Wenn zwei Maschinen darauf programmiert würden, einander zu achten und zu lieben in guten und in schlechten Zeiten, dann klingt dies komisch – wir würden maschinell hergestellte Liebe wahrscheinlich nicht als echte Liebe bezeichnen. Und wenn eine Person wüsste, dass ihr Partner nur ein Roboter ist, der ohnehin nicht anders kann als zu simulieren, dass er in sie verliebt sei, würde das ein echtes Glück verhindern – diese Person würde sich am Ende betrogen und manipuliert fühlen.[4] Daher gilt: „[D]ie Illusion von Freiheit macht das Dasein zwar vielleicht erträglich, kann aber nicht wirkliches Glück und Liebe, sondern nur deren Schein hervorbringen. Echte Freiheit scheint in jedem Fall einem Glück vorzuziehen zu sein, das auf Betrug aufbaut." (Stosch 2018, 92)

Selbst wenn mit diesen Überlegungen die dritte Prämisse der Free Will Defense plausibilisiert ist, ist damit noch nicht das Argument im Ganzen gerettet. Es muss auch noch überlegt werden, ob die vierte und die fünfte Prämisse überzeugend sind: Können unsere Überlegungen so verallgemeinert werden, dass es eine ratio-

[4] Vgl. dazu das Gedankenexperiment „Amortentia" in Kapitel II.5.

nale Hoffnung ist, dass jede Person – auch wenn sie eine unerträgliche Leidensgeschichte erlebt hat – am Ende dieses Leiden als die notwendige Bedingung dafür akzeptiert, dass ihr Dasein die Möglichkeit von Freiheit und Liebe enthalten hat? Und könnte diese Hoffnung vielleicht insbesondere im Christentum plausibel sein, da Christ:innen davon ausgehen, dass die Begegnung mit Christus im Jenseits noch einmal aufzeigt, dass der letzte Grund des Seins die unendliche Liebe Gottes ist? Wenn beide Fragen bejaht werden, ist die Free Will Defense erfolgreich – und es gäbe mit ihr eine Lösung des Theodizee-Trilemmas, die zumindest weniger schlecht als die zu Beginn diskutierten Alternativen ist.

Natürlich ist die Free Will Defense in der Theologie nicht unumstritten. Zunächst ist sie auf starke Annahmen mit Blick auf die Existenz und die Werthaftigkeit libertarischer Freiheit festgelegt (und wir haben ja schon gesehen, dass dies durchaus kontrovers ist). Außerdem scheint sie davon auszugehen, dass sich das Leid in der Welt immer aus der Freiheit des Menschen erklären lässt. Das ist aber gar nicht immer der Fall – viele Naturkatastrophen, wie z.B. Erdbeben oder Vulkanausbrüche, entstehen ohne menschliches Zutun, und die Tatsache, dass jedes menschliche Leben auf den Tod zuläuft, hat auch nicht viel mit moralischem Fehlverhalten zu tun. Außerdem scheint es so zu sein, dass Menschen immer schon – ohne etwas dafür zu können – in schuldhafte Zusammenhänge verstrickt sind. Das Leid in der Welt folgt also gar nicht ausschließlich aus freien Entscheidungen einzelner Menschen, das Böse zu tun oder das Gute zu unterlassen, sondern ist eine unbeabsichtigte Folge ihres bloßen Existierens.[5] Weiterhin ist die Free Will Defense eine sehr theoretische Strategie, die in der konkreten Praxis wohl wenig erfolgversprechend ist. Einer Person, die unermesslich leidet, an den Kopf zu werfen, dass dies als Preis für ihre Freiheit zu akzeptieren sei, wäre in tiefem Maße zynisch.

Allerdings möchte die Free Will Defense gar keine allumfassende Lösung des Theodizeeproblems sein, sondern zunächst nur eine Verteidigung der theoretischen Denkbarkeit des Glaubens an Gott – eine ‚defense', nicht mehr. Gerade die christliche Hoffnung auf eine Begegnung mit Christus nach dem eigenen Tod kann so

[5] Siehe dazu auch das Gedankenexperiment „Ruths Versuch moralischer Perfektion" in Kapitel III.3.

ausbuchstabiert werden, dass es zumindest nicht irrational ist zu glauben, dass jede:r Leidende am Ende ‚Ja' zur eigenen Lebensgeschichte sagen wird. Wenn Freiheit die Voraussetzung dafür ist, authentische Liebe zu erfahren, und Freiheit aber auch impliziert, dass Menschen diese Liebe verneinen und böse Dinge tun können, dann ist das Leid auf der Welt vielleicht tatsächlich der Preis für Freiheit und Liebe. Nicht ausgeräumt ist jedoch das moralische Problem, dass eine solche Rechtfertigung sehr spät, vielleicht zu spät, kommt.[6]

Blicken wir am Ende noch einmal auf das Gedankenexperiment: Sie stehen hier vor einer existenziell weitreichenden Wahl. Die große Mehrheit der Menschen betrachtet sich als Urheber:innen ihrer eigenen Biographien – auch wenn wir beeinflusst sind von unseren Genen, unserer Sozialisation und unseren Kontexten, bleiben wir in der Lage, uns reflexiv zu diesen Dingen zu verhalten. Es steht nicht schon jetzt fest, wie unser Leben in 5 oder 10 Jahren aussehen wird – das ist zwar nicht nur, aber auch abhängig von unseren Entscheidungen. Das Gedankenexperiment der hypermoralischen Maschine fragt nun, ob es gut und wertvoll ist, dass wir in diesem Sinne frei sind. Ist ein Leben in Freiheit auch dann besser, wenn es mit der Möglichkeit einhergeht, viel Leid in Kauf nehmen zu müssen? Gäbe es ein Ausmaß an Leid, bei dem Sie irgendwann sagen würden, dass es nun doch besser sei, wenn Menschen keine Wesen der Freiheit, sondern hypermoralische Maschinen wären? Würde sich Ihr Urteil verändern, wenn Sie ein Roboter wären, aber davon gar nichts wüssten und sich der Illusion hingäben, dass Sie frei wären? Und: Was ist eigentlich mit leidensfähigen Wesen, denen wir im Normalfall keine Freiheit zuschreiben – also etwa Tieren oder Menschen in den ersten Wochen ihres Lebens? Wie ließe sich ihr Leid rechtfertigen?

---

[6] Dieses Problem der ‚Praktischen Theodizee' schauen wir uns im folgenden Kapitel genauer an. Vgl. dazu das Gedankenexperiment „Die zerbrochene Lego-Skulptur" in Kapitel II.3.

Literatur zum Weiterlesen

Ammicht-Quinn, Regina: Von Lissabon bis Auschwitz. Zum Paradigmenwechsel in der Theodizeefrage, Freiburg i. Br. 1992. *[Zeitgenössische Rekonstruktion von Leibniz' Theodizee mit literarischen Seitenblicken und einem Plädoyer für ein praktisches Offenhalten der Theodizeefrage]*

Kreiner, Armin: Gott im Leid. Zur Stichhaltigkeit der Theodizeeargumente, Freiburg i. Br. 2005. *[Umfassende Kritik einer Vielzahl von Lösungsstrategien für das Theodizeeproblem und pointierte Verteidigung der Free Will Defense als rationaler Lösung desselben]*

Stosch, Klaus von: Theodizee (Grundwissen Theologie), Paderborn [2]2018. *[Prägnantes Einführungsbuch in die Theodizeefrage und verschiedene Lösungsstrategien, insbesondere die interreligiöse Perspektivierung und die praktische Theodizee sind wichtige weiterführende Perspektiven]*

Wiertz, Oliver (Hg.): Logische Brillanz – Ruchlose Denkungsart? Möglichkeiten und Grenzen der Diskussion des Problems des Übels in der analytischen Religionsphilosophie (STEP 20), Münster 2020. *[Umfassender Sammelband, der guten Überblick über gegenwärtige Positionen in der Debatte verschafft]*

II.3 Die zerbrochene Lego-Skulptur. Oder: Das moralische Problem des Übels in der Welt

Das folgende Kapitel beruht maßgeblich auf einem Unbehagen, das sich zum Schluss der Überlegungen des vorangegangenen Kapitels einstellen kann: Wenn eine Strategie zum Umgang mit dem logischen Problem des Übels nämlich tatsächlich gelingen sollte, ist dann nicht das konkrete Leiden der Welt ‚wegerklärt'? *Dürfen* wir die Theodizee-Frage überhaupt durch noch so plausible theoretische Überlegungen ruhigstellen oder rechtfertigen wir damit nicht immer auch in irgendeiner Hinsicht einen Sinn des Leidens, das aber kategorisch nicht sein soll? Bevor wir in tiefere Reflexionen einsteigen, möchten wir aber erst noch kurz ins Spieleparadies abbiegen ...

> Stellen Sie sich vor, Sie dürfen gemeinsam mit einer Freundin – nennen wir Sie Judith – schon einen Tag vor der Eröffnung auf einer großen Spielwarenausstellung unterwegs sein. Gerade sind die Aufbauarbeiten in den letzten Zügen – bis morgen muss alles fertig sein! Sie schlendern umher und nähern sich nach einiger Zeit einem beeindruckenden Stand. Eine Gruppe von Jugendlichen hat einen ganzen Dinosaurier-Park aus Lego-Steinen gebaut. Sogar ein echter Tyrannosaurus Rex ist mit dabei! Lebensgroß steht er vor Ihnen, gebaut nur aus den berühmten Plastik-Steinchen. Sie drehen sich zu Judith, doch diese ist nirgends zu sehen. Dafür gerät einige Meter vor Ihnen etwas in Bewegung: Der T-Rex beginnt mit einem Mal zu schwanken und zerfällt in der nächsten Sekunde mit dem ohrenbetäubenden Lärm aufeinanderprasselnder Lego-Steine wieder in seine Einzelteile. Sie hören die entsetzten Schreie der Mitarbeiterinnen und Mitarbeiter und sehen aus dem Augenwinkel, dass sich Judith wegschleicht. Sie kennen Judith eigentlich als ehrliche, integre und verantwortungsbewusste Person. Sie wird doch wohl nicht ...? Ihre Bedenken wischen Sie schnell beiseite, als Sie von den am Boden zerstörten Mitgliedern des Aufbau-Teams befragt werden, ob Sie gesehen haben, wer für den Schaden verantwortlich sei. Ganz perplex und instinktiv verteidigen Sie Ihre Freundin – sie habe auf jeden Fall immer den nötigen Sicherheitsabstand zu den Kunstwerken gewahrt.

Einige Stunden später sehen Sie, wie Judith in Begleitung von zwei Sicherheitskräften in das Leitungsbüro der Spielwarenbörse geführt wird. Nach und nach wird alles klar: Die Dino-Figur wurde tatsächlich von Ihrer Freundin in einem unachtsamen Moment angestoßen, und dieser Impuls hat ausgereicht, um das fragile Gebilde in sich zusammenstürzen zu lassen. Judith hatte sich zunächst aus dem Staub gemacht, konnte aber aufgrund der Videoüberwachung noch entdeckt werden. Nun zeigt sie im Prinzip Einsicht: Sie gibt zu, unabsichtlich an den Lego-Dino gestoßen zu sein – und sie sichert zu, für alle Schäden, die durch den Zusammenbruch dieser Figur entstehen, aufzukommen.

An dieser Stelle möchten wir gleich zwei Intuitionen bei Ihnen abrufen: Hat sich, erstens, Judith moralisch angemessen verhalten? Oder gibt es bestimmte Dinge, die sie aus moralischer Sicht kritisieren würden? Und haben, zweitens, Sie sich moralisch angemessen verhalten, als Sie – letztlich wider bessere Ahnung – an Ihrem Glauben an Judith festgehalten haben?

Wir vermuten, dass viele Leser:innen die Intuition haben, dass Judiths ursprüngliches Wegschleichen moralisch genauso fragwürdig ist, wie Ihre blinde Loyalität. Judith hätte für ihr zwar nicht beabsichtigtes, aber durch ihr ungestümes Verhalten in Kauf genommenes Anrempeln der Figur gleich die Verantwortung übernehmen sollen – und nicht erst, als sie durch die Videokameras überführt war und ihr Tun nicht mehr leugnen konnte. Ihr Versuch der Wiedergutmachung kommt schlicht und ergreifend zu spät: Entweder steht man für sein Handeln ein, oder man tut es nicht. Ein nachträgliches Wiedergutmachen scheint moralisch fragwürdig, weil es so ausschaut, als ob sich jemand aus seiner Verantwortung stehlen wollte und erst agiert, als er nicht mehr anders kann. Und was Sie selbst anbelangt: Treue und Freundschaft sind ein hohes Gut – aber ist es Gerechtigkeit nicht auch?

Dieselben Intuitionen begegnen uns in verschärfter Form auch in einer Formulierung des Theodizee-Problems, das man in Abgrenzung zum logischen Problem des Übels[1] als das *moralische Problem des Übels* (häufig auch: das praktische Theodizeeproblem) be-

---

[1] Vgl. das Gedankenexperiment „Die hypermoralische Maschine“ in Kapitel II.2.

schreiben kann: Es gibt nicht nur *in* der Welt nichts, das für das erfahrene Leid entschädigen kann, sondern auch die Idee einer göttlichen Rechtfertigung der Leidensgeschichte der Welt im *Jenseits*, die nachträglich jede Leidende mit ihrem Schmerz versöhnen könnte, ist moralisch problematisch, da Gott sich bildlich gesprochen so verhält wie Judith: Er schleicht sich zunächst weg und steht nicht zu seinem Tun – und sein Versuch der Wiedergutmachung kommt dann gewissermaßen ‚zu spät'. Mit der Autorität eines Überlebenden der Shoah bringt der Schriftsteller Elie Wiesel die moralische Anstößigkeit verspäteter Rechtfertigungen des Leidens zum Ausdruck: „Nichts kann Auschwitz rechtfertigen. Und wenn Gott selbst mir eine Rechtfertigung anböte, ich würde sie zurückweisen." (Wiesel 1995, 142)

Erinnern wir uns kurz zurück, worin genau das logische Problem des Übels bestand: Die theistische Behauptung der Existenz eines allmächtigen, allgütigen und allwissenden Gottes steht in einem logischen Widerspruch zur realen Erfahrung von Leid in der Welt, weil ein Wesen mit den genannten Eigenschaften um das Leid in der Welt wüsste, es verhindern wollte und auch über die Macht verfügte, es tatsächlich zu unterbinden. Ohne Strategie zum Umgang mit diesem Problem muss der theistische Glaube als inkonsistent und deshalb unvernünftig gelten. Bei Wiesel lässt sich dagegen eine offensichtliche Verschärfung der Theodizeefragen ablesen: Selbst wenn eine theoretische Bearbeitung des Theodizee-Trilemmas gelingen sollte, ja selbst dann, wenn Gott selbst eine konsistente Rechtfertigung des Leidens in der Welt anböte, so wäre die Erklärung – und mit ihr der Glaube an Gott selbst – *aus moralischen Gründen* zurückzuweisen. Die Konsequenz aus dem moralischen Problem des Übels ist daher auch nicht bloß die wohlüberlegte Zurückweisung der Gotteshypothese zur ‚sauberen' Auflösung des theoretischen Widerspruchs. Vielmehr besteht sie in einer Haltung des Protests gegen einen Gott, der als letztverantwortlicher Schöpfer der Welt mit jeder himmlischen Erklärung und Verteidigung immer schon zu spät kommt. Wäre das Leid der Welt nicht so erdrückend, wäre Sarkasmus angebracht, wie Friedrich Nietzsche notiert: „[D]ie einzige Entschuldigung Gottes ist, dass er nicht existiert." (Nietzsche 1988 [1908], 286)

Anhand zweier literarischer Beispiele lässt sich der Dramatik des praktischen Theodizeeproblems noch weiter auf die Spur kommen. Da ist zum einen die Figur des Iwan Karamasow, einer der Protagonisten aus Fjodor Dostojewskijs Roman *Die Brüder Karamasow* (Dostojewskij 2003 [1879 f.]), der seinem gläubigen Bruder Aljoscha die Geschichte eines reichen Generals und Gutsbesitzers erzählt. Als der Sohn einer seiner Leibeigenen den Lieblingshund des Generals versehentlich beim Spielen verletzt, lässt er diesen in grausamster Weise vor den Augen dessen Mutter von Hunden zu Tode hetzen. Iwan bedenkt nun die eschatologische Situation einer himmlischen Vollendung und umfassender Harmonie – und protestiert gegen jede Möglichkeit universeller Versöhnung:

> „[E]s könnte durchaus sein, daß ich [...] möglicherweise im Chor mit den anderen beim Anblick der Mutter, die den Peiniger ihres Kindes umarmt, ausrufe: ‚Ja, Herr, Deine Gerichte sind gerecht!', daß ich es aber nicht ausrufen will. Solange es noch Zeit ist, beeile ich mich, dem vorzubeugen, und weise deshalb eine höchste Harmonie entschieden zurück. Sie ist nicht auch nur ein Tränchen jenes gemarterten Kindes wert, das sich mit den kleinen Fäustchen an die Brust schlug und in dem stinkenden Verschlag unter ungesühnten Tränen nach seinem ‚lieben Gott' rief! Sie ist es nicht wert, weil seine Tränen unvergolten bleiben." (Dostojewskij 2003 [1879 f.], 394 f.)

Iwans Reaktion ähnelt derjenigen, die auch Elie Wiesel beschrieben hatte: Das Angebot der Versöhnung – und sei es noch so umfassend, gewaltig und verlockend – kommt zu spät. Keine nachträgliche Rechtfertigung kann ent-schädigen oder wieder-gut-machen. Aber ein genauerer Blick offenbart, dass hier noch mehr am Werk ist als das Insistieren darauf, dass Verzeihen zwar ‚ent-schuldigen' kann, aber nicht ‚vergeben und vergessen' macht oder dass es schlechterdings ‚Unverzeihliches' gibt. Hier kommt Ihre zweite Intuition zum Tragen: Auch das Schützen von Judith wider besseren Wissens ist etwas, das moralisch problematisch ist. Oder, mit Blick auf die Brüder Karamasow: Was Iwan dazu bringt, sein Eintrittsticket in das Himmelreich schon zu Lebzeiten „zu retournieren" (Dostojewskij 2003 [1979 f.], 395), ist der Schrecken über die Möglichkeit, womöglich doch in die ewige Harmonie mit einzustimmen und sich damit gemein zu machen mit der Geschichte, die zum Zwecke eines von Gott so gewollten Ziels so viele Opfer gefordert hat. Zustimmung zur Harmonie hieße Zustimmung zum Zustandekommen dieser Harmonie. Sie würde das Leid akzeptieren als Bedingung des eschatologischen Einklangs. Und spätestens hier wirkt das Problem der praktischen Theodizee nicht mehr nur appellativ, sondern weist auf die Möglichkeit der Unmoralität des Gottesglaubens hin: Das moralische Problem des Übels gründet in der

> „Einsicht in die grundsätzliche *moralische Unhaltbarkeit* der mit dem Glauben an Gott verbundenen Annahme einer moralisch akzeptablen Sinnhaftigkeit des Daseins als Ganzem angesichts der Faktizität des zum Himmel schreienden Leids. [...] Es ist der Mensch mit seinen moralischen Maßstäben, der nun gegen einen Gott und dessen Schöpfung aufbegehrt, der diese Maßstäbe so offensichtlich zu unterbieten scheint." (Rediker 2021, 22)

Wenn die Attribute der Gerechtigkeit, Verantwortung und Moralität auf Gott so anwendbar sind, wie sie auch nach menschlichem Maßstab Bedeutsamkeit besitzen, dann ist derjenige zu verurteilen – und nicht anzubeten – der zum hehren Zwecke über Leichen geht. (Vgl. Striet 2012, 1498–1501)

So wie das *malum morale* Iwan vor jedem Glauben an eine göttliche Harmonie zurückschrecken lässt, so arbeitet sich der Arzt Bernard Rieux in Albert Camus' Roman *Die Pest* an den natürlichen Übeln ab. Der atheistische Rieux verkörpert in seinem beständigen, aber oft genug vergeblichen Kampf gegen die tödliche Krankheit der Pest, die seine algerische Heimatstadt heimsucht, die solidarische Revolte als Modus des Nichtabfinden-Wollens mit dem Leid der Welt. Sein ganzes Handeln versteht er als Aufbegehren gegen die Idee, dass auch die Übel Teil eines göttlichen Plans sein sollen, der letztlich als sinnhaft und gut akzeptiert werden könne. Wieder tritt hier die Einsicht zutage, dass nicht nur der Schöpfer der Welt die letzte moralische Verantwortung für das Leiden der Welt trägt, sondern dass sich der Glaube verbiete, „diese Welt könne und dürfe jemals in ihrer Gesamtheit versöhnt und in ihrer Existenz als Ganzer bejaht oder gar geliebt werden [..., insofern er] die zynische Voraussetzung impliziert, sich auch mit der Tatsache zu Tode gefolterter Kinder versöhnen und diese damit indirekt akzeptieren zu müssen." (Rediker 2021, 23) Im Angesicht eines weiteren von der Pest dahingerafften Kindes bekennt Rieux deshalb: „Und ich werde mich bis zum Tod weigern, diese Schöpfung zu lieben, in der Kinder gemartert werden." (Camus 2004 [1947], 247)

Die Radikalität der Theodizeefrage, die nicht zuletzt in diesen literarischen Zeugnissen zum Ausdruck kommt, liegt in ihrer doppelten Sinnspitze. Sie konfrontiert die Glaubenden nicht bloß mit der Gefahr eines theoretischen Bankrotts angesichts eines logischen Widerspruchsproblems, sondern klagt angesichts konkreter Erfahrungen von Leid an: Gott, als Urheber und Letztverantwortlichen der Schöpfung und die Glaubenden, die sich hinter dem Rücken der Opfer vom Glanz Gottes oder der Idee eines guten Endes der Geschichte betören lassen und damit die Solidarität mit den Leidenden zugunsten eines vermeintlich höheren Guten aufkündigen. Von hierher erschließt sich letztlich auch die Motivation dieser Theodizeefrage. Sie stellt den erbitterten Versuch dar, inmitten des Leids die Opfer der Geschichte nicht zurückzulassen und sie um einer vermeintlichen Harmonie willen zu verraten. Deshalb insistiert Iwan: „Ich will keine Harmonie, aus Liebe zur Menschheit will ich keine Harmonie. Lieber bleibe ich bei meinem ungerächten und meinem ungestillten Zorn, mag ich auch *im Unrecht sein*." (Dostojewskij 2003 [1979 f.], 395)

An eben diesem Punkt aber ist ein Einspruch nicht unberechtigt. Denn es könnte sein, dass der Protestatheismus zwar die Problemlage richtig umreißt und die Theodizeefrage damit ins Zentrum der Gottesrede rückt, letztlich aber die Konsequenzen verkennt, die er in Kauf nimmt, um dem eigenen Anliegen gerecht zu werden. Aus Furcht vor einer nachträglichen Relativierung der Leidenden um einer höheren Harmonie willen versagt er sich jede Perspektive der Hoffnung. Er pocht darauf, dass das Leid unabgegolten bleibt, aus Sorge, dass in universeller Versöhnung der Schmerz nivelliert und die Opfer der Geschichte einem guten Ende erneut geopfert würden. Daher verweigert der Protestatheismus den Blick nach vorn und pocht vielmehr darauf, dass nur der Blick zurück, nur die erinnernde Solidarität an die Leidenden und die von der Geschichte Gebrochenen davor schütze, zum bloßen Moment degradiert zu werden im unaufhaltsamen Lauf der Welt hin zur Aufhebung der Geschichte. Allein – die erinnernde Solidarität, der Blick zurück in Verbundenheit könnte zu wenig sein, wenn die Geschichte unaufhaltsam vorwärts geht und dabei weiter ihre Opfer fordert, auch unter den Solidarischen. So formuliert es Walter Benjamin in den Thesen *Über den Begriff der Geschichte*:

> „Es gibt ein Bild von Klee, das Angelus Novus heißt. Ein Engel ist darauf dargestellt, der aussieht, als wäre er im Begriff, sich von etwas zu entfernen, worauf er starrt. Seine Augen sind aufgerissen, sein Mund steht offen und seine Flügel sind ausgespannt. Der Engel der Geschichte muß so aussehen. Er hat das Antlitz der Vergangenheit zugewendet. Wo eine Kette von Begebenheiten vor *uns* erscheint, da sieht *er* eine einzige Katastrophe, die unablässig Trümmer auf Trümmer häuft und sie ihm vor die Füße schleudert. Er möchte wohl verweilen, die Toten wecken und das Zerschlagene zusammenfügen. Aber ein Sturm weht vom Paradiese her, der sich in seinen Flügeln verfangen hat und so stark ist, daß der Engel sie nicht mehr schließen kann. Dieser Sturm treibt ihn unaufhaltsam in die Zukunft, der er den Rücken kehrt, während der Trümmerhaufen vor ihm zum Himmel wächst. Das, was wir den Fortschritt nennen, ist *dieser* Sturm." (Benjamin 1980 [1942], 697 f.)

Selbst das Beharren auf dem ungesühnten Leid, selbst die Solidarität mit den ‚Toten und Zerschlagenen' wird in Benjamins Interpretation des Bildes von Paul Klee noch fortgerissen von einer Geschichte, die die Sieger erinnert und die Verlierer namenlos vergisst. Ohne Bezug auf eine Absolutheit, die dem Fortschritt der Geschichte selbst souverän gegenübersteht, scheint die Solidarität mit den Leidenden vorläufig und nichtig zu sein:

> „Verzichtet man nämlich angesichts des bei Dostojewski beschriebenen Kindes auf den Glauben an Gott, um es vor jeder Vereinnahmung in einen übergreifenden Sinnanspruch zu schützen, und beharrt deshalb auf der Sinnlosigkeit des Daseins insgesamt, gibt man nicht nur die Vereinnahmung, sondern auch jede Hoffnung für dieses Kind auf." (Stosch 2018, 115)

Die Toten bleiben tot, wenn Geschichte grundsätzlich abgeschlossen ist. Die vermeintliche Überlegenheit des Protestatheismus angesichts zu spät kommender Rechtfertigungen des Leidens auf der Welt entpuppt sich als fragwürdig, da eine Perspektive der trostlosen Leere jede Hoffnung auf Versöhnung für Leidende, konkret: für das gemarterte Kind auf ewig ausschließt. Es ist nicht ersichtlich, warum diese Position die moralisch Überlegene sein soll.

Aus diesem Grund prägt das Offenhalten der Möglichkeit, gerade um der *bleibenden* Solidarität mit den Opfern der Geschichte willen auf einen Gott des Lebens und der Gerechtigkeit zu hoffen, eine ganze Reihe theologischer Ansätze der Gegenwart. Sie alle beruhen auf der Intuition, dass erst eine rettende Perspektive und die Hoffnung auf das Leben der Toten die „anamnetische Solidarität"

(Peukert 2009, 354) mit den Leidenden wirklich zur Option machen und dem Tod das letzte Wort über ihre Existenz verweigern können. Man könnte sogar fragen, ob nicht eigentlich der Ausschluss einer solchen Hoffnung für die Gemarterten selbst unmoralisch ist, insofern sie sie in ihrem Status der Verlierer festzuschreiben droht – und damit letztlich aber aufgibt. Karl Rahner skizziert die Optionen nüchtern und klar:

> „Wenn Sie aus Protest gegen das Böse in der Welt Gott aus Ihrem Leben streichen wollen, wird die Geschichte noch viel schlimmer, denn dann haben Sie eine abgründig böse und absurde Welt und sonst nichts. Wenn Sie das im Namen der Liebe zu anderen wirklich verantworten können – gut, aber ich glaube nicht, dass man das kann." (Rahner 1986, 96)

Freilich ist diese Umkehrung der Theodizeefrage – die Forderung Gottes um der Menschen willen – mit einem Paradigmenwechsel verbunden, der die Frage nach dem Leid von einem systematischen Einzelproblem ins Herz der theologischen Reflexion rückt. Von einem bloßen Folgeproblem eines ursprünglich vom Leid unberührten Glaubens wird das Theodizeeproblem selbst zu dessen Motivation und Grund. Die Theodizee wird damit zur Signatur der Theologie überhaupt und die Sensibilität für das Leiden zu ihrem Prüfstein. Schulbildend ist in diesem Zusammenhang die Theologie Johann Baptist Metz' geworden, für den das (Er-)Schrecken von und über die Shoah zum unhintergehbaren Ausgang jedes Nachdenkens über Gott geworden ist. Metz zufolge geht es in der Theodizeefrage

> „– und zwar ausschließlich – um die Frage, wie denn überhaupt von Gott zu reden sei angesichts der abgründigen Leidensgeschichte der Welt, ‚seiner' Welt. Das ist in meinen Augen ‚die' Frage der Theologie; sie darf von ihr weder eliminiert noch überbeantwortet werden. Sie ist ‚die' eschatologische Frage, die Frage, auf die die Theologie keine alles versöhnende Antwort ausarbeitet, sondern eine unablässige Rückfrage an Gott." (Metz 1990, 103)[2]

In dieser Rückfrage offenbart sich eine Umgestaltung der Theologie im Ganzen: Im Angesicht der *Landschaft aus Schreien* (Metz 1995) ist der angemessene Klang der Theologie nicht der des siegreichen

---

[2] Neben Metz wäre hier zudem an erster Stelle auf die Theologien von Dorothee Sölle und Jürgen Moltmann hinzuweisen.

und immer schon heilsgewissen österlichen Exsultet[3], sondern der jesuanische Schrei am Kreuz. Diesen Schrei gelte es *im Eingedenken fremden Leids* (Metz 1996) wachzuhalten als „Schrei nach der Rettung der Anderen, der ungerecht Leidenden, der Opfer und Besiegten der Geschichte." (Metz 1990, 104) Dabei trägt diese *memoria passionis* (Metz 2006) eine dezidiert politische Signatur, sie ist „gefährliche Erinnerung" (Metz 1997, 49) als Klage an Gott und Protest gegen das Leiden (an) der Welt.

Kommen wir zum Schluss noch einmal zum Spielzeug-Dino: Genauso wie Judith sich dann moralisch verhalten hätte, wenn sie ihr Missgeschick direkt zugegeben und sich nicht erst davongeschlichen hätte, formulieren Iwan Karamasow oder Bernard Rieux eine moralische Frage an den Gottesglauben: Schleicht sich Gott nicht genauso davon, indem er die Menschen im Unklaren über ihr Schicksal lässt? Müsste er nicht für all das Leid, das er in seiner Schöpfung in Kauf nimmt, direkt geradestehen, anstatt zu spät seine Verantwortung zuzugeben? Wäre ein Gott, der erst im Jenseits eine Rechtfertigung für die Leidensgeschichte der Menschheit anbietet, nicht aus moralischen Gründen abzulehnen und, mit Iwan gesprochen, die Eintrittskarte ins Paradies wieder zurückzugeben? Zugleich führt aber auch dieser moralische Protestatheismus an entscheidenden Stellen nicht weiter: Was ist moralisch damit gewonnen, jede Perspektive einer rettenden Gerechtigkeit für die Leidenden der Geschichte aufzugeben? Wäre nicht gerade dies der eigentliche moralische Skandal? Und: Bleibt der Protestatheist:in etwas anderes als Resignation, Zynismus oder Egoismus übrig, wenn sie alle Hoffnung konsequent streicht? Was also denken Sie: Ist es aus moralischen Gründen unerlaubt, auf eine (zu?) späte Rechtfertigung des Leids durch Gott zu hoffen? Oder ist dies aus moralischen Gründen gerade geboten?

---

[3] Mit dem Osterlob beginnt die Feier der Auferstehung Jesu Christi in der Osternacht. Es beginnt mit folgenden Sätzen: „Frohlocket, ihr Chöre der Engel, frohlocket, ihr himmlischen Scharen, lasset die Posaune erschallen, preiset den Sieger, den erhabenen König! Lobsinge, du Erde, überstrahlt vom Glanz aus der Höhe! Licht des großen Königs umleuchtet dich. Siehe, geschwunden ist allerorten das Dunkel. […]"

Literatur zum Weiterlesen

Arens, Edmund: Drei Denker der Kritischen Theorie der Frankfurter Schule. Max Horkheimer, Theodor W. Adorno, Walter Benjamin, in: Breul, Martin/Langenfeld, Aaron (Hg.): Der Glaube im Denken. Eine Philosophiegeschichte, Freiburg 2023, 304–312. *[Grundlegender Einstieg in die Philosophie der sog. Frankfurter Schule und ihre theologische Rezeption]*

Dostojewskij, Fjodor: Die Brüder Karamasow. Aus dem Russischen von Swetlana Geier, Zürich 2003. *[Klassiker der Weltliteratur, der das Problem der praktischen Theodizee auf brillante Weise verarbeitet]*

Höhn, Hans-Joachim: zustimmen. Der zwiespältige Grund des Daseins, Würzburg 2001. *[Konturierung eines theologischen Ansatzes, der seinen Ausgang von der Erfahrung des Inakzeptablen nimmt]*

Metz, Johann Baptist (Hg.): „Landschaft aus Schreien“. Zur Dramatik der Theodizeefrage, Mainz 1995. *[Sammlung einschlägiger Beiträge zur Praktischen Theodizee im Umfeld der Theologie J. B. Metz’]*

Rediker, Benedikt: Die Fragilität religiöser Hoffnung. Zur Transformation praktischer Theodizee im Anschluss an Immanuel Kant (ratio fidei 77), Regensburg 2021. *[Forschungsbeitrag zur (Un-)Moralität des Gottesglaubens, der mit Kant für die rationale Verantwortung des Glaubens angesichts des praktischen Theodizeeproblems eintritt]*

II.4 Der menschliche Geist auf einer Festplatte. Oder: Wie verhalten sich Körper und Geist angesichts des Transhumanismus?

In vielen gesellschaftlichen Debatten ist immer wieder vom ‚Christlichen Menschenbild' die Rede. Was sich dahinter genau verbirgt, soll die ‚Theologische Anthropologie' klären. Einigen Basics der theologischen Anthropologie können wir uns mit folgendem Gedankenexperiment nähern und nebenbei den zunehmend diskutierten ‚Transhumanismus' kennenlernen.

Stellen Sie sich vor, Sie sind beim Arzt und erhalten eine niederschmetternde Diagnose: Sie leiden an einer unheilbaren Krankheit. Als Sie völlig fertig mit der Bahn nach Hause fahren, werden Sie von Ihrem Sitznachbarn in ein Gespräch verwickelt. Es bricht schnell aus Ihnen heraus und Sie erzählen Ihre Leidensgeschichte. Ihr Sitznachbar antwortet: „Es ist kein Wunder, dass Sie krank sind. Das liegt daran, dass alle kohlenstoffbasierten Organismen ständigen Zerfallsprozessen ausgesetzt sind. Aber wissen Sie was? Ich habe eine Lösung! Kommen Sie doch mal bei uns vorbei, dem Transhumanistischen Verband! Wir werden die menschliche Existenzweise transformieren – Sie haben dann keinen Körper mehr, der Ihnen ohnehin nur Probleme macht. Sie existieren vielmehr als reiner Geist auf einer Festplatte. Wir nehmen alles, was Sie als Person ausmacht und laden es in eine Cloud hoch. Damit wären Sie nicht nur Ihre Krankheit los, sondern wären zudem auch noch unsterblich!" Sie sind verdutzt – das hört sich doch arg nach Science-Fiction an. Zugleich fragen Sie sich, ob das wirklich eine Möglichkeit sein könnte – immerhin könnten Sie so auch Ihre Krankheit überwinden!
Was meinen Sie: Beschreibt das Gedankenexperiment eine reale Möglichkeit – gegeben deren technische Realisierbarkeit? Oder ist die menschliche Existenzweise so beschaffen, dass ein Upload des menschlichen Geistes auf eine Festplatte oder in eine Cloud ohnehin ein Ding der Unmöglichkeit ist? Und: Nehmen wir einmal an, diese Möglichkeit wäre real – wäre das wünschenswert?

Dieses Gedankenexperiment ist derzeit offensichtlich im Bereich der ‚Science Fiction' anzusiedeln. Niemand kann seinen Geist auf eine Festplatte hochladen. Und doch formuliert es zugleich das Ziel, welches sich die Bewegung des ‚Transhumanismus' gesetzt hat. Der Transhumanismus besteht im Kern aus dem Versprechen, technische Möglichkeiten zur Verbesserung des Menschen zu nutzen und so die dem Menschen durch seine biologische Verfasstheit auferlegten Grenzen zu verschieben. Die langfristige Zielperspektive des Transhumanismus ist dabei eine grundsätzliche Überwindung der biologischen Natur des Menschen. Er verspricht, das vergängliche kohlenstoffbasierte Leben des Menschen auf eine siliziumbasierte Existenzweise umzustellen. Damit könne die Spezies Mensch so transformiert werden, dass eine insgesamt neue, bessere, intelligentere und moralischere Gattung entstehe. Ein *Trans-Human* ist zwar auch nicht prinzipiell unzerstörbar oder unvergänglich, da alles Irdische auch endlich ist. Aber er erweist sich in seiner *digitalen* Existenzweise als weitaus leichter vervielfältigbar und damit resilienter als ein kohlenstoffbasiertes, gewissermaßen *analoges* menschliches Individuum.[1] Diese digitale Existenzweise führt zu immer weiterführenden Verschmelzungen von biologischen Menschen und Maschinen bzw. digitalen Substraten des Biologischen. Das Kunstwort des Cyborgs – *cyb*ernetic *org*anism – dient hier als Beschreibung dieser nächsten Stufe in der Evolution des Menschen. (Vgl. Fuchs 2020, 71–118 und bes. 72–78)

In manchen transhumanistischen Entwürfen ist die Vorstellung von Cyborgs jedoch nur ein Zwischenschritt: Die digitale Existenzweise des Menschen kann auch so weit gefasst werden, dass es möglich sein soll, seinen Geist auf eine Festplatte oder in eine Cloud hochzuladen. Einer der Vordenker des Transhumanismus, Nick Bostrom, beschreibt dies so: „Im Erfolgsfall führt das Verfahren zu einer qualitativen Reproduktion des ursprünglichen Geistes – samt Erinnerungen und Persönlichkeit – als Software auf einem Computer." (Bostrom 2018, 41) Dieses sogenannte *Mind-Uploading* könnte, so die Idee, der Schlüssel zu einer umfassenden Transformation des Menschen sein: Das im blinden evolutionären Prozess entstandene biologische Mängelwesen Mensch könne aus

[1] Für eine hilfreiche Zusammenstellung der transhumanistischen ‚Essentials', die hinter dieser Position stehen, vgl. Helmus 2020, bes. 19–84.

seiner fehlerhaften Konstitution aussteigen und gewissermaßen zu einer digitalen, postbiologischen Existenzweise finden. Der den beständigen Alterungs- und damit Verfallsprozessen ausgesetzte Körper des Menschen kann als bloße Hülle des menschlichen Geistes verlassen werden, um die eigene geistige Existenz in Form von reiner Information fortzuführen. Was ist aus der Perspektive der theologischen Anthropologie zu den Erfolgsaussichten dieses Programms einer vollständigen ‚Digitalisierung des Geistes' zu sagen?

Zunächst ist der Transhumanismus auf eine spezifische Bestimmung des Verhältnisses von Körper und Geist, von Leib und Seele festgelegt. Er kann nämlich weder funktionieren, wenn Körper und Geist völlig voneinander getrennt sind (diese Position nennt man auch ‚Dualismus'), noch wenn der Geist nichts anderes ist als der Körper (diese Position nennt man auch ‚reduktiven Materialismus'). Im Dualismus bleibt der Geist etwas Geheimnisvolles, das empirisch nicht fassbar und raumzeitlich nicht ausgedehnt ist und das deshalb auch nicht isoliert und auf eine Festplatte geladen werden kann. Im reduktiven Materialismus wird der Geist, wie der Name ja schon nahelegt, auf die Materie des Körpers reduziert: Ein geistiger Zustand ist *identisch* mit einem körperlichen Zustand. Auch dann ist aber ein Hochladen des Geistes auf eine Festplatte nicht möglich, da der Körper ja gerade nicht überwunden werden kann, wenn der Geist notwendig identisch mit körperlichen Zuständen ist.

Die einzige Theorie, nach der der Transhumanismus funktionieren könnte, ist der sogenannte ‚Funktionalismus'. Dieser besagt, dass mentale Zustände auf unterschiedliche Weisen, z. B. von unterschiedlichen neuronalen Zuständen, realisierbar sind.[2] Ein mentaler Zustand ist nicht strikt identisch mit einem physikalischen Zustand im Gehirn, sondern spielt eine ‚funktionale Rolle', die von ganz unterschiedlichen physikalischen Zuständen hervorgerufen werden kann. Daher sind für mentale Zustände ihre ‚funktionalen Rollen' entscheidend, nicht aber ihre konkrete physikalische Realisierung in einem Hirnprozess.

Ein Beispiel, um diese Idee der funktionalen Rollen zu illustrieren, könnte das menschliche Herz sein: Im Normalfall übernimmt

[2] Als eines der ‚Gründungsdokumente' des Funktionalismus vgl. Putnam 1975.

ein im Laufe der embryonalen Entwicklung entstandenes natürliches Organ die Funktion, den menschlichen Blutkreislauf in Gang zu halten. (Vgl. Lane Ritchie 2019, 169–175) Es ist aber ohne weiteres denkbar, dass diese funktionale Rolle von etwas anderem als diesem Organ erfüllt wird – entweder, indem man in dieses Organ Verbesserungen wie Stents, Bypässe etc. einbaut, oder indem man so etwas wie ein ‚Kunstherz' entwickelt, das bei Versagen des organischen Herzens die Funktion des Herzens übernimmt. In Bezug auf das Körper-Geist-Problem gesprochen: Geistige Zustände sollten, so der Funktionalismus, nicht über ihre Identität mit Zuständen des Gehirns definiert werden, sondern über die *funktionalen Rollen*, die sie erfüllen. Mit anderen Worten: Im Funktionalismus kommt es darauf an, was mentale Zustände *tun*, nicht was sie *sind*.

Diese Auffassung ermöglicht allererst die Idee des Transhumanismus. Denn im Funktionalismus ist es prinzipiell denkbar, eine andere Basis als das menschliche Gehirn zu finden, um geistige Zustände zu realisieren. Genauso, wie das menschliche Herz vielleicht eines Tages durch ein Kunstherz ersetzt werden kann, könnte auch das menschliche Gehirn durch einen sehr leistungsfähigen Computer ersetzt werden, ohne dass sich an der Funktionalität dieser Organe etwas ändert. Man könnte daher den Transhumanismus auch als ‚Wette' auf die praktische Richtigkeit einer funktionalistischen Theorie des Geistes begreifen.

Zugleich scheint ein solcher transhumanistischer Funktionalismus jedoch einen wichtigen Aspekt des Mensch-Seins zu vergessen: Der menschliche Geist besteht nicht nur aus dem funktionalen Verarbeiten von Input, wie es ein ‚Geist' eines Computers oder ein auf eine Festplatte gespielter Algorithmus machen würden.[3] Er ist immer auch ein verleiblichter Geist, der ohne konkrete Verkörperung nicht denkbar ist. Dies arbeitet der Heidelberger Philosoph Thomas Fuchs heraus: Nur ein verleiblichtes Bewusstsein sei in der Lage, sinnverstehend Zwecke zu verfolgen oder sich bestimmter Qualitäten von Bewusstseinszuständen gewahr zu werden. Funktionale Algorithmen können vielleicht ein „geistlose[s] Durchlaufen von informationellen Zuständen" (Fuchs 2020, 104) simulieren, aber dies sei ja genau nicht das, was das menschliche Be-

[3] Für eine vertiefende Beschäftigung mit der Thematik vgl. Breul 2020b, 193–207.

wusstsein ausmache – vielmehr sei es die erstpersonale Wertung dieser Zustände, die eingebettet sind in ein Fühlen, Streben und ‚Auf-etwas-Aussein'. Daher gelte: „Der Kern des Bewusstseins, der uns erst zu fühlenden oder wollenden Wesen macht, lässt sich informationstheoretisch gar nicht erfassen. Er ist untrennbar mit unserer leiblichen und damit auch biologischen Existenz verbunden. Was angenehm und was schmerzhaft, was das Gute und was das Schlechte ist, das ist durch keinen Algorithmus auszudrücken." (Fuchs 2020, 105)

Mit diesem philosophischen Hinweis nähern wir uns auch schon der Theologischen Anthropologie, für die in der Regel die Kategorien der Freiheit, der Relationalität und der Interaktion besonders wichtig sind – und diese setzen allesamt eine verkörperte Existenzweise des Menschen voraus. Die Grundidee fasst der evangelische Theologe Gregor Etzelmüller so:

> „Der menschliche Geist ist nicht nur vom Leib abhängig, er wird vielmehr durch leibliche Vollzüge konstituiert. Er ist nicht in einem raumlos gedachten Inneren des Menschen zu verorten, sondern entwickelt sich im wahrnehmenden und tätigen Umgang des Menschen mit seiner Umwelt. Der menschliche Geist ist als verkörperter immer schon in seine Umwelt eingebettet." (Etzelmüller 2021, 63)

Christlich ist diese Auffassung keine große Überraschung, wenn man bedenkt, dass das zentrale Ereignis des Christentums die Inkarnation, also wörtlich: die Einfleischung Gottes ist. Gemäß christlicher Überzeugung hat sich der göttliche Logos innerhalb der Welt ja gerade in verkörperter Weise mitgeteilt. Er wählt keinen körperlosen ‚himmlischen' Leib, sondern nimmt die menschliche Natur ganz und gar an. Eine Trennung der funktionalen Rollen von Körper und Geist ist also auch aus christlicher Perspektive weder möglich noch sinnvoll, da die Leiblichkeit des Menschen jeden Weltbezug des Menschen allererst ermöglicht. Das ist gemeint, wenn Saskia Wendel dem Leib eine ‚transzendentale' Funktion zuschreibt: „Dem Leib kommt somit als Möglichkeitsbedingung des Zur-Welt-Seins eine konstituierende und demgemäß auch transzendentale Funktion zu; hinsichtlich dieser Funktion geht er nicht in der Bedingtheit der Welt auf und besitzt als ‚Nullpunkt der Orientierung' ein Unbedingtheitsmoment." (Wendel 2002, 286) Wenn der Leib aber der ‚Nullpunkt der Orientierung' ist, dann wird er auch in allen Versuchen, den Leib loszuwerden und seine Existenz auf eine Festplatte zu überspielen, immer schon in Anspruch genommen. Und gerade weil dem Leib ein Moment der Unbedingtheit zukommt, ist schon die Zielperspektive des Transhumanismus fragwürdig, da diese ja gerade auf eine Überwindung der leiblichen Existenz zielt – und damit auf eine durchaus leibfeindliche Tilgung des verleiblichten Ausgreifens auf das Unbedingte.

Auf analoge Weise macht auch Maureen Junker-Kenny auf einen ‚blinden Fleck' des Transhumanismus aufmerksam, wenn sie seine fehlende Sensibilität für die Dimension einer gelingenden Beziehung zu Gott für das Programm einer Vervollkommnung des Menschen in den Blick nimmt. (Vgl. Junker-Kenny 2019) Sie hält im Anschluss an Überlegungen Schleiermachers fest, „dass die Perfektion, auf die die ‚trans'-humanen Programme aus sind, gerade nicht in den ‚Manifestationen' erscheinen kann, sondern dass Vollkommenheit, wenn überhaupt, dann im unsichtbaren Innern, der Quelle des Selbst angenommen werden muss." (Junker-Kenny 2019, 88) Eine solche Vollkommenheit, so Junker-Kenny, beinhalte aber eine gelingende Beziehung zu Gott. Die Idee von Perfektion, die dem Transhumanismus vorschwebe, sei daher eine Perfektion des empirisch Messbaren: der Gedächtnisleistung, der körperlichen Leistungsfähigkeit, vielleicht sogar des quantifizierbaren moralischen Verhaltens. Dies aber macht gerade nicht Vollkommenheit aus, da eine unendliche Steigerung des Endlichen nicht für den qualitativen Sprung sorgen kann, der notwendig ist, um von Vollkommenheit zu sprechen. Die Vorstellung einer unendlichen Ausweitung des Endlichen scheint das zu verfehlen, was die christliche Vorstellung von Erlösung beinhaltet – dort geht es um die radikale Transformation des Bestehenden, nicht aber um seine ständige Wiederholung.

Diese Kritik der Verabsolutierung eines technokratischen Paradigmas und seines Imperativs der instrumentellen Optimierung aller Lebensbereiche klagt auch Papst Franziskus in seiner Enzyklika *Laudato Si* ein: „Es müsste einen anderen Blick geben, ein Denken, eine Politik, ein Erziehungsprogramm, einen Lebensstil und eine Spiritualität, die einen Widerstand gegen den Vormarsch des technokratischen Paradigmas bilden." (Franziskus 2015) Die theologische Anthropologie liefert also gute Gründe, zumindest das transhumanistische Maximalprogramm zu hinterfragen und auf diese Weise Einfluss auf gesellschaftliche und forschungspolitische Diskurse zu nehmen. Nicht die Überwindung des Leibes, sondern seine noch weiter zu vertiefende Erforschung sind zukunftsweisend.

Kommen wir zurück zum Gedankenexperiment: Sie waren in diesem ja gar nicht primär gefragt, ob das transhumanistische Unterfangen überhaupt *möglich* ist. Hier gibt es zwar keine klare Intuition, aber durchaus einige Einwände aus der philosophischen und aus der theologischen Anthropologie, die die transhumanistische Zuversicht schmälern. Das Gedankenexperiment zielt vielmehr auf die Frage: Ist eine solche Festplatten-Existenz überhaupt wünschenswert? Oder ist das nicht eine technisierte Version der ‚ewigen Wiederkehr des Gleichen'? Wenn Sie Ihren Körper trotz all seiner Unzulänglichkeiten nicht ohne Weiteres gegen eine digitale Existenz auf einer Festplatte eintauschen möchten, dann kritisieren Sie den Transhumanismus an einer für ihn ungewohnten Stelle. Denn dann steht nicht seine Technikgläubigkeit oder die Machbarkeit seiner Vorstellungen im Mittelpunkt der Kritik, sondern die Auffassung, dass eine säkularisierte Verewigung des irdischen Daseins und eine technische Verfügbarmachung des Anfangs und des Endes des menschlichen Lebens überhaupt wünschbar ist. Und vielleicht liegt in dieser Reflexion auf das, was ein Leben gut macht und gelingen lässt, ein wichtiger Beitrag der theologischen Anthropologie für die gesamtgesellschaftlichen Debatten um die Grundlagen des Menschseins, die im Transhumanismus wie durch ein Brennglas fokussiert werden: Nicht die blinde Verstetigung des irdischen Lebens ins Unendliche, sondern die Stiftung von unbedingtem Sinn im Endlichen könnte das sein, worauf menschliches Leben am Ende zielt.

Literatur zum Weiterlesen

Etzelmüller, Gregor: Gottes verkörpertes Ebenbild. Eine theologische Anthropologie, Tübingen 2021. *[Gesamtentwurf einer theologischen Anthropologie aus evangelischer Perspektive, die sich in einer interdisziplinären Anthropologie der Verkörperung verortet]*

Fuchs, Thomas: Verteidigung des Menschen. Grundfragen einer verkörperten Anthropologie, Berlin 2020. *[Philosophischer Entwurf einer Anthro-*

pologie der Verkörperung mit vielen Bezügen zu aktuellen Debatten um Künstliche Intelligenz, Transhumanismus etc.]

Göcke, Benedikt/Meier-Hamidi, Frank (Hg.): Designobjekt Mensch? Die Agenda des Transhumanismus auf dem Prüfstand, Freiburg i. Br. 2018. *[Sammelband mit interdisziplinären Annäherungen an Programm und Grenzen des Transhumanismus]*

Helmus, Caroline: Der neue (Unter-)Gang des Menschen? Das Menschenbild des Transhumanismus und seine Herausforderung für die Theologische Anthropologie (ratio fidei 72), Regensburg 2020. *[Erste grundständige theologische Auseinandersetzung mit dem Transhumanismus und Plädoyer für eine gegenseitige Lernbereitschaft]*

Langenfeld, Aaron/Lerch, Magnus: Theologische Anthropologie (Grundwissen Theologie), Paderborn 2018. *[Gelungener Einführungsband in grundlegende Fragestellungen der Theologischen Anthropologie inklusive einer ökumenischen Perspektivierung]*

II.5 Amortentia. Oder: Wie Gott sich offenbart, um die Liebe des Menschen zu gewinnen

Das Christentum gehört – aus religionswissenschaftlicher Sicht – zu den Offenbarungsreligionen. Bloß sagt diese Zuschreibung über Form, Medium, Inhalt und Ziel dieser Kategorie noch nicht viel aus. Dass sich Gott den Menschen offenbart – was heißt das eigentlich? Wir lassen es zur Beantwortung dieser Frage zunächst ein bisschen romantisch werden ...

Antonia ist unsterblich verliebt. Keine Sekunde vergeht, in der sie nicht den blumig-herben Duft des Parfums ihres Angebeteten zu riechen meint, keine Minute, in der sie sich nicht des flüchtigen Blicks seiner von geschwungenen Wimpern umrahmten, tiefblauen Augen erinnert, den er ihr zugeworfen hatte, keine Stunde, in der sie nicht den Träumen nachhängt, in denen seine unaufdringlich kluge, sich selbst zurücknehmend offene, verständnisvolle und witzige Art allein ihr gilt, kein Tag, an dessen Abend sie nicht sehnsüchtig schon den nächsten Morgen erwartet, an dem sie ihn endlich wieder sieht. Es wäre perfekt – würde er ihre Zuneigung nur erwidern. Doch weder ihre beiläufigen Berührungen, weder das Lachen über seine Witze oder der gemeinsame Sommerurlaub im Zelt, noch die von Antonia verfassten Briefe und Gedichte, ja nicht einmal das zweisame Bestaunen des sternenübersäten Nachthimmels scheinen den Funken geweckt zu haben, der auch in ihm das ersehnte Feuer für sie entfachen sollte. Mehr als ‚gute Freundschaft' mag nicht entstehen. Monate vergehen. Schließlich erinnert sich Antonia in einer Verzweiflung, wie nur unglücklich Verliebte sie kennen, an jenen zauberhaften Trank, von dem sie in ihrem sechsten Schuljahr in Hogwarts gehört hatte: Amortentia, den stärksten aller Liebestränke, schimmernd in den Farben des Regenbogens mit spiralförmig aufsteigendem Dampf und einem betörenden Duft, der sich je den Vorlieben derer anpasst, die ihn riechen. Seiner Wirkung kann niemand widerstehen: Gleich nach der Einnahme versinkt die Person in einen Zustand, der an Besessenheit grenzt, sie entwickelt einen Grad an Verliebtheit, der kaum spontan oder natürlich zu erreichen wäre. Mit diesem Trank wäre Antonia nah dran am Ziel ihrer Träume: Es gäbe ein ‚Wir', und die beiden wären glücklich – bloß dass der eine sich nicht aus freien Stücken dazu entschieden hat, sondern erst durch das heimliche Verabreichen des Zaubertranks durch die andere in den Zustand der Verliebtheit gekommen wäre …

Kennen Sie Antonias Situation? Angenommen Ihnen stünde ein Liebestrank zur Verfügung. Würden Sie sich in die Kerker Hogwarts' schleichen, um den Trank zu brauen und ihn Ihrem/Ihrer Angebeteten zu verabreichen? Was würde Sie daran hindern? Und wie würden Sie auf das gemeinsame Leben blicken, das Sie dann leben könnten?

Die meisten Menschen haben auf Gedankenexperimente dieser Art eine klare Intuition, die nicht allein daher rührt, dass es schlichtweg unethisch ist, Menschen ihres freien Willens zu berauben, um Handlungen oder Überzeugungen nach Maßgabe eines Dritten zu provozieren,[1] sondern die auf einem Unbehagen gegenüber dem Verhältnis beruht, das vom Liebestrank grundgelegt wird. Denn handelt es sich dabei wirklich um eine Liebesbeziehung? Oder werden hier bloß bestimmte objektiv überprüfbare Handlungen hervorgerufen (wie etwa der Wunsch, einander nah zu sein, Zeit miteinander zu verbringen, vielleicht ein gewisses Maß an Eifersucht o. ä.), denen aber keine erstpersönliche Einstellung entspricht? Die gängige Intuition scheint darauf zu setzen, dass die Liebe einer Person weder herstellbar noch in ihrem Aufkommen begründbar ist – wenngleich die meisten Liebenden eine Reihe von Gründen nennen könnten, die die geliebte Person liebens-würdig macht – und erst recht ist Liebe nicht zu erzwingen oder von jemandem einzufordern. Sie scheint vielmehr in ihrem Aufkommen unverfügbar zu sein. „Wo die Liebe hinfällt …" sagt daher das bekannte Sprichwort und nicht „Wo die Liebe hingeworfen wird …". Der Liebe ist also immer schon und konstitutiv eine freiheitliche Di-

[1] Vgl. zur Bedeutsamkeit menschlicher Freiheit auch die Überlegungen zum Gedankenexperiment „Der böse Neurochirurg" in Kapitel II.1, zum Verhältnis von Freiheit und Gnade, d.h. zu Aktivität und Passivität im Glauben das Gedankenexperiment „Das Kind auf der einsamen Insel" in Kapitel II.10. Im Folgenden werden Sie an etlichen Stellen Querverweise zu anderen Gedankenexperimenten in diesem Buch finden. Sie erkennen daran die zentrale Bedeutung der Offenbarungskategorie für die gegenwärtigen Theologie.

mension zu eigen, deren Bedeutung im Folgenden auch für das Phänomen religiösen Glaubens verfolgt werden soll.

Klassischerweise wird religiöser Glaube als menschlich-angemessene Reaktion auf den Ruf des *sich offenbarenden* Gottes verstanden. Wenn also dieser Glaube – wie unser Gedankenexperiment nahelegen soll – in gewisser Hinsicht analog zu einem liebevollen zwischenmenschlichen Verhältnis verstanden werden kann, dann liegt in der Offenbarung der Schlüssel zur Grundlegung dieses Verhältnisses, dann versucht Gott, in und durch Offenbarung den Menschen von sich zu überzeugen. Wie ließe sich diese Offenbarung dann verstehen? In welcher Form, in welchem Modus teilt Gott welchen Inhalt mit welchem Ziel mit?

Die beiden Formulierungen eines Offenbarungsbegriffs, die im Ersten und Zweiten Vatikanischen Konzil zu finden sind, stehen dabei paradigmatisch für zwei offenbarungstheologische Modelle, die im Folgenden erklärt werden sollen:

Das Erste Vatikanische Konzil (1869/70) stellt sich mit seinem – ‚instruktionstheoretisch' genannten – Offenbarungsbegriff in die Tradition des Thomas von Aquin. Dieser geht von zwei Weisen aus, wie der Mensch die eine Wahrheit Gottes ergründen kann. Einerseits bieten die Gottesbeweise einen Weg der natürlichen Vernunft, der bis zur Erkenntnis der Existenz Gottes führt.[2] Thomas traut der Vernunft in philosophischen Dingen also einiges zu – und doch gibt es Aspekte der Wahrheit, die sich der menschlichen Vernunft nicht selbst erschließen, sondern die sie sich – gleichsam von außen – sagen lassen muss. Dieser zweite, übernatürliche Erkenntnisweg übersteigt andererseits also die natürliche Vernunft und ist ihr auch inhaltlich überlegen, weil Gott selbst es ist, der Erkenntnisse über sich selbst preisgibt. Offenbarung bietet einen intellektuellen Mehrwert gegenüber der Vernunft, der im Wissen um diesen Gott als den erlösenden, befreienden, geschichtsmächtigen und menschgewordenen Gott liegt. Diese Erkenntnisse erschließen den Kern christlichen Glaubens und sind zum Heil des Menschen notwendig. So hält Thomas gleich zu Beginn seiner monumentalen Summa Theologiae fest:

---

[2] Vgl. zum Gottesbeweis des Thomas das Gedankenexperiment „Von nix kütt nix" in Kapitel I.5.

> „Das Heil der Menschen verlangt außer den philosophischen Wissenschaften, die im Bereich der menschlichen Vernunft bleiben, eine Lehre, die auf göttliche Offenbarung beruht. [...] Darum mußten dem Menschen, sollte er sein Heil nicht verfehlen, durch göttliche Offenbarung manche Dinge kund werden, die über die menschliche Vernunft hinausgehen." (Thomas von Aquin: STh I, q. 1 a.1)

Die bei Thomas mit diesem Konzept angestrebte Synthese von auf Vernunft gründendem Wissen und auf Offenbarung gründendem Glauben wird in den folgenden Jahrhunderten zunehmend brüchig. Fraglich wird im Zeitalter der Aufklärung vor allem die Überordnung der Offenbarung über die Vernunft.[3] Thomas etwa hatte die Position des Menschen gegenüber der Offenbarung verglichen mit einem Bauern, „der in keiner Weise die scharfsinnigen Überlegungen der Philosophie begreifen kann." (Thomas von Aquin: STh I, q. 1 a.1 resp.) Kants „Sapere aude! Habe Mut dich deines eigenen Verstandes zu bedienen!" (Kant: WA, AA VIII, 33) steht zu einer Vernunft, die sich externer Autorität unterordnen soll, ganz offensichtlich in Konflikt. Gegenüber den Emanzipationsbestrebungen der Vernunft beharrt die lehramtliche Theologie des 19. Jahrhunderts jedoch auf den Autoritätsansprüchen der Offenbarung und verschärft damit das bei Thomas noch komplementär gedachte zueinander von Glaube bzw. Offenbarung und Vernunft zu einem Dualismus, der erhebliche Konsequenzen nach sich zieht: Zum einen wird Offenbarung zu einer positivistischen – also gesetzten – lehrhaften und lehrmäßigen Vorgabe, die man nicht mehr im freien Akt des Glaubens sich aneignen kann, sondern gewissermaßen nur noch im Gehorsam gegenüber der Autorität des bestimmte „Wahrheiten" mitteilenden Gottes akzeptieren muss. Zum anderen und parallel zum Zerfall der Vernunft-Glaube-Synthese erstarkt die kirchliche Zentralgewalt, die in Amt und Person des Papstes kulminiert. Das kirchliche Lehramt erscheint nun letztlich als einzig authentischer und kompetenter Hüter, Kenner, Garant und Interpret der Offenbarung, die in den lehramtlichen Dokumenten dargestellt wird. Dem Offenbarungspositivismus kor-

---

[3] Zu den Motiven und Argumenten neuzeitlicher Offenbarungskritik vgl. Seckler/Kessler 2000, 13–39. Zu gegenwärtigen Problematisierungen der Offenbarungskategorie vgl. Hoff 2007, sowie Wendel 2021.

respondiert damit faktisch ein Lehramtspositivismus.[4] Gehorsam gegenüber der Offenbarung zeigt sich im Gehorsam gegenüber lehramtlichen Weisungen.

Thomas' Unterordnungsverhältnis von Vernunft und Offenbarung findet unmittelbaren Eingang in die Dokumente des Ersten Vatikanischen Konzils. Die Konstitution *Dei Filius* hält fest,

> „daß Gott, der Ursprung und das Ziel aller Dinge, mit dem natürlichen Licht der menschlichen Vernunft aus den geschaffenen Dingen gewiß erkannt werden kann [...]; jedoch hat es seiner Weisheit und Güte gefallen, auf einem anderen, und zwar übernatürlichen Wege sich selbst und die ewigen Ratschlüsse seines Willens dem Menschengeschlecht zu offenbaren." (DH 3004)

Das Konzil schließt sichtbar an die Idee einer zweifachen Erkenntnisordnung an, die zudem in ein gegensätzliches („jedoch / attamen") Verhältnis zueinander gebracht werden, das einige Abschnitte später noch deutlicher wird:

> „Dieser Glaube aber, der der Anfang des menschlichen Heiles ist, ist nach dem Bekenntnis der katholischen Kirche eine übernatürliche Tugend, durch die wir mit Unterstützung und Hilfe der Gnade Gottes glauben, daß das von ihm Geoffenbarte wahr ist, nicht etwa wegen der vom natürlichen Licht der Vernunft durchschauten inneren Wahrheit der Dinge, sondern wegen der Autorität des offenbarenden Gottes selbst, der weder sich täuschen noch täuschen kann." (DH 3008)

Unter dem Begriff der Offenbarung versteht das Erste Vatikanum also die Instruktion heilsrelevanter Wahrheiten, die über das kirchliche Lehramt als einzig authentischen Ausleger letztverbindlich in Form dogmatischer Lehrentscheidungen vorgelegt werden. Aus ihnen gehen inhaltlich die ewigen Ratschlüsse des göttlichen Willens hervor, denen auf Seiten der Empfangenden Unterwerfung („ratio [...] subiecta") und Gehorsam („intellectus et voluntatis obsequium" (beide DH 3008)) entgegenzubringen ist.

Im Licht unseres Gedankenexperiments ist ein solches Verständnis von Offenbarung durchaus kritisch zu betrachten. Denn es begründet ein Beziehungsverhältnis, das gerade keine Augenhöhe etabliert und nicht auf die freie Zustimmung des Gegenübers baut. Zwar manipuliert Gott nicht den Willen des Offenbarungs-

[4] Zu diesem Prozess vgl. Seewald 2019, 13–66.

empfängers, wohl aber gebietet er eine existenzielle Einstellung – zu ‚glauben' nämlich – die, wenn Intuition und Analogie zum Liebestrank stimmen, aber nicht von außen erzwungen werden, sondern sich aus dem Liebenden selbst heraus nur einstellen kann. Man muss sogar noch weiter gehen, denn an entscheidender Stelle bleibt das instruktionstheoretische Offenbarungsverständnis noch hinter unserem Beispiel zurück, in dem Antonia, bevor sie auch nur einen Gedanken an Amortentia verschwendet, nichts unversucht lässt, ja in ihren Gedichten Einblick in ihre innersten Gefühle gewährt, um die Liebe im Anderen hervorzulocken. Im hier gezeichneten Offenbarungsmodell hingegen gibt Gott von sich nicht mehr preis als die satzhaft verfassten „ewigen Ratschlüsse seines Willens". Aber wer verliebt sich schon auf solch einer Grundlage? Vermutlich kaum jemand – denn die Instruktionen und Dekrete des göttlichen Willens zielen ja nicht auf Ihr Herz oder Ihre menschliche Existenz im Ganzen, sondern auf Ihren Intellekt, auf Ihren Verstand. Die Ihnen entgegenkommenden göttlichen Wahrheiten *können* Sie nur *für wahr* halten, nicht aber in einem existenziell-umfassenden Sinne *glauben.*[5] Letztlich ist dafür der Grund in der Tatsache zu suchen, dass die Ihnen entgegenkommenden Wahrheiten äußerlich bleiben (‚Extrinsezismus') und in Ihnen nur eine Schwundform religiösen Glaubens wecken können – so wie Amortentia eben nur Besessenheit hervorruft, nicht aber Liebe.[6]

Wahre Liebe lässt sich nur dort wecken, wo der:die Andere in seinem:ihrem Selbstsein angesprochen wird. Sie entzieht sich der Verfügung, kann nicht befohlen oder hergestellt werden. Diese Ein-

---

[5] Vgl. dazu auch die Überlegungen zum Begriff des Vertrauens im Gedankenexperiment „Der Widerstandskämpfer im Unrechtsregime" in Kapitel I.2.

[6] Die Konzeption des Glaubens als unterordnender Gehorsam hat darüber hinaus ein enorm gefährliches Potential zum Missbrauch, wenn zum Glaubensakt wesentlich die Unterwerfung unter die religiöse Autorität gehört. Aus Gehorsam und Unterwerfung erwächst keine Liebe. – Das lässt sich übrigens noch einmal wunderbar am Amortentia-Trank veranschaulichen: In der Harry-Potter-Fangemeinde wird die Möglichkeit diskutiert, ob das abgründig Böse des Lord Voldemort letztlich auf die Tatsache zurückzuführen ist, dass er nicht in Liebe, sondern unter dem Einfluss von Amortentia gezeugt wurde, das seine Mutter dem Vater verabreichte ... (Wir danken Barbara Engelmann für den Hinweis auf die ‚apokryphen' Hintergründe zu Amortentia.)

sicht lässt sich offenbarungstheologisch fruchtbar machen – und ist maßgeblich für das Offenbarungsverständnis des Zweiten Vatikanischen Konzils (1962–65), welches sich in seiner Konzeption an den Grundlagen personaler Kommunikation orientiert und deshalb häufig ‚personalistisches' oder ‚kommunikationstheoretisches' Offenbarungsmodell genannt wird. Man hatte wiederentdeckt, dass Offenbarung nicht vornehmlich ein intellektuelles Geschehen ist, dass verstanden oder auch nicht verstanden werden kann, dem ich gehorchen oder nicht gehorchen kann, sondern dass Offenbarung *der göttliche Heilsvollzug in der Geschichte selbst ist.* Offenbarung, so fasst es das Zweite Vatikanum in der Offenbarungskonstitution *Dei Verbum,* ist Selbstzeugnis Gottes – und das ist offensichtlich ein Geschehen, das nicht auf Sätze, Begriffe und Lehrsysteme reduziert werden kann. Sie bezeichnet nicht in erster Linie eine Auskunft Gottes über sich selbst, sondern echte, wahre Selbstmitteilung, mit dem Ziel, um Menschen zu werben.

Dieser Paradigmenwechsel indes erschließt sich nur den aufmerksam Lesenden. An entscheidender Stelle im Dokument heißt es nämlich: „Es hat Gott in seiner Güte und Weisheit gefallen, sich selbst zu offenbaren und das Geheimnis seines Willens bekannt zu machen" (DV 2). Dieser Satz ist dem oben zitierten Satz aus *Dei Filius* erstaunlich ähnlich – daher lohnt sich ein Blick in die Details:

Die Umstellung von Weisheit (also das auf den Intellekt zielende) und Güte (also das auf die ganze Person zielende) legt den Schwerpunkt zunächst auf die Güte Gottes und weist ihr den für den Offenbarungsentschluss prägenden Charakter zu. Augenscheinlich fehlt im Text des Zweiten Vatikanums dann ein Hinweis auf eine der Offenbarung vorgängige, natürliche Form der Gotteserkenntnis, wie sie für das Erste Vatikanische Konzil noch in den Gottesbeweisen gegeben war. Überhaupt ist der Hinweis auf eine der Offenbarung untergeordnete Vernunft aus dem programmatischen Anfang der Konstitution herausgelöst und an das Ende des ersten Kapitels gestellt. Die eigentlich spannende Änderung aber steckt im hinteren Teil des Satzes und ist in der deutschen Übersetzung kaum noch zu erkennen. Die „ewigen Ratschlüsse seines Willens" aus *Dei Filius* (Vatikanum I) sind eine Übersetzung des lateinischen „aeterna voluntatis suae decreta". Ein ‚decretum' ist so etwas wie ein Beschluss, ein Bescheid oder eine Entscheidung, kann auch Lehrsatz oder Grundsatz heißen. Auf jeden Fall impliziert ein ‚decretum' ein satzhaftes Gefüge, das auf ein bestimmtes normatives Ziel auf Seiten der Empfängerin hinweist. Wir haben diese Konzeption oben nachgezeichnet. In *Dei Verbum* fällt eine Änderung im Vokabular auf. Das „Geheimnis seines Willens" ist im lateinischen Original das „sacramentum voluntatis suae". Warum wird jetzt ‚sacramentum' mit Geheimnis übersetzt? Und was soll das „Sakrament des göttlichen Willens" sein? Ganz offensichtlich ist nicht eines der sieben Ihnen bekannten Einzelsakramente mit dem Begriff des ‚sacramentum' gemeint. Er ist zunächst die lateinische Übersetzung des griechischen ‚mysterion'. Wer wissen will, was das Neue Testament unter dem Begriff versteht, schaut am besten in den Kolosser-Brief. (Vgl. Schneider 2008, 17–19) Paulus schreibt an die Gemeinde in Kolossai, damit sie „das Geheimnis (mysterion) Gottes [...] erkennen, das Christus ist." (Kol 2,2) Und zuvor in 1,27 heißt es: Dies ist „das Geheimnis (mysterion) Gottes unter den Völkern: Christus in/unter euch." Die Leitidee des Mysterion-Begriffs ist hier die Christus-Identifikation. Christus ist das mysterion Gottes. Und dieses mysterion Gottes ist gegenwärtig in der Gemeinde, die Jesus als den Christus verkündet. Das mysterion also ist nichts anderes als die Verwirklichung und Offenbarung des Heilsratschlusses Gottes, also ein Ereignis, in dem Gottes heilvoller Plan für die Welt offenbar wird und gleichzeitig in ihr realisiert wird: „Christus unter euch." Damit vollzieht sich aber in der kleinen Begriffs-Verschiebung von *Dei Filius* zu *Dei Verbum* ein grundsätzlicher Wandel im Offenbarungsverständnis: Gott offenbart nicht ewige Dekrete und überzeitliche Normen (denen in Gehorsam Folge geleistet werden kann oder nicht), sondern Gott offenbart nichts weniger als seinen Heilsplan mit der Schöpfung, der er selbst ist – und *vollzieht* zugleich diesen Plan: Gott selbst wird Mensch und weilt unter den Seinen (vgl. Joh 1,14). Offenbarung ist also primär ein kommunikatives Geschehen. Mit diesem Verständnis im Sinn können wir noch einmal den ersten, so wichtigen Abschnitt aus Dei Verbum lesen:

> „Es hat Gott in seiner Güte und Weisheit gefallen, sich selbst zu offenbaren und das Geheimnis seines Willens bekannt zu machen [...]: daß die Menschen durch Christus, das fleischgewordene Wort, im Heiligen Geist Zugang zum Vater haben und der göttlichen Natur teilhaftig werden [...]. In dieser Offenbarung redet also der unsichtbare Gott [...] aus dem Übermaß seiner Liebe die Menschen wie Freunde an [...] und ver-

> kehrt mit ihnen [...], um sie in die Gemeinschaft mit sich einzuladen und in sie aufzunehmen." (LG 2)

Das heißt: Höhepunkt und Abschluss der Offenbarung Gottes ist christlichem Verständnis gemäß nicht ein neues Set von überzeitlichen, terminologisch nicht mehr überbietbaren Sätzen, sondern eine geschichtliche Person, in der Gott nicht *etwas über sich* preisgibt, sondern *sich selbst mitteilt.* In der Person Jesus von Nazareth konvergieren damit Subjekt, Inhalt und Medium der Offenbarung. Das Wort (logos) Gottes, in dem sich Gott selbst von Ewigkeit her ausdrückt, wird Fleisch und Mensch und lebt unter den Menschen. Derselbe ist Subjekt und Inhalt der Mitteilung sowie das Medium, in dem die Mitteilung ‚codiert' wird. Das heißt: Christus ist nicht nur derjenige, der die Botschaft von der Liebe Gottes zu den Menschen überbringt, er ist selbst dieses unbedingte Ja Gottes zu den Menschen, das in seinem Handeln erfahrbar und dort Wirklichkeit wird. Und in dieser Zuwendung zu den Menschen drückt sich nicht weniger aus als die Wirklichkeit Gottes selbst.

Zurück zum Gedankenexperiment: Antonia ist in ihrem Mühen um die Liebe ihres Liebsten ganz nah dran an dieser Idee: Es drängt sie zu ihm hin – aber sie lässt in ihrem Werben nichts anderes sprechen als ihr Herz, ihr Innerstes, das sie ihm vertrauensvoll öffnet.

Hier kündigen sich jedoch noch einmal Fallstricke an: Denn auf die Selbstmitteilung Antonias kann der „Empfänger" dieser Offenbarung noch immer in Freiheit reagieren – und tut dies auf die für sie so unglückliche Art und Weise. Ist gleiches denkbar, wenn sich Gott selbst in seiner Fülle und Herrlichkeit den Menschen nähert? Überwältigt der Glanz der Liebe Gottes nicht auch die menschliche Freiheit noch? Entfaltet auch die *Selbstmitteilung* Gottes, gerade weil sie Selbstmitteilung *Gottes* ist, nicht letztlich doch dieselbe Wirkung wie Amortentia: Sie kommt dem Menschen als Macht entgegen, die kaum sein menschliches Inneres berühren kann. Will Gott wirklich um die Liebe des Menschen werben, dann kann er ihm in der Selbstmitteilung nicht als König entgegentreten, sondern muss selbst Mensch werden, damit sich die in der Offenbarung Angesprochenen selbst als Mensch gemeint wissen können. Gott „kann in der endlichen Welt [...] nur ‚in der Gestalt der Selbsterniedrigung' erscheinen, weil anders ein gegenseitige Liebe ermöglichendes Freiheitsverhältnis zwischen Gott und Geschöpf unmöglich wäre." (Stosch 2006, 355)[7] Diese Dialektik der Menschwerdung findet sich schon im Philipperhymnus, das als eines der ältesten Christuslieder gelten kann. Dort heißt es:

> „Er war Gott gleich, hielt aber nicht daran fest, Gott gleich zu sein, sondern er entäußerte sich und wurde wie ein Sklave und den Menschen gleich. Sein Leben war das eines Menschen; er erniedrigte sich und war gehorsam bis zum Tod, bis zum Tod am Kreuz. Darum hat ihn Gott über alle erhöht und ihm den Namen verliehen, der größer ist als alle Namen, damit alle im Himmel, auf der Erde und unter der Erde ihr Knie beugen vor dem Namen Jesu und jeder Mund bekennt: Jesus Christus ist der Herr zur Ehre Gottes, des Vaters." (Phil 2,6–11)

Nach der Leitmetaphorik des Hymnus spricht man auch von der *Kenosis* (*heauton ekenosen* = er machte sich selbst leer, Phil 2,7)[8] Gottes in der Menschwerdung: Gott erniedrigt sich selbst, macht sich klein, verzichtet auf die Insignien seiner Hoheit und Macht, wird den Menschen gleich und gibt sich ihnen hin – nichts anderes feiern Christ:innen an Weihnachten. Dieses kenotische Motiv kann durch die Christologie hindurch bis zum Tod am Kreuz und dem Abstieg Christi in das Totenreich *(descensus Christi ad inferos)* verfolgt werden, wie sich am Werk Hans Urs von Balthasars zeigt. Gott erniedrigt sich ‚so weit', dass er sich mit dem ganz und gar Widergöttlichen – der ‚Sünde' – identifiziert und so selbst als *Äußerstes* die radikale Gottesverlassenheit erfährt.

Darin scheint nun aber auch eine Paradoxie auf, die für die Theologie des 20. Jahrhunderts von entscheidender Bedeutung geworden ist und die letztlich mit der Zwei-Naturen-Lehre Christi aufs engste verwoben ist.[9] Gott muss wahrhaft Mensch, „in allem

---

[7] Stosch bezieht sich in Stosch 2006, 355–374 auf ein Gedankenexperiment, das ganz ähnliche Intuitionen wecken will, wie unser hier gewähltes Beispiel und das sich bei Kierkegaard 1992 [1844], 27–33 findet. Darin will ein machtvoller König die Liebe eines armen Mädchens gewinnen, der er um ihrer Liebe willen nicht als erhabener König, sondern nur in Knechtsgestalt begegnen kann.

[8] Zum Hymnus im Ganzen vgl. Weidemann 2015, 224–234, dort auch eine textnahe Übersetzung.

[9] Vgl. zur dogmenhistorischen Entwicklung bis zum Dogma der Hypostatischen Union auch das Gedankenexperiment „Wer pinkelt denn in die Nordsee?" in Kapitel II.6.

uns gleich außer der Sünde" werden, sich nicht bloß als ein solcher ausgeben, muss Endlichkeit, Bedingtheit und Unvollkommenheit annehmen, die menschliches Dasein ausmachen. Nur so kann Gott die Menschen „anreden wie Freunde" (*Dei Verbum 2*, s.o.). Zugleich aber soll dieser Mensch nicht aufhören Gott zu sein, soll die Endlichkeit unendlich, die Bedingtheit unbedingt, die Unvollkommenheit vollkommen bleiben, denn Gott selbst soll sich in der Bedingtheit menschlicher Existenz mitteilen.[10] Die Paradoxie aber ist bis in das Wesen der Liebe hinein zurückzuverfolgen, wie Antonia ja leidvoll erfahren muss: Die Unbedingtheit der Liebe lässt sich nur mit endlichen Mitteln wecken. Sie unbedingt im Anderen entfachen zu wollen, läuft ihrem Wesen zuwider. Gleiches gilt für den sich offenbarenden Gott, der sich als Erniedrigter ganz dem Menschen hingibt – und damit performativ (das heißt: im Tun jener Praxis) *vollzieht*, was er wesentlich *ist* und den Menschen *zeigen* will: Liebe. Oder mit den Worten des großen evangelischen Theologen Wolfhart Pannenberg gesprochen: „[A]ls dieser Mensch ist Jesus Gott." (Pannenberg 1982, 334)

Für Antonia ist dieser Schluss natürlich letztlich unbefriedigend, denn möglicherweise wird die von ihr ersehnte Antwort auf Dauer ausbleiben. Ab dem Moment aber, wo sie ein mögliches ‚Nein' mit Amortentia übergehen zu können meint, hat sie jede Grundlage für ein echtes Liebesverhältnis schon zerstört. Analoge Konsequenzen lassen sich dann auch theologisch ziehen: Ein Gott der Liebe kann nur mit den Mitteln der Liebe um den Menschen werben, wenn er seine Geschöpfe zur Mitliebe bringen möchte. Eine göttliche Offenbarung, die – wie Amortentia – das mögliche ‚Nein' des Geschöpfs übergeht, erreicht vielleicht Gehorsam, aber eben keinen authentischen und freien Glauben.

---

[10] Neben diesem ontologischen Problem stellt sich zugleich auch ein erkenntnistheoretisches Problem: Denn der endliche und bedingte Mensch soll in der Offenbarung das ihm in bedingter Gestalt entgegenkommende unbedingte Wort Gottes ja auch als solches vernehmen können. Karl Rahner reagiert auf dieses Problem mit der Idee einer transzendentalen Verwiesenheit des Menschen auf Gott, vgl. dazu die Ausführungen zum Gedankenexperiment „Der Super-Religionswissenschaftler Ulf" in Kapitel I.3.

Literatur zum Weiterlesen

Eicher, Peter: Offenbarung. Prinzip neuzeitlicher Theologie, München 1977. *[Noch immer lesenswerte Studie zu einem der Schlüsselbegriffe der Theologie des 19. und 20. Jahrhunderts]*

Evans, C. Stephen (Hg.): Exploring Kenotic Christology. The self-emptying of God, Oxford 2006. *[Lesenwerte Zusammenstellung interdisziplinärer Beiträge zum Kenosis-Motiv]*

Fresacher, Bernhard: Kommunikation der Offenbarung. Das revelatorische Prinzip von Dei Filius (1870) im Vergleich zu Dei Verbum (1965), in: Knop, Julia/Seewald, Michael (Hg.): Das Erste Vatikanische Konzil. Eine Zwischenbilanz 150 Jahre danach, Darmstadt 2019, 73–93. *[Zugängliche Gegenüberstellung der wichtigsten offenbarungstheologischen Akzente der beiden vatikanischen Konzilien]*

Marschler, Thomas: Kenosischristologie. Strukturen und Probleme, in: Knop, Julia/Lerch, Magnus/Claret, Bernd J. (Hg.): Die Wahrheit ist Person. Brennpunkte einer christologisch gewendeten Dogmatik, Regensburg 2015, 101–128. *[Anspruchsvolle und detailreiche Erörterung historischer und gegenwärtiger Kenosischristologien]*

Nitsche, Bernhard/Remenyi, Matthias: Problemfall Offenbarung. Grund – Konzepte – Erkennbarkeit, Freiburg i.Br. 2022. *[Umfassender Sammelband, der einen guten Einblick in die gegenwärtige theologische Diskussion zum Offenbarungsbegriff bietet]*

II.6 Wer pinkelt denn in die Nordsee? Oder: Schwimmübungen vor Chalkedon

Wer sich näher mit den Basics des christlichen Glaubens beschäftigen möchte, kommt am Studium der altkirchlichen Dogmen nicht vorbei. Wäre es nicht toll, das mit einem Ausflug an den Strand zu verbinden ...?

> Es ist ein warmer Sommertag an der ostfriesischen Küste. Die Wellen der Nordsee plätschern stetig und unaufgeregt vor sich hin, nur hier und da tanzen kleine Schaumkronen auf ihnen. Am Strand tummeln sich Sonnenanbeter:innen, Beachball-Teams und Sandburgarchitekt:innen. Kinder verlangen nach Eis und ihre Eltern mal nach einer halben Stunde Ruhe. Hinter der Strandmuschel nebenan ist ein Gespräch mit anzuhören: „Ich glaube ich gehe nochmal kurz ins Wasser, muss da eine Kleinigkeit erledigen ..." – „Du gehst doch nicht etwa jetzt ins Meer und pinkelst da einfach rein, oder? Wie eklig ist das denn? Machst Du auch einfach ins Schwimmbad oder wenn wir gemeinsam in der Badewanne liegen?", antwortet entrüstet eine andere Stimme. „Das machen doch hier alle!", verteidigt sich die erste Stimme, watet ins Wasser und entspannt sich sichtbar in Rückenlage, bevor sie mit ein paar kräftigen Beintritten einige Meter schwimmt. Kurz darauf taucht sie unter und kommt prustend nach der nächsten Welle wieder zum Vorschein. „Bäh", ist noch einmal die Stimme nebenan zu hören, „da gehe ich heute nicht mehr rein."
> *Situationen wie diese sind uns allen natürlich nur vom Hörensagen bekannt ... Aber Ihre Phantasie reicht aus, um eine Intuition abzurufen: Gehen Sie ins Meer, obwohl Sie wissen, dass allein an Ihrem kleinen Strandabschnitt jeden Tag zig Menschen dort ihr „kleines Geschäft" verrichten? Und wie entspannt können Sie im Babybecken des örtlichen Hallenbades liegen?*

Zugegeben: Der gedankliche Sprung von lokal erstaunlich warmem Wasser an den Beinen zu den christologischen Lehrentscheidungen der altehrwürdigen Konzilien ist gewagt. Nichtsdestotrotz vermag unser Gedankenexperiment eine Intuition zu provozieren, die einen der wichtigsten christologischen Dispute der frühen Kirche veranschaulichen kann: Einige von Ihnen würden wohl ohne zu zögern ins Wasser hüpfen, andere wären da zurückhaltender – und einigen von Ihnen haben wir gerade (ohne es zu wollen!) den nächsten Strandurlaub vermiest, weil Sie bisher eigentlich ganz gut damit gefahren sind, einfach nicht über das zueinander der „Naturen" der Nordsee nachzudenken ...

Wir gehen nun zurück in das vierte und fünfte nachchristliche Jahrhundert. Die theologische Reflexion des Evangeliums Jesu Christi ist in eine Phase getreten, in denen bestimmte Denkmodelle des christlichen Glaubens auf allgemeinen Konzilien verbindlich festgelegt werden. Dabei bestimmen zunächst christologische und trinitätstheologische Fragen die Diskussion, die schon seit den neutestamentlichen Schriften selbst intensiv reflektiert werden und sich darum bemühen, die zentralen Gehalte des christlichen Bekenntnisses auch gegenüber der nicht-christlichen Umwelt auf intellektueller Augenhöhe verständlich und plausibel zu machen. Dieser Reflexionsprozess beansprucht, die narrative Struktur der Evangelien in präzise philosophisch-theologische Termini zu überführen und dadurch einen Konsens über die Bedeutung der Geschichte Jesu herzustellen. Dass hier tiefgreifende theologische Probleme lauern, ist von vornherein klar, wenn einerseits Jesus als Sohn Gottes und damit als Gott selbst verkündet wird und andererseits der Monotheismus Israels unbedingt gewahrt werden soll. Hat also der als der Christus geglaubte Jesus von Nazareth wirklich eine göttliche Natur? Oder ist er (zugleich?) wahrhaft menschlicher Natur? Diese Fragen stellen sich sowohl auf christologischer Ebene (als Frage nach dem Verhältnis der beiden Naturen *in Christus*) als auch auf trinitätstheologischer Ebene (als Frage nach dem *innertrinitarischen* Verhältnis von „Vater" und „Sohn").[1]

Mit dem Konzil von Nizäa im Jahre 325 erreichen die Diskussionen einen ersten Höhepunkt. Die Konzilsväter verurteilen diejenigen Positionen, die behaupten, dass der in Jesus Christus inkarnierte Logos („Sohn") bloß von Gott geschaffen, also nicht Gott selbst sei. Dagegen halten sie (als zunächst trinitätstheologische Aussage) fest, dass der Sohn „aus dem Wesen des Vaters", d.h.

---

[1] Zu letzterem vgl. das Gedankenexperiment „Amelie allein auf dem Konzert" in Kapitel I.8.

„wesensgleich“ (DH 125) mit dem Vater sei, sodass (dann christologisch gefolgert) Christus als wahrhaft göttliches Wesen bekannt werden müsse – der freilich zugleich menschlich sei.

Auf die verschiedenen Diskussionen, die auf die Entscheidungen von Nizäa folgen, müssen wir an dieser Stelle nicht einzeln eingehen.[2] Uns soll hier nur die zentrale christologische Folgefrage beschäftigen, wie sich die behauptete menschliche und göttliche Natur zueinander verhalten. In welcher Relation stehen Gott und Mensch in der Person Jesus von Nazareth? Anders formuliert: Wie lässt sich Endliches und Unendliches so miteinander vermitteln, dass (a) beide eine echte Vereinigung eingehen und gleichzeitig (b) auch in der Vereinigung als sie selbst noch bestehen bleiben? Beides ist aus soteriologischen Gründen zwingend notwendig: Denn einerseits – so die allgemein akzeptierte Position – kann nur erlöst werden, was von der göttlichen Natur wahrhaft angenommen ist. Gott muss also wirklich Mensch werden und kann sich nicht bloß zu einer menschlichen Natur dazugesellen. Andererseits darf die menschliche Natur in der Einigung auch nicht von der göttlichen Natur absorbiert werden, denn dann wäre der Mensch mehr vernichtet als erlöst. Zwei Grundmodelle stehen sich also in der Debatte gegenüber, die je eine der beiden genannten Punkte priorisieren und dabei zugleich in der Gefahr stehen, den je anderen Aspekt zu vernachlässigen.

Hier wird nun endlich unser Gedankenexperiment relevant: Denn wenn Sie sich nichts daraus machen, dass hin und wieder Menschen beim Schwimmen in der Nordsee die Gelegenheit nutzen, um nicht ein geschütztes Örtchen in den Dünen suchen zu müssen, dann bauen Sie vermutlich darauf, dass Brandung und Gezeiten den Urin so schnell in den Weiten des Meeres verteilen, dass es innerhalb kürzester Zeit gar die Schwelle der Nachweisbarkeit unterschreitet (und das geringste Schadstoff-Problem der Nordsee ist). Damit haben Sie aber die erste christologisch diskutierte Option bereits kritisiert: Je stärker Sie die *Einung* der beiden Naturen betonen, desto stärker droht die Gefahr, dass sich die menschliche Natur in der göttlichen verliert. Hier liegt ja gerade der

[2] Für in unseren Augen besonders empfehlenswerte Darstellungen dieser Geschichte vgl. die kommentierten Literaturempfehlungen am Ende des Kapitels.

Unterschied zum Kleinkindbereich im Schwimmbad: Im kleinen Babybecken würden wir Ihnen vom Tauchen wohl abraten. In der Nordsee aber trifft ein kleiner Bach auf die unendliche Weite des Meeres – und verschwindet.

Sollten Sie aber wirklich – im Sinne der Betonung der bleibenden *Unterschiedenheit* der beiden Naturen – Abstand vom Schwimmen nehmen wollen, weil Ihnen die Vereinigung von Blaseninhalt und Nordseewasser als eine zu große Verunreinigung erscheint, dann werden Sie merken, dass Sie nach ausreichender Menge an Flüssigkeitsaufnahme so lange ‚unerlöst' bleiben, bis Sie die nächste Strandbude aufgesucht haben – deren Abfluss letztlich auch über Umwege im Meer landet: Wer sich standhaft weigert baden zu gehen, scheint auch bereit zu sein, göttliche und menschliche Natur als bleibend voneinander separiert zu denken – was ernste soteriologische Schwierigkeiten provoziert.

Verfolgen wir die auf Ihren Intuitionen beruhenden Positionen einmal in den realen Diskussionen der Alten Kirche: Einen ersten paradigmatischen Streit zwischen den beiden Grundmodellen – die geographisch mit den beiden theologischen Zentren der damaligen Zeit in Antiochien und Alexandrien verbunden sind – liefert der Schlagabtausch zwischen Nestorius und Kyrill. (Vgl. Grillmeier 1990, 637–691; Hauschild/Drecoll 2016, 317–321; Kany 2018, 181–188; Ritter 1995, 245–253) Nestorius, ein syrischer Mönch und Anhänger antiochenischer Differenzchristologie, übernimmt 428 den prestigeträchtigen Bischofssitz der römischen Reichshauptstadt in Konstantinopel. Schon bald darauf entzündet sich ein auf den ersten Blick marianischer Streit an der Frage, welcher Hoheitstitel Maria legitimerweise zugesprochen werden dürfe. Von einigen wurde sie als Gottesmutter (wörtlich: Gottesgebärerin, theotokos) verehrt, andere nannten sie Menschenmutter (wörtlich: Menschengebärerin, anthropotokos). Insbesondere gegen ersteren wandte sich Nestorius, sensibilisiert durch seine antiochenische Schule, weil er im Titel der Gottesmutter die menschliche Natur Jesu vernachlässigt sah. Diese aber müsse gewahrt bleiben – schon allein, um auf dem Boden des Glaubensbekenntnisses von Nizäa zu bleiben. Sein Kompromissvorschlag, Maria als Christusgebärerin zu bezeichnen, entsprach exakt seiner christologischen Vorstellung, der zu Folge mit dem Christustitel sowohl die göttliche als auch die menschliche Natur erfasst seien. Aus Sicht der Volksfrömmigkeit hingegen musste der Vorschlag Nestorius' als häretischer Vorstoß aufgefasst werden, der die wahre Göttlichkeit Jesu leugnete.

Für den kirchenpolitischen Gegenspieler auf dem Bischofssitz von Alexandrien, Kyrill, bot dieser Vorwurf gegen Nestorius eine dankbare Vorlage: Kyrill zufolge weigerte sich Nestorius offenbar, der traditionellen Übertragung von Aussagen über eine der Naturen auf die je andere zuzustimmen. Gerade weil doch die menschliche Natur von der göttlichen wahrhaft angenommen worden sei, könnten Aussagen über die menschliche Natur auch als Aussagen über die göttliche Natur nicht falsch sein (sog. Idiomenkommunikation). Wer es also ablehne, die Eigenschaft des Geborenseins der menschlichen Natur auf die göttliche Natur Christi zu übertragen, so der Vorwurf Kyrills an seinen Amtskollegen in der Hauptstadt, der leugne die wahre Einigung der Naturen und zerreiße Christus in zwei. Diese ‚Trennungschristologie' des Nestorius sorge dafür, dass sich die beiden Naturen Christi nur zufällig in Jesus treffen und nicht die eine Person Jesus Christus begründen, die für das Heil der Menschen notwendig ist. Nestorius dagegen hält Kyrill die entgegengesetzte Häresie vor und behauptet, dass eine ‚Vermischungschristologie', wie sie Kyrill vorschwebt, weder der göttlichen noch der menschlichen Natur Christi gerecht werde, sondern sie bis zur Unkenntlichkeit miteinander vermenge: „Nur durch sorgfältige Unterscheidung der Naturen, meint Nestorius mit der antiochenischen Tradition, lasse sich unsere Erlösung denken. Jesus Christus als Gemisch aus Gott und Mensch aufzufassen würde Gottes Transzendenz verletzen und gleichzeitig die Menschheit Jesu aufheben, so dass unser Heil undenkbar würde." (Kany 2018, 185)

Wir müssen den Streit und die teils schmutzigen Versuche, ihn je für sich zu entscheiden hier nicht weiter verfolgen. Er führt zum Konzil von Ephesus 431 und verschiedenen anderen Synoden, die jeweils mit wechselseitigen Verurteilungen, Absetzungen und Festnahmen endeten. Ein Ende des sog. Nestorianischen Streits konnte erst 433 errungen werden, als Kyrill eine von antiochenischer Seite vorgelegte Unionsformel guthieß, die, wichtige Ergebnisse des späteren Konzils von Chalkedon vorwegnehmend, von zwei Naturen sprach, die ohne Vermischung in einer Subjekteinheit zusammenkommen.

Es zeigt sich aber schon, wie die antiochenischen und alexandrinischen Christologien zwar von jeweils unterschiedlichen Motiven und Interessen geleitet sind, beide aber das Ziel verfolgen, eine soteriologisch tragende Bestimmung des Verhältnisses von Endlichem und Unendlichem, von Menschlichem und Göttlichem vorzulegen, in der die Einheit Christi in der Verschiedenheit von Gottheit und Menschheit ausgesagt ist. (Vgl. Grillmeier 1990, 727) Die antiochenische Christologie denkt dabei von der Eigenständigkeit der beiden Naturen in Christus her und betont auch noch in der Einung der Naturen deren bleibende Differenz. So nah und innig die Verbindung der beiden Naturen auch sein mag: Die menschliche Natur Jesu bleibt bestehen und löst sich nicht in der göttlichen auf. (Antiochener:innen würden also vermutlich nicht so gerne in der Nordsee schwimmen gehen.) Die Gefahr dieser Position aber liegt auf der Hand und wird von Kyrill kirchenpolitisch nutzbar gemacht, indem er Nestorius unterstellt, die beiden Naturen voneinander zu trennen, ohne dass dann noch die Einheit der beiden darstellbar wäre. Gerade die unterstellte Häresie allerdings lässt die alexandrinische Theologie tendenziell die Einheit der beiden Naturen stärker betonen – und nimmt dabei, so ja der Vorwurf des Nestorius, eine potentielle Vermischung in Kauf, in der es nur noch eine, und zwar göttliche, Natur gebe (sog. Monophysitismus). (Alexandriner:innen hätten also vermutlich weniger Probleme mit einem Bad in der Nordsee.) Nur eine stärkere Betonung der Differenz aber könne der Gefahr einer Vermischung entgegenwirken, die wiederum geschützt werden muss gegen die Drift der Trennung der Naturen …

Der mühsam erreichte und doch bleibend fragile Friede nach dem Nestorianischen Streit wird 448 erneut auf eine harte Probe gestellt (vgl. Grillmeier 1990, 731–750; Hauschild/Drecoll 2016, 327–333; Kany 2018, 194–198; Ritter 1995, 253–260) als Eutyches, der Vorsteher eines großen Klosters in Konstantinopel mit besten Beziehungen ins Kaiserhaus, die folgenden Sätze zu Protokoll gibt: „Ich bekenne, daß unser Herr vor der Einung aus zwei Naturen […] bestand; aber nach der Einung bekenne ich eine einzige Natur" (zitiert nach Ritter 1995, 256 f.). Er gebraucht zur Illustration das (zugegebenermaßen etwas behaglichere, aber im Vergleich zu unserem Gedankenexperiment eben nicht so eindrückliche) Bild eines Honigtropfens, der sich im Meer auflöst. Das stand nun in direktem Widerspruch zur Unionsformel von 433 und wurde als solche von Flavian, inzwischen der Bischof von Konstantinopel, verurteilt. In der Verurteilung findet sich neben der Bekräftigung des Glaubens an die zwei Naturen in Christus auch nach der Einung eine wegweisende terminologische Neuerung, wenn nämlich die Einheit der beiden Naturen mit den Begriffen der Hypostase bzw. der Person bezeichnet wird. Auch der Papst schaltete sich nun in den Konflikt ein, als sich Eutyches direkt an ihn wandte, und bestätigte dessen Verurteilung in einem berühmt gewordenen Lehrschreiben *(Tomus Leonis)*, in dem er sowohl und eindrücklich die Eigenständigkeit der beiden Naturen betont, wie für die engste Verbindung beider in einer Person eintritt. Spätestens nach der unwürdigen „Räubersynode" von 449 war klar, dass um des Friedens im Reich willen ein neuer Konsens gefunden werden musste, den Kaiser Markian sich von einem 451 nach Chalkedon einberufenen Konzil erhoffte. Das Konzil erfüllte diese Hoffnung – aber auf überraschende Art und Weise.

Für unseren Zusammenhang sind aus dem einen Satz, der das Bekenntnis von Chalkedon so wichtig macht, zwei Schlüsselpassagen besonders relevant. (Vgl. Grillmeier 1990, 751–775; Hauschild/Drecoll 2016, 333–338; Kany 2018, 198–204; Ritter 1995, 261–270) Nachdem sich das Konzil zu einer doppelten Wesensgleichheit Christi bekannt hat („derselbe ist der Gottheit nach dem Vater wesensgleich und der Menschheit nach uns wesensgleich, in allem uns gleich außer der Sünde" (DH 301), werden (erste Schlüsselpassage) die beiden Naturen vierfach gegeneinander abgegrenzt: „[E]in und derselbe ist Christus, der einziggeborene Sohn und Herr, der in zwei Naturen unvermischt, unveränderlich, ungetrennt und unteilbar erkannt wird" (DH 302). Genau genommen enthält sich das Konzil hier einer inhaltlichen Festlegung in der christologischen Frage, und markiert allein die Grenze dessen, was nicht mehr als legitimer Ausdruck christlichen Glaubens gelten kann (und bietet damit im Übrigen das Beispiel eines Dogmas par excellence). Gegen die antiochenische Gefahr, in der Betonung der Eigenständigkeit der Naturen beide voneinander zu trennen setzt der Text das „ungetrennt und unteilbar" – und begegnet damit einem zentralen Anliegen der Alexandriner. Genauso aber setzt der Text gegen die alexandrinische Gefahr einer Vermischungschristologie das „unvermischt und unveränderlich" – und kommt damit den Antiochenern in einem wichtigen Punkt entgegen. Beide Naturen, deren Eigentümlichkeit auch in der Einung gewahrt wird, (zweite Schlüsselpassage) vereinigen „sich in einer Person und einer Hypostase". Das Konzil hält demnach fest, dass Christus als eine Person in zwei Naturen zu begreifen ist, als eine Union zweier Naturen, die in einer Hypostase zusammenkommen. Nichts anderes verbirgt sich hinter dem etwas sperrigen Ausdruck der „Hypostatischen Union".

Wie diese bleibend differenzierte Einheit indes zu denken ist, verrät uns das Konzil nicht. Nicht wenige Theolog:innen sehen gerade darin die große Stärke dieses Dogmas,[3] das so normativ bleiben kann und zugleich in je wechselnden Verständnishorizonten verständlich gemacht werden muss. Das positive Verhältnis der beiden Naturen bleibt so offen, wie es bei näherem Hinsehen auch das der verschiedenen Flüssigkeiten in der Nordsee bleibt und die letztlich gemeinsam das ausmachen, was wir als das Wasser der Nordsee kennen: Unvermischt und ungetrennt. Gehen Sie trotzdem schwimmen?

Literatur zum Weiterlesen

Grillmeier, Alois: Jesus der Christus im Glauben der Kirche. Band 1: Von der Apostolischen Zeit bis zum Konzil von Chalkedon, Freiburg i. Br. [3]1990. *[Noch immer* das *systematisch-theologische Referenzwerk für die Entwicklung der Trinitätslehre und Christologie in der frühen Kirche]*

Hauschild, Wolf-Dieter/Drecoll, Volker Henning: Alte Kirche und Mittelalter (Lehrbuch der Kirchen- und Dogmengeschichte 1), Gütersloh [5]2016, insb. 290–338. *[Thematisch und chronologisch übersichtlich gegliedertes Lehrbuch, das kirchen- und theologiegeschichtliche Aspekte gekonnt miteinander verzahnt]*

Kany, Roland: Christologie im antiken Christentum, in: Ruhstorfer, Karlheinz (Hg.): Christologie (Grundwissen Theologie), Paderborn 2018,

---

3 Vgl. Coakley 2002, 161: The ‚definition' of Chalcedon does not „intend to provide a full systematic account of Christology, and even less a complete and precise metaphysics of Christ's makeup. Rather, it sets a ‚boundary' on what can, and cannot, be said, by first ruling out three aberrant interpretations of Christ (Appolinarianism, Eutychianism, and extreme Nestorianism), second, providing an abstract rule of language (*physis* and *hypostasis*) for distinguishing duality and unity in Christ, and, third, presenting a ‚riddle' of negatives by means of which a greater (though undefined) reality may be intimated."

141–213. *[Auch für Anfänger:innen geeignete Einführung in die christologische Lehrentwicklung der Alten Kirche]*

Ritter, Adolf Martin: Dogma und Lehre in der Alten Kirche, in: Andresen, Carl/Ritter, Adolf Martin (Hg.): Die Lehrentwicklung im Rahmen der Katholizität (HDThG 1), 2., überarb. und erg. Auflage, Göttingen 1999, 99–283. *[Zugleich kompakte und dichte Übersicht frühchristlicher Lehrentwicklung]*

II.7 Die Another Day. Oder: Das Kreuz mit der Erlösung

Aus Hollywoods Blockbustern haben wir gelernt, den letzten Worten eines Sterbenden besondere Aufmerksamkeit zu schenken. Es muss daher schon aufhorchen lassen, wenn der letzte unartikulierte Schrei Jesu am Kreuz heute in der Karfreitagsliturgie mit den Worten „Im Kreuz ist Heil, im Kreuz ist Leben, im Kreuz ist Hoffnung" (Gotteslob [Aachen] 2014, Nr. 563) erinnert wird. Das Kreuz: ein Skandal! Hätte man nicht andere Wege finden können, um die Welt zu erlösen? Schauen wir uns solche Alternativen mal genauer an.

> Die Festnahme Jesu hätte doch ein Versuch bleiben können: Noch während Jesus im Garten Getsemani redete, siehe, da kam Judas, einer der Zwölf, mit einer großen Schar von Männern, die mit Schwertern und Knüppeln bewaffnet waren; sie waren von den Hohepriestern und den Ältesten des Volkes geschickt worden. Der ihn auslieferte, hatte mit ihnen ein Zeichen vereinbart und gesagt: Der, den ich küssen werde, der ist es; nehmt ihn fest! Sogleich ging er auf Jesus zu und sagte: Sei gegrüßt, Rabbi! Und er küsste ihn. Jesus erwiderte ihm: Freund, dazu bist du gekommen? Da gingen sie auf Jesus zu, ergriffen ihn und nahmen ihn fest. Und siehe, einer von den Begleitern Jesu streckte die Hand aus, zog sein Schwert, schlug auf den Diener des Hohepriesters ein und hieb ihm ein Ohr ab. Auf dieses vereinbarte Signal hin zogen auch die übrigen Jünger ihre Schwerter und wussten das Überraschungsmoment geschickt für sich zu nutzen. Und siehe, ein Tumult erhob sich im Garten, unter dem Jesus sich den Griffen der Soldaten entwinden konnte. Im Schutz der Dunkelheit konnte er sich in einem naheliegenden Felsengrab verstecken, das er mit einem schweren Stein verschloss[1] und dort ausharrte, bis es sicher genug war, das Land zu verlassen. (Sehr frei nach Mt 26,47 ff.)

---

[1] Herzlichen Dank an den vierjährigen Mika für die einfallsreiche Idee, sich in einem Felsen zu verstecken.

Eine Exitstrategie böte sich auch in ebenso freier Adaption von Mt 27,11 an:
Als Jesus vor dem Gouverneur stand, fragte ihn dieser: „Bist du der König der Juden?“ – „Du selbst sprichst es aus“, erwiderte Jesus. Die führenden Priester und die Ältesten brachten Beschuldigungen gegen ihn vor, aber er verteidigte sich mit keinem Wort. Da sagte Pilatus zu ihm: „Hörst du nicht, was sie alles gegen dich vorbringen?“ Doch Jesus gab ihm keine Antwort. Während Pilatus auf dem Richterstuhl saß, ließ seine Frau ihm ausrichten: „Lass die Hände von diesem Mann, er ist unschuldig! Ich habe seinetwegen heute Nacht im Traum viel Schweres durchgemacht.“ Da aber Pilatus seiner Frau vertraute, die ohnehin viel klüger, erfahrener und gerechter war als er selbst, ließ er Jesus frei. Und nach einem kurzen Aufenthalt am Toten Meer, um sich von den Strapazen in Jerusalem zu erholen, zog Jesus weiter, lehrte in den Synagogen, verkündete die Botschaft vom Reich Gottes und heilte alle Kranken und Leidenden im Volk.
Man kann sich etliche Wege vorstellen, wie die Hinrichtung Jesu hätte verhindert werden können. Aber wäre die Welt damit vielleicht um ihre Erlösung gebracht worden? Braucht es sogar den gewaltsamen Tod Jesu zur Erfüllung des göttlichen Heilsplans oder gehört die Fixierung auf das Kreuz zu den blutigen Kardinalfehlern des Christentums? Viele Christ:innen haben hier eine klare Intuition: Ohne Kreuz fehlt etwas – bloß: was?

Die zumindest für das abendländische Christentum wirkmächtigste Antwort auf diese Fragen gibt der mittelalterliche Benediktinerabt und Erzbischof Anselm von Canterbury in seiner Schrift *Cur Deus Homo* (Warum Gott Mensch wurde). Anselms theologisches Programm – das Ihnen schon in Kapitel I.4 begegnet ist – besteht darin, den christlichen Glauben ohne Rekurs auf Schrift-, Traditions- oder sonstige Autoritätsargumente zu begründen. Weil der Glaube selbst danach strebe, sich verständlich zu machen *(fides quaerens intellectum)*, müsse es auch gelingen auf Grundlage „allgemein verständlicher Gründe und einfacher Erörterungen“ (Anselm von Canterbury: Monologion, Vorrede) dessen Schlüssigkeit einsichtig zu machen. Dabei verhandelt Anselm die Frage, warum Gott Mensch geworden ist, nicht so ergebnisoffen, wie sie zunächst klingt, denn das christliche Credo hält ja bereits eine Antwort dafür bereit: „Für uns Menschen und zu unserem Heil ist er vom Himmel gekommen, hat Fleisch angenommen [...] und ist Mensch geworden." (DH 150)

Dass in Jesus Christus Heil geschehen ist, hält die Kirche seit frühester Zeit fest. Aber die Erlösung der Welt hätte doch auch, so gibt Anselm gleich zu Beginn seiner Schrift zu bedenken, „durch eine andere Person – sei sie engelhafter oder menschlicher Natur – oder durch den bloßen Willen" (Anselm von Canterbury: Cur Deus Homo, I, 1) Gottes geschehen können. Anselm referiert hier ziemlich genau die Intention, die auch unser Gedankenexperiment bei Ihnen wachrufen sollte. Zu erklären ist, warum Gott Mensch wurde, *um die Welt zu erlösen.* Und wenn diese Erlösung etwas mit dem Kreuzestod Jesu zu tun haben sollte, dann wäre von *Cur Deus Homo* zu erwarten, dass die Schrift das ganze Leben Jesu in einen umfassenden, vernünftigen Rahmen stellt und – etwas salopp formuliert – Weihnachten und die Kar- und Ostertage logisch miteinander verknüpft.

Warum also wird Gott Mensch? Anselms Antwort gewinnt seine Plausibilität vor dem Hintergrund des mittelalterlichen Lehenswesens, das der Benediktiner in analoger Weise auf das Gott-Welt-Verhältnis überträgt (vgl. Greshake 1973, 330–336): So wie die Lehensnehmer das Land des Lehensherrn um den Preis eines Zehnts des Ertrags bewirtschaften dürfen und im Gegenzug den Schutz ihres Lehensherrn in Anspruch nehmen dürfen, so steht auch der Schöpfer der Welt den Menschen gegenüber: Sie dürfen sich die Erde untertan machen und müssen im Gegenzug Gott die ihm gebührende Ehre erweisen, indem sie die in der Schöpfung gegebene Ordnung und ihren Platz in dieser Ordnung achten und einhalten. In dieser Ordnung nämlich kommt nichts anderes als der göttliche Wille selbst zum Ausdruck, in ihr manifestiert sich der göttliche Heilsplan. Eine Übertretung der Schöpfungsordnung hingegen hat weitreichende Konsequenzen: Wer die an sich gute und göttlich eingerichtete Schöpfungsordnung missachtet, greift damit zugleich die Autorität des Urhebers dieser Ordnung an und entehrt Gott: „Will sie [i.e. eine jegliche Kreatur, MB/JT] aber nicht, was sie soll, so entehrt sie Gott, soweit es an ihr liegt, weil sie sich nicht freiwillig seiner Anordnung unterwirft und die Ordnung und Schönheit des Alls, soweit es von ihr abhängt, zerstört" (Anselm von Canterbury: Cur Deus Homo, I, 15).

Diese Ehrverletzung ist aber tatsächlich erfolgt – und das gleich von Beginn an: Mit der Auflehnung gegen das Verbot, die Früchte vom Baum des Paradieses zu essen, verletzen die Menschen Gottes Ehre und versündigen sich gegen Gott: „Wer diese schuldige Ehre Gott nicht erweist, nimmt Gott, was ihm gebührt, und entehrt Gott; und das heißt ‚sündigen'." (Anselm von Canterbury: Cur Deus Homo, I, 11)

Vor dem Hintergrund des mittelalterlichen Lehensrechts kommen nun zwei mögliche Reaktionen Gottes in Betracht, wie mit der gestörten Ordnung und der Verletzung der göttlichen Ehre umgegangen werden kann – die letztlich aber beide ungenügend sind. Zuvor jedoch ist noch eine auf den ersten Blick eigentlich plausible Option auszuschließen. Denn läge es nicht mehr als nahe, dass der barmherzige Gott in einer großzügigen Geste über die Verletzungen hinwegsähe? Nicht auf Grund menschlicher Vorleistung, sondern aus reiner Barmherzigkeit *(misericordia)* errettet Gott den Menschen doch aus seiner Sünde, der von sich aus zu seiner Erlösung weder fähig ist, noch ein Anrecht darauf hätte. Was auf den ersten Blick plausibel klingt, hat bei näherem Hinsehen, so Anselm, seine Tücken: Eine Barmherzigkeit, die darin bestünde, über menschliche Verfehlungen so hinweg zu gehen, als wären sie nicht geschehen, mag unserem Bedürfnis nach Harmonie entsprechen. Sie wird aber weder der menschlichen Freiheit gerecht, noch – was schwerer wiegt – der Gerechtigkeit Gottes (vgl. Gäde 2018, 143–211) und kann letztlich auch die durch die Sünde gestörte Heilsordnung nicht wieder in Geltung setzen. Eine Barmherzigkeit, die die gerechte Rechtsordnung ignoriert, unterminiert als Willkür gerade die Verlässlichkeit der sozialen Ordnung.[2]

---

[2] Otto Hermann Pesch hat darauf hingewiesen, dass die uns befremdende Strukturierung der Anselm'schen Erlösungslehre in juridischen Kategorien vor dem Hintergrund seiner Zeit einleuchtet: „Die zweite Hälfte des 11. und die erste Hälfte des 12. Jahrhunderts, der Zeitraum von Anselms Wirken, sind unruhige und ungefestigte Zeiten. ‚Gerechtigkeit' und ‚Recht' – das bedeutet: Sicherheit des Lebens für den ‚kleinen Mann'. Das sind *die* Heilssehnsüchte der Zeit. Wer zeigen will, in welcher Weise die Botschaft von Jesus Christus wahrhaft *Heilsbotschaft* ist, muss deutlich machen, dass in ihr eine alle Erfahrung überbietende Gerechtigkeit, ein unzerstörbares Recht, eine Leben gewährende Ordnung versprochen wird. [...] Ähnliches gilt für den bei Anselm zentralen Begriff der ‚Ehre'. [...] Das 11. Jahrhundert

Aus diesem Grund sind Strafe *(poena)* und Genugtuung *(satisfactio)* die beiden Optionen, die das Lehensrecht zur Wiedergutmachung bzw. als Reaktion auf einen Rechtsbruch vorsieht. Beide jedoch sind letztlich ungeeignet für die Übertragung auf die Schöpfungsordnung: Sie scheitern einerseits an der Schwere der Schuld, die der Mensch auf sich geladen hat, indem er die unendliche Ehre Gottes verletzt und sich damit selbst aus der Gemeinschaft mit Gott ausgeschlossen hat. Eine dieser Sünde *angemessene* göttliche Strafe kann es ebenso wenig geben wie eine menschliche Vorleistung, die er zur Genugtuung anbieten könnte. Strafe und Genugtuung scheitern andererseits daran, dass es schlechterdings nichts gibt, was Gott dem Menschen zur Strafe nehmen oder der Mensch Gott zur Genugtuung anbieten könne, was Gott nicht *ohnehin geschuldet* wäre. Insofern sich die Welt als Ganze schon dem Schöpfer verdankt, gibt es nichts Geschöpfliches, das zur Errettung der Schöpfung selbst geeignet wäre. Das Grundproblem der Erlösung besteht Anselm zufolge also in der Aporie, dass nur *Gott* die Genugtuung leisten *kann*, die der *Mensch* aber leisten *müsste*. Der *Mensch* hingegen *kann* sie nicht leisten, und *Gott darf* über die Sünde nicht einfach hinweggehen.

Eine Lösung für diese Aporie bietet Anselm zufolge nun allein die christliche Heilsbotschaft:

> „Wenn also, wie es feststeht, notwendig ist, daß aus den Menschen jene himmlische Stadt vollendet wird und das nicht geschehen kann, wenn nicht die erwähnte Genugtuung erfolgt, die einerseits nur Gott leisten kann und andererseits nur der Mensch leisten darf: so ist es notwendig, daß sie ein Gott-Mensch leiste." (Anselm von Canterbury: Cur Deus Homo, II, 6)

Der Gedanke ist zwingend: Gott – der die *satisfactio* leisten kann – und der Mensch – der sie leisten muss – müssen „in einer Person und einer Hypostase zusammenkommen", wie es das Bekenntnis von Chalkedon formulierte. Es ist also nicht nur vernünftig einsehbar, sondern anders gar nicht denkbar, dass Gott Mensch werde, um Erlösung zu erwirken. Mit der Inkarnation des Gott-Menschen

---

verbindet damit das Lehenswesen, das ‚Feudalsystem', die Gesellschaftsform in den germanischen Stammlanden [...]. Nun wird deutlich: Anselm stellt sich Gott nach Analogie eines obersten, darum alle und alles umfassenden Lehnsherrn vor." (Pesch 2008, 727 f.)

sind alle Voraussetzungen erfüllt für den Ausgleich der menschlichen Schuld und die Wiederherstellung der Ordnung der Dinge *(ordo rerum)*. Konkret geschieht dies nun im freiwilligen Kreuzestod des Gott-Menschen: Der als Sündloser nicht todeswürdig war, liefert sich selbst dem Tod aus. Nicht von Gott blutig geopfert, sondern vielmehr selbst aus freien Stücken und in der Konsequenz seines Lebens, darf Jesus darauf setzen, dass „ein so großes Geschenk [...] [nicht] ohne Belohnung bleiben dürfe" (Anselm von Canterbury: Cur Deus Homo, II, 19). Weil aber

> „der Gott-Mensch des Lohnes für seine Tat nicht bedarf, kann er diesen an seine ‚Eltern und Brüder' verschenken, ‚auf daß ihnen nachgelassen werde, was sie für die Sünden schulden, und gegeben werde, was sie wegen der Sünden entbehren' – nämlich das Heil, zu dem sie ursprünglich erschaffen wurden, die Überwindung des Todes und die Befähigung zur eigenständigen Bewahrung der Rechtheit des Willens." (Langenfeld 2016, 126; eingeschlossene Zitate: Anselm von Canterbury: Cur Deus Homo, II, 19)

Und so kann der Gott-Mensch schließlich die Genugtuung leisten, zu der nur er fähig ist und durch sie die Menschen erlösen: Dass die Menschen ihren Willen an der gut von Gott eingerichteten Ordnung orientieren können und Gott die Ehre erweisen, die (nur) ihm gebührt.

Damit können wir uns wieder unserem Gedankenexperiment zuwenden: Ist der Kreuzestod Jesu das Nadelöhr, durch das hindurch Erlösung allein geschehen kann? Ist es notwendig, dass Jesus den qualvollen Tod am Kreuz stirbt? Nun, zunächst ist entgegen einer wirklich problematischen Rezeptionsgeschichte festzuhalten, dass Anselm – wie wir gesehen haben – nicht auf die Option ‚Strafe' setzt. Weder ist Gott in seinem Stolz gekränkt, noch ist der Kreuzestod die von langer Hand geplante Rache Gottes. Wenn wir uns vergegenwärtigen, dass die Ordnung der Dinge den Menschen ursprünglich Heil und Gemeinschaft mit Gott ermöglicht, dann liegt es Gott in der Erlösung gerade darin: Die Wiederherstellung eines guten Zustands *um der Menschen willen*.[3] Dass die Wahl zeitgenös-

---

[3] Anselm weist übrigens schon in der Beschreibung der Ausgangssituation darauf hin, dass die Ehre Gottes selbst vom Menschen natürlich gar nicht verletzt werden könne, sondern dass der Mensch selbst der Leidtragende seiner eigenen Verfehlung ist – an der Vollkommenheit Gottes ändert sie

sischer Rechtsbegriffe unserem Verständnis heute im Wege zu stehen scheint, ist Anselm sicherlich nicht anzulasten. In dieser Hinsicht ist der Kreuzestod Jesu nicht an sich notwendig, sondern ‚bloß' der einzig mögliche Weg Gottes unter den verschiedenen Optionen des Satisfaktions-Modells. Zugleich aber wird man festhalten müssen, dass Anselm die christliche Erlösungslehre vor dem Forum der Vernunft nicht allein plausibilisieren möchte, sondern demonstrieren will, dass „dem Kreuzestod a priori eine notwendige Heilsbedeutung" (Langenfeld 2016, 144) zukomme, um auch die Überlegenheit gegenüber jüdischen und muslimischen Heilsvorstellungen zu begründen.[4] In dieser Hinsicht also würden unsere alternativen Story-Lines der Geschichte Jesu nicht zum gewünschten Ziel der Erlösung führen. Damit wäre der Kreuzestod zwar nicht metaphysisch notwendig, logisch jedoch zwingend.

In der gegenwärtigen Theologie findet man jedoch auch andere Wege mit dem Kreuzestod Jesu so umzugehen, dass er faktisch als Ausdruck der Erlösungstat Christi dargestellt werden kann, ohne zugleich deren notwendige Gewaltförmigkeit zu behaupten. Ein prominentes Modell hat der Münsteraner Dogmatiker Thomas Pröpper vorgelegt, das im Folgenden dargestellt werden soll. Wie Anselm geht es auch Pröpper um eine Vermittlung der Soteriologie hinein in den Verständnishorizont seiner und unserer Zeit. Das zentrale Element dieses Verständnishorizonts ist für Pröpper die neuzeitliche Betonung der menschlichen Freiheit.

Will sich der Glaube an Jesus als den Christus heute für die Menschen als existentiell bedeutsam erweisen, muss es möglich sein, ihn mit dem philosophischen Denken dieser Menschen zu vermitteln, das sich zutiefst dadurch auszeichnet, den Menschen als autonomes, d.h. freies Subjekt zu verstehen. Mehr noch: Die Freiheit „erscheint nicht [bloß] als eine Eigenschaft des Menschen, sondern als Bedingung des Menschseins schlechthin." (Pröpper

---

jedoch nichts. Vgl. Anselm von Canterbury: Cur Deus Homo I, 15: „Gottes Ehre kann, soweit es ihn betrifft, nichts hinzugefügt noch entzogen werden. Denn er selber ist sich die unzerstörbare und ganz und gar unwandelbare Ehre."

[4] Vgl. Langenfeld 2016, 143: „Anselms Ziel war es, zu erweisen, dass alles, was christlich behauptet wird, aus notwendigen Vernunftgründen heraus gesagt wird; also musste er auch den Kreuzestod als notwendiges Faktum bestimmen."

1988, 183) In der Idee der Freiheit aber entdeckt Pröpper einen spannungsvollen, ja paradoxalen Gegensatz, der letztlich droht, sie im Ganzen inkonsistent und absurd werden zu lassen. Worin besteht diese spannungsvolle Struktur der Freiheit? Pröpper beschreibt Freiheit einerseits als material-bedingt und andererseits als formal-unbedingt: Zunächst einmal drückt sich Freiheit immer in konkreten Handlungen aus. Wir sind nicht in irgendeinem abstrakten Sinne frei, sondern unseren Willensentscheidungen oder Handlungen eignet ein Freiheitscharakter, den wir tagtäglich erleben: Wir probieren im Supermarkt die Schokoladencreme mit dem lila-farbenen Etikett aus, obwohl wir sonst immer auf die mit dem schwarz-roten Schriftzug schwören, wir laden die Freundin zum Brunch ein, mit der wir uns noch letzte Woche gestritten haben oder ordnen die Bücher in unserem Regal nach Farben, obwohl wir wissen, dass eine thematische Reihung effizienter wäre ... In all diesen Fällen treffen wir mit unseren Entscheidungen eine bestimmte *(kategoriale)* Wahl, die als solche eine Vielzahl anderer Optionen ausschließt. Freiheit geschieht unter endlichen Bedingungen so, dass unter alternativen Möglichkeiten ein konkreter Gehalt gewählt wird.[5] Unsere Beispiele zeigen aber auch schon, dass sich das Vermögen der Freiheit zwar nur in diesen Einzelentscheidungen oder -handlungen *realisiert*, aber nicht *erschöpft*. Denn zum einen liegt ja Freiheit logisch *(transzendental)* jedem einzelnen Freiheitsakt immer schon voraus und eröffnet allererst die Möglichkeit, sich material-bedingt frei zu entscheiden, zum anderen stellt sie sich als prinzipiell unabschließbares Vermögen dar, insofern all die einzelnen Freiheitsakte selbst noch einmal zum Gegenstand eines Verhältnisses gemacht werden können. („Hast Du noch alle Tassen im Schrank, deine Bücher nach *Farben* zu sortieren!?") Freiheit heißt also zuallererst dies: Sich selbst zu allem und jedem – und noch zu unserer eigenen Freiheit! – in ein Verhältnis setzen zu können, „d.h. jedes Gegebene distanzieren, es überschreiten und reflektieren und dann bejahen oder verneinen zu können." (Pröpper 2011, 501) In dieser Hinsicht eignet der Freiheit also eine formale Unbedingtheit – und begegnet real doch immer nur bedingt, geschieht immer nur im Konkreten.

---

[5] Vgl. zum Freiheitsbegriff auch das Gedankenexperiment „Der böse Neurochirurg" in Kapitel II.1.

Diese Doppelstruktur der Freiheit – formal-transzendental-unbedingt und zugleich material-kategorial-bedingt zu sein – führt unweigerlich zu Problemen. Denn wenn Freiheit formal ein unbedingtes Vermögen ist, das sich aber immer nur material-bedingt vollzieht, dann bedeutet das, dass Freiheit sich niemals *vollständig* realisieren und Erfüllung finden kann. Jede Realisierung des unbedingten Freiheitsvermögens kann, weil es auf endliche Realisierungsbedingungen angewiesen ist, zum einen immer nur bruchstückhaft und unvollständig gelingen. Und zum anderen ist ja alles, zu dem ich mich in Freiheit verhalten bzw. für das ich mich in Freiheit entscheiden kann, selbst bloß endlich und bedingt. Es scheint also schlechthin nichts zu geben, das als einem der Unbedingtheit der Freiheit angemessener Gehalt in Frage kommt – und selbst wenn es ihn gäbe: So wäre der freie Bezug auf dieses *etwas* selbst niemals unbedingt, sondern immer nur bedingt möglich. Damit scheint aber Freiheit als absurdes Vermögen entlarvt: „Gibt es demnach keinen angemessenen Gehalt für Freiheit? Ist der Mensch ein konstitutioneller Selbstwiderspruch?" (Pröpper 1988, 185)

Wenn wir menschliche Existenz nicht aufgrund der gezeichneten Freiheitsstruktur als absurd kennzeichnen wollen, dann muss sich ein der Freiheit angemessener Gehalt angeben lassen. Und tatsächlich liegt er gleich vor unserer Nase: Es ist *andere* Freiheit, die sich ja ihrerseits gerade durch formale Unbedingtheit auszeichnet. Freiheit kann sich beziehen auf ihr entgegenkommende Freiheit und sie findet dort eine ihr entsprechende Form, wo sie andere Freiheit *unbedingt* anerkennt und bejaht.[6] Bloß scheint dem freien Subjekt hier wiederum zu viel zugemutet: Denn nicht nur bleibt das Problem, dass die geforderte *unbedingte* Anerkennung anderer Freiheit immer nur bedingt realisiert werden kann, ebenso unklar bleibt das eigentliche, konkrete Ziel der Anerkennung. Weil ja die mir entgegenkommende Freiheit selbst auch aus der Spannung von materialer Bedingtheit und formaler Unbedingtheit besteht, wäre nur diese zweite Dimension eigentlich der adäquate Gehalt

---

[6] Um auch einmal Pröppers ‚Kronzeugen', den Philosophen Hermann Krings, zu Wort kommen zu lassen: „Freiheit gibt sich letztlich und erstlich dadurch einen Inhalt, daß sie andere Freiheit bejaht. Nur im Ent-Schluß zu anderer Freiheit setzt sich Freiheit selbst ihrer vollen Form nach." (Krings 1970, 232)

meiner Freiheit. Aber wie genau soll man eine formale Unbedingtheit anerkennen können? Das klingt nicht nur unromantisch, es unterbietet auch die Unbedingtheit jener Anerkennung, in der sich Liebende gegenseitig ansehen. „Einen Menschen lieben, heißt sagen: du wirst nicht sterben“ (Marcel 1952, 472), zitiert Pröpper den französischen Philosophen Gabriel Marcel. Hier zeigt sich der doppelte Ausgriff, den die Freiheit machen muss, wenn sie andere Freiheit als den ihr angemessenen Gehalt unbedingt anerkennen will. Sie greift erstens noch über die formal unbedingte Dimension der ihr entgegenkommenden Freiheit auf das Ganze der Person aus und sagt ihr zweitens eine Gültigkeit zu, die sie selbst nicht verbürgen kann. Noch das vertrauensvollste gemeinsame Leben Liebender, das auf dem Fundament eines mit größtmöglichem Vertrauen gesprochenen Liebesversprechens gebaut ist, findet sein Ende im seinerseits unbedingt zu erwartenden Tod des Geliebten. Sie haben sich einst ein unhaltbares Versprechen gegeben. Und damit scheint es dabei zu bleiben: Freiheit beansprucht mehr, als sie in Anspruch nehmen kann und entpuppt sich abermals als absurd:

> „Wo eine Freiheit sich formell unbedingt für andere Freiheit entschließt und damit deren eigener Unbedingtheit entspricht, will sie mehr, als sie verwirklicht und jemals verwirklichen kann. Gerade indem sie den anderen ‚selbst‘ meint und sein Seinsollen unbedingt intendiert, eben dies aber nur symbolisch, bedingt und vorläufig ins Werk setzen kann, wünscht sie ihm eine Zukunft, die sie selbst nicht verbürgen und herbeiführen kann.“ (Pröpper 1988, 192)

Wer aber daran festhalten möchte, dass unsere Praxis der Anerkennung anderer nicht im Kern sinnlos und selbstwidersprüchlich ist, muss einen Ausweg aus dieser Sackgasse angeben können, in die sich die Freiheitsanalyse hineinmanövriert hat. Möglich scheint doch folgende Lesart: Die Praxis zumindest symbolhafter, bruchstückhafter Anerkennung anderer Freiheit ließe sich auch fassen als performative Antizipation einer Wirklichkeit, in der die Aporie menschlicher Freiheit aufgehoben ist und die deshalb zugleich als Erfüllung wie als Sinngrund dieser Freiheit fungieren kann. Zumindest denkmöglich wäre eine Freiheit, die „nicht nur formal, sondern auch material unbedingt wäre und insofern vollkommen genannt werden könnte.“ (Pröpper 1988, 190) Diese Vollkommenheit entspräche dem Ineinsfall von Liebe und Allmacht, einer „Einheit von unbedingt-affirmierendem Entschluss und ursprünglicher Verfügung über allen Gehalt“ (Pröpper 2011, 646). Eine solche Freiheit könnte verwirklichen, was sich endliche Freiheiten versprechen, ohne dass sie das Versprochene selbst einlösen können – und könnte sich damit als unbedingt für den Menschen bedeutsam herausstellen, weil unter dem Rekurs auf eine solche vollkommene Freiheit – mithin auf Gott – eine Alternative zur Absurdität erschlossen wäre.

Von einer Denkmöglichkeit jedoch lässt sich keine Erlösung erwarten. Was der Mensch braucht, um aus der Dynamik der Selbstbehauptung, Konfrontation und Angst auszubrechen ist nichts weniger als die geschichtliche Zusage unbedingter Anerkennung in einer Begegnung, in der die Erfüllung seiner Hoffnung selbst evident ist. Nichts anderes aber ist in Jesus von Nazareth geschehen, so zumindest der Glaube der Christ:innen. Jesus weiß sich von Gott selbst so anerkannt, dass er befreit von der Angst um sich selbst den Menschen in einer Praxis vorbehaltloser Anerkennung begegnen kann und damit als Wirklichkeit behauptet, was der Auflösung der oben gezeichneten Aporie entspräche. Jesus behauptet schlichtweg die Wirklichkeit einer Allmacht, die die Liebe ist. „Denn in Jesus hat Gott sich uns so entschieden zugewandt und unsere Freiheit so unbedingt bejaht, dass die Angst ihre lebensbestimmende Macht zu verlieren vermag“ (Langenfeld/Lerch 2018, 121 f.). Von hieraus ist die zentrale These in Pröppers Entwurf zu verstehen, „daß es die wesentliche Bedeutung der Geschichte Jesu ausmacht, der Erweis der unbedingt für die Menschen entschiedenen Liebe Gottes und als solcher Gottes Selbstoffenbarung zu sein.“ (Pröpper 2011, 68) In den Worten und Werken Jesu kann den Menschen aufgehen, dass sie Adressat:innen der unbedingten Anerkennung Gottes sind, weil Jesus selbst aus diesem Selbstverständnis heraus lebt und sich die Menschen von ihm als unbedingt anerkannt erleben dürfen.

Diese Bedeutung freilich erfährt mit der Kreuzigung ihr schärfstes Dementi, denn sie muss(te) als die vollständige Negierung des jesuanischen Vollmachts-Anspruchs verstanden werden, in seiner Zuwendung zu den Menschen die Liebe Gottes selbst zu repräsentieren. Jesu Leben selbst wäre dann Ausdruck jenes gescheiterten Versuchs unbedingter Anerkennung anderer Freiheit, das dann nicht anders als tragisch oder absurd zu beschreiben wäre. Bietet sich auch für das Leben und Sterben Jesu eine andere Lesart an? Pröppers Erklärung wendet sich Jesu eigenem Todesverständnis zu, der mit der Möglichkeit eines gewaltsamen Todes nicht nur rechnen konnte und musste, sondern offenbar bereit war, ihn als Konsequenz seines Auftretens in Kauf zu nehmen. Auf die größtmögliche Ablehnung der freien, ungeschuldeten und ganz aus der Liebe Gottes sich schöpfenden Zuwendung Jesu zu den Menschen, reagiert er mit der Steigerung seiner Zuwendung im Modus der Freiheit: Das Kreuz ist dann „die Gestalt, in der Gottes entschiedene und schon im Leben Jesu begegnende Liebe ihre Unbedingtheit bewährt" (Pröpper 1988, 57) – und die in der Auferstehung Jesu tatsächlich als göttliche Bestätigung erfahren wird. Und hier ist dann schließlich auch die Frage nach der Notwendigkeit dieses gewaltsamen Todes zu suchen – als ‚bedingte Notwendigkeit':

> „*Weil* Gott, frei und sich selber entsprechend, den Menschen von Ewigkeit her erwählt und zur Gemeinschaft mit sich bestimmt hat, *mußte* er in der Mitteilung seiner Liebe bis zum Äußersten gehen. ‚Notwendig' war die Dahingabe seines Sohnes dann im Sinne der Konsequenz seiner Liebe, die in diesem Geschehen ihre Treue zu sich selbst und zum Menschen erwies." (Pröpper 1988, 98 f.)

Zugleich aber ist gerade diese Konsequenz selbst als unbedingt frei zu begreifen, denn sie ist getragen von der Idee einer unbedingten Zuwendung zum Menschen, die nur in einer ihr *entsprechenden* Form, allein im Modus der Freiheit, zum Ausdruck gebracht werden kann.

Kommen wir zurück zum Gedankenexperiment: Hätte Pilatus Gott also einen Strich durch die Rechnung gemacht, wenn er auf seine Frau gehört hätte? Mit Pröpper muss man die Frage klar verneinen: Die in Jesu Handeln zum Ausdruck gekommene Zuwendung Gottes musste – auch in seiner letzten Konsequenz für den Menschen – nicht ‚herausgefordert' werden, um sich zeigen zu können. Jesus hätte nicht um des Heiles willen darauf bestehen müssen, gekreuzigt zu werden, wenn Pilatus ihn freigelassen hätte. Unter den tatsächlich gegebenen Bedingungen aber hatte Jesus keine andere Möglichkeit, dem Kreuzestod zu entkommen, als um die freie Einsicht des Anderen zu werben. Wenn Gottes Liebe unbedingt gilt, dann wird ihre Zusage in Jesus Christus nicht genau dann aufgehoben, wenn es ans Eingemachte geht. Der Kreuzestod Jesu ist also Ausdruck der Unbedingtheit der liebenden Zuwendung Gottes, die selbst im Tod nicht aufhört.

Literatur zum Weiterlesen

Gäde, Gerhard: Eine andere Barmherzigkeit. Zum Verständnis der Erlösungslehre Anselms von Canterbury, Berlin [2]2018. *[Durch große Textkenntnis hervorstechende Arbeit, die das Potential in Anselms Erlösungslehre hervorkehren möchte]*

Langenfeld, Aaron: Das Schweigen brechen. Christliche Soteriologie im Kontext islamischer Theologie (Beiträge zur Komparativen Theologie 22), Paderborn 2016. *[Anthropologisch orientierte Soteriologie in komparativ-theologischer Perspektive, die insbesondere auch die in diesem Kapitel behandelten Autoren durcharbeitet]*

Lerch, Magnus: Selbstmitteilung Gottes. Herausforderungen einer freiheitstheoretischen Offenbarungstheologie (ratio fidei 56), Regensburg 2015. *[Eingehende Studie der Offenbarungskategorie im Anschluss an die Theologie der Freiheit von Thomas Pröpper und seiner Schüler:innen]*

Sattler, Dorothea: Erlösung? Lehrbuch der Soteriologie, Freiburg i. Br. 2011. *[Umfassendes Lehrbuch der Erlösungslehre mit durchgehendem Blick auf zeitgenössische Verstehenshorizonte]*

II.8 ‚Clickbaiting' mit einem Video aus dem Grab Jesu. Oder: Über leere Gräber und Auferstehung

Angesichts der zentralen Bedeutung des Auferstehungsglaubens schon in den biblischen Schriften (vgl. 1 Kor 15,12–34) ist es nicht verwunderlich, dass dessen *Bedeutung* und *Denkbarkeit* eine der zentralen Streitpunkte der Christologie ist. Um diesen Streit zu klären, nutzen wir in unserem Gedankenexperiment eine Überwachungskamera ...

Anders als ihn der Mainstream der Christentumsgeschichte erinnert, war Judas kein schlechter Mensch. Auch er hatte gemerkt, dass an diesem Jesus von Nazareth etwas dran ist, dass hier jemand die inneren und äußeren Fesseln lösen will, die auch ihn selbst einengten und bestimmten. Und gerade von den inneren Fesseln kannte Judas einige: Die schlimmste von allen war seine Kaufsucht. Gerade auf Pferdewagen hatte er es abgesehen. Er kaufte ja nicht nur um des Kaufens willen, er kannte sich aus: Aerodynamik, Rollverhalten, Zügellänge, Pferdestärke ... Für so jemanden war Jerusalem nicht das gesündeste Pflaster. Schon beim Einzug in die Stadt hatte er *ihn* gesehen. Dieses eine neue Modell, Marke *Faustus*, ungeschlagen in Rom, jetzt mit Straßenzulassung. Da konnte er nicht widerstehen! Nun war er natürlich knapp bei Kasse – das brachte das Leben in der Jüngerschaft Jesu so mit sich. Also lieh er sich kurzfristig Geld bei einem Finanzhai. Er hätte wissen müssen, dass er das Geld nicht in so kurzer Zeit würde wieder auftreiben können. In seiner Verzweiflung ging er auf das unmoralische Angebot der Römer ein: Auslieferung Jesu gegen Bezahlung. Aber der Staat zahlt nicht gut – absehbar, dass die paar Silberlinge nicht reichen würden. Also ging er zu den Privaten: Er hatte gehört, dass es Plattformen gibt, bei denen man Videos hochladen kann. Wenn die viral gingen, fiel da eine Menge für ihn ab. So machte er alles klar für die folgenden Tage. Heimlich installierte Judas eine Videokamera im Grab Jesu. Jesus hatte ja so etwas angedeutet mit dem Wiedersehen beim himmlischen Festmahl. Wenn das stimmte, dann

müsste es im Grab etwas zu sehen geben. Drei Tage vergingen und die Stimmung war angespannt. Als er das Gerücht hörte, dass das Grab Jesu tatsächlich leer sein sollte, stahl er sich zur Kamera und verkaufte es als Exklusivmaterial an das erstbeste Jerusalemer Boulevardblatt. Als er der Online-Chefin das Video vorspielte, staunte diese nicht schlecht! Und so titelte die *IMAGO* am nächsten Tag in großen Lettern: ER WAR TOT!!! Du wirst nicht glauben, was dann passiert ...
Meistens entpuppen sich gerade die reißerischsten Überschriften als plumper Versuch, Aufmerksamkeit und Klicks zu generieren, ohne dass sich tatsächlich ein spannender Inhalt dahinter befände. Schon bloß halbwegs aufmerksame Nutzer:innen erkennen in diesen Versuchen daher vielmehr den sicheren Hinweis: „Gehen Sie ruhig weiter – hier gibt es nichts zu sehen." Gilt das auch für die fiktive Kamera, die wir uns im Grab Jesu installiert vorstellen? Was glauben Sie: Was wäre tatsächlich auf einem solchen Videomaterial zu sehen gewesen bzw. was könnte überhaupt zu sehen gewesen sein?

Die beiden (ineinander verschränkten) Diskussionen, die im engeren mit diesem Gedankenexperiment aufgerufen sind, liegen in ihren Anfängen schon einige Jahre zurück. Virulent sind sie nach wie vor, hat sich in ihnen doch jeweils ein stabiler Dissens etabliert, der nach wie vor einer Lösung harrt.

Die Debatte um das leere Grab

Einerseits und ganz unmittelbar angesprochen ist hier eine Debatte, die sich exegetisch auf Mk 16,1–8 par. bezieht: Nach der Grablegung Jesu ‚am ersten Tag der Woche' entdecken die Frauen, die gekommen sind, um den Leichnam zu salben, das geöffnete Grab. Ein Engel verkündet ihnen die Auferweckung Jesu und verweist (zum Beweis?) auf die verwaiste Stelle, an der der Leichnam gelegen hatte. Man wird die vielfach präzisierten und je neu angefragten Argumente für und gegen die Historizität dieser Erzählung hier nicht alle eigens thematisieren können und müssen. (Vgl. Remenyi 2016, 276–284) Uneinigkeit herrscht heute weiter etwa über die Behauptung Wolfhart Pannenbergs, dass im jüdischen Verstehenskontext der Glaube an die Auferstehung die *Vorstellung* eines leeren Grabes impliziert habe und dieses angesichts der faktischen Verbreitung des Glaubens an die Auferstehung also vorauszusetzen sei. (Vgl. Pannenberg 2004, 399–401; dagegen Kessler 2004, 308) Ebenso besteht ein stabiler Dissens in der Frage, ob die Lage des Grabes Jesu überhaupt bekannt und dieses tatsächlich geöffnet gewesen sei.[1] In systematischer Hinsicht bietet sich dabei ein ‚schlanker' Ausweg aus den exegetischen Streitigkeiten an. Denn die Fragen nach der Historizität der Erzählung vom leeren Grab, nach der ideengeschichtlichen (Nicht-)Notwendigkeit eines abwesenden Leichnams für den Glauben an Auferstehung, nach der Wahrscheinlichkeit, ob das Grab Jesu überhaupt zweifelsfrei identifizierbar war und geöffnet werden konnte etc. – all diese Fragen sind möglicherweise unerheblich, wenn sich der Glaube an die Auferstehung auch unabhängig von ihnen verstehen und rechtfertigen lassen kann. So hält Ingolf Dalferth fest: „Der Nachweis, daß das Grab nicht leer war, würde den Glauben nur tangieren, wenn damit dem Bekenntnis zur Auferweckung Jesu der Boden entzogen würde." (Dalferth 1998, 384) Dabei spielt die Aussageabsicht der Erzählung vom leeren Grab dieser Entwicklung durchaus in die Hände. Denn die Bewegung der erzählten Welt der Frauen, die mit der Absicht, den Leichnam zu salben ans Grab kommen, führt klarerweise vom Grab weg. Auf ihm liegt nicht das Interesse des Evangelisten. Vielmehr von Interesse ist die Verkündigung des Engels, deren Gewicht auf der Kunde von der Auferstehung Jesu liegt. „Erst danach kommt der göttliche Bote auf das leere Grab zu sprechen, so dass dieses zum nachgeordneten Zeichen wird. Es ist gleichsam ‚irdischer Rest der Leere' als Ergebnis der Tat Gottes." (Becker 2007, 23) Von systematischer Bedeutung ist also in erster Linie gar nicht so sehr die Frage, *was* unsere fiktive Kamera im Grab aufgenommen *hätte,* sondern *ob* sie für die Behauptung der Auferstehung Jesu etwas hätte aufnehmen *müssen.*

Hier spalten sich wiederum die Meinungen: Joseph Ratzinger tritt in seinem Jesus-Buch dafür ein, „dass das leere Grab [...] eine notwendige Bedingung für den Auferstehungsglauben ist" (Ratzinger 2013, 607). Er begründet diese Sicht vor allem mit dem christ-

[1] Unumwunden dafür spricht sich aus Ratzinger 2013, 606: „Man kannte Jesu Grab offensichtlich." Differenziert bewertet die Argumente Kessler 2011, 121–123.

lichen Glauben an die Leibhaftigkeit der Auferstehung: Wenn der Glaube an die Auferstehung des Leibes auf die Person als Ganze zielt, dann sei hier gerade auch der leblose Körper mitgemeint: „Kann Jesus auferstanden sein, wenn er im Grab liegt?" (Ratzinger 2013, 606). Andere, wie etwa Hans Kessler, gehen von der gegenteiligen Auffassung aus und argumentieren zum einen vom Theodizee-Problem her, das sich einmal mehr in aller Dringlichkeit einstellt, wenn man für die Entrückung des Leichnams ein besonderes, die Gesetze der Natur durchbrechendes Handeln Gottes annimmt. (Vgl. Kessler 2004, 308) Zum anderen, so betont etwa Matthias Remenyi, handelt sich die Behauptung der Notwendigkeit eines leeren Grabes auch ein christologisches Problem ein. Denn die Überzeugung, dass der Leichnam Jesu (als singulärer Ausnahmefall) *nicht* verweste, spräche gegen die volle Menschheit Jesu, wie sie das Konzil von Chalkedon festgehalten hat. Jesus von Nazareth ist dann eben nicht „in allem uns gleich außer der Sünde", wenn sein Tod die Verwesung seines Leichnams im Gegensatz zu unserem Tode nicht miteinschließt. (Vgl. Remenyi 2016, 296; Dalferth 1998, 396f.)

Man ist angesichts dieses Befundes durchaus also gerechtfertigt, sich mit einiger Gelassenheit dem Urteil Kesslers anzuschließen: „Konstitutiv für den Osterglauben […] war das leere Grab weder in der Urgemeinde, noch kann es dies heute sein; die Frage des leeren Grabes hat deshalb in jüngerer Zeit viel an Brisanz und Gewicht verloren; sie kann, offen wie sie ist, auch getrost offengelassen werden." (Kessler 2011, 124)

Wenn Sie sich vorhin also nicht vorstellen konnten, dass eine Videokamera im Grab Jesu irgendetwas aufgezeichnet hätte, dann haben Sie eine Intuition gehabt, die auch theologisch sinnvoll ist. Inwiefern das Grab Jesu wirklich leer war und der irdische Körper Jesu auferstanden ist, ist für den Auferstehungsglauben nicht weiter relevant – ja, vielleicht würde man mit einer solchen Auffassung sogar mehr theologische Probleme erzeugen als lösen. Wenn Auferstehung aber nicht eine magische Erweckung irdischer Körper meint, worauf zielt der christliche Glaube an Auferstehung dann?

Die Bedeutungslogik des Begriffs der Auferstehung

Hinter den bisherigen Überlegungen zum leeren Grab liegt offensichtlich noch eine andere Frage, die ans Grundsätzliche rührt: Wofür steht denn der Begriff der Auferstehung letztlich, wenn ein leeres Grab keine notwendige Bedingung für Auferstehung ist? Noch drängender als die Fragen, was die Video-Kamera im Grab überhaupt hätte aufnehmen *können* bzw. ob sie etwas hätte aufnehmen *müssen,* wäre eine Erklärung, ob die Kamera im Grab überhaupt etwas hätte aufnehmen *sollen,* das mit dem Begriff Auferstehung gemeint ist. Ist mit Auferstehung die Behauptung verbunden, dass es möglich ist, reale Erfahrungen mit dem Auferstandenen zu machen? Oder geht bloß die ‚Sache' weiter, die Jesus angestoßen hat? Wäre es also überhaupt sinnvoll von Judas gewesen, in der Grabkammer eine Kamera aufzustellen oder hätte er damit Jesu Ankündigungen hinsichtlich seiner Auferstehung grundsätzlich missverstanden? Sollte unser Gedankenexperiment in erster Linie also bei Ihnen Intuitionen abrufen, die den (gedachten) *Moment* des Auferstehungsgeschehens fokussieren („Christus ist auferweckt worden."), gilt es nun den auferstandenen Zustand selbst zu bedenken („Christus lebt."). Baut der Osterglaube der Jünger:innen auf eine erfahrbare Wirklichkeit, die wir mit Auferstehung bezeichnen können oder ist „Auferstehung" vielmehr selbst schon Ausdruck einer (nach-)österlichen Deutung, die sich auf das bezieht, was die Jünger:innen vorösterlich mit Jesus erlebt haben?

Theolog:innen, die dazu tendieren „Auferstehung" einen eigens benennbaren und vom Leben Jesu unterschiedenen Gehalt zuzuschreiben, setzen gern bei einer Kluft an, die sich auftut zwischen den Karfreitags-Erlebnissen der Jünger:innen und dem einsetzenden Osterglauben nur wenige Zeit später. Die Kreuzigung, so etwa Hans Kessler, habe die Jünger:innen in eine „äußerste Krise gestürzt. [...] Das schmähliche Ende Jesu am Kreuzesholz bedeutete für ihre Jüngerschaft eine kaum zu überschätzende Katastrophe." (Kessler 2011, 106) Mit einem Schlag sind alle Hoffnungen, die die Jünger:innen in Jesus gesetzt haben, allem Anschein nach widerlegt. Das, wofür sie buchstäblich alles hinter sich gelassen hatten, um Jesus nachzufolgen, hat sich als Illusion erwiesen. Der schändliche Tod scheint alle Ansprüche ihres Meisters widerlegt zu haben. Und auch subjektiv muss ihnen der Gedanke gekommen sein, dass sich die Gefahr, in der Jesus offensichtlich gestanden hatte, auf sie würde ausdehnen können ... Historisch absolut sicher ist nun aber, dass die Jünger:innen diese Krise überwinden konnten, dass sie nicht einfach zurück in ihr altes Leben gehen, sondern dem Verkündigungsauftrag Jesu folgen. Ja, man wird den Jünger:innen einen existenziellen Wandel zuschreiben dürfen, der sich derart gestaltet, dass sich *de facto* der Glaube an Ostern bei ihnen durchsetzt. Die Feststellung, dass dieser Wandel „nur vor dem Hintergrund eines realen Widerfahrnisses plausibel" (Böttigheimer 2002, 469) gemacht werden könne, liegt dann natürlich nahe. Diese Differenz zwischen einer vorösterlichen und einer nachösterlichen Erfahrung mit Jesus aufseiten der Jünger:innen wird in der Theologie mit dem Begriff ‚Ostergraben' markiert. Gemeint ist damit eine Dissonanz, die sich auch zwischen vor- und nachösterlicher Theologie (verkündigender Jesus – verkündigter Christus) zeigt.[2] Zur Erklärung dieses grundsätzlichen Sinnes- und geistesgeschichtlichen Wandels, so die These, brauche es nun mehr als bloß innerpsychologisch anzunehmende Trauerbewältigungsstrategien. Vielmehr würde nur ein den Jünger:innen entgegenkommendes Ereignis eine Kraft von solcher Qualität mitbringen, dass es den grundstürzenden Wandel zu erklären vermag:

> „Die tiefgreifenden nachösterlichen Transformationsprozesse [...] sind nur erklärbar, wenn man ein – wie auch immer geartetes und wie auch immer zu verstehendes – Osterwiderfahrnis der ersten Jüngerinnen und Jünger hinzunimmt, eine nicht in ihrem Erwartungshorizont liegende, grundstürzend neue Erfahrung von lebenswendender Evidenz" (Remenyi 2016, 235)

Die neutestamentlichen Schriften gießen diese grundsätzlich neue Erfahrung in die uns bekannte Formulierung: „Jesus ist von den Toten auferstanden und lebt."

Ist also die Auferstehung selbst das Widerfahrnis, das die Jünger:innen neu aufrichtet? Dann hätte die Kamera etwas aufnehmen *sollen*. Es ist aber eine theologische Binsenweisheit, dass Auferstehung gerade nicht den Rückgang Jesu ins irdische Leben meint. Auferstehung geschieht nicht *in die Geschichte hinein*. Auferstehung ist nicht so etwas wie eine notärztliche Wiederbelebung des toten

[2] Vgl. auch die Argumente in Remenyi 2016, 230–232, die dort diskutiert werden, um die starke These Kesslers auszubalancieren.

Jesus. Vielmehr sprengt das mit Auferstehung Gemeinte jeden empirisch überprüfbaren Zusammenhang. Dann aber läuft allés darauf zu, nicht das Auferstehungsgeschehen, sondern die *Erscheinungen* des Auferstandenen als das Widerfahrnis anzusetzen, das die Jünger:innen aus der Krise des Karfreitags befreit. Jesus lässt sich von den Frauen sehen, die das Grab offen gefunden hatten, er erscheint den Jüngern auf dem Weg nach Emmaus, 500 „Brüder" sehen ihn, zuletzt erscheint er dem Paulus. (Vgl. Mt 28,9.16–20, Lk 24,13–53, 1 Kor 15,3–8 u.ö.) In diesem Sinne hat Judas seine Kamera wohl falsch platziert. Im *Director's Cut* ist die Grabesszene radikal zusammengeschnitten, weil hier ohnehin nichts Sichtbares passiert. Stattdessen aber ist Zusatzmaterial eingearbeitet worden (zum Beispiel Aufnahmen einer „Go-Pro", die Kleopas auf dem Weg nach Emmaus trug), das ein „kommunikative[s] Begegnungsgeschehen" (Remenyi 2016, 257) mit dem Auferstandenen zeigt, welches mindestens ein visuelles Moment beinhaltet. Auch wenn, wie Kessler zugesteht, hier „kein äußerlich-beobachtendes Sehen (etwa eines verklärt-materiellen, gegenständlichen Körper-Leibs) mit den äußeren, körperlichen Augen" (Kessler 2011, 498) gemeint sei, so sei dieses Geschehen, mit Remenyi gesprochen, doch „grundsätzlich der Überprüfung mit Methoden der Geschichtswissenschaft zugänglich." (Remenyi 2016, 301) Allerdings – so muss man dann doch schließlich einschränken – sind diese Begegnungen nur im Glauben erfahrbar.

Nun gibt es andererseits theologische Stimmen, die von vornherein die Idee zurückweisen würden, mit dem Begriff der Auferstehung sei ein Geschehen bezeichnet, das zum Leben und Sterben, zur Predigt und Praxis Jesu von Nazareth noch hinzutritt. Auferstehung sei vielmehr selbst schon ein interpretierender Begriff, der jenes Leben *als* Selbstoffenbarung Gottes *deutet*: „Geht man dem Ereignis nach, für das die Begriffe ‚Kreuz' und ‚Auferstehung' stehen, so wird mit diesen Begriffen von zwei Seiten her ein und dasselbe Geschehen angedacht." (Höhn 2011, 226) Jesu ganzes Leben besteht schon darin, so etwa Hans-Joachim Höhn, dass er sich in den bestimmenden Konflikt alles Endlichen von Leben und Tod, von Angst und Freiheit ziehen lässt. In diese Konflikte hinein spricht er sein erlösendes Wort von der je größeren Zuwendung Gottes an die Menschen. Mit Eberhard Jüngel gesprochen: „Man muß die Tatsache, daß Jesus in seinem irdischen Leben den

Armen, Elenden und gesellschaftlich Verachteten Gottes Gegenwart brachte [...], bereits als den Anfang dieser Begegnung [Gottes mit dem widerstreitenden Tod, MB/JT] verstehen. Denn in Armut und Elend, in gesellschaftlicher Verachtung und Dämonie vollzieht sich ja bereits jener unheilvolle Drang in die Verhältnislosigkeit, jener Sog in den Tod." (Jüngel 1976, 48) Das Karfreitagsgeschehen aber ist nun nichts anderes als die Zuspitzung des Widerstreits von Leben und Tod und damit der Testfall des Offenbarungshandelns Jesu. Der, der behauptet, dass sich Gott nicht aus dem Widerstreit von Leben und Tod heraushält, erlebt die Infragestellung des Todes nun selbst. Auferstehung bedeutet aber nichts anderes, als das, was im Leben Jesu schon ablesbar ist und was Gottes Weltverhältnis *(creatio ex nihilo)* im Ganzen schon bestimmt: „Der den Tod auf sich nehmende Gott hat [...] den Tod für immer auf sich genommen, weil er den Tod nicht mehr loslassen will. Gott will den Tod nicht mehr loswerden, damit der Tod ihn, Gott, nicht mehr loswerden kann. Wo der Tod nun auch hinkommt, da kommt Gott selbst." (Jüngel 1976, 49) Zum Leben und Sterben Jesu, zu seinen Worten und Taten kann der Begriff der Auferstehung in inhaltlicher Hinsicht dieser Perspektive zufolge nichts mehr hinzufügen. Er sagt nicht mehr aus, als das, was schon im Schöpfungsbekenntnis und im Bekenntnis zu Jesus als dem Christus gesprochen ist. Wer also meint, eine Kamera im Grab (oder bei den Erscheinungen des Auferstandenen) sollte irgendetwas aufgenommen haben können, verkennt dieser Sicht zufolge den bedeutungslogischen Status des Begriffs: Denn er beschreibt gerade keinen Sachverhalt, auf den wir deutend (etwa mit unserem Gedankenexperiment) Bezug nehmen können, sondern ist selbst schon Deutung eines Sachverhalts, die das Weltverhältnis Gottes neu ins Wort fasst: Gott ist derjenige, der den Menschen in unbedingter Liebe zugewandt ist und sich selbst als diese unbedingte Liebe den Menschen in Jesus von Nazareth mitteilt.

Literatur zum Weiterlesen

Kessler, Hans: Sucht den Lebenden nicht bei den Toten. Die Auferstehung Jesu Christi, Kevelaer ²2011. *[Umfassende Studie, die den Anspruch erheben darf, alle für den Osterglauben relevanten systematisch-theologischen Debatten abzubilden]*

Höhn, Hans-Joachim: Gott – Offenbarung – Heilswege. Fundamentaltheologie, Würzburg 2011, 192–244. *[Lesenswerter Entwurf einer Auferstehungstheologie entlang des Motivs der ‚Angstentmachtung']*

Remenyi, Matthias: Auferstehung denken. Anwege, Grenzen und Modelle personaleschatologischer Theoriebildung, Freiburg i. Br. 2016, 229–298. *[Ausführliche und ausgewogene Darstellung der Diskussionen um die Auferstehung Jesu der letzten Jahrzehnte mit vermittelnden eigenen Positionierungen]*

II.9 Ostern unter Palmen. Oder: Die Bedeutung von Auferstehung für den Glauben

Im letzten Kapitel standen sowohl die *Bedeutung* als auch die *Vernünftigkeit* des Osterglaubens im Zentrum unserer Überlegungen. Das nun folgende Gedankenexperiment knüpft dort an, zielt nun aber auf dessen *Geltung*. Wir fragen damit nicht nach dem Stellenwert des Glaubens *an* die Auferstehung, sondern vielmehr nach dem Stellenwert der Auferstehung *für* den Glauben. Ist die Ostererfahrung konstitutiv dafür, im Glauben Jesus als den Christus bekennen zu können? „Gründet" erst die Auferstehung den Glauben an Christus als die Selbstmitteilung Gottes?

Einen Sensationsfund konnte die archäologische Abteilung der karibischen Universität vermelden: Textrollen hatte man gefunden, etwa 2000 Jahre alt, verfasst in aramäischer Sprache. Deren Inhalt konnte nicht treffender denn als Evangelium bezeichnet werden! Ein anonymer Jünger gab sich darin als der Autor zu erkennen, den die Forschenden liebevoll Kolumbus genannt hatten. Das Evangelium hatte autobiographische Züge – hier erzählte jemand aus erster Hand von all den Begebenheiten, die aus den synoptischen Evangelien bekannt waren, aber in einer Weise, die die Lesenden mitten ins Geschehen holte. Alles deutete darauf hin, dass „Kolumbus" wirklich ein Jünger Jesu gewesen sein musste. Nur eines machte die aufmerksamen Leser:innen stutzig: Das Evangelium endete mit der Kreuzigung Jesu. Kein Satz über eine glorreiche Himmelfahrt, kein Wort über Auferstehung, kein Hinweis auf ein leeres Grab. Stattdessen fand man ein Nachwort des Autors: Angst hatte sich ausgebreitet unter den Jüngerinnen und Jüngern, nachdem Jesus verurteilt worden war. Viele ergriffen die Flucht. Aber weil sie buchstäblich alles hinter sich gelassen hatten, um Jesus nachzufolgen, gab es für sie auch kein Zurück in ein altes Leben. „Kolumbus" erzählt davon, wie er sich mit einigen anderen für einen radikalen Schritt entschied: Sie wollten festhalten an dem, was Jesus sie gelehrt hatte. Der Tod sollte nicht das letzte Wort haben über die Existenz dieses Mannes. So setzte man Segel und brach auf in eine neue Zeit. Die Angst ließ man hinter sich – und schon kurze Zeit später setzte eine Dynamik ein, die die hoffnungsvollen Seefahrenden schließlich nicht nur an die Küste der Bahamas spülen sollte, sondern in ihnen die Sicherheit wachsen ließ, dass Jesus lebte. Hatte er nicht gesprochen vom Samenkorn, das in die Erde fällt, um reiche Frucht zu bringen? Hatte er nicht gepredigt vom endgültigen Anbruch des Gottesreichs, das sich vollenden wird gegen alle Widerstände? Hatte er nicht versprochen, dass die um seinetwillen Verfolgten in das Himmelreich eingehen sollen? Und war es nicht so gekommen, wie sie von Kindheit an in der Synagoge gehört hatten: Durchbohrt ist der Gottesknecht, aber der Herr hat Gefallen an ihm gefunden. Voll Freude und voll Zuversicht siedelte man in der neuen, unbekannten Welt und bekannte seitdem: Wahrhaftig, dieser Mensch war Gottes Sohn – Jesus lebt in Ewigkeit.

Offensichtlich entspricht auch dieses Gedankenexperiment nicht bloß nicht der faktischen Geschichte, sondern hätte sich auch so nicht abspielen können. Die Frage, um die es hier aber geht, ist, wieso die Geschichte nicht so hätte verlaufen können. Liegt es bloß daran, dass die Menschen vor 2000 Jahren nicht über die erforderlichen seefahrerischen Fertigkeiten verfügten, um die halbe Erdkugel zu umrunden, oder liegt die eigentliche Unmöglichkeit des Gedankenexperiments darin, dass sich der Glaube an Jesus als den Christus nicht ohne Bezug auf das Ereignis denken lässt, das wir ‚Auferstehung' nennen? Ist es also denkbar, dass unser fiktiver Jünger ‚Ostern unter Palmen' hätte feiern können, ohne je von der Auferstehung Jesu gehört zu haben?

Diese Frage führt hinein in eine inzwischen klassisch zu nennende Kontroverse, die vor allem zwischen Hans Kessler und Thomas Pröpper[1] auf der einen Seite und Hansjürgen Verweyen auf der anderen Seite geführt wurde. Sachlich geht es den Protagonisten dabei in erster Linie um die Frage, ob und inwiefern das mit ‚Auferstehung' Bezeichnete ein zum Leben und Sterben Jesu noch hinzukommendes, *qualitativ neues* Handeln Gottes beschreibt. Man könnte auch fragen: Schließt die Selbstoffenbarung Gottes, die in der Inkarnation anhebt und im Leben Jesu Gestalt annimmt, mit

[1] Wir beschränken uns hier auf die Diskussion zwischen Verweyen und Kessler. Zur Verweyen-Pröpper-Kontroverse vgl. Platzbecker 2003.

dem Tod Jesu, oder gibt die Auferstehung zu dieser Offenbarung noch etwas hinzu, das dort nicht schon enthalten ist?[2]

Lassen wir die beiden Positionen zunächst selbst zur Sprache kommen. Für Kessler markiert erst das Osterereignis den vollendend-endgültigen Höhepunkt dessen, was im Leben Jesu angehoben ist: In der Ostererfahrung

> „bringt sich die eschatologische Wirklichkeit, die zuletzt über alle Geschichte entscheidet, bereits mitten *in* der Geschichte definitiv zur Erscheinung. Wir können deshalb nicht davon ausgehen, daß wir von anderswoher, und sei's vom irdischen Jesus her, schon hinreichend wüßten, wer Gott ist. Wer Gott in Wahrheit ist, können wir nur von der Auferweckung des Gekreuzigten, von Kreuz und Auferstehung her lernen. Denn dort hat sich Gott end-gültig für uns definiert und bekanntgemacht." (Kessler 2011, 307 f.)

Für Kessler ist unser Gedankenexperiment also deshalb unmöglich, weil erst im Lichte der Auferstehung Jesu den Jüngern überhaupt aufgehen *kann*, dass ihnen in Jesus Gott selbst begegnet ist.

Die Gegenposition vertritt Hansjürgen Verweyen. Auch er verneint nicht eine grundlegend neue Erfahrungswirklichkeit der Jünger:innen nach Ostern aufgrund wie auch immer gearteter Erscheinungen des Auferstandenen. Allerdings pocht er darauf, dass sich Gott im vollen Sinne schon in der Person Jesus von Nazareth mitgeteilt und als solcher (prinzipiell) zu erkennen gegeben habe. Die nachösterliche Wende der Jünger:innen habe also

> „ihr *sachliches* (oder ‚de-iure'-)Fundament in dem, was der irdische Jesus von Gott zu Erscheinung brachte. [...] Die entscheidende Differenz meiner Position zu anderen Auffassungen: die österlichen Erscheinungen offenbaren sachlich nichts Neues; in ihnen bricht sich das Bahn, was ‚im Fleische Jesu' [...] wahrzunehmen war, was man aber zunächst nicht wahrhaben wollte." (Verweyen 1997, 77 f.)

[2] Die Diskussion hat zwei Dimensionen – einen ontologischen und einen epistemologischen Aspekt – und liegt in der Frage, „ob die Annahme eines (ontologisch betrachtet) nachträglichen Handelns am toten Jesus bzw. (gnoseologisch betrachtet) der erst nach dessen Tod für uns erkennbaren Identifikation Gottes mit Jesus als notwendige Voraussetzung für einen authentischen Osterglauben anzusehen ist." (Verweyen 1997, 65 f.) Wir konzentrieren uns im Folgenden auf den epistemologischen (gnoseologischen) Aspekt und besprechen den ontologischen Aspekt nur am Rande mit.

Sehen wir von den nautischen Schwierigkeiten ab, müsste Verweyen also grundsätzlich zugeben, dass sich unser Gedankenexperiment auch in der Realität zugetragen haben könnte. Die einsetzende Dynamik an Bord des Schiffes hätte in den Jünger:innen die Gewissheit eintreten lassen können, dass sich Gott in Jesus als der Herr über Leben und Tod offenbart hat.

Der Streit um die beiden Positionen hat über die Jahre einige verwinkelte Züge angenommen, die wir hier im Einzelnen nicht nachzeichnen müssen. Uns soll es jeweils um die grundlegenden Argumentationslinien gehen, die die Thesen Kesslers und Verweyens stützen sollen.[3]

Kessler lässt – das ist entgegen entsprechender Vorwürfe zunächst zu betonen – an der ontologischen Realität der Offenbarung Gottes im Menschen Jesus von Nazareth keinen Zweifel. Auch wenn es mitunter Formulierungen gibt, die so gelesen werden könnten, als würde in der Auferstehung eine Wirklichkeit erst *hergestellt*, die zuvor nicht gegeben war,[4] so macht er doch deutlich:

> „Die Identifikation Gottes mit Jesus geschah von Anfang an und durchgehend. Die Frage ist allein: Wann und wodurch wurde diese Identität Gottes mit Jesus [...] *erkannt*, und zwar *so* erkannt, daß damit die aus-

---

[3] Dabei klammern wir die zweifelsohne spannende und auch systematisch relevante exegetische Diskussion an dieser Stelle aus und konzentrieren uns auf die fundamentaltheologischen Reflexionen.

[4] Tatsächlich braucht es immer wieder einige Mühe, um verschiedene Passagen *nicht* so zu lesen, als würde hier ontologisch Neues behauptet. Vgl. etwa Kessler 2009a, 1188: In der Auferstehung ist „Jesus [...] in *endgültige Einheit mit Gott* versetzt"; Kessler 2011, 307: „Vielmehr bildet sie [i.e. die Auferstehung] den endgültigen Durchbruch der erlösenden Selbstzuwendung Gottes zur sonst verlorenen Welt"; oder besonders schwierig Kessler 2011, 306: „Durch die Auferweckung Jesu trat Gott aus seiner Verborgenheit auf Golgatha hervor, ‚brach sein Schweigen' und sprach *das abschließende und nicht mehr rücknehmbare Wort seiner Selbstzusage*." Es drängt sich die Rückfrage auf, ob Gott nicht eigentlich in der Menschwerdung der göttlichen Selbstaussage, die der innertrinitarische Logos von Ewigkeit her ist, in der Inkarnation des göttlichen ‚Wortes' also sein ‚Schweigen bricht' und sich ohne ‚Exit-Strategie' den Menschen zuwendet. – In unserem Kontext sollen diese Sätze aber keine Rolle spielen. Vgl. dagegen aber auch die Einschätzung K.-H. Menkes: Die Kontroverse zwischen Kessler und Verweyen „betrifft nur vordergründig den Erkenntnisgrund der Auferstehung Jesu Christi. Es geht in dieser Auseinandersetzung eigentlich um das, was Auferweckung bzw. Auferstehung der Sache nach ist." (Menke 2012, 50 f.)

> reichende Basis für allen künftigen christlichen Glauben gegeben war? Sie wurde zu Ostern erkannt.“ (Kessler 2011, 450)

Was spricht für diese These? Kesslers argumentative Bemühungen richten sich sachlich letztlich auf nichts anderes als das Leben und Sterben Jesu, in dem Gottes rettendes und erlösendes Handeln Wirklichkeit geworden ist. In seiner Lebenspraxis ist erschöpfend zur Sprache gekommen, was Gottes Wirklichkeit selbst ausmacht: Dass dieser Gott ein rettender Gott ist, der insbesondere die Verlassenen, Verlorenen und Verratenen in die Freiheit des Lebens führt. Mit seiner ganzen Existenz tritt Jesus ein für dieses Gottesbild und zwar nicht bloß so, dass er von diesem Gott erzählt, sondern so, dass er seine Botschaft an seine eigene Person bindet, sodass *in* der Praxis Jesu das Gottesreich wirklich anbricht. Wenn aber Person und ‚Sache‘ (d. h. die rettende Gegenwart Gottes selbst) so miteinander verknüpft sind, dann ist im Tod Jesu auch *dieser* Gott in Frage gestellt: „Jesu Behauptung Gottes als der *unbedingt* rettenden Wirklichkeit für die Verlorenen scheint durch seinen eigenen Untergang und sein eigenes Verlorensein gründlich widerlegt.“ (Kessler 2011, 315)[5] Mit dem Tod Jesu muss für die Jünger:innen auch der von ihm verkündigte Gott für nichtig empfunden werden. Zwar lässt sich nach wie vor festhalten an dem von Jesus gelernten Leben und Handeln. Man kann versuchen eine sittliche Praxis zu etablieren, die Maß nimmt am gekreuzigten Vorbild – allerdings, so Kessler, fehlte es solcher Praxis an ihrem eigentlichen und sie allererst begründenden Kern:

> „Gottes vergebende, befreiende und rettende Herrschaft als schon *gegenwärtige* Wirklichkeit. Dieser Kern kann nur wahr sein, wenn Jesus selber nicht tot geblieben ist. Man kann also die eschatologische Bedeutung Jesu, seiner Botschaft und seines Todes nicht ernsthaft annehmen, ohne zugleich die Auferweckung Jesu anzuerkennen.“ (Kessler 2011, 315)

Mit anderen Worten: Nachfolge Jesu kann nur Nachfolge *Jesu* sein (und nicht bloß eine billige Kopie seiner Praxis), wenn sie festhält an der rettenden Wirklichkeit Gottes, die nicht zuletzt auch für diesen Jesus von Nazareth anzunehmen ist. In der Auferstehung

---

[5] Vgl. dazu auch die Kluft zwischen Karfreitag und Ostern, die Kessler so deutlich betont in den Ausführungen zum Gedankenexperiment „‚Clickbaiting‘ mit einem Video aus dem Grab Jesu“ in Kapitel II.8.

Jesu erweist sich Gott also *tatsächlich* als derjenige, der sich in Jesus unüberbietbar selbst mitgeteilt hat. In der Auferstehung wird *offenbar*, was vorher schon galt, aber nicht endgültig erkannt werden konnte. Erst die Auferweckung Jesu „*setzt* das versöhnende und erlösende Werk Jesu *endgültig in Geltung* […]; und erst sie bringt das Werk Jesu […] *als* bleibend geltendes *zur Erkenntnis*." (Kessler 2011, 317 f.)

Die im Tod radikal infrage gestellte Sendung Jesu, ja dessen Identität mit Gott selbst, braucht eine Beglaubigung, die noch die größte Bestreitung durch den Tod zum Schweigen bringt. Aber weil nur göttliche, nicht aber menschliche Liebe stärker ist als der Tod, (vgl. Kessler 2011, 300) muss Auferstehung die alleinige Tat Gottes am toten Jesus sein.[6] Hier wird inhaltlich nichts weiter behauptet als das, was der Sache nach schon immer Jesu Wirklichkeit war. Bloß lässt sich erst durch die Beglaubigung der unbedingten (selbst den Tod überdauernden) Geltung desjenigen, der die rettende Gegenwart Gottes verkündet hat und selbst war, Jesus *endgültig* als der Messias er- und bekennen:

> „Wenn nun Gott mit diesem von Jesus (bis in den Tod hinein) behaupteten Gott sich selbst eben dadurch identifiziert, daß er Jesus auferweckt, dann erweist und definiert sich Gott selbst damit effektiv und end-gültig als die ‚Wirk-lichkeit', die die Verlorenen tatsächlich rettet." „*Erst von daher* kann gesagt werden, daß Jesu gesamtes Menschsein die endgültige und erschöpfende Selbstaussage Gottes in die Geschichte hinein ist, also die Inkarnation des Wortes oder Sohnes Gottes." (Kessler 2011, 304.319 f.)

Insbesondere diese Deutung der Auferweckung Jesu bei Kessler, dass hier Gott allein und in einzigartiger Weise im Stile einer episodischen Intervention in natürliche Zusammenhänge *am toten* Jesus handle, ist nun Gegenstand der Verweyen'schen Kritik und Motivation zur ersten seiner drei ‚Osterthesen'. Wenn sich Gott – in der Darstellung Kesslers – erst *im* Tod Jesu *endgültig* mit diesem identifiziert, stellt sich die Frage nach dem Verhältnis *dieses* Offenbarungshandelns Gottes mit dem Leben Jesu selbst, das ja gleichfalls als unüberbietbare Selbstmitteilung Gottes geglaubt wird:

---

[6] Handlungstheoretisch behauptet Kessler für die Auferstehung den Ausnahmefall eines „[n]icht durch menschliche Aktivität vermittelte[n], radikal interventorische[n]" (Kessler 2011, 296) Handelns Gottes.

> „Wenn schon mit dem Abschluß des Lebens Jesu ‚die unwiderrufliche Entschiedenheit' der Liebe Gottes offenbar war – was bedarf es dann noch der Auferweckung? Beweist hingegen erst die Auferweckung die ‚verläßliche Treue und todüberwindende Macht' der göttlichen Liebe – was hat man dann von der schon vorher offenbarten ‚unwiderruflichen Entschiedenheit' dieser Liebe zu halten?" (Verweyen 1995, 112)

In zweifacher Hinsicht aber sei eine Theologie der nachträglichen Inthronisation Jesu *nach* oder *in* seinem Tod defizitär: Zum einen trage sie eine unangemessene Spannung in das Gottesbild hinein. Der triumphale Gott, der als allmächtiger Herrscher über Leben und Tod in souveräner Alleinwirksamkeit gleichsam mit einem Wink den Tod besiegt – aber im vorhergehenden Leiden unsichtbar blieb –, stehe doch in tiefem Kontrast zu dem Gottesbild, von dem der irdische Jesus nicht nur predigt, sondern für das er selbst steht: Die völlige Erniedrigung Gottes, das Sich-Entäußern in den Dreck der endlichen Welt hinein. Überbietet dann nicht der glorreich Auferstandene das nackte Kind in der Krippe? Zum anderen zeigt Verweyen, dass mit der Interpretation der Auferstehung als *neues* Handeln Gottes *an* Jesus einmal mehr das Theodizee-Problem aufreißt. Nachträgliche Rechtfertigungen – so Verweyen mit der Romanfigur des Iwan Karamasow aus Fjodor M. Dostojewskijs *Die Brüder Karamasow* – kommen immer schon zu spät.[7] Wenn sich Gott *im* Leiden nicht schon (endgültig) zeigt, dann vermag eine Rettung aus dem Tod die Tränen nicht mehr zu trocknen. Sie sind und bleiben geweint. In moralischer Hinsicht ist es unlauter, einen solchen Gott zu loben, der – obwohl er könnte – nicht aus dem Leiden rettet.

Die zweite der Verweyen'schen Osterthesen hebt noch einmal verstärkt auf die Bedeutung der Inkarnation ab. Sie lässt sich rekonstruieren von der Frage aus, „*in welchem Geschichtsakt* Gott sich den Menschen *letztgültig erkennbar gemacht* hat." (Verweyen 2000, 345)[8] Um zwei Kandidaten für den letztgültigen Offenbarungsakt

---

[7] Vgl. dazu auch das Gedankenexperiment „Die zerbrochene Lego-Skulptur" in Kapitel II.3.

[8] An dieser Stelle müssen wir kurz auf den oben angesprochenen Unterschied von Sach- und Erkenntnisebene eingehen: Denn auch wenn unser Gedankenexperiment auf die epistemologische Ebene fokussiert, so müssen wir doch voraussetzen, dass sich Gott nur dann den Menschen in Jesus von Nazareth „letztgültig *erkennbar*" machen konnte, wenn er sich auch in

dreht sich der Streit: (1) Gott hat sich letztgültig in der Person, in der Geschichte, im Handeln, im „Hingang“ (Verweyen 2000, 346) Jesu gezeigt. (2) Letztgültig ist der Akt der endgültigen Legitimation dieser Person in der Auferstehung. Verweyen votiert hier klar für die erste Option (im Gegensatz zu Kessler, der – wie oben gesehen – die zweite Option zieht), denn „[w]enn Gott erst *nach dem Tode Jesu* den entscheidenden Offenbarungsakt gesetzt hat, dann wird der Glaube an die Inkarnation des göttlichen Wortes unterhöhlt.“ (Verweyen 2000, 344; im Original kursiv) Und er führt aus:

> „Gott hat es vermocht, sein ganzes Wesen ‚im Fleische‘ zu offenbaren, d.h. in jener ohnmächtigen Spanne menschlichen Lebens zwischen Empfängnis und Tod, die der Christus mit uns allen gemein hat. Wäre das ‚Ein-für-allemal‘ Jesu erst in Ereignissen *nach* dem Tode Jesu begründet, dann würde der entscheidende Offenbarungsakt doch wieder von der In*karnation* in Richtung In*spiration* verschoben.“ (Verweyen 2000, 344)

Braucht es erst eine Zusatzinformation, die zum Leben und Sterben Jesu noch hinzutritt, dann war ganz offensichtlich die Selbstmitteilung Gottes in der Person Jesus von Nazareth weder letztgültig, noch vollständig oder unüberbietbar.[9]

Schließlich nimmt Verweyen mit einem dritten Argument Bezug auf die Kritik Gotthold E. Lessings an der Offenbarungslehre seiner Zeit. Wenn sich der Osterglaube nicht nur empirisch und de facto mit den Erscheinungen durchsetzt, sondern es Auferstehung und Erscheinungen für den Osterglauben konstitutiv *braucht*, dann tut sich zwischen den Jünger:innen „erster Hand“, denen Christus als Auferstandener erschienen ist, und uns, den Jünger:innen „zweiter Hand“ eine unüberbrückbare Kluft auf. Haben die Jünger:innen damals die Möglichkeit gehabt, über die Erscheinun-

---

ontologischer Hinsicht mit diesem Jesus identifiziert hatte. Kurz gesagt: Wenn Jesus nicht wahrhaft göttlich *war*, dann konnte er auch nicht als wahrhaft göttlich *erkannt* werden.

[9] Man muss natürlich die Frage stellen, *was* im oder am Leben Jesu das Bekenntnis rechtfertigt, hier habe sich Gott letztgültig als er selbst zu erkennen gegeben. Bei Verweyen übernimmt die Sündlosigkeit Jesu diese Funktion. Saskia Wendel hat darauf hingewiesen, dass natürlich auch die Sündlosigkeit Christi kein empirisches Datum ist, sondern selbst schon eine Glaubensaussage, die also keine Rechtfertigung *für* den Glauben leisten kann. (Vgl. dazu Wendel 2017, bes. 254f.)

gen zum Glauben zu kommen, so ist uns heute diese Chance verwehrt. Wenn Auferstehung *de iure* der Grund zum Glauben ist, sind wir für die existenzielle Glaubensentscheidung angewiesen auf historische Dokumente, auf geschichtlich Tradiertes. Aber solch historische Wahrheiten können uns niemals den nötigen Gewissheitsgrad übermitteln, den es *eigentlich* für eine solche Entscheidung braucht. Der Lessing'sche Graben aber schließt sich, so Verweyen, wenn für das Zum-Glauben-Kommen das Zeugnis Jesu ausreicht. Dann sind die Jünger:innen „erster Hand" in formaler Hinsicht nicht besser ausgestattet als wir, die wir ebenso auf Zeug:innen des Evangeliums angewiesen sind.

Kommen wir zurück zum Gedankenexperiment eines neu entdeckten Evangeliums eines verschollenen Jüngers in der Karibik: Hätte dieser Jünger auch angefangen, Ostern unter Palmen zu feiern? Für Kessler ist dies ausgeschlossen: Auferstehung ist nicht nur faktisch, sondern auch theologisch konstitutiv für den christlichen Osterglauben. Für Verweyen ist ein ‚Ostern unter Palmen' ohne Auferstehungserfahrungen logisch nicht ausgeschlossen: Zwar gibt er zu, dass es faktisch solcher Erfahrungen bedurft hat, um den christlichen Glauben zu begründen – es hätte ihrer im Prinzip aber nicht bedurft. Sie werden gemerkt haben, dass dieses Gedankenexperiment keine glasklare Intuition bei Ihnen hervorruft, die wir uns an dieser Stelle zu nutze machen können – aber es dient dazu, zwei verschiedene Optionen zu verdeutlichen, um das Verhältnis von Inkarnation und Auferstehung zu durchdenken. Zu welcher Option neigen Sie?

Literatur zum Weiterlesen

Verweyen, Hansjürgen: Botschaft eines Toten? Den Glauben rational verantworten, Regensburg 1997, 52–95. *[Stand der Diskussion aus Verweyen'scher Sicht]*

Kessler, Hans: Sucht den Lebenden nicht bei den Toten. Die Auferstehung Jesu Christi, Kevelaer [2]2011, 442–462. *[Ausführliche Reaktion Kesslers auf die Position Verweyens]*

Remenyi, Matthias: Auferstehung denken. Anwege, Grenzen und Modelle personaleschatologischer Theoriebildung, Freiburg i. Br. 2016, 302–320. *[Ausführliche und gut nachvollziehbare Rekonstruktion der hier dargestellten Debatte]*

II.10 Das Kind auf der einsamen Insel. Oder: Wie verhalten sich Gnade und Freiheit?

Manchmal wird Religion als Sprache bezeichnet: So wie man eine Sprache am besten lernt, wenn man sie benutzt und in ihr spricht, so ‚lernt' man auch eine Religion: Nicht nur in der Theorie, sondern indem man sie ‚spricht'. In der Linguistik wird seit langem die hypothetische Frage diskutiert, inwiefern ein Kind, das ohne sprachlichen Input aufwächst, eigentlich eine Sprache entwickeln würde. Daraus lässt sich auch ein Gedankenexperiment entwickeln, welches danach fragt, ob ohne religiösen Input eigentlich eine religiöse Weltsicht entstehen kann. Um dieser Frage nachzugehen, erleiden wir zunächst einmal Schiffbruch ...

Stellen Sie sich vor, dass es inmitten eines fernen Ozeans eines Tages ein schreckliches Unglück gibt: Ein Schiff gerät in eine Notlage und versinkt. Die gesamte Besatzung und alle Passagiere des Schiffes haben keine Chance zu überleben. Lediglich ein kleines Kind wird wie durch ein Wunder auf einem großen Stück Plastikmüll durch den Ozean getragen und strandet auf einer einsamen Insel, die von Menschen unbewohnt ist. Dort findet es glücklicherweise gute Lebensbedingungen vor: Es gibt genug zu essen und zu trinken; das Klima erlaubt ein Leben in einer Höhle, ohne Angst vor Erfrierung haben zu müssen; und es gibt keine gefährlichen Tiere, die das Leben des Kindes bedrohen. Aber es gibt eine Sache nicht: Das Kind hat keinerlei Interaktionen mit anderen Menschen. Es bekommt keinen sprachlichen Input, und erst recht kommt es überhaupt nicht in Berührung mit religiösen Vorstellungen, Überzeugungen oder Praktiken. Das Kind wächst in dieser Umgebung zu einem Erwachsenen heran.
Die Frage, die sich aus theologischer Perspektive stellt, lautet: Würde dieses Kind im Laufe seines Heranwachsens eine religiöse Selbst- und Weltdeutung entwickeln können?

Dieses Gedankenexperiment ist zum Glück ein hypothetisches Szenario. Es ist angelehnt an den sagenumwobenen Fall des Kaspar Hauser, der (angeblich) ein solches Schicksal durchlitten hat und der zum Untersuchungsgegenstand vieler Sprachwissenschaftler:

innen wurde. Wenn wir aber nun um des experimentellen Charakters dieser Geschichte willen annehmen, dass sie sich genauso zugetragen hat, dann zielt das Gedankenexperiment in das Herz einer klassischen theologischen und ökumenisch umstrittenen Fragestellung: Woher kommt der Glaube? Ist die Tatsache, dass manche Menschen religiös sind und andere nicht, damit zu erklären, dass manche den Glauben als Gnadengeschenk Gottes erhalten und andere eben nicht – oder besser damit, dass manche sich in Freiheit für oder gegen den Glauben entscheiden?

Diese Frage ist die Reformulierung einer alten theologischen Streitfrage, die gerade im ökumenischen Gespräch lange für Zündstoff gesorgt hat: das Verhältnis von Gnade und Freiheit. Die klassische evangelische Position, wie sie bei Luther zu finden ist, formuliert ein Primat der göttlichen Gnade: Der Glaube ist ein Geschenk Gottes, und der Mensch kann nichts dafür oder dagegen tun, dass er gläubig ist. Daher kann Luther auch in einem seiner bekanntesten Aussprüche rufen: ‚Hier stehe ich, und ich kann nicht anders!'. Die Freiheit des Menschen spielt in Glaubensfragen keine Rolle, da sich dieser ausschließlich einem göttlichen Gnadenakt verdanke. Luther spricht daher konsequenterweise davon, dass der Mensch in Glaubensdingen rein passiv – *mere passive* – sei.

Von katholischer Seite ist gegen diese Position immer wieder die Relevanz der Freiheit für den Glauben betont worden. So hat schon Luthers Zeitgenosse Erasmus von Rotterdam gegen Luthers These der Passivität des Menschen in Glaubensfragen ein aktives Beteiligtsein des Gläubigen im Glauben behauptet. Natürlich ist damit nicht die göttliche Initiative infrage gestellt, sondern vielmehr gesagt, dass der Mensch sich in Freiheit zum Glauben verhalten kann. Er ist nicht rein passiv, sondern kann sich aktiv für oder gegen den Glauben entscheiden. Dieser Grundkonflikt wird vom Kölner Dogmatiker Magnus Lerch auf den Punkt gebracht: „Wird der Glaube primär (oder sogar ausschließlich?) dadurch konstituiert, dass der Mensch von Gottes Gnade ergriffen und bestimmt wird, oder ist er ohne freie Selbstbestimmung, ohne ein Sich-Ergreifen-*Lassen* nicht zu denken?" (Lerch 2016, 408)

In der gegenwärtigen ökumenischen Theologie ist diese Streitfrage im Jahre 1999 durch eine ‚Gemeinsame Erklärung zur Rechtfertigungslehre' entschärft worden. Diese Erklärung wurde sowohl von den evangelischen Kirchen als auch von der katholischen Kirche bejaht und formuliert einen Grundkonsens, der sowohl der *katholischen* Betonung des vollen personalen Beteiligtseins des religiösen Menschen in seinem Glauben als auch der *evangelischen* Betonung der Passivität des religiösen Menschen im Empfangen der göttlichen Gnade gerecht zu werden versucht.

Diese Kompromissformel wird in der Katholischen Theologie von Jürgen Werbick aufgenommen, der den passivischen Intuitionen Luthers weit entgegenkommt, ohne das aktivische Beteiligtsein des religiösen Menschen am Glaubensakt völlig aufzuheben.[1] Werbick formuliert einen ökumenisch anschlussfähigen Entwurf der Verhältnisbestimmung des Gnadenhandelns Gottes und der Freiheit des Menschen, der die Spannung zwischen der zumeist katholisch geprägten Betonung der freien Zustimmung des Menschen zum Glauben und der zumeist evangelisch geprägten Betonung der Unverfügbarkeit der göttlichen Gnade und der damit verbundenen passiven Rolle des Menschen im Glaubensgeschehen aufrechterhält. Entsprechend besagt Werbicks Grundthese:

> „Einerseits: Gottes Nahekommen in der Gnade erreicht mich nicht, ohne dass ich mich erreichen lasse. Andererseits: Ich kann mich von Gottes Gnade nicht erreichen lassen, wenn sie mir nicht die schlechthin verheißungsvolle Perspektive erfüllten Menschseins von sich aus erschließt.“ (Werbick 2013a, 92 f.)

Für den Kontext unserer Fragestellung bedeutet dieses an Augustinus anschließende wechselseitige ‚Nicht-ohne', dass das konkrete Gnadenhandeln Gottes einerseits unabdingbar für den Glauben ist – erst wenn Gott in der Welt handelt und sich dem Menschen als letzter Grund der Wirklichkeit mitteilt, ist Glaube möglich. Andererseits ist dieses Gnadenhandeln niemals unter Missachtung der menschlichen Freiheit denkbar – ein Übergehen der freien Antwort des Menschen würde Gott zu einem Manipulator des Menschen machen und damit eine liebende Beziehung zwischen Mensch und Gott verunmöglichen. Daher plädiert Werbick für eine „Gleichursprünglichkeit von autonomer Selbstbestimmung und Ergriffenwerden.“ (Werbick 2013a, 85)[2] Dieses Austarieren des Verhältnisses von Gnade und Freiheit kann gerade im ökumenischen

[1] Vgl. zu dieser Analyse von Werbicks Ansatz auch Breul 2022b, 320–328.
[2] Werbick hat die Gleichursprünglichkeitsthese von Gnade und Freiheit auch verteidigt in Werbick 2019a, bes. 314–335.

Gespräch als sinnvolle Interpretation der ‚Gemeinsamen Erklärung' zur Rechtfertigungslehre dienen.

Allerdings wird aus katholisch-theologischer Perspektive immer wieder angefragt, ob Werbicks Lösung nicht mit einer Aushöhlung des Freiheitsbegriffs erkauft wird. Werbick setzt einen Freiheitsbegriff voraus, der gnadentheologisch durchtränkt ist und das Freiheitsdenken der Moderne in der Hinsicht unterbietet, als dass Freiheit nur in ihrer Ausrichtung auf Gott real wird – was dem Gedanken der Autonomie die Sinnspitze nimmt. Dies wird deutlich, wenn er etwa schreibt: „Es ist kaum verstehbar, dass der Mensch das Gute ablehnt, wenn es ihm als solches nahe kam und zur Verheißung wurde. [...] Die These, der Mensch könne durch seine freie Entscheidung das Böse als solches [...] wählen, ist nicht mehr nachvollziehbar." (Werbick 2013a, 91) Mit anderen Worten: Die freie Annahme der Gnade Gottes ist keine autonome Entscheidung des Menschen, da der Mensch angesichts des unbedingt Guten gar nicht mehr Nein sagen könne – letztlich ist die Annahme der Gnade auf Seiten des Geschöpfs daher wieder auf die Gnade Gottes zurückzuführen. Ein solcher Freiheitsbegriff kann als Kompatibilismus bezeichnet werden. Gegen diese Position führen Theolog:innen wie Thomas Pröpper oder Saskia Wendel einen stärkeren Begriff von Freiheit ein, der als libertarische Freiheit gelten kann.[3] Eine Beschränkung der Freiheit auf das ‚freie' Einstimmen in Gottes guten Willen käme einer Aufhebung libertarischer Freiheit an entscheidender Stelle gleich, da eine wirkliche Selbstbestimmung nicht denkbar ist, wenn die einzige Option für die Freiheit die Annahme der göttlichen Gnade ist. Ein Moment der Zustimmung gehöre unabdingbar zum Glauben und ist „der ursprüngliche und deshalb unvertretbare Akt unserer Freiheit" (Pröpper 2011, 1338), ohne den der Glaube nicht zum *je eigenen* Glauben werden könne. Gäbe man dieses Moment der Selbstbestimmtheit des Menschen auf, müsste man, so Pröpper, streng genommen auch den Gedanken der Selbstmitteilung Gottes wieder einziehen, da „dann der Mensch als freier Partner Gottes und Adressat seiner Offenbarung buchstäblich ausgeschaltet" (Pröpper 2011, 1338) sei.

[3] Vgl. zur Debatte zwischen Kompatibilismus und Libertarismus auch das Gedankenexperiment „Die hypermoralische Maschine" in Kapitel II.2.

Man könnte gegen Werbicks Freiheitsbegriff also einwenden, dass er nicht die Möglichkeit einer echten Wahl zwischen Alternativen vorsieht und daher das Problem der Verhältnisbestimmung von Freiheit und Gnade doch zugunsten eines Primats der göttlichen Gnade auflöst. Die Deflationierung des Freiheitsbegriffs ermöglicht ihm zwar eine hinreichende Berücksichtigung der göttlichen Gnade, aber dies um den Preis der Aufgabe zentraler Elemente des modernen Freiheitsdenkens. Eine wirklich tragfähige Kompromissformel zwischen Aktivität und Passivität scheint also nach wie vor nicht gefunden zu sein.

In unseren Augen bietet insbesondere unser Gedankenexperiment hier eine alternative Lösung, da es die Intuition nahelegt, dass ohne Interaktion weder von Sprachlichkeit noch von Freiheit oder gar religiösem Glauben ausgegangen werden kann. Zugespitzt auf die Entstehung der Religion: Ohne eine religiöse Sozialisation, ohne die Begegnung mit religiösen Menschen, ja sogar ohne die Interaktion mit Menschen überhaupt ist nur schwer vorstellbar, dass Menschen religiöse Überzeugungen entwickeln. Es braucht Erfahrungen, Begriffssysteme, zwischenmenschliche Interaktionen, kurz: Impulse ‚von außen', damit Religion entsteht. Der Schlüssel zur Lösung der Debatte um Gnade und Freiheit liegt also darin, beide nicht als Prinzipien zu verstehen, die in Konkurrenz zueinander stehen, sondern als solche, die sich wechselseitig bedingen: Keine Freiheit ohne (gnadenhafte) Erfahrungen der Zuwendung und der Interaktion – und kein religiöser Glaube ohne die freie Deutung dieser Erfahrungen in einem theistischen Kontext.

Die Intuition des Gedankenexperiments ist auch empirisch gut gedeckt. Michael Tomasello, einer der führenden Forscher in der evolutionären Anthropologie, hat sowohl für eine evolutionäre Erklärung der denkerischen (vgl. Tomasello 2014) und moralischen (vgl. Tomasello 2016) Fähigkeiten des Menschen als auch für die individuelle Ontogenese von menschlichen Personen (vgl. Tomasello 2020) bahnbrechende Forschungsarbeiten geleistet. Auf der Basis vergleichender Experimente mit Kleinkindern und Schimpansen, den nächsten Verwandten des Menschen, hat er sich auf die Suche nach den Eigenschaften gemacht, die den evolutionären Erfolg des Menschen gegenüber allen anderen Spezies erklären.

Tomasellos Arbeiten nehmen dabei nicht die Entstehung der Religion, sondern die kognitive Entwicklung des Menschen im

Ganzen in den Blick. Die gegenwärtigen Forschungen der Evolutionären Anthropologie legen nahe, dass es ohne Interaktion und Kooperation keine Entwicklung von höherstufigen kognitiven oder moralischen Fähigkeiten geben kann. Zwar haben Kinder die Anlagen dazu, kognitive Strukturen – also Sprachfähigkeit, Selbstreflexivität, normative Selbstbeobachtung, repräsentationales Denken etc. – auszubilden, aber erst wenn sie diese Anlagen auch nutzen, entwickeln sich die hinter den Anlagen liegenden Strukturen. Dabei ist es insbesondere die Fähigkeit zur Kooperation (in philosophischer Fachsprache: die Fähigkeit zur ‚geteilten Intentionalität'), die den Menschen auszeichnet. Entscheidend für die Ausbildung kognitiver, sozialer und moralischer Vermögen ist daher die Interaktion mit anderen. Es ist diese Fähigkeit, die den evolutionären Erfolg des Menschen erklärt und die den Schlüssel zu anderen beeindruckenden menschlichen Fähigkeiten bietet.

Wenn wir diese Erkenntnisse der evolutionären Anthropologie auf das Gedankenexperiment anwenden, fällt die Antwort recht eindeutig aus: Ohne zwischenmenschliche Interaktionen wäre es um die Ausbildung von Kognition, Moralität und Freiheit durch das Kind auf der einsamen Insel schlecht bestellt. Spuren dieses Gedankenexperiments finden sich auch in Tomasellos Schriften, und er ist hier ganz explizit:

> „Ein modernes Kind, das auf einer einsamen Insel aufwächst, würde ganz auf sich gestellt nicht automatisch vollständig menschliche Denkprozesse aufbauen. Ganz im Gegenteil. Kinder werden mit Anpassungen zur Zusammenarbeit und Kommunikation und zum spezifischen Lernen von anderen geboren – die Evolution wählt adaptive Handlungen aus. Aber nur durch die tatsächliche Ausübung dieser Kompetenzen in der sozialen Interaktion mit anderen während der Ontogenese erzeugen Kinder neue Repräsentationsformate des Denkens, wenn sie [...] ihre koordinierenden Interaktionen mit anderen zu einem Denken für sich selbst internalisieren." (Tomasello 2014, 20)

Auch wenn Tomasello lediglich von ‚Denken' spricht, könnte man analoges wohl auch über das Vermögen der Freiheit sagen: Freiheit gibt es nicht im Nullkontext – es bedarf vorgehender Erfahrungen und einer intersubjektiven Sozialisierung des Menschen, damit sich das Freiheitsvermögen allererst ausbilden kann. Auch Freiheit ist ein naturverflochtenes Vermögen, welches evolutionär entstanden ist und daher nicht als selbstursprünglich verstanden werden kann. Mit dieser Aussage ist *kein Naturalismus* verbunden – es macht ja gerade die Rede von einer ‚Naturgeschichte' der Freiheit aus, die Einsicht in die Naturverflochtenheit menschlicher Vermögen zu berücksichtigen, ohne sie auf natürliche Vorgänge zu reduzieren.

Unser Gedankenexperiment ebnet also einen Weg, um das Zueinander von Freiheit und Gnade neu zu denken. Durch das Eintragen ihrer eigenen Naturgeschichte in das Vermögen libertarischer Freiheit kann gezeigt werden, dass auch Freiheit Momente von Passivität in sich trägt – ohne vorhergehende Erfahrungen, ohne ein Moment von Passivität, kann es keine Aktivität, keine libertarische Freiheit geben. Insofern könnte eine vermeintliche Frontstellung zwischen Gnade und Freiheit auch auf einem missverständlichen Gebrauch der beiden Begriffe beruhen, und naturgeschichtliche Indizien des Zueinanders – nicht des Gegeneinanders – von Freiheit und Gnade können theologische Indizien dafür sein, dass es sich in der Sache um kein wirkliches Problem handelt. Dies stellt auch Langenfeld heraus:

> „Die Frage welches Prinzip (Freiheit oder Gnade; MB/JT) dabei stärker ist, muss als Scheinproblem betrachtet werden, da Gott und Mensch nie als Konkurrenzursachen verstanden werden dürfen. Andernfalls würde Gott letztlich zu einer innerweltlichen Ursache erklärt. [...] Es geht nicht ohne Gottes ungeschuldetes Angebot der Liebe, aber auch nicht ohne die freie Annahme des Menschen." (Langenfeld 2020, 69 f.)

Das Gedankenexperiment vom einsamen Kind auf der Insel zeigt also zweierlei. Zum einen ist der Glaube nicht einfach ohne weiteres aus der Freiheit des Menschen ableitbar. Der Mensch gibt sich nicht selbst den Glauben, sondern er muss bestimmte Erfahrungen machen, die ihn auf den Glauben stoßen. Die Idee, dass der Glaube an Gott nur ein Produkt der freien Vernunft des Menschen ist, kommt einer Projektionsthese gleich. Zum anderen gilt aber auch: Dieses Primat der Initiative Gottes wäre missverstanden, wenn Gnade nur die von oben kommende Injektion des Glaubens in (ausgewählte?) Gläubige wäre. Genau dies wäre in unserem Gedankenexperiment bei dem einsamen Kind auf der Insel ja streng genommen auch möglich. Gnade kann also nicht einfach Instruktion meinen, nicht das unvermittelte Herstellen des Glaubens durch ein episodisches göttliches Handeln. Die Rede vom Primat der Initiative Gottes zielt also vielmehr darauf, dass Gott sich in deutungsoffenen geschichtlichen Zusammenhängen so zeigt, dass Menschen diese Erfahrungen als Offenbarung Gottes deuten können und ihren Glauben darauf begründen. Es geht nicht ohne diese geschichtlichen und existenziellen *Erfahrungen* – das ist ja auch der Grund, warum unsere Intuition so klar ist, dass im Gedankenexperiment das Kind keine religiöse Selbst- und Weltdeutung entwickelt. Es geht aber auch nicht ohne eine *Deutung* dieser Erfahrungen in einem Bezugsraum des Glaubens. Der tiefere Sinn der ‚Gemeinsamen Erklärung zur Rechtfertigungslehre' könnte genau darin liegen: Einerseits in der Betonung des ‚Gesagt-Bekommen-Müssens', das zuerst kommen muss, und andererseits in der Betonung der freien Deutung dessen, was da in den Ambiguitäten der weltlichen Kontexte gesagt wird.

Kommen wir abschließend zurück zum Gedankenexperiment: Ohne Gnade ist religiöser Glaube nicht denkbar. Gnade ist aber nicht eine göttliche Manipulation des Überzeugungssystems einer Person – ein solches kontextloses Gnadengeschenk könnte unser einsames Kind auf der Insel ja auch bekommen. Gnade ist vielmehr die Erfahrung von Geborgenheit, Vertrauen, Freundschaft, Liebe, und diese Erfahrungen ermöglichen allererst die Entstehung von Glaubenssubjekten, die diese Erfahrungen in ihrer Freiheit religiös deuten können. Daher gilt ebenso: Auch ohne Freiheit scheint religiöser Glaube schwer denkbar. Freiheit meint dabei jedoch nicht ein selbstursprüngliches oder völlig unabhängiges Vermögen des Menschen, das immer schon in jeder Person da ist – sonst wäre das Kind auf der einsamen Insel ja auch völlig frei und könnte sich eine christliche Selbst- und Weltdeutung aus sich selbst heraus geben. Das Gedankenexperiment zeigt also, dass zwei Extrempositionen unplausibel sind: Weder ist der Glaube Produkt einer göttlichen Einpflanzung des Glaubens im Sinne einer gnadenhaften innerweltlichen Intervention, noch ist der Glaube ein Produkt einer kontextlosen Freiheit, die Glaubensüberzeugungen einfach aus sich selbst hervorbringt. Die Lösung muss vielmehr in der Mitte liegen: Ohne Gnade, d.h. ohne die Interaktion mit einer Umwelt, die Erfahrungen von Liebe ermöglicht, ist Glaube nicht denkbar. Ohne Freiheit, diese Erfahrungen von Liebe als Erfahrungen der Gegenwart Gottes zu deuten, ist Glaube aber auch nicht denkbar. Es braucht also beides: Die göttliche Initiative, die dem Menschen zeigt, dass der Urgrund des Seins gut ist, und die freie menschliche Rezeption dieser Initiative, die immer in innerweltlichen Begrifflichkeiten und Erfahrungen verkapselt ist und daher deutungsoffen bleibt. Der Schlüssel zur Lösung des Gnade-Freiheits-Problems liegt also darin, beide nicht als miteinander konkurrierende, sondern sich wechselseitig ermöglichende Prinzipien zu verstehen.

Literatur zum Weiterlesen

Breul, Martin: Freiheit, Gnade und das Kind auf der einsamen Insel. Ein Gedankenexperiment zur Naturgeschichte der Freiheit, in: BThZ 40 (2023), 301–320. *[Ausführliche Fassung des hier vorgelegten Gedankengangs]*

Jüngel, Eberhard: Das Evangelium von der Rechtfertigung des Gottlosen als Zentrum des christlichen Glaubens, Tübingen [6]2011. *[Evangelisch-theologische Verteidigung des Primats der Gnade vor der Freiheit]*

Rosenhauer, Sarah: Die Unverfügbarkeit der Kraft und die Kraft des Unverfügbaren: Subjekttheoretische und gnadentheologische Überlegungen im Anschluss an das Phänomen der Kontingenz, Paderborn 2018. *[An Hegel und moderne Hegelianer wie Christoph Menke angelehnte Formulierung einer Theologie der Gnade, die das Ideal der Autonomie durch Passivitäts- und Widerfahrnismomente anzureichern sucht]*

Schubert, Christiane: mere passive? Inszenierung eines Gesprächs über Gnade und Freiheit zwischen Eberhard Jüngel und Thomas Pröpper (ratio fidei 55), Regensburg 2014. *[Sehr detaillierte Einführung in den evangelisch-katholischen Disput um das Verhältnis von Gnade und Freiheit mit starkem Plädoyer für eine Affirmation der menschlichen Freiheit vor Gott]*

Werbick, Jürgen: Gnade (Grundwissen Theologie), Paderborn 2013. *[Ökumenisch anschlussfähige Bestimmung des Verhältnisses von Freiheit und Gnade, die auf die wechselseitige Bestimmung beider verweist]*

II.11 Christentum für Außerirdische. Oder: Theologie nach der anthropologischen Wende

Ein Zentralbegriff für das Christentum ist die ‚Menschwerdung Gottes'. Wir haben in verschiedenen Gedankenexperimenten bereits gesehen, was der tiefere Sinn dieser Selbstoffenbarung Gottes in Jesus von Nazareth ist. Was aber noch nicht geklärt worden ist, ist die Frage danach, auf welche Wesen sich die christliche Erlösungshoffnung erstreckt: Gilt sie nur für Menschen? Oder auch für andere Lebewesen? Dazu unternehmen wir zunächst ein extraterrestrisches Gedankenexperiment.

Stellen Sie sich vor, Sie werden eines Tages entführt und in ein Raumschiff verfrachtet. Das Raumschiff fliegt direkt los und verlässt schnell unsere Galaxie. Vor Schreck werden Sie ohnmächtig ... Als Sie wieder erwachen, sind Sie offensichtlich auf einem fremden Planeten gelandet. In einem Kreis um Sie versammelt sitzen lauter Wesen, die Sie noch nie gesehen haben. Sie ähneln auf gewisse Weise Menschen, da sie Ihre Sprache sprechen, Ihnen Fragen stellen und auf Ihre Antworten eingehen. Sie scheinen Begriffe zu verstehen und Argumente nachvollziehen zu können, und ihre komplizierten Rückfragen legen es nahe, dass sie selbstreflexiv denken und Handlungen aus freien Stücken vollziehen können. Auch ihr Sozialgefüge, dass Sie als Gast auf diesem Planeten nach und nach besser verstehen, ist diesen Wesen sehr wichtig – ihr Miteinander ist getragen von zwischen-‚menschlichen' Beziehungen, welche eine Tiefe haben können, die an menschliche Beziehungen erinnert. Kurzum, diese Wesen haben sehr ähnliche Eigenschaften wie Menschen – und zugleich sind sie offensichtlich nicht Angehörige der Spezies Mensch. Eines Tages kommt das Gespräch auf das Thema Religion. Die Wesen sind sehr wissbegierig; und Sie erklären ihnen die Basics des Christentums: Sie erzählen vom lebendigen Gott, der den Menschen nahe sein will. Von Jesus Christus, in dem sich Gott den Menschen zuwendet, um ihnen Anteil am göttlichen Leben zu schenken. Von der zugleich menschlichen und göttlichen Gemeinschaft, in der die Zuneigung Gottes an die Menschen immer wieder neu erfahrbar wird. Doch je länger Sie reden, desto trauriger sehen die fremden Wesen aus. Als Sie fragen, was denn los sei, bricht es aus einem der Wesen heraus: ‚Euer Stammesgott ist nicht der, den wir suchen. Wenn dieser Gott Mensch geworden ist, dann bleiben wir in seiner Erlösung wohl wieder außen vor. Wie traurig!'

Was meinen Sie: Impliziert die christliche Rede vom „menschenfreundlichen Gott" den Ausschluss des außerirdischen Lebens? Oder müsste sich der Heilswille Gottes nicht auf alle Kreaturen, ja auf das ganze Universum erstrecken, wenn Gottes Liebe wirklich unbedingt ist? Und wie würden Sie das Verhältnis von Gott und Außerirdischen charakterisieren? Wie schätzen Sie Ihre Möglichkeiten ein, rational verantwortet von der Erlösungsbedürftigkeit von Aliens zu sprechen?

Wenn die Theologie von Gott, Offenbarung und Heil spricht, dann tut sie dies klassischerweise meist mit Blick auf einen voll entwickelten *homo sapiens sapiens.* Es sind die Angehörigen der menschlichen Spezies, die durch die Inkarnation Gottes in Jesus von Nazareth erlöst werden, da Gott sich den Menschen als unbedingt zugewandte Liebe offenbart. Das Gedankenexperiment zeigt nun auf spielerische Weise, dass diese Voraussetzung unter Umständen vor Problemen steht, da der Fokus der christlichen Erlösungshoffnung auch auf mindestens drei weitere Arten und Weisen eingestellt werden kann: Die erste Einstellung des Erlösungsfokus könnte innerhalb der menschlichen Spezies in der Zeit zurückgehen und sich die Entwicklungsgeschichte des Menschen anschauen: Der *homo sapiens* ist im Laufe der Evolution in diversen Entwicklungsschritten entstanden. Sind die Vorgänger des *homo sapiens* – also der *homo australopethicus* oder der Neandertaler – eigentlich erlösungsfähig? Die zweite Einstellung des Erlösungsfokus braucht keine Zeitreisen, sondern nur eine Reise über die Grenzen von biologischen Spezies hinweg: Was ist mit Tieren, die manchmal den Menschen ja sogar durchaus ähnliche Fähigkeiten haben – sind diese nicht auch Geschöpfe Gottes und im Prinzip erlösungsfähig? Die dritte Einstellung des Erlösungsfokus wird vom Gedankenexperiment gewählt: Was ist mit Wesen, die die gleichen Fähigkeiten wie Menschen haben, aber nicht zur Spezies Mensch gehören?

Wenn man den Zoom der Kamera also je unterschiedlich einstellt, zeigt sich, dass keineswegs schon klar ist, auf wen sich die christliche Erlösungshoffnung eigentlich erstreckt. Dieses Unbehagen am *Anthropozentrismus* – also der Fokussierung auf die menschliche Spezies allein, obwohl sie im kosmischen Maßstab auf einem sehr unbedeutenden Planeten in einer Galaxie am Rande des Universums lebt – bringt schon Karl Rahner zum Ausdruck wenn er schreibt: „Ich sage als Theologe: Jesus ist auch als Mensch der Herr der gesamten Schöpfung. Und dann lese ich, dass der Kosmos Milliarden von Lichtjahren sich ausdehnt, und frage mich dann erschreckt, was eigentlich der eben gesagte Satz bedeute." (Rahner 2008 [1984], 55)

Das Gedankenexperiment stellt also die Frage in den Raum, inwiefern die christliche Gottesvorstellung nicht zu menschenähnlich ist – und formuliert damit die Herausforderung an die Theologie, das Christentum so zu formulieren, dass es nicht den Vorwurf des Anthropozentrismus auf sich zieht. So markiert Saskia Wendel mit Blick auf einen klassischen Theismus „anthropozentrische und geozentrische Restbestände" (Wendel 2015, 24): Im kosmischen Maßstab erscheint die Existenz eines einzelnen Menschen einfach sehr marginal, da sie angesichts des Alters des Universums noch weit weniger als einen Wimpernschlag in seiner Geschichte darstellt und auch die Erde als bisher einzig bekannter bewohnbarer Planet nicht im Zentrum des Universums steht. Im Gegenteil ist die Sonne, um die unsere Erde kreist, ein eher kleiner Stern, der im Universum unbedeutend ist. Wenn man sich das Universum in all seiner Größe anschaut, dann wirkt die Erde wie ein Staubkorn im Kosmos. Zudem scheint auch die derzeitige, anthropozentrierte Lebensweise des Menschen nicht nachhaltig oder zukunftsfähig zu sein. Es könnte sein, dass die aus religiösem Wurzelgrund stammende (und dabei aber unbiblische) Idee des Menschen als einer ‚Krone der Schöpfung' eine Mitschuld an den immensen ökologischen Krisen der Gegenwart trägt.

Ein Anthropozentrismus, der allein auf den Herrschaftsanspruch des Menschen über die Schöpfung setzt, ist daher theologisch zu kritisieren. Julia Enxing hält paradigmatisch fest: „Anthropozentrismus-Kritik thematisiert, ausgehend von der Erfahrung des massiven Zerstörungspotenzials von Menschlichem, die Rolle des Menschen im Gesamt des Lebens – theologisch gesprochen: im Gesamt der sichtbaren (und unsichtbaren) Schöpfung." (Enxing 2021, 304) Es ist also gerade die einseitige Fokussierung auf die menschliche

Existenz, die nicht nur aus der Perspektive der ökologischen Ethik problematisch ist, sondern die auch theologisch hinterfragt werden muss.

Zugleich droht eine radikale Anthropo-de-zentrierung die wohl bahnbrechendste theologische Neuerung des vergangenen Jahrhunderts zu gefährden: die sogenannte ‚anthropologische Wende'. Die anthropologische Wende vollzieht in der Theologie einen philosophischen Paradigmenwechsel nach, der in der Neuzeit mit René Descartes einsetzte und dann untrennbar mit dem Namen Immanuel Kant verbunden wurde: Descartes und Kant gehen beide davon aus, dass Menschen nicht passive Automaten sind, in die die Erkenntnis der Wirklichkeit, wie sie an sich ist, einfach einströmt. Vielmehr finden sie heraus, dass das erkennende Subjekt selbst eine Reihe von Kategorien, Begriffen und Vorannahmen in jeden Erkenntnisprozess einfließen lässt. Daher ist der primäre Gegenstand der philosophischen Analyse nicht das Sein als solches, sondern zunächst einmal das Subjekt des Erkennens, welches versucht, sich einen Reim auf die Welt und sich selbst zu machen. Kant bezeichnet diese Einsicht auch als ‚kopernikanische Wende' in der Philosophie: Während man bisher davon ausging, dass sich das Denken nach dem Sein richte, gilt nun: Das Sein richtet sich (auch) nach dem Denken. Karl Rahner wählt zur Illustration dieses Gedankens die Metapher eines Fotoapparats – der Mensch funktioniere nicht wie ein solcher Apparat, der einfach nur ein Abbild seiner Umgebung knipst, sondern er legt in jedes Bild bestimmte Erfahrungen, Kontexte und Kategorien mit hinein: „Der Mensch ist in seiner Erkenntnis nicht eine photographische Platte, die gleichgültig und ungewandelt einfach registriert, was je gerade im einzelnen, abgetrennten Augenblick auf sie fällt. Er muss vielmehr, schon um bloß zu verstehen, was er sieht oder hört, reagieren, Stellung nehmen, die neue Erkenntnis in einen Zusammenhang bringen […]." (Rahner 2004 [1959], 23)

Dieser philosophische Paradigmenwechsel wird nun zunächst in der evangelischen, kurz darauf auch in der katholischen Theologie nachvollzogen und erhält das Label ‚anthropologische Wende'. Diese hat eine methodische und eine soteriologische Spitze: Methodisch besagt die anthropologische Wende, dass eine moderne Theologie nicht mehr verantwortet von Gott sprechen kann, ohne die menschlichen Bedingungen des Hörens und Erkennens von Gottes Wort zu berücksichtigen. Das Wort Gottes ist nicht etwas, das jedem Kontext und jeder menschlichen Begrifflichkeit enthoben ist, sondern es ergeht in konkreten Kontexten und in menschlichen Begriffen an den Menschen. Daher müssen die Voraussetzungen auf Seiten des Menschen, das Wort Gottes überhaupt vernehmen zu können, geklärt werden. Diese methodische Zentrierung des Menschen ist theologisch von ganz entscheidender Bedeutung, da mit ihr der Durchbruch zu einer modernen Theologie gelingen konnte, die sich nicht in kontext- und damit haltlosen Spekulationen über das Göttliche ergeht. Dies stellt der evangelische Theologie Paul Tillich eindeutig heraus: „Wir verstehen mehr und mehr, dass jede Aussage über Gott, die nicht gleichzeitig eine Aussage über den Menschen, seine Natur und seine Existenz ist, reine Spekulation ist, die niemanden überzeugt." (Tillich 2012 [1934/1935], 176)

Zudem hat die anthropologische Wende auch eine soteriologische Spitze: Theologie muss als wissenschaftliche Reflexion des Wortes Gottes für das konkrete menschliche Individuum existenziell relevant sein. Spekulationen über die raumzeitliche Ausdehnung von Engeln mögen zwar geistreich und tiefschürfend sein, aber sie haben kaum Anschluss in der alltäglichen Erfahrungswelt des Menschen. Existenzielle Bedeutsamkeit statt leerlaufender Spekulation: Dies schreibt die anthropologische Wende der modernen Theologie als dauerhafte Aufgabe ins Hausaufgabenbuch.

Die anthropologische Wende ist also durchaus als bahnbrechende methodische und wissenschaftstheoretische Erneuerung in der Theologie des 20. Jahrhunderts zu verstehen, welche zentrale philosophische Erkenntnisfortschritte nachvollzieht. Sie ist für eine moderne Theologie nicht hintergehbar. Daher muss als offene Frage markiert werden, ob bzw. wie eine radikale Anthropo-de-zentrierung diese Fortschritte bewahren kann.

Der *zweite* Grund für einen gewissen Anthropozentrismus sind die Ergebnisse empirischer Wissenschaften, die eine Mensch-Tier-Differenz nahelegen. So zeigt Michael Tomasello, einer der führenden Forscher in der Evolutionären Anthropologie, dass es bestimmte menschliche Eigenschaften gibt, die ihn einzigartig im Tierreich machen. Seine Ergebnisse deuten darauf hin, dass es insbesondere die Fähigkeiten des Menschen als sozialer Akteur – also sein Vermögen der Kooperation, der geteilten Aufmerksamkeit, der

Beziehungsfähigkeit – sind, die seinen evolutionären Erfolg erklären. Zwar ist die Rede vom Menschen als ‚Krone der Schöpfung' eine überaus problematische monarchistische Metapher – aber die empirischen Befunde der evolutionären Anthropologie deuten zumindest darauf hin, dass es bestimmte einzigartige Fähigkeiten des Menschen gibt, die ihn von allen anderen Säugetieren unterscheiden. Für Tomasello ist es insbesondere die Kooperationsfähigkeit des Menschen, die seinen evolutiven Erfolg erklärt: Menschen agieren nicht nur in konkreten Situationen in Gruppen, sondern können auf weitaus abstrakterer Ebene gemeinsame Pläne schmieden, die weit in die Zukunft reichen und die nicht nur eine lokale Gruppe von Individuen, sondern eine Gesellschaft umfassen.

Wenn man den bleibenden Wert der anthropologischen Wende und die Ergebnisse der evolutionären Anthropologie ernst nimmt, lässt sich also durchaus ein gewisser Anthropozentrismus verteidigen, für den die menschlichen Vermögen der Freiheit, des Selbstbewusstseins und der Vernunft zentral sind. Eigene Handlungsintentionen in einem intersubjektiven Prozess des Gründe-Abwägens zu formulieren und diese in die Tat umzusetzen ist etwas, das zumindest unsere Vorfahren und unsere nächsten Verwandten nicht konnten bzw. können. Und alle großen Religionen nehmen ja gerade diese menschlichen Eigenschaften in den Blick, wenn sie beispielsweise über Erlösungsbedürftigkeit sprechen.

Zum einen zeigen daher Überlegungen zu möglichen außerirdischen Lebensformen, zur unbegreiflichen Weite oder der unvorstellbaren zeitlichen Erstreckung des Universums also die Marginalität des Menschen. Weder ist er das Zentrum unserer Galaxie, noch ist unsere Galaxie das Zentrum des Universums, noch währt seine Existenz länger als einen Augenblick in der Geschichte des Universums. Diese Erkenntnis wird tatsächlich erst in den letzten Jahren auch theologisch wirklich ernst genommen. Zum anderen bleibt aber die menschliche Lebensform notwendig das Zentrum unserer Lebenspraxis. Wenn wir von Gott sprechen wollen, kommen wir nicht an der Tatsache vorbei, dass wir nur *als Menschen* von Gott sprechen – unsere epistemische Situation als Mensch ist unhintergehbar. Wie also könnte es gelingen, die wichtigen Anliegen der ökologischen Ethik und die berechtigte Kritik an der Anthropozentrik einzuholen, ohne gleich jegliche Differenz zwischen Mensch, Tier und Außerirdischen einzuebnen? Oder, mit Saskia

Wendel gefragt: Wie kann das zusammenkommen, „was in einer Reflexion über das Gottesverständnis zusammenkommen muss: die anthropologisch-ethische Perspektive konkreter menschlicher Existenz und die kosmologische Perspektive im Blick auf die Unendlichkeit des Alls" (Wendel 2015, 46)?

Diese beiden Perspektiven – die anthropologisch-ethische und die kosmologische Perspektive – lassen sich auch in einem berühmten Zitat Immanuel Kants wiederfinden, welches sogar auf den Grabstein des großen Philosophen eingemeißelt wurde: „Zwei Dinge erfüllen das Gemüt mit immer neuer und zunehmenden Bewunderung und Ehrfurcht, je öfter und anhaltender sich das Nachdenken damit beschäftigt: Der bestirnte Himmel über mir, und das moralische Gesetz in mir." (Kant: KpV, AA V, 161 f.) Es ist jedoch höchst interessant, wie dieses Zitat fortgeführt wird:

> „Der erstere Anblick einer zahllosen Weltenmenge vernichtet gleichsam meine Wichtigkeit, als eines tierischen Geschöpfs, das die Materie, daraus es ward, dem Planeten (einem bloßen Punkt im Weltall) wieder zurückgeben muß, nachdem es eine kurze Zeit (man weiß nicht wie) mit Lebenskraft versehen gewesen. Der zweite erhebt dagegen meinen Wert, als einer Intelligenz, unendlich, durch meine Persönlichkeit, in welcher das moralische Gesetz mir ein von der Tierheit und selbst von der ganzen Sinnenwelt unabhängiges Leben offenbart, wenigstens so viel sich aus der zweckmäßigen Bestimmung meines Daseins durch dieses Gesetz, welche nicht auf Bedingungen und Grenzen dieses Lebens eingeschränkt ist, sondern ins Unendliche geht, abnehmen lässt." (Kant: KpV, AA V, 162)

Bei Kant ist damit eine existenzialistische Grunderfahrung vorgedacht: Die Erfahrung des eigenen Daseins als irrelevant angesichts der anonymen Größe und der nicht vorstellbaren Weite des Universums. Zugleich scheint Kant auch schon eine Lösung vorzuzeichnen, die er zwar auf das moralische Gesetz engführt, aber die auch existenzialistisch geweitet werden kann: Es ist gerade der menschliche Nahbereich, die Sphäre der intersubjektiven Anerkennung, der verständigungsorientierten Kommunikation, der zwischenmenschlichen Beziehung, der der Vernichtung der eigenen Wichtigkeit durch die fehlende Signifikanz der eigenen Existenz im kosmischen Maßstab entgegensteht. Die vermeintliche Sinnlosigkeit der menschlichen Existenz aus der Perspektive eines weltenthobenen *Beobachters* des Kosmos als solchem wird konterkariert durch die tiefen Sinnerfahrungen, die sich in der Perspektive eines in der Welt verwurzelten *Teilnehmers* an menschlichen Existenzvollzügen machen lassen. Man könnte auch sagen, dass die *Beobachtungen* des Universums nahelegen, dass der Mensch nicht in seinem Zentrum steht, und dass die alltäglichen *Erfahrungen* der menschlichen Lebensform aber genau diese Zentrierung plausibel machen. Wie aber verhält sich die astronomische Makroperspektive zur existenzialen Mikroperspektive?

Eine zumindest vorläufige Lösung wäre hier ein *schwacher Anthropozentrismus*. Ein solcher *schwacher Anthropozentrismus* nimmt einerseits die Unhintergehbarkeit der menschlichen Erkenntnisperspektive ernst, indem er die existenzielle und anthropologische Verfasstheit menschlicher Individuen in den Blick nimmt. Dieser Anthropozentrismus muss aber deshalb mit der Eigenschaft ‚schwach' abgefedert werden, weil es angesichts des fortschreitenden Wissens um die Größe des Universums und um das Ausmaß der ökologischen Krise einer – mit dem indischen Historiker Dipesh Chakrabarty gesprochen – *planetarischen Perspektive* bedarf, die den Planeten als solchen und nicht bloß seinen Nutzen für die Spezies Mensch fokussiert. (Vgl. Chakrabarty 2022) Die planetarische Perspektive fragt nicht nach dem Nutzen des Planeten für den Menschen, sondern in weitaus größeren Zeitmaßstäben nach den geologischen Bedingungen für die Existenz von Leben auf dem Planeten Erde.

Kommen wir zurück zum Gedankenexperiment. Es wäre wohl eine anthropomorphe Verzwergung Gottes, wenn Sie den außerirdischen Wesen einfach nur zurufen würden ‚Tja, Pech gehabt! Ihr seid halt nicht erlösungsfähig!' Wenn Gott der Je-Größere ist, dann ist es für den menschlichen Verstand anmaßend, zu sagen, dass eine Erlösungsmöglichkeit für bestimmte Wesen ausgeschlossen ist. Gott wird sich nicht-menschlichen Wesen zwar nicht völlig anders offenbaren können, als er sich den Menschen offenbart hat – es macht ja gerade die Rede von der *Selbst*-Mitteilung Gottes aus, dass Gott sich *selbst*, gewissermaßen sein innerstes Wesen mitteilt.[1] Aber es wäre zu klein von Gott gedacht, wenn im kosmischen Maßstab jegliches Heil für Wesen jenseits der Spezies Mensch ausgeschlossen wäre. Menschen können nun einmal nicht anders als

[1] Vgl. dazu das Gedankenexperiment „Amortentia" in Kapitel II.5.

in menschlicher Sprache und in menschlichen Erfahrungswelten über Gott nachzudenken. Das heißt aber noch lange nicht, dass in der gesamten Schöpfung Gottes Erlösung ganz exklusiv für Angehörige der Spezies Mensch möglich ist. Es ist eine bleibende Aufgabe für die Theologie der Gegenwart, diese fragile Balance zwischen einer heilsamen Anthropo-de-zentrierung und dem Bewahren der wichtigen theologischen Fortschritte der anthropologischen Wende zu halten.

Literatur zum Weiterlesen

Enxing, Julia: Und Gott sah, dass es schlecht war. Warum uns der christliche Glaube verpflichtet, die Schöpfung zu bewahren, München 2022. *[Plädoyer für ein Leben in ökologischer Verantwortung aus christlicher Motivation mit starker Betonung der Anthropozentrismuskritik]*

Kreiner, Armin: Jesus, UFOs, Aliens: Außerirdische Intelligenz als Herausforderung für den christlichen Glauben, Freiburg i.Br. 2011. *[Gründliche fundamentaltheologische Auseinandersetzung mit dem Problem außerirdischer Intelligenz für die christliche Erlösungsbotschaft]*

Rahner, Karl: Theologie und Anthropologie, in: ders.: Dogmatik nach dem Konzil (Sämtliche Werke 22/1a), Freiburg i.Br. 2013 [1967], 283–300. *[Der Text ist ein Klassiker, in dem der Begründer der anthropologischen Wende in der katholischen Theologie seine Idee kondensiert darlegt]*

Schillebeeckx, Edward: Menschen. Die Geschichte von Gott, Freiburg i.Br. 1990. *[Gelungene Einführung in die Grundgedanken der anthropologischen Wende in der Theologie]*

II.12 Das Schiff des Theseus. Oder: Bin ich nach der Auferstehung noch dieselbe Person?

Der Glaube an die Auferstehung des einen und ganzen Menschen ‚mit Haut und Haar' (und nicht bloß die Fortexistenz einer immateriellen Seelensubstanz) über den Tod hinaus galt schon in der hellenistischen Umwelt der ersten Christ:innen als unvernünftig. Heute hingegen scheint unter dem Eindruck eines naturalistischen Weltbildes stärker die Annahme einer den Tod überdauernden Seele unplausibel zu werden. Aber was auch immer ‚auferstehen' soll, dieses soll *dieselbe Person* sein, wie die, die zuvor gelebt hat und gestorben ist. Nur: Was ist eigentlich eine Person? Und was macht personale Identität aus? Dieses philosophische Problem beschäftigte schon die antiken Philosoph:innen, auf die auch das folgende Gedankenexperiment zurückgeht.

> Stellen Sie sich ein Schiff vor: Eine prächtige, antike Galeere, kunstvoll gefertigt, einschüchternd schon der Anblick. Diese Königinnen der Meere, mit der zum Beispiel Theseus – der legendäre König Athens – nach Kreta fuhr, um den Minotaurus zu töten, hatten nur leider einen kostspieligen Nachteil: sie nutzten sich relativ schnell ab. Bis auf den Kiel wurde aus Gründen des geringeren Gewichts meist leichtes Kiefernholz verwendet. So war man auf dem Mittelmeer zwar äußerst wendig und schnell unterwegs, aber schon nach ein paar Jahren mussten die Boote runderneuert werden. Stellen wir uns also vor: das Schiff des Theseus läuft ein in die Werft, wird aufs Trockendock gehoben und man fängt an, die einzelnen Planken des Schiffs gegen absolut identische Teile auszutauschen. Planke für Planke, Bolzen für Bolzen setzen die fachkundigen Schiffsbauer neue Bauteile ein und entfernen die durch Salz, Wind und Wasser beanspruchten alten Teile. Mit fortschreitender Reparatur aber wird klar, dass hier buchstäblich keine Planke auf der anderen würde bleiben können, sodass letztlich sämtliche Teile des alten Schiffs vom Kiel bis zur Takelage ersetzt worden sind. Als nun Theseus nach Abschluss der Arbeiten sein Schiff abholen will, staunt er nicht schlecht: Vor ihm steht ein wortwörtlich rund-

erneuertes Schiff und in der Rechnung der folgende Satz: „Sehr geehrter Herr Theseus, zu Ihrer Kenntnis teilen wir Ihnen mit, dass wir Ihnen in vorliegender Sache den Preis eines neuen Schiffs berechnen müssen, da ab einer Erneuerung von 85 % der Teile die Identität mit dem in Auftrag gegebenen Schiff nicht mehr gewährleistet ist. Vielen Dank für Ihr Verständnis. Mit freundlichen Grüßen, Argos, Schiffsbauer."

Das Gedankenexperiment, das zuerst beim antiken Philosophen Plutarch überliefert ist,[1] *will zwei gegenteilige Intuitionen bei Ihnen provozieren: Wäre einerseits bei dem Schiff beispielsweise nur ein zerrissenes Segel ausgetauscht worden, dann würde kaum jemand zögern, das reparierte Schiff mit dem alten zu identifizieren. Nur weil ein Segel erneuert wurde, entsteht ja kein neues Schiff! Der Ersatz einzelner Teile scheint die Identität des Schiffs nicht zu gefährden. Andererseits würden Sie wohl der Aussage zustimmen, dass ein vollständig aus fabrikneuen Teilen zusammengesetztes Schiff, nun einmal ein neues Schiff ist. Irgendwo zwischen diesen beiden Intuitionen müsste es also einen Kipp-Punkt geben, an dem aus dem bloß reparierten ein neues Schiff wird. Das scheint aber unplausibel zu sein, denn warum soll der Austausch der ersten 195 Holzbohlen nur eine Ausbesserung des alten Schiffs sein, ab dem 196. Brett aber ein neues Schiff entstehen?*

Springen Sie dem König Athens zur Seite! Legen Sie Einspruch gegen die Rechnung des Argos ein oder akzeptieren Sie dessen Argument, Theseus habe de facto ein neues Schiff zu bezahlen?

Das philosophische Problem, das das ‚Schiff des Theseus' veranschaulichen soll, ist die Frage, unter welchen Bedingungen sich ein graduell veränderndes Objekt durch die Zeit hindurch mit sich selbst identisch bleibt. In philosophischen Begriffen: Aufgeworfen ist das Problem diachroner, also zeitlich erstreckter Identität materieller Objekte oder das sog. Persistenz-Problem. Wir wollen im Folgenden das Problem zunächst philosophisch untersuchen und dann in einem zweiten Schritt theologisch adaptieren. Dabei werden wir das Gedankenexperiment immer wieder auch um verschiedene Aspekte verändern und ergänzen müssen, um neue Intuitionen abzurufen. Aber bleiben wir zunächst kurz ganz nah am Gedankenexperiment selbst: Solange wir nur über Gegenstände re-

[1] Eine einfach zugängliche Übersetzung findet sich bei Essler 1995, 310.

den, könnte man die widerstreitenden Intuitionen über zwei konkurrierende ontologische Theorien erklären. Unserem Alltagsverständnis von Identität durch die Zeit entspricht die Position des sog. *Endurantismus*. Er besagt, dass Gegenstände dreidimensionale Objekte sind, die über zeitliche Dauer hinweg ‚Beständigkeit' (vgl. engl.: *endurance*) haben. Ein und dasselbe Objekt – mit dieser Auffassung blicken wir normalerweise auf die Welt – existiert zu verschiedenen Zeiten und verändert dabei immer wieder auch seine Eigenschaften (oder wie das Schiff des Theseus einige seiner Planken), ohne dass es seine Identität verändert oder verliert. Problematisch wird diese Position – wie wir gesehen haben – an dem Punkt des vollständigen Austauschs der Teile. Der sog. *Perdurantismus* vermag dieses Problem zu umgehen. Wir müssen dazu bloß unsere alltägliche Sicht auf die Dinge um eine zeitliche Dimension erweitern. Gegenstände sind nach perdurantistischer Auffassung nicht dreidimensionale Objekte, die in der Zeit überdauern, sondern von vornherein als vierdimensionale Objekte gedacht. In jedem zeitlichen Moment begegnet uns bloß eine ‚Scheibe' eines eigentlich aus einer (zeitlichen) Aneinanderreihung solcher Scheiben bestehenden Objekts. Dieser ‚Wurm' durch die Zeit kann nun zu verschiedenen Zeiten völlig unterschiedliche Eigenschaften haben, denn widersprüchlich sind ja bloß die Eigenschaften verschiedener ‚Zeitscheiben', nicht des ganzen Gegenstandes selbst. (So wie wir auch kein Problem damit haben, dass in unserem Alltagsverständnis einige Planken des Schiffs schwarz angepinselt sind und andere weiß – d.h. die einzelnen Teile *im Raum* unterschiedliche Eigenschaften haben.)

Wenn man nun nicht bereit ist, die Sicht des Perdurantismus in seinem Alltagsverständnis zu übernehmen, scheint es aber spätestens dann zu „handfesteren" Problemen zu kommen, wenn wir die konstruierte Situation des Theseus'schen Schiffes verlassen und uns der Frage der Persistenz von *Personen* zuwenden. Denn auch wir Menschen verändern uns ja in materieller Hinsicht jeden Tag immer weiter, bloß werden wir dafür nicht aufs Trockendock gehoben. Der Austausch all unserer Zellen etwa alle sieben Jahre geschieht vielmehr ‚auf hoher See'. Auch diejenigen von Ihnen, die nun beim Schiff des Theseus die Intuition hatten, dass ein Austausch aller Teile die Identität des Schiffes gefährdet hat (also ein neues Schiff entstanden ist), haben vermutlich keine Probleme auf ein Foto ihrer selbst zu zeigen, dass Sie als Kleinkind zeigt, und dabei zu behaupten: „Das bin ich." Wenn unsere Intuitionen hier stimmen, dann sind also auch in ontologischer Hinsicht Gegenstände und Personen voneinander zu unterscheiden – denn bei Gegenständen hat uns ein Austausch aller materieller Teile an der Identität des Objekts zweifeln lassen, bei Personen scheint das nicht der Fall zu sein. Und wenn materielle Objekte und Personen ontologisch voneinander verschieden sind, dann dürfen sich auch deren Persistenz-Bedingungen unterscheiden.

Um diese Frage – Unter welchen Bedingungen ist eine (menschliche) Person durch die Zeit hindurch mit sich selbst identisch? – hat sich in der Philosophie eine weit verzweigte Debatte entwickelt. Dabei ist leicht ersichtlich, dass die Antworten auf diese Frage maßgeblich von der zugrunde gelegten Anthropologie abhängig sind: Wer der Überzeugung ist, Menschen hätten eine unveränderbare Seele, wird andere Persistenzbedingungen angeben können als diejenigen, die meinen, Menschen seien im Grunde mit besonderen geistigen Fähigkeiten ausgestattete Tiere oder schlichtweg nichts weiter als komplexere Natur. Durch die verschiedenen Sichtweisen auf den Menschen stehen je unterschiedliche Möglichkeiten zur Verfügung, die Bedingungen diachroner Einheit zu fassen. Wer meint, jeder Mensch verfüge über eine immaterielle Seelensubstanz (die auch die Persönlichkeit der Person ausmache), kann leicht über den Austausch oder gar den Wegfall materieller Teile hinwegsehen, die bloß akzidentiell zur Person gehören. Wäre das Schiff des Theseus eine Person, so bliebe das Schiff demnach so lange dasselbe, wie sein „Geist" (soll heißen: das spezielle Gefühl, das dieses sagenumwobene Schiff ausstrahlt) bleibt. Wer hingegen der Auffassung ist, dass Menschen sich durch das Vermögen des Selbstbewusstseins auszeichnen, der oder die könnte die Erste-Person-Perspektive ins Zentrum der Persistenz rücken und diachrone Einheit an die Fähigkeit knüpfen, sich durch die Zeit hindurch mit sich selbst zu identifizieren. So erinnern Sie sich vermutlich im Regelfall morgens daran, dass Sie abends zu Bett gegangen sind und können sich zweifelsfrei als dieselbe Person identifizieren – ohne dass Sie im Schlaf ständig ein Bewusstsein ihres Zustands reflektiert hätten. Und schließlich stünde der Vertreterin einer Sicht auf den Menschen als lebendiges Naturwesen die Möglichkeit offen, die Identität einer Person so lange gewährleistet zu sehen, wie sich deren Organismus selbst erhält.

Mit Blick auf die nun beabsichtigte theologische Adaption der philosophischen Persistenz-Debatte lässt sich schon jetzt absehen, dass die Frage nach der diachronen Einheit der Person von einiger Relevanz für die christliche Auferstehungshoffnung sein könnte: Schließlich soll ja auch die einmal auferstandene Person dieselbe sein, die in dieser Hoffnung einst starb. Dazu müssen wir unser Gedankenexperiment vom Beginn aber zunächst noch einmal etwas erweitern.

Für Argos, den Schiffsbauer, war der Auftrag des Theseus ein Glücksfall. Wann hat man schon einmal die Möglichkeit, nicht bloß irgendeinen alten Kahn wieder in Stand zu setzen, sondern eine Legende wieder seetüchtig zu machen? Und Theseus war zwar ein begnadeter Held, doch verstand er vom Schiffsbau nicht wirklich etwas. So war es für Argos ein Leichtes den Zustand der Galeere deutlich schlechter zu reden, als er es tatsächlich war. Für den gewieften Handwerker bot sich eine einmalige Möglichkeit: Er lagerte sämtliche Bestandteile des ursprünglichen Schiffes ein. Fein säuberlich markierte er die Bauteile, um das Schiff später wieder aufbauen zu können – keine originalgetreue Kopie wie das Neuschiff, das er Theseus verkauft hatte, – nein! – das Original selbst, mit jeder einzelnen Planke an seinem ursprünglichen Ort. Und so glitt Jahre später, kurz nachdem Argos vom Tod des Theseus gehört hatte und er sich traute die alten Bestandteile wieder zusammenzufügen, das sagenumwobene Schiff des Theseus wieder durch die Wellen des Mittelmeeres.
Im Vergleich zum Ursprungs-Gedankenexperiment hat sich das Problem hier verschoben: Die philosophische Herausforderung liegt nicht mehr in der Frage nach der Identität bzw. Einheit eines Objekts, das sich durch die Zeit hindurch graduell verändert, sondern in der Frage, ob materielle Objekte über zeitliche „Lücken" hinweg persistieren können. Sollte das Gedankenexperiment vom Anfang bei Ihnen die Intuition hervorgerufen haben, dass Theseus nach der Reparatur ein neues Schiff in Empfang genommen hat, dann würden Sie vermutlich sagen, dass das ursprüngliche Schiff zu existieren aufgehört hat. Kann dann das Jahre später aus den ursprünglichen Teilen wieder zusammenbaute

Schiff noch dasselbe Schiff sein, wie dasjenige, das einst aufs Dock gehoben wurde und dann aufgehört hat zu existieren?

Wieder scheint es hier einen grundlegenden Unterschied zu geben zwischen den Persistenz-Bedingungen materieller Objekte und denen von Personen. Bei materiellen Objekten auf der einen Seite scheint unsere Intuition zu sein, dass das Auseinanderbauen, Einlagern und Wiederzusammenfügen der einzelnen Teile die Identität des Objekts nicht gefährdet. Denken Sie etwa an einen Schrank, den Sie auseinanderbauen, um mit ihm in eine neue Wohnung umzuziehen. Die Frage eines Freundes in der neuen Wohnung, ob Sie einen neuen Schrank haben, werden Sie mit dem Hinweis verneinen, dass Sie diesen Schrank auch schon in ihrer alten Wohnung hatten. Dass er zwischenzeitlich auseinandergebaut war und als Schrank eben zeitweise nicht existierte, kümmert Sie dabei nicht. Auf der anderen Seite – und das interessiert uns hier besonders – gilt diese Intuition für Personen nicht. Eine Person, die – nach welchem Persistenz-Kriterium auch immer – aufgehört hat zu existieren, kann nach einer zeitlichen Lücke nicht wieder zu existieren beginnen, denn damit wäre das metaphysische Basisprinzip verletzt, dass keine Entität mehr als einmal zu existieren beginnen kann. Raumzeitliche *Kontinuität* scheint also so etwas wie ein Minimalkriterium für die Persistenz von Personen zu sein.

Damit wäre der Boden bereitet für das Gedankenexperiment, das uns theologisch eigentlich interessieren müsste. Stellen Sie sich eine absurde Kombination aus den beiden vorangegangenen Gedankenexperimenten dieses Kapitels vor ...

Das Schiff des Theseus wird im Trockendock auseinandergebaut. Die Bauteile sind (dieses Mal wirklich) in einem furchtbar schlechten Zustand, schon wenige Monate später sind sie verrottet. Argos aber prägt sich den Bauplan des Schiffes exakt ein und baut nach dem Tod des Theseus als Hommage an den König das Schiff aus neuen Teilen noch einmal auf – und behauptet nun wirklich, dieses nach Jahren aus fabrikneuen Teilen zusammengebaute Schiff, wäre das wahre Schiff des Theseus.

Diese dritte Fassung unseres Gedankenexperiments vereinigt die Probleme der beiden vorhergehenden: Das Schiff soll nach Auffassung des Argos, obwohl es (1) hinsichtlich seiner materiellen Bestandteile dem

Original absolut unähnlich ist und (2) über eine zeitliche Lücke hinweg nicht existent war, immer noch dasselbe Schiff sein, wie dasjenige, was einst zur Reparatur zu ihm gebracht wurde.

Wagen wir gleich die Übertragung auf menschliche Personen: Unsere Intuition müsste eine Kombination aus den Überlegungen der vorangegangenen Gedankenexperimente sein – mit einer Verschärfung. Denn nicht nur soll diesmal (wie in der zweiten Fassung) eine zeitliche Lücke überbrückt werden und (wie in der ersten Fassung) die Materie graduell erneuert werden. Hier behaupten wir die (Fort-, Wieder- oder Neu-)Existenz der Person über die zeitliche Lücke hinweg mit einem kompletten Austausch der Materie auf einen Schlag. Und hier ist nun endlich der theologisch springende Punkt: Die christliche Hoffnung auf eine leibliche Auferstehung scheint die Möglichkeit der Persistenz im Sinne der dritten Fassung unseres Gedankenexperiments vorauszusetzen. Sie muss (A) mehr sein als die Fortexistenz einer wie auch immer gearteten Seele, nämlich die leibliche Dimension des Menschseins in die Auferstehung integrieren. Sie sieht sich (B) dem definitiven Ende personaler Existenz gegenübergestellt, die der Tod darstellt, über den hinaus sie (C) darauf setzt, dass ich es bin, der in der Auferstehung einst ‚ich' sagen werde.

Theologisch entzündet sich die Debatte um die diachrone Einheit zwischen irdischer und auferstandener Person am schärfsten an einer eschatologischen Position, die besonders in der protestantischen Theologie des frühen 20. Jahrhunderts als wahrhaft biblische Gestalt der Auferstehungshoffnung profiliert wurde. Dabei richtete sich die dort entwickelte Ganztod-Hypothese gegen eine allzu sehr an der Idee der Unsterblichkeit der Seele orientierte katholische Position. (Vgl. Greshake 1982; Henning 2010) Man sah darin letztlich die latente Gefahr einer Lehre, die behauptet, der Mensch könne sich selbst erlösen, es gebe im Menschen ein nicht zerstörbares Moment, das *von sich aus* den Tod überdauern könne. Dagegen setzt die Ganztod-Hypothese auf die vollständige Vernichtung des ganzen Menschen ‚mit Leib und Seele' und allein auf die rettende Aktivität Gottes im Auferstehungsgeschehen aus reiner Gnade. Sollte nun aber die Kontinuität der Person zumindest Möglichkeitsbedingung der diachronen Identität sein, dann muss zwingend mit dem Ganztod der Person das Ende ihrer Existenz gegeben sein – und dann wäre sie als auferstandene Person nicht mehr dieselbe wie noch zu Lebzeiten. Vor diesem Hintergrund sind nun die folgenden exemplarischen Modelle zu lesen, die dem religionsphilosophischen Versuch entstammen, die philosophische Persistenz-Debatte eschatologisch fruchtbar zu machen. Auch hier lassen sich die Persistenz-Bedingungen hinsichtlich ihrer anthropologischen bzw. metaphysischen Rahmentheorie unterscheiden.[2]

In einer *materialistischen* Sicht sind Personen identisch mit ihren Körpern. Eine diachrone Einheit stellen verschiedene (durchaus voneinander unterschiedene) körperliche Zustände dann dar, so etwa der US-amerikanische Philosoph Peter van Inwagen, wenn sie in einer immanent-kausalen Relation zueinander stehen, sodass ein späterer Zustand von dem vorhergehenden verursacht worden ist. Mit anderen Worten: Eine Person ist solange mit sich selbst identisch wie deren Organismus sich selbst erhält. Wenn also das Persistenz-Kriterium in körperlicher Kontinuität liegt, dann muss eben dieses Kriterium auch eschatologisch erfüllt sein, um die Selbigkeit der auferstandenen Person auszusagen. Mit einer (zugegebenermaßen selbst wie ein Gedankenexperiment anmutenden) Geschichte will van Inwagen demonstrieren, dass aber auch die von ihm vertretene materialistische Position die metaphysischen Anforderungen an den Auferstehungsglauben durchaus erfüllen kann:

> „It is of course true that men apparently cease to exist: those who are cremated, for example. But it contradicts nothing in the creeds to suppose that this is not what really happens, and that God preserves our corpses contrary to all appearance. […] Perhaps at the moment of each man's death, God removes his corpse and replaces it with a simulacrum which is what is burned or rots." (van Inwagen 1978, 121)

Van Inwagen würde also die Adäquatheit der letzten Fassung unseres Gedankenexperiments bestreiten. Es sind gar nicht *neue* Teile, die nach einer Lücke zusammengefügt werden müssen. Gott tauscht in dem Moment, in dem begonnen werden soll das Schiff auseinanderzubauen, einfach sämtliche Bestandteile gegen absolut identische Kopien aus und bewahrt das Original bei sich auf. Dann

---

2 Die sokratische Lösung der Fortexistenz der Seele lassen wir im Folgenden beiseite, insofern sie von vornherein inkompatibel scheint mit der Behauptung *leiblicher* Auferstehung.

erledigt sich offensichtlich das Problem, dass das später wieder „auferstandene“ Schiff nur ein Replikat ist, denn die „Nachbildung“ ist gerade das verrottete Schiff – das Original besteht ohne Unterbrechung fort.

Nun gibt es gute Gründe dafür, sich einer materialistischen Position nicht anzuschließen. Eine klassische Alternative stellen sog. *hylemorphistische* Konzeptionen dar, die diese von Aristoteles und Thomas von Aquin vertretene Sicht einer Relecture unterziehen. Der Hylemorphismus soll dabei sowohl die Probleme des Materialismus (zum Beispiel: reduktionistische Erklärung mentaler Phänomene) als auch die Probleme des Dualismus (zum Beispiel: mentale Verursachung) umgehen, indem er von einer bestimmten Verschränkung von Körper und Geist ausgeht. Die US-amerikanische Philosophin Eleonore Stump arbeitet die Seelenlehre des Thomas in systematischer Absicht auf und gewinnt so ein Verhältnis von Körper und Geist/Seele, in dem die Seele die Form des materiellen Körpers darstellt. Stump denkt das Verhältnis von Geist und Materie in Analogie zum Verhältnis von menschlicher DNA und dem menschlichen Körper: So wie die DNA der ‚Bauplan‘ ist, nach dem der Körper entsteht, so ist die Seele das Formprinzip, dass die Materie von Lebewesen formt. (Vgl. Stump 1995) Für die Identität der auferstandenen Person mit ihrem irdischen Selbst braucht es dann keine materielle Identität des biologischen Körpers mehr (und auch keine Geschichten mehr darüber, wie Gott heimlich die Körper sterbender Personen austauscht), sondern es braucht bloß die Identität des Bauplans, der nicht einmal zwingend kohlenstoffbasierte Materie informieren muss, um sicherzustellen, dass die auferstandene noch identisch ist mit der irdischen Person. (Vgl. Stump 2006) Für eine Veranschaulichung der Position an unserem Gedankenexperiment müssen wir bloß außer Betracht lassen, dass Schiffe anders als Menschen keine ‚Unikate‘ sind. Dann aber sieht man schnell, dass Argos bloß die Konstruktionspläne des Schiffs wiederbeleben muss, um das wahre Schiff des Theseus auferstehen zu lassen.

Schließlich greift – um einen dritten und letzten Vorschlag hier vorzustellen – der deutsche Theologe Thomas Schärtl auf *phänomenologische* Traditionen zurück, um endgültig die Vorstellung zurückzulassen, in der Auferstehung müssten Fleisch und Knochen der Personen wieder zusammengefügt werden. Mit dem Begriff des

Leibes gewinnt er die Möglichkeit, die körperliche Realisation der Person zu denken, ohne sie mit ihrem Körper zu identifizieren. (Vgl Schärtl 2010, 68–78; Schärtl 2012, 336) Der Leibbegriff bietet sich dabei für eine Vermittlung an zwischen der Unvertretbarkeit der Erste-Person-Perspektive, die Personen wesentlich auszeichnet, und der Notwendigkeit der dinghaften Realisierung dieser Ersten-Person-Perspektive. Wenn mit Auferstehung nun aber eine tiefgreifende Verwandlung gemeint ist, dann ist allein die im Leibbegriff aufscheinende verkörperte Erste-Person-Perspektive vor dem Tod zu bewahren, die dann nicht einmal über eine zeitliche Lücke hinweg zu denken ist, sofern diese Verwandlung bereits *im Tod* einsetzt.

Die Tatsache, dass sich der Vorschlag Schärtls kaum noch an unserem Gedankenexperiment veranschaulichen lässt, zeigt, dass hier endgültig der ontologische Unterschied zwischen Dingen und Personen theoretisch abgebildet ist. Dennoch: Strukturell baut die eschatologische Rezeption der philosophischen Persistenz-Debatte auf eben jener durch das Schiff des Theseus bereiteten Problemlage auf. Zu fragen wäre schließlich bloß noch – so viel darf hier angedeutet sein – ob die theologische Übertragung der philosophischen Frage nach den Kriterien personaler Einheit durch die Zeit auch ein originär eschatologisches Problem erfasst. Könnte es nicht sein, dass hier von vornherein der Begriff christlicher Hoffnung verkürzt wird, insofern sie unter anderem weder um die Behauptung des wirklichen Todes der Person herumkommt, noch das Eschaton als bloße Parallelwelt zu denken versucht, in der etwa auch die gleichen Persistenz-Bedingungen gelten wie in Raum und Zeit? (Vgl. Tappen 2021, 119–130) Karl Rahner hat diesen Punkt anschaulich problematisiert:

> „Wenn wir also von den Toten, die leben, sprechen wollen, so müssen wir zuerst sagen, was gemeint, oder besser, was nicht gemeint ist. Gemeint ist nicht, dass es nach dem Tode ‚weitergeht', als ob nur (um mit Feuerbach zu sprechen) die Pferde gewechselt wären und dann weitergefahren würde, also jene eigentümliche Gestreutheit und unbestimmte, immer neu bestimmbare und somit im Grund leere Offenheit des zeitlichen Daseins weiterdauere. Nein, in dieser Hinsicht setzt der Tod ein Ende für den ganzen Menschen." (Rahner 2005 [1959], 540)

Mit anderen Worten: Denken Sie (auf einer Metaebene zum vorliegenden Gedankenexperiment), dass ‚Das Schiff des Theseus' wirklich in ein theologisches Problem einführt?

Literatur zum Weiterlesen

Quante, Michael: Person, Berlin/Boston [2]2012. *[Einführung in das philosophische Persistenz-Problem und Entwicklung einer eigenständigen Position]*

Gasser, Georg: Personale Identität und leibliche Auferstehung, in: ders./Jaskolla, Ludwig/Schärtl, Thomas (Hg.): Handbuch für analytische Theologie (STEP 11), Münster 2017. *[Einführung in das eschatologische Identitäts-Problem mit einem Überblick über verschiedene theologische Positionen]*

Gasser, Georg (Hg.): Personal Identity and Resurrection. How Do We Survive Our Death?, Farnham/Burlington 2010. *[Textsammlung einschlägiger Forschungsartikel zum Thema]*

Brüntrup, Godehard/Rungel, Matthias/Schwartz, Maria (Hg.): Auferstehung des Leibes – Unsterblichkeit der Seele, Stuttgart 2010. *[Textsammlung einschlägiger Originalartikel zum Thema in deutscher Sprache, zum Teil mit Übersetzung der Texte aus obiger Publikation]*

Teil III

Spaghettimonster, Weltverbesserer und The Beatles

Gedankenexperimente
zu Religion, Kirche und Gesellschaft
(Quaestio Catholica)

III.1 Das fliegende Spaghettimonster. Oder: Was ist eine Religionsgemeinschaft?

Das folgende Gedankenexperiment ist eines der wenigen, das nicht nur ein hypothetisches Gedankenspiel ist, sondern tatsächlich in die Tat umgesetzt wurde. Die ‚Sekte des Fliegenden Spaghettimonsters' ist eine Vereinigung von Religionskritiker:innen, die in satirischer Überhöhung auf die Unmöglichkeit einer genauen Definition von ‚Religion' aufmerksam möchten.

> Nehmen wir an, dass Sie eines Tages einem merkwürdigen Menschen begegnen: Er sieht aus wie jemand, der sich als Pirat verkleidet hat, obwohl gerade Hochsommer und auf keinen Fall Karnevalszeit ist. Neben Augenklappe, Säbel und Enterhaken trägt er ein Nudelsieb auf dem Kopf. Auf Ihre verdutzte Frage, was denn mit ihm los sei, antwortet er: „Ich bin gerade auf dem Weg in die Nudelmesse. Ich bin Pastafari!". Im Laufe des Gesprächs stellt sich heraus, dass es sich bei ‚Pastafari' um die Anhänger:innen einer neuen Religionsgemeinschaft handelt, die an das ‚Fliegende Spaghettimonster' glauben. Dieses habe die Welt erschaffen und halte sie im Sein – zum Beispiel sei die Gravitationskraft nur eine Einbildung, in Wahrheit hielte das Fliegende Spaghettimonster alle Dinge mit seinen unsichtbaren nudeligen Armen in Erdnähe. Im Jenseits gebe es für die Anhänger:innen des Fliegenden Spaghettimonsters einen Biervulkan, und ... Sie sind amüsiert über die offensichtlich satirische Persiflage von Religionsgemeinschaften, aber ihr Gesprächspartner ist entrüstet: Er meint das alles ernst! Er fordert, dass die Gemeinschaft derer, die an das Fliegende Spaghettimonster glauben, vom Staat als Religionsgemeinschaft anerkannt werden solle – mit allen Rechten, die das mit sich bringt. Dazu gehört für Ihren neuen Bekannten etwa auch, in offiziellen Ausweisdokumenten ein Nudelsieb als religiöse Kopfbedeckung tragen zu dürfen – alles andere verletze seine Religionsfreiheit. Sein Hauptargument: Sie sollen ihm doch mal erklären, was überhaupt der Unterschied zwischen den christlichen Kirchen und der ‚Kirche' des Fliegenden Spaghettimonsters sei – beide glaub-

ten doch an ein übernatürliches Wesen, beide hätten Rituale, Liturgien, eine Gemeinschaft von Glaubenden.

Sie sind etwas perplex: Offensichtlich handelt es sich doch beim Christentum um eine Religion, beim Glauben an das Fliegende Spaghettimonster jedoch nicht – bloß: warum ist das so? Was denken Sie: Gibt es etwas, das die beiden Gemeinschaften unterscheidet? Falls ja: Was? Oder, anders formuliert: Was ist das Religiöse an Religion?

Die Sekte des Fliegenden Spaghettimonsters macht auf die missliche Lage liberaler Demokratien aufmerksam: Entweder müssen auch offensichtliche Religionsparodien wie die Pastafari als Religionsgemeinschaften, inklusive aller Rechte, Steuervorteile, etc., anerkannt werden, was intuitiv aber merkwürdig ist. Oder solchen Gemeinschaften wird dieser Status verweigert, dann müsste allerdings eine Begründung geliefert werden, warum beispielsweise das Christentum als eine Religion gelten soll, aber die Sekte des Fliegenden Spaghettimonsters nicht. Das grundlegende Problem ist ein strukturelles Dilemma für alle Staaten, die sich der Idee einer ‚weltanschaulichen Neutralität' verschrieben haben: Entweder man weiß schon, was als Religion zählt und was nicht und kann darum entscheiden, wann legitimerweise an Religionsfreiheit appelliert wird und wann nicht (auf diese Begründung dürfte man aber gespannt sein), oder man enthält sich dieser Bestimmung, was allerdings der Willkür Tür und Tor öffnet: Jede:r Bürger:in könnte sich eine noch so verrückte und inkohärente Weltsicht ausdenken und mit dieser Sichtweise bestimmte Vorteile mit Blick auf die rechtliche, steuerliche und gesellschaftliche Behandlung seiner ‚Glaubensgemeinschaften' einheimsen.

Im Hintergrund steht die Schwierigkeit, eine allgemein gültige Definition von ‚Religion' zu geben. Das Problem ähnelt dem Haufenparadox in der Philosophie, das eine Aussage über Vagheit macht: Es gibt offensichtlich Fälle, in denen etwas ein Sandhaufen ist – wenn beispielsweise 1 Milliarde Sandkörner auf einem Haufen liegen. Es gibt aber ebenso offensichtlich Fälle, in denen etwas kein Sandhaufen ist – wenn etwa nur ein einziges Sandkorn herumliegt, könnte man nicht von einem Haufen sprechen. Das Problem der Vagheit sagt nun, dass es unmöglich ist, eine scharfe Grenze zwischen einem Haufen und einem Nicht-Haufen festzulegen: Man kann nicht sagen, bei welchem weggenommenen Sandkorn der Sandhaufen aufhört, ein Sandhaufen zu sein. Unser Begriff von ‚Sandhaufen' scheint keine scharfen Ränder zu haben.

Gilt dies nun auch für den Begriff ‚Religion'? Zunächst ist festzuhalten: Es gibt viele Versuche, den Begriff der Religion trennscharf zu definieren. Der Einfachheit halber kann man die verschiedenen Religionsdefinitionen zweiteilen in *substanzielle* und *funktionale* Religionsdefinitionen. Substanzielle Religionsdefinitionen versuchen einen Wesenskern, eine Substanz anzugeben, die alle Religionen notwendig teilen. Beispielhaft können der Religionswissenschaftler und Theologe Rudolf Otto und der Religionssoziologe Peter L. Berger genannt werden: Otto geht in seinem Buch *Das Heilige* von 1917 davon aus, dass alle Religionen primär auf das ‚Numinose' bezogen sind, also auf ein unfassliches Geheimnis, das als Urgrund der Welt zugleich anziehend und abschreckend wirken kann. (Vgl. Otto 2004 [1917]) Berger begreift jede Religion als den Versuch einer Kosmisierung der Welt, also als einen Entwurf einer sinnstiftenden Ordnung des Kosmos im Ganzen. (Vgl. Berger 1988) Diese Liste von substanziellen Religionsbegriffen ließe sich noch beliebig erweitern.[1] Gemeinsam ist allen substanziellen Religionsbegriffen, dass sie einen Wesenskern *aller* Religionen finden möchten – die meistgenannten Kandidaten sind Transzendenzbezug, Bezug auf Heiligkeit bzw. einen heiligen Kosmos oder ein Bezug auf einen unbedingten, geheimnishaften Ursprung des Seins. Obschon sich Religionen in ihrer konkreten Ausgestaltung unterscheiden, sei dies jeweils der gleichbleibende Kern, den alle Religionen teilen.

Substanzielle Religionsbegriffe sind wenig erfolgversprechend, weil sie für das Phänomen der Religion einerseits nicht weit genug gefasst sind: Es scheint sich immer ein Gegenbeispiel angeben zu lassen für etwas, dass im Alltag als große Religion zählt, ohne dass diese über das entscheidende Wesensmerkmal verfügt. So kann beispielsweise der Buddhismus als Religion ohne klaren Bezug auf ein transzendentes Sein gelten. Andererseits müssten substanzielle Religionsbegriffe auch vieles als Religion zählen lassen, was behauptet, das Wesensmerkmal zu haben – wenn man beim Beispiel des Bezugs auf Transzendenz bleibt, dann würden auch die

---

1 Einen Überblick über weitere substanzielle Religionsbegriffe bietet Wendel 2010, 10–13.

‚Gläubigen' irgendwelcher Sekten oder Naturheilkundler behaupten können, dass sie Transzendenzbezüge herstellen. Generell scheint es also keine gute Idee zu sein, einfach nur ein starres Wesensmerkmal festzurren zu wollen, das von allen Religionen auf der Welt gleichermaßen geteilt wird – es bildet schlichtweg empirisch nicht die Menge der Gemeinschaften ab, die wir als Religion bezeichnen wollen, sondern ist tendenziell zu eng gefasst.

Die große Alternative zu substanziellen Religionsbegriffen besteht darin, nicht ein Wesensmerkmal zu definieren, sondern Religion über ihre *Funktion* in den Blick zu nehmen: Vertreter:innen einer funktionalen Bestimmung von Religion identifizieren in den Religionen der Welt eine gleichbleibende wichtige Funktion, die sie für das Leben der Menschen oder für die Stabilität von Gesellschaften übernehmen. Eine klassische Kandidatin für eine solche Funktion ist die Funktion der Bewältigung von Krisen des Daseins. So betont Émile Durkheim die soziale Funktion von Religion, da sie als Glaubenssystem für die Integration von Gesellschaften unabdingbar sei. (Vgl. Durkheim 2007 [1912]) Niklas Luhmann betrachtet Religion im Rahmen seiner Systemtheorie als System, welches dem binären Code ‚transzendent – immanent' folge und die Funktionen der Reduktion von Komplexitäten des Daseins und der Bewältigung existenzieller Kontingenz erfülle. (Vgl. Luhmann 1977) Für den funktionalen Religionsbegriff gibt es also keine substanziellen Inhalte, die alle Religionen teilen, sondern vielmehr eine spezifische Funktion im Leben. Es kommt ihm nicht darauf an, was Religionen *sind*, sondern was sie *tun*.

Jedoch steht auch der funktionale Religionsbegriff vor großen Problemen: Hauptsächlich ist er schlicht und ergreifend viel zu weit. Alles Mögliche kann die Funktion übernehmen, mit den Krisen und Kontingenzen des eigenen Daseins zurechtzukommen: Manche gehen ins Stadion, andere hören tröstende Musik, wieder andere frönen einem Hedonismus und verdrängen konsequent alles, was keine Lust bereitet. Es ist bisher nicht gelungen, eine Funktion der Religion zu bestimmen, die nicht auch von vielen Dingen, die offensichtlich keine Religion sind, übernommen wird. Und auch die Anhänger:innen der Sekte des Fliegenden Spaghettimonsters könnten behaupten, dass ihre Weltanschauung ebenfalls der Bewältigung des eigenen Daseins dient. Zwar kann man, wie bei jeder Satire, die Wahrhaftigkeit dieser Aussage mit guten Gründen hinterfragen – aber zunächst gilt es, diese Selbstzuschreibung ernst zu nehmen. Funktionale Religionsbegriffe führen also zu einer unplausiblen Aufblähung des Religionsbegriffs, da alles Mögliche als Religion zählen kann, was im alltäglichen Gebrauch der Begriffe nicht als Religion zählen würde.

Angesichts dieser Schwierigkeiten wird häufig die Notwendigkeit einer universalen Definition von Religion bestritten. Warum sollte es überhaupt einen Überbegriff von Religion geben, welcher alle Religionen gleichermaßen abdeckt? Steckt in dieser Sehnsucht nach einer universalen Begrifflichkeit nicht ein kolonialisierender Zug, der bestimmte, zumeist christliche Ausprägungen von Religion zur allgemeinen Norm erhebt – dem dann bestimmte ‚fremde' Religionen von vornherein nicht entsprechen können? Warum sollte man nicht einfach die Pluralität der Erscheinungsformen des Religiösen akzeptieren, statt den Versuch zu wagen, die Spezifika religiöser Selbst- und Weltdeutungen als solcher von nicht-religiösen Deutungen der Wirklichkeit abzugrenzen? So sympathisch dieser Vorschlag zunächst wirkt, so problematisch ist er, da er einer Kapitulationserklärung gleichkommt: Der Begriff der Religion wäre dann ein nicht begrenzbarer und damit ein unbrauchbarer oder gar sinnloser Begriff, da er alles und jeden bezeichnen könnte. Das widerspricht aber nicht nur der erfolgreichen alltagssprachlichen Verwendung des Religionsbegriffs in unseren Lebenskontexten, sondern löst auch Probleme für die rechtliche Behandlung von Religionsgemeinschaften aus: Ein Kreisligaverein, die Sekte des Fliegenden Spaghettimonsters, eine nationalsozialistische Vereinigung oder die großen Weltreligionen wären ununterscheidbar, was enorme praktische und juristische Probleme mit sich brächte. Am Ende des Tages wäre sogar unklar, was die Rede vom Menschenrecht der Religionsfreiheit noch bezeichnen soll, und es wäre nicht möglich, über Religionspolitik zu sprechen oder bestimmte Formen des Rechtsschutzes für religiöse Minderheiten zu begründen.

Das Gedankenexperiment des Fliegenden Spaghettimonsters führt also geradewegs in ein Dilemma: Einerseits scheint ein grundlegendes Verständnis dessen, was das spezifisch Religiöse an Religionen ist, unverzichtbar. Andererseits scheint es nicht möglich, sich auf ein solches Verständnis zu einigen – die bisher diskutierten Religionsbegriffe erweisen sich als nicht tragfähig. Was also tun?

Eine vielversprechende Lösung des Problems ist es, im Sinne des Haufenparadoxons zuzugestehen, dass es keine scharfen Grenzen gibt, die Religionsgemeinschaften von Nicht-Religionsgemeinschaften unterscheiden. Es scheint nicht das eine und einzige Definitionsmerkmal zu geben, das alle Religionsgemeinschaften eint. Daraus folgt aber kein Relativismus, nachdem der Begriff ‚Religion' völlig beliebig und damit unbrauchbar wird. Vielmehr folgt daraus, dass es klare Beispiele für Religionsgemeinschaften gibt – etwa die christlichen Kirchen, der Islam oder das Judentum; sowie klare Beispiele für Gemeinschaften, die keine Religionen bilden – etwa Kegelclubs oder Briefmarkensammelvereine. Zwischen diesen prototypischen Beispielen für Religionen und Nicht-Religionen gibt es unscharfe Ränder, d.h. es gibt Gemeinschaften, die prototypischen Religionsgemeinschaften in gewissen Hinsichten ähneln, in anderen aber nicht. Die Sekte des Fliegenden Spaghettimonster wäre wohl in einer solchen Unschärfe anzusiedeln: Sie erfüllt manche Eigenschaften von Religionsgemeinschaften, aber andere – wie z.B., eine existenziell bedeutsame Selbst- und Weltdeutung zu sein – eben nicht.

Die Idee der unscharfen Ränder komplexer Begriffe geht auf den österreichischen Philosophen Ludwig Wittgenstein zurück. Er fragt in einer berühmt gewordenen Passage danach, was eigentlich ein Spiel zu einem Spiel macht, und kommt zu folgendem Resultat:

> „Betrachte z.B. einmal die Vorgänge, die wir ‚Spiele' nennen. Ich meine Brettspiele, Kartenspiele, Ballspiele, Kampfspiele usw. Was ist allen diesen gemeinsam? […] Wenn du sie anschaust, wirst du zwar nicht etwas sehen, was allen gemeinsam wäre, aber du wirst Ähnlichkeiten, Verwandtschaften sehen, und zwar eine ganze Reihe. Wie gesagt: denk nicht, sondern schau! Schau z.B. die Brettspiele an, mit ihren mannigfachen Verwandtschaften. Nun geh zu den Kartenspielen über: Hier findest du viele Entsprechungen mit jener ersten Klasse, aber viele gemeinsame Züge verschwinden, andere treten auf. Wenn wir nun zu den Ballspielen übergehen, so bleibt manches Gemeinsame erhalten, aber vieles geht verloren. […] Und das Ergebnis dieser Betrachtung lautet nun: Wir sehen ein kompliziertes Netz von Ähnlichkeiten, die einander übergreifen und kreuzen. Ähnlichkeiten im Großen und Kleinen. Ich kann diese Ähnlichkeiten nicht besser charakterisieren als durch das Wort ‚Familienähnlichkeiten', denn so übergreifen und kreuzen sich die verschiedenen Ähnlichkeiten, die zwischen den Gliedern einer Familie bestehen." (Wittgenstein, PU § 66)

Mit der Definition von Religion könnte es sich ganz ähnlich verhalten: Weltreligionen haben Familienähnlichkeiten, aber es gibt nicht das eine spezifische Charakteristikum, welches sie alle haben. Die Sekte des fliegenden Spaghettimonsters ist gewissermaßen eine Gemeinschaft, die sich als ein Mitglied der Familie verkleidet – es imitiert bestimmte Charaktereigenschaften oder äußerliche Merkmale von diversen Mitgliedern der Familie, aber wenn diese Verkleidung abgelegt wird, dann kommt heraus, dass es sich nicht wirklich um eine Religionsgemeinschaft handelt. Wir können uns also einer universalen Definition von Religionen nähern, wenn wir ein besseres Verständnis unserer Sprache entwickeln: Sprache zerschneidet die Wirklichkeit nicht binär in Religionen und Nicht-Religionen. Diese Vorstellung von Sprache liegt aber den bisherigen Definitionsversuchen von Religion zugrunde. Gesteht man zu, dass unsere Sprache eine Vielzahl von Graustufen zulässt und dennoch klare Zuschreibungen in Einzelfällen ermöglicht, dann kann ein universaler Religionsbegriff nicht mehr am Reißbrett entwickelt, aber unter Rückgriff auf das, was wir im Alltag klarerweise als Religion betrachten, gefunden werden. Letztlich ist nicht ein universaler Begriff von Religion unplausibel, sondern vielmehr die Idee, dass dieser universale Religionsbegriff eine allgemeingültige ‚Substanz' oder eine allgemeingültige Funktion von Religion beinhalten müsse, die allen Religionen weltweit gemeinsam ist – und nur diesen.

Was folgt daraus für unser Gedankenexperiment, welches ja seit einigen Jahren mehr ist als ein hypothetisches Szenario? Die Sekte des Fliegenden Spaghettimonsters scheint im beschriebenen Graubereich angesiedelt zu sein, da sie keine existenziell ernstgemeinte Religionsgemeinschaft konstituiert, aber doch einige Familienähnlichkeiten zu Religionsgemeinschaften aufweist. Zudem erfüllt sie ein *ethisches Kompatibilitätskritierium*, da sie nicht die Freiheit und Gleichheit aller Bürger:innen zu gefährden oder andere Grundrechte zu beschneiden sucht. Es handelt sich daher um eine harmlose Satire, für die ein liberales Gemeinwesen einiges an Frustrationstoleranz aufbringen kann – wer die Pastafari nicht als Ärgernis, sondern als amüsante und kreative Form der Religionskritik versteht, kann sie als ebensolche harmlose Gemeinschaft und damit als gesellschaftspolitisch weder gefährliche noch sonderlich relevante Gruppierung einordnen. Was also würden Sie tun: Würden

Sie die Sekte des Fliegenden Spaghettimonsters als Religionsgemeinschaft anerkennen – oder nicht?

Literatur zum Weiterlesen

Henderson, Bobby: Das Evangelium des fliegenden Spaghettimonsters, München 2008. *[Satirische Einführung in den Kult um das fliegende Spaghettimonster, Fundgrube für weitere theologische Gedankenexperimente]*

Müller, Tobias/Schmidt, Thomas M. (Hg.): Was ist Religion? Beiträge zur aktuellen Debatte, Paderborn 2013. *[Aktuelle Beiträge zur Diskussion um die Definition des Religionsbegriffs mit Verortung in gegenwärtiger Debatte um die ‚Wiederkehr der Religion']*

Schlieter, Jens (Hg.): Was ist Religion? Texte von Cicero bis Luhmann, Stuttgart [2]2018. *[Gute Sammlung klassischer Texte zum Religionsbegriff]*

Wendel, Saskia: Religionsphilosophie, Stuttgart 2010, 7–48. *[Gelungene religionsphilosophische Einführung mit Blick auf verschiedene Religionsbegriffe und profiliertem eigenen Ansatz über den Begriff der Religiosität]*

III.2 Die Heiligkeit der Gänseblümchen. Oder: Wie verhalten sich Politik und Religion?

Im letzten Kapitel haben wir uns über das ‚Evangelium des Fliegenden Spaghettimonsters' den Fallstricken einer klaren und trennscharfen Definition des Begriffs ‚Religion' genähert. Wir können diese Idee einer etwas ‚speziellen' Religion noch ein wenig weiterspinnen und ein Gedankenexperiment in den Blick nehmen, dass in der Politischen Philosophie diskutiert wird. Dieses Mal handelt es sich aber wieder um ein hypothetisches Gedankenexperiment – es geht um heilige Gänseblümchen und demokratische Entscheidungsfindung.

Nehmen wir einmal an, in unserem Land – einem hinreichend stabilen, demokratischen und liberalen Verfassungsstaat – würde eine bestimmte weltanschauliche Gemeinschaft immer mehr Zulauf bekommen. Sie belächeln das Ganze: Es ist eine irgendwie durchgeknallte Weltanschauung, in der Pflanzen Seelen haben und daher als besonders wertvoll und verehrungswürdig betrachtet werden. Die Anhänger:innen feiern religiöse Feste, bei denen verschiedenen Pflanzen gehuldigt wird, und sie richten ihr Leben darauf aus, möglichst vielen Pflanzen das Leben zu schenken. Die allerheiligste Pflanze aber ist das Gänseblümchen: Es ist eine unverzeihliche Sünde, Gänseblümchen zu pflücken, zu zertrampeln oder sonstwie zu vernichten. Natürlich halten Sie selbst nichts von dieser Sekte – aber anscheinend tun das immer mehr Ihrer Mitbürger:innen. Nach und nach gewinnt diese Gemeinschaft so viele Anhänger:innen, dass sie die Mehrheit der Bevölkerung hinter sich vereint. Nun gründet diese Gemeinschaft eine Partei, die mit einem zentralen Ziel in den Wahlkampf zieht: Gänseblümchen dürfen nicht zerstört werden! Daher soll allen Bürger:innen verboten werden, ihren Rasen zu mähen. Es soll nicht länger erlaubt sein, Tiere auf Weiden grasen zu lassen, und alle gänseblümchenfressenden Wildtiere sollen beseitigt werden. Die Mehrheit der Bevölkerung steht hinter diesen Maßnahmen, und die entsprechenden Gesetze sind kurz davor verabschiedet zu werden. Zugleich haben viele Bürger:innen ein mulmiges Gefühl: Man kann doch nicht einfach die spezifischen Normen einer

Religionsgemeinschaft für alle – also auch für die, die der Religionsgemeinschaft gar nicht angehören – gesetzlich verbindlich machen!
Was denken Sie: Handelt es sich beim Gänseblümchenzerstörungsverbot am Ende des Tages um eine gerechtfertigte Norm, der Sie sich beugen müssen, da ja die Mehrheit dafür ist? Oder ist das eine unzulässige Verallgemeinerung spezifischer Wertvorstellungen von Religionsgemeinschaften, die nur für die Anhänger:innen der Religionsgemeinschaft gelten, aber nicht allgemein verbindlich gemacht werden können?

Dieses Gedankenexperiment stammt von Robert Audi, der in den USA Politische Philosophie lehrt. (Vgl. Audi 2000) Er möchte mit diesem Gedankenspiel die Intuition abrufen, dass es sich bei solchen verrückten Schutzmaßnahmen für etwas so alltägliches wie Gänseblümchen natürlich nicht um eine gerechtfertigte Norm oder eine gerechtfertigte Gesetzgebung handelt, selbst wenn die Mehrheit hinter ihr steht. Audi möchte damit eine grundsätzliche Intuition plausibilisieren, die die Legitimität von politischen Normen in demokratischen Gesellschaften betrifft: Es geht in Demokratien nicht einfach nur darum, Mehrheiten zu organisieren und die entstehenden Minderheiten dann zu unterdrücken. Eine demokratische Entscheidungsfindung zielt viel höher: Sie zielt auf ein rationales, das heißt ein im Prinzip von allen akzeptierbares Ergebnis. Daher sind für Demokratien die verschiedenen Sphären der politischen Öffentlichkeit auch so relevant: Sie bieten das Forum, um Gründe für und wider Normen auszutauschen. Wäre die Demokratie ein bloßer Mechanismus, um die jeweilige Mehrheitsmeinung herauszufinden, könnte man sich das aufwändige Spiel öffentlicher Debatten ja auch sparen und jede Frage direkt zur Abstimmung bringen. Es geht in einer liberalen Gesellschaft aber um mehr: Es geht darum, dass politische Normen im Sinne einer *öffentlichen Rechtfertigung* so begründet werden können, dass ihnen alle – unabhängig von ihrer jeweiligen Weltanschauung – zustimmen könnten.

Ein Beispiel: Wenn Sie in einen Zug steigen und alle Sitzplätze besetzt sind, ist es Ihnen nicht erlaubt, sich einen Sitzplatz mit Gewalt zu verschaffen – zum Beispiel, indem Sie sich den schwächsten Fahrgast aussuchen und diesen von seinem Sitz herunterprügeln. Dies nicht zu tun, ist Ihre moralische Pflicht – und wenn Sie das tun, werden Sie mit rechtlichen Sanktionen rechnen müssen. Der entscheidende Punkt für unseren Kontext ist: Es ist völlig egal, ob Sie Christ:in, Muslim:a, Jüd:in, Atheist:in, Nihilist:in oder sonst etwas sind – die Norm, niemand Unschuldigen verprügeln zu dürfen, kann so begründet werden, dass sie allgemein, also unabhängig von der jeweiligen weltanschaulichen Einstellung, verbindlich gemacht werden kann. Es handelt sich um eine Norm, die kategorisch gilt. Anders verhält es sich, wenn es um Normen geht, die in begründungslogischer Hinsicht abhängig von einer bestimmten Weltanschauung sind: Wenn Sie es beispielsweise als Pflicht betrachten, sich jeden Freitag fleischlos zu ernähren und dies unter Rückgriff auf ihre Religion begründen, so kann diese Norm nicht auf Personen ausgeweitet werden, die gar nicht Ihrer Religion anhängen – die Begründung ist eben nicht unabhängig von der jeweiligen weltanschaulichen Einstellung einsichtig, sondern abhängig von materialen religiösen Vorstellungen darüber, wann man auf bestimmte Nahrungsmittel verzichten sollte.

John Rawls, der Begründer des politischen Liberalismus und wohl einflussreichste politische Philosoph des vergangenen Jahrhunderts, versucht in seinem bahnbrechenden Buch *Politischer Liberalismus* in immer neuen Anläufen das immer gleiche Problem zu lösen – das ‚Stabilitätsproblem'. Es besagt, dass es unklar ist, wie angesichts des Faktums des vernünftigen Pluralismus, also der vernünftigen Erwartbarkeit rationaler Dissense in metaphysischen Fragen, eine stabile und wohlgeordnete liberale Gesellschaft denkbar ist.[1] Rawls' Lösung besteht in einer Entkopplung von Metaphysik und Politik, indem er eine ‚freistehende' Auffassung von Politik entwirft, die allen metaphysischen Streitigkeiten vorangeht:

> „Der öffentliche Vernunftgebrauch – die öffentlich vorgetragenen Argumente der Bürger über wesentliche Verfassungsinhalte und grundlegende Fragen der Gerechtigkeit – wird jetzt am besten durch eine politische Konzeption geleitet, deren Grundsätze und Werte alle Bürger bejahen können. Diese politische Konzeption wäre sozusagen politisch

---

[1] Vgl. Rawls 1998, 35: „Wie kann eine gerechte und stabile Gesellschaft von freien und gleichen Bürgern dauerhaft bestehen, wenn diese durch ihre vernünftigen, religiösen, philosophischen und moralischen Lehren einschneidend voneinander geschieden sind?"

> und nicht metaphysisch. Der politische Liberalismus zielt demnach auf eine Konzeption politischer Gerechtigkeit als freistehende Auffassung. Er bietet keine spezifische metaphysische oder erkenntnistheoretische Lehre, die über das hinausginge, was von der politischen Konzeption selbst vorausgesetzt wird." (Rawls 1998, 75)

Die Grundlagen des liberalen Staates werden dementsprechend von Rawls auch als ‚Modul' bezeichnet, welches in ganz unterschiedliche Selbst- und Weltdeutungen bzw. metaphysische Systeme eingefügt werden kann, ohne sich von diesen abhängig zu machen. Während eine Zustimmung zu den Grundlagen des demokratischen Rechtsstaates für ein friedliches Zusammenleben unterschiedlicher religiöser und nicht-religiöser Weltdeutungen unabdingbar ist, ist ein umfassender Konsens in metaphysischen oder religiösen Fragen, der für Rawls ohnehin unerreichbar scheint, keine notwendige Bedingung für die Lösung des Stabilitätsproblems. Daher gelte, „dass die öffentliche Gerechtigkeitskonzeption in einer konstitutionellen Demokratie soweit wie möglich losgelöst von umfassenden religiösen, philosophischen und moralischen Lehren vorgestellt werden sollte." (Rawls 1998, 232)

Der politische Liberalismus Rawls'scher Prägung ist also durch seine Unabhängigkeit gegenüber metaphysischen Systemen gekennzeichnet – würde man versuchen, Politik auf Basis kontroverser metaphysischer Annahmen zu betreiben, sei eine Spaltung der pluralistischen Gesellschaft vorprogrammiert, sodass die Rechtfertigung der Grundstruktur einer Demokratie ‚politisch, nicht metaphysisch' erfolgen müsse. Während eine politische Rechtfertigung hinreichend verallgemeinerbar sei, da sie in Bezug auf metaphysische Kontroversen ‚neutral' bleibe, sind metaphysische Annahmen nicht hinreichend verallgemeinerbar und daher nicht in der Lage, mit dem ‚Faktum des vernünftigen Pluralismus' umzugehen.

Im deutschsprachigen Kontext wird die Grundidee von Rawls' Liberalismus in verschiedenen Varianten einer ‚deliberativen Demokratie' gespiegelt, wie sie sich exemplarisch bei Jürgen Habermas und Rainer Forst finden. (Vgl. Habermas 1992; Habermas 2009b, 89–139; Forst 2007) Der kleinste gemeinsame Nenner von Rawls, Habermas und Forst ist die *Idee der autonomen Rechtfertigung politischer Macht.* Ihre Theorien schöpfen politische Legitimität aus der Legalität des Verfahrens der Gesetzgebung, welches auf die vernünftige Begründung und öffentliche Rechtfertigung allgemeinverbindlicher Normen setzt.

Diese Idee einer Rechtfertigungsneutralität, die über bloße Mehrheitsentscheide hinausgeht und Recht dadurch verbindlich macht, dass sich die Adressaten von Normen auch als deren Autoren verstehen, wird dabei nicht nur im Umkreis der Diskurstheorie für richtig gehalten, sondern wurde beispielsweise auch von Joseph Ratzinger, dem späteren Papst Benedikt XVI., in seinem inzwischen berühmten Gedankenaustausch mit Jürgen Habermas im Jahre 2004 bejaht: „Das Problem, dass Recht nicht Machtinstrument weniger, sondern Ausdruck des gemeinsamen Interesses aller sein muss, dieses Problem scheint, fürs erste jedenfalls, durch die Instrumente demokratischer Willensbildung gelöst, weil darin alle am Entstehen des Rechts mitwirken und daher es Recht aller ist und als solches geachtet werden kann und muss." (Ratzinger 2005, 42f.)

Für das Verhältnis von Religion und Gesellschaft können diese hohen Legitimitätsanforderungen jedoch problematisch sein, weil daraus zunächst zu folgen scheint, dass Religion in der politischen Öffentlichkeit nichts verloren hat: Die Rechtfertigung einer bestimmten Norm auf Basis von religiösen Überzeugungen scheint ein Paradebeispiel für eine nicht-öffentliche Rechtfertigung zu sein, da sie ja gerade nicht unabhängig von religiösen oder weltanschaulichen Annahmen ist. Genau deshalb entwirft Audi ja sein Gedankenexperiment der Heiligkeit der Gänseblümchen – er möchte zeigen, dass rechtliche Ver- oder Gebote nur begründet sind, wenn sie nicht allein religiös fundiert werden. Audi behauptet, dass es für öffentliche Diskurse zunächst vollkommen irrelevant ist, welche religiöse Doktrin von den Diskursteilnehmer:innen bejaht bzw. befolgt wird, da in diesen Diskursen ohnehin nur Argumente moralisch zulässig sind, die unabhängig von diesen Überzeugungen formuliert werden können. Daher gäbe es aus Sicht der Politischen Theorie keinen Unterschied zwischen einer Person, die aus religiösen Gründen Gänseblümchen unter besonderen Schutz stellen möchte und einer Person, die aus religiösen Gründen für eine sozial gerechtere Verteilung des Einkommens plädiert: Beide verletzen das Prinzip demokratischer Legitimität.

Auch wenn die Intuition des Gänseblümchenexperiments wohl von den meisten geteilt wird, scheinen die Konsequenzen, die

Rawls oder Audi ziehen, doch zu radikal zu sein. Gegen die Forderung einer Privatisierung religiöser Überzeugungen spricht nämlich sowohl aus philosophischer Perspektive wie auch aus theologischer Perspektive einiges. Kommen wir zunächst zu den philosophischen Einwänden: Es ist, *erstens,* nicht ganz klar, weshalb religiöse Bürger:innen einen wichtigen und essenziellen Teil ihrer Identität im öffentlichen Diskurs ausklammern sollen, während säkularen Bürger:innen dies nicht auferlegt wird. Ist das nicht eine einseitige Diskriminierung religiöser Stimmen in der Öffentlichkeit? Warum sollte ein Utilitarist, dessen moralische Auffassungen ja auch nicht ohne weiteres allgemein teilbar sind, öffentlich utilitaristisch argumentieren dürfen, aber ein religiöser Mensch nicht mit religiösen Argumenten um die Ecke kommen? Ganz abgesehen von dieser moralisch problematischen Diskriminierung religiöser Bürger:innen ist es, *zweitens,* auch fraglich, ob eine solche ‚Teilung' der eigenen Identität in einen nicht-öffentlichen religiösen Teil und einen öffentlichen politischen Teil überhaupt faktisch möglich ist. *Drittens* scheint die liberale Privatisierungsforderung die öffentlichen Diskurse sehr zu verengen, da sie ja gewissermaßen ‚Türsteher' des öffentlichen Diskurses fordert, die religiöse Stimmen bereits vor ihrem Eintritt in die Öffentlichkeit aussortiert. Damit aber würde der ethische Diskurs in pluralen Gesellschaften verarmen: Nicht das reichhaltige Gespräch verschiedener Religions- und Wertegemeinschaften würden die ethischen und politischen Selbstvergewisserungsdiskurse in einer Gesellschaft prägen, sondern eine schmale Moral des kategorischen Sollens, die alles andere im Vorhinein aus dem öffentlichen Diskurs ausklammert. Warum aber sollte ein liberaler Verfassungsstaat ein Interesse daran haben, die vielfältigen Funktionen, die verschiedene Religionsgemeinschaften für das Gemeinwesen übernehmen, an der Wurzel abzuschneiden?[2]

Neben diesen philosophischen Einwänden gibt es auch theologische Einwände gegen die liberale Privatisierungsforderung. Gerade die christliche Religion macht es aus, dass sie eine öffentliche und politische Religion ist. Der Kern des Christentums – der Zuspruch der unbedingten Liebe Gottes in Jesus von Nazareth – wird

[2] Für eine Rekonstruktion dieser Debatte innerhalb der Politischen Philosophie vgl. auch Breul 2015.

verfehlt, wenn aus diesem Zuspruch nicht zugleich der Anspruch abgeleitet wird, diese unbedingte Liebe auch im Diesseits erfahrbar zu machen. Damit geht für jede Christ:in der Auftrag einher, sich für politische Strukturen einzusetzen, in denen niemand marginalisiert, entrechtet oder diskriminiert wird. Diese politische Grundsignatur von Religion und Theologie findet einen starken Ausdruck in der Neuen Politischen Theologie, als deren Begründer Johann Baptist Metz gelten kann. Metz kritisiert die Schwundformen einer bürgerlichen Privatreligion ohne jeden politischen Anspruch und fordert stattdessen eine politische Theologie, die das zugesagte Reich Gottes im Jenseits schon im Diesseits zu antizipieren sucht. Für Metz ist Glaube also immer auch, vielleicht sogar primär, eine politische Praxis:

> „Der Glaube der Christen ist eine Praxis in Geschichte und Gesellschaft, die sich versteht als solidarische Hoffnung auf den Gott Jesu als den Gott der Lebenden und der Toten, der alle ins Subjektsein vor seinem Angesicht ruft." (Metz 2016 [1977], 97)

Auch theologisch spricht also wenig dafür, die liberale Privatisierungsforderung in ihrer Radikalität zu bejahen – damit würde die politische Dimension der Grundbotschaft Christi und damit ein entscheidendes Merkmal des Christentums getilgt. Zugleich bleibt die grundsätzliche Intuition des Liberalismus bestehen: Auch für die Politische Theologie sollte gelten, dass niemand einer Norm unterworfen werden sollte, deren Rechtfertigung er oder sie prinzipiell nicht teilen kann. Eine Verhältnisbestimmung der Neuen Politischen Theologie und dem Prinzip der öffentlichen Rechtfertigung steht daher noch aus.

Kommen wir noch einmal zurück zum Gedankenexperiment: Was zeigt unser Gänseblümchenfall denn nun abschließend? Die Intuition, dass es nicht gerechtfertigt ist, drakonische Strafen für das Zertrampeln von Gänseblümchen zu verhängen, obschon die weltanschauliche Mehrheit dafür ist, genau das zu tun, ist zunächst ziemlich einleuchtend. Sie zeigt, dass demokratische Legitimität nicht nur aus bloßen Mehrheitsentscheiden stammt, sondern darüber hinaus auch die Qualität der Rechtfertigung für bestimmte politische Normen entscheidend ist. Demokratie lebt von diskursiver Rechtfertigung über die Grenzen von verschiedenen Gemeinschaften hinaus – und genau diese Rechtfertigung scheint im Gänseblümchenfall nicht gegeben. Aber: Audi leitet darüber hinaus auch noch die Notwendigkeit einer Privatisierung *aller* religiösen Überzeugungen ab. Das gibt das Gedankenexperiment jedoch nicht her, da es eine Vielzahl von guten Einwänden gegen diese radikale Forderung gibt. Das Verhältnis von Religion und Politik ist damit aber noch nicht geklärt, da bisher nur Extrempositionen ausgeschlossen sind: Weder ist eine komplette Privatisierung noch eine bruchlose Verallgemeinerung religiöser Überzeugungen möglich. Die offene Frage, an der auch die Lösung vieler religionspolitischer Konflikte unserer Zeit hängt, lautet: Wie sähe eine plausible Mittelposition aus?

Literatur zum Weiterlesen

Audi, Robert: Religious Commitment and Secular Reason, Cambridge 2000. *[Verteidigung einer starken liberalen Beschränkungsforderung mit besonderem Fokus auf den säkularen Charakter öffentlicher Rechtfertigung]*

Breul, Martin: Religion in der politischen Öffentlichkeit. Zum Verhältnis von religiösen Überzeugungen und öffentlicher Rechtfertigung, Paderborn 2015. *[Rekonstruktion der Debatte um Religion und Politik, Lösungsvorschlag durch Strukturanalyse religiöser Überzeugungen]*

Kreutzer, Ansgar: Politische Theologie für heute. Aktualisierungen und Konkretionen eines theologischen Programms, Freiburg i. Br. 2017. *[Lesenswerte Aktualisierung des Programms der Neuen Politischen Theologie durch Erschließung neuerer soziologischer und philosophischer Gesprächspartner:innen]*

Mendieta, Eduardo/Van Antwerpen, Jonathan (Hg.): Religion und Öffentlichkeit, Berlin 2012. *[Beiträge von Judith Butler, Jürgen Habermas, Charles Taylor und Cornel West über die öffentliche Macht der Religion und Dokumentation ihrer kontroversen Diskussion]*

Rawls, John: Politischer Liberalismus, Frankfurt a. M. 1998. *[Zentrales Werk der Politischen Philosophie, Begründung des Ideals der öffentlichen Vernunft]*

III.3 Ruths Versuch moralischer Perfektion. Oder: Was bedeutet die Rede von der Erbsünde?

„Gott sah alles an, was er gemacht hatte: Und siehe, es war sehr gut." (Gen 1,31) Vor dem Hintergrund einer leiddurchtränkten Geschichte mutet die erste Schöpfungserzählung nahezu naiv an. Denn offensichtlich ist die Welt, in der wir leben, nicht „sehr gut", sondern durchzogen von Angst, Elend und Tod. Oft genug scheint das Böse zu gewinnen und oft genug können auch wir selbst uns nicht dazu durchringen, das Richtige zu tun. – Oder gibt es doch ein richtiges Leben in einer solch falschen Welt? Diese Frage stellt das nächste Gedankenexperiment, welches die christliche Rede von der (Erb-)Sünde fokussiert.

Ruth hatte die Hoffnung noch nicht aufgegeben. Weder der drohende Klimakollaps, noch das Erstarken antidemokratischer Parteien, weder die durch ein hierarchisches Bildungssystem reproduzierte Chancenungleichheit, noch die Ausbeutungsmechanismen des globalen Kapitalismus vermochten ihren Glauben niederzuringen, dass es möglich sei, die Welt zum Besseren zu wenden. Und sie war überzeugt davon, dass jeder kleine Schritt einen großen Unterschied machen würde. Mit sich selbst fing sie an: Sie studierte Lieferketten und berechnete ökologische Fußabdrücke, engagierte sich in Integrationsprojekten und übernahm die Aufgabe der Gleichstellungsbeauftragten an ihrer Schule, sie übte Verzicht, opferte Zeit und Geld, um Aufmerksamkeit zu generieren und ertrug dabei auch die diffamierenden und bisweilen gewaltvollen Kommentare, die ihr dabei entgegenschlugen. Dabei erlebte sie ihren Versuch ihr eigenes Leben so zu leben, dass sie sagen konnte, sie führe ein gutes Leben, durchaus als befreiend und bereichernd. Aber je mehr Aufwand sie betrieb, desto größer wurden auch die Herausforderungen: Auch ihr als nachhaltig produziert angepriesener Laptop wurde aus seltenen Rohstoffen und unter teils widrigen Umständen gefertigt sowie mit Schweröl-betriebenen Frachtern um die Welt geschifft; angesichts ihrer Arbeit in den Integrationsprojekten wurde ihre Familie zum Ziel rechtsextremer Angriffe; ihr Erfolg als Gleichstellungsbeauftragte ihrer Schule drohte die systemischen Dis-

kriminierungen im Schulsystem zu überdecken ... Das Erreichen ihrer Ideale rückte in immer weitere Ferne, als sie begann, abwechselnd an ihrem Ziel und an sich selbst zu (ver)zweifeln. Sollte ein moralisches Leben wirklich nicht möglich sein?
Was meinen Sie: Ist es überhaupt möglich, ein in jeder Hinsicht moralisch einwandfreies Leben zu führen? Oder ist es uns gleichsam in die Wiege gelegt, an den Ansprüchen der Moral notwendigerweise zu scheitern? Und wenn wir tatsächlich – wie es das Beispiel von Ruth nahelegen möchte – immer schon hinter dem Ideal zurückbleiben, laden wir dann nicht auch im ehrlichsten Mühen und in der größten Anstrengung Schuld auf uns?

Beim spätantiken Theologen und Bischof von Hippo Augustinus findet sich die wirkungsgeschichtlich wahrscheinlich prominenteste Antwort auf diese Frage – und er beantwortet sie umfassend pessimistisch: Alle Menschen stehen „in einer persönlichen, durch ewige Verdammnis strafwürdigen Schuld vor Gott" (Häring 1979, 264), weil alle Menschen als Nachkommen Adams nicht nur unter den Folgen seiner Ursünde zu leiden haben, sondern diese ihnen selbst anzurechnen ist, weil sie *in Adam* gesündigt haben. Noch vor aller Tat, vor aller selbstgewählten Bestimmung des Willens zum Guten oder Schlechten verfehlt sich der Mensch, weil die Sünde ins Innerste des Menschen eingedrungen ist, sie von seiner Ausrichtung auf Gott weg und egoistisch zu sich selbst hingelenkt hat.

Was so düster und so wenig nach der befreienden Botschaft des Evangeliums klingt, steht für Augustinus in einem zwingenden systematischen Zusammenhang: Lebensweltlich gestützt wird die Erbsündenlehre, also die These einer Schuld, die jeden Menschen von seiner Empfängnis an trifft, vonseiten der sich etablierenden Praxis der Kindertaufe. Denn wenn die Taufe zur Vergebung der Sünden geschieht, zugleich ein Säugling aber schwerlich selbst aus freier Entscheidung schon moralische Schuld treffen kann, so muss die Praxis der Kindertaufe darauf bauen, dass der Mensch schon vor allem freien Tun vor Gott in Schuld steht – und das heißt Sünder:in ist. Vor allem aber ist die Erbsündenlehre dem systematischen Zusammenhang von Sünden-, Gnaden- und Freiheitslehre bei Augustinus geschuldet. Obwohl die Lehre von der Erbsünde in der Theologiegeschichte selbst so unglaublich wirkungsvoll geworden ist, steht sie bei Augustinus nicht im Zentrum, sondern als notwendige Konsequenz am Schluss seines Denkens, das in immer neuen Anläufen um das Theodizeeproblem kreist. Das müssen wir uns etwas näher anschauen:

In seiner autobiographisch angelegten Schrift *Confessiones* schildert Augustinus, wie er als junger Mann vor seiner Bekehrung zum Christentum einen Birnenbaum plünderte. In der Rücksicht – inzwischen Bischof von Hippo im heutigen Algerien – ordnet er seine Jugendsünden ein: „[I]ch […] hatte es auch gar nicht darauf abgesehen, was ich durch Diebstahl an mich zu bringen suchte, zu genießen, sondern auf den Diebstahl und die Sünde selbst." (Augustinus: Confessiones II, 4, 9) Keinen Grund für den Diebstahl führt er an, nicht Hunger, nicht Langeweile, nicht Neid – außer die Lust an der Sünde selbst: „Sie war widerwärtig, ich aber liebte sie; ich liebte mein Verderben, liebte meinen Fehl, nicht etwa den Gegenstand meines Fehls, sondern meinen Fehl als solchen liebte ich" (Augustinus: Confessiones II, 4, 9). In diesen Bekenntnissen beschreibt der alte Augustinus durchaus überspitzt eine dramatische Form der Verfallenheit an die Sünde. Was seinem jungen Ich fehlte, war nicht der Wille, dem die Freiheit der Entscheidung genommen wäre. Aber offenbar kann der Mensch die Sünde selbst lieben. Offenbar vermag der Mensch nicht abzuwägen zwischen dem Guten einerseits und dem Schlechten andererseits und sich dann selbstbestimmt für das Naheliegende – nämlich das Gute – zu entscheiden. Vielmehr ist das Wollen selbst schon infiziert von einer Begierde, die ihn von seinem eigentlichen Ziel in Gott wegreißt und zu den vergänglichen Dingen hinzieht, ja mehr noch: die Begierde pflanzt das Böse so ins Innerste des Menschen ein, dass Augustinus in der Episode des Birnendiebstahls das Böse gar um seiner selbst willen tut. Damit wahrt Augustinus zwar noch den Restbestand eines freien Willens *(liberum arbitrium)*, zugleich aber ist das eigentliche Freiheitsvermögen *(libertas)* entstellt, sodass der Mensch nicht anders kann, als zu sündigen – und zwar auch dort noch, wo er das sittlich Gebotene tut! Verlorengegangen ist die der Freiheit ureigene Bestimmung, sich dem Guten um seiner selbst willen zuzuwenden: Die Notwendigkeit zum Sündigen „beherrscht den sündigen Menschen und besteht in einer Grundausrichtung seines freien Wollens, insofern dieser nun nicht auf das Gute und Gerechte zielt, sondern auf das Böse." (Ansorge 2009, 235)

Damit vollzieht Augustinus eine gewichtige Wende von seinen früheren Werken. Noch bis zur Fertigstellung von *De libero arbitrio* 395 vertritt Augustinus die These vom Ursprung des Bösen im menschlichen Willen, der aber darin frei ist, sich zum Guten oder Schlechten zu entscheiden. Zu beidem kann sich der Wille zuwenden – in ihm liegt der Schlüssel für die Erklärung des Bösen in der Welt. Augustinus vollzieht mit dieser „Entdeckung" der menschlichen Willensfreiheit einen gegenüber kosmologischen Erklärungsversuchen kaum zu überschätzenden Schritt der biblischen Sicht auf das Böse mit, die letztlich die Konsequenz des Glaubens an *einen guten Schöpfer* darstellt: Dem guten Gott steht eben kein böses Prinzip gegenüber – wie Augustinus anfänglich in Übereinstimmung mit dem Manichäismus behauptete – und zugleich ist das Böse nicht als ontologische Nichtigkeit *(privatio boni)* oder in die an sich gute Ordnung der Welt hinein wegzuerklären – wie Augustinus neuplatonisch inspiriert dachte. Die Welt ist das Produkt eines guten Schöpfers und doch gibt es Böses in ihr. Dann aber kann nur der Mensch – genauer: der auch gegenüber Gott freie Wille des Menschen – Urheber des Übels in der Welt sein. Damit entwickelt Augustinus in Anlehnung an Paulus einen Begriff der Sünde, welcher diese als persönliche Schuld und überpersönliches Verhältnis zugleich versteht.

Diesen ‚Freiheitsoptimismus', der freilich die ausgesprochen realistischen Erfahrungen des Übels in der Welt erklären soll, gibt Augustinus in den Folgejahren seit seiner Schrift *Ad Simplicianum* 397 und dann im Streit mit Pelagius auf. Insbesondere zum Glauben und der damit verbundenen Neuorientierung des Willens auf Gott hin kann der Mensch nicht mehr durch äußere Hilfen (das biblische Gesetz, Weisungen, aber auch Sakramente und gar das in Christus gegebene Beispiel) gelangen, denn diese sprechen den Menschen ja gerade in seiner Freiheit an, die den Kampf gegen die Begierde schon verloren hat. Wenn die Gnade Gottes aus der Verderbnis der gefallenen Freiheit und der Sünde erretten soll, muss sie vielmehr innere Gnade sein und so tief gehen, wie die Sündhaftigkeit des Menschen geht. Wirklich wirksam kann sie nur als innere Gnade sein, die so umfassend wirkt, wie die Sünde den Menschen gefangen hält. Gott muss „interior intimo meo" (Augustinus: Confessiones III, 6, 11) – innerlicher als mein Innerstes – werden, um aus der Gefangenschaft der Sünde zu befreien. Der

Wille kann in dieser Gnadengabe nicht angesprochen werden, ja, er kann sich nicht einmal gegen die Gnade erwehren, geschweige denn ihr zustimmen. Noch die glaubende Antwort auf die Gnade Gottes und der Kampf um Entsprechung mit dem göttlichen Gebot ist selbst gottgewirkt. Insofern also die Freiheit des Menschen faktisch nur als die von der Sünde entstellte Freiheit anzutreffen ist, kann Gott in der Errettung des Menschen mit seiner Gnade nur in Konkurrenz zur Freiheit treten.[1] Zum Heil des Menschen ist allein göttliche Initiative notwendig und möglich.

Daraus lässt sich ein erster Schluss ziehen: Wenn anthropologisch mit Freiheit nicht zu rechnen ist und theologisch deshalb alles an der Gnade Gottes hängt, dann entscheidet es sich auch allein an Gottes Willen, wer zum Heil gelangt und wer im gebrochenen, sündigen Zustand verbleibt. (Vgl. Pröpper 2011, 1016f.) Weil Augustinus menschliche Freiheit und göttliche Gnade als Konkurrenzverhältnis bestimmt und eine zum freien Glauben gnadenhaft eröffnete Freiheit nicht denken kann, bleibt allein die Konzentration auf die göttliche Gnade zur Errettung des Menschen aus dessen Verkehrung und allein der göttliche Wille zur Wahl der Erretten. Hier zeichnet sich die Lehre von der Prädestination ab, die These also, dass Gott von Ewigkeit her bestimmt hat, wer zum Heil gerufen (und weil Gott in seiner barmherzigen Zuwendung nicht scheitern kann, muss man hier präzisieren: zum Heil *bestimmt*) ist – und wer eben nicht. Diese Wahl aber hängt in keiner Weise vom Menschen ab, etwa weil sie auf Grundlage eines göttlichen Vorherwissens der moralischen Qualität oder freien Entscheidungen eines Geschöpfes gefällt worden wäre. Einmal mehr läge das Maß der Gnade ja dann im Menschen, nicht in Gott. Aus menschlich-geschichtlicher Sicht ist die Bestimmung zum Heil daher absolut unergründlich und offen.

Aus göttlicher Sicht aber kann und darf die Wahl gerade nicht willkürlich sein, auch wenn sie den Menschen als solche erscheint. Die Theodizee – in dessen Rahmen sich ja all die theologischen Versuche Augustins bewegen – müsste als gescheitert gelten: (Vgl. Pröpper 2011, 1018) Ein Willkürgott wäre in der Tat nicht mehr zu

---

[1] Vgl. Flasch 2012, 122: „Daß Augustin *verbal* den freien Willen nie aufgab, ist unbestritten. Aber Augustin selbst sagt, was er noch wert ist: Er wird von der Gnade *besiegt*".

rechtfertigen, sondern würde Teil des Problems. Damit drängt nun der systematische Zusammenhang von Freiheits-, Sünden- und Gnadenlehre, der eine starke Prädestinationslehre erfordert hatte, genauso entschieden zu einer Erbsündenlehre: Gott ist gerecht in seiner Wahl – aber „gerecht aber kann sie nur sein unter der einzigen Bedingung, daß die Verdammten sie *verdienen*." (Vgl. Pröpper 2011, 1018) Die Sündhaftigkeit des Menschen, die so tief eingeschrieben ist in die menschliche Freiheit, sie kann nicht bloß Verhängnis, sondern muss persönliche Schuld sein. Augustinus kann an dieser Stelle auf das ihm schon vorliegendes Motiv einer Erbübellehre zurückgreifen, das er freilich zuspitzt und qualitativ an entscheidender Stelle überbietet. (Vgl. Häring 1979, 204) Mit der Sünde Adams *beginnt* nicht nur die Unheilsgeschichte des Menschen, sondern sie ist von Adam *bewirkt*. Mit der Sünde Adams senkt sich diese in das menschliche Fleisch im Allgemeinen und in die fleischliche Begierde im Besonderen ein, deren *Folge* – der Tod – sich auf das ganze Menschengeschlecht erstreckt. Augustinus muss dieses Rad nur noch eine Runde weiterdrehen, indem er mit Röm 5,12 die Idee einführt, dass alle Menschen „in Adam" gesündigt haben. Die theologiegeschichtliche Vorlage wird damit auf eine Weise verschärft, dass nicht nur die Folge der Sünde Adams, sondern darin auch die persönliche Schuld ‚vererbt' wird. Theorieimmanent, doch gleichwohl „entgegen der gesamten christlichen Tradition" (Pröpper 2011, 1018), ist Augustinus gleichsam gezwungen, diesen Schritt über das ihm vorliegende Motiv hinaus zu gehen, ist doch darin die Lösung gegeben, warum Gott zutiefst gerecht handelt, wenn er die ‚Sündenmasse' eben nicht errettet, sondern sie der ewigen Verdammnis überlässt. Denn diese Konsequenz muss Augustinus nun ziehen: Wenn Gott gerecht ist, dann verwirft er all jene, denen die Sünde Adams als Schuld anzulasten ist – und das sind alle: „Denn Gott, der Urheber der Naturen und mit nichten der Gebrechen, hat den Menschen nämlich recht erschaffen. Aber der Mensch, durch eigne Schuld verdorben und gerechterweise verdammt, hat Verdorbene und Verdammte gezeugt. Denn wir alle waren in jenem einen, der in Sünde gefallen ist durch das Weib, das aus dem einen geschaffen worden ist vor der Sünde." (Augustinus: De Civitate Dei, XIII, 14) Alle Menschen haben die Strafe Gottes zu fürchten und dies nicht etwa, weil Gott ein masochistischer Dämon wäre, sondern weil bei Gott absolute

Gerechtigkeit herrscht. Wohl muss Augustinus diese gerechte Verdammnis aller Menschen qua Erbsünde ausgleichen mit der göttlichen Barmherzigkeit. Deshalb rettet er – unverdient – einige der Sünder:innen und schenkt ihnen das ewige Leben, damit sich seine Güte zeige.

In Bezug auf unser Gedankenexperiment müssen wir mit Augustinus ernüchtert feststellen: Ruth hat kaum eine Chance. Denn man wird ihr unterstellen müssen – schon aus Wahrscheinlichkeitsgründen – dass sie ihre Umsicht zu einem moralisch einwandfreien Leben letztlich aus irdischer Selbstbezogenheit walten lässt, etwa weil sie will, dass auch ihre Kinder und Kindeskinder noch eine bewohnbare Erde vorfinden. Darin aber zeigt sich doch schon die Verkehrung der Freiheit: Moralisch würde Ruth in den Augen Augustinus' nur dann handeln, wenn sie ihr asketisches Leben *um Gottes willen* lebt, was sie nur kann, wenn sie von Gott selbst gnadenhaft zu dieser wahren Freiheit befreit würde – was im irdischen Leben aber nicht möglich ist.

Doch wird man an Augustinus auch Rückfragen adressieren müssen, was wir hier in Form von drei Einwänden tun wollen: Dabei steht, erstens, seine Interpretation des Römerbriefs im Zentrum, auf die er sich zwar nicht systematisch bezieht, durch die er sich aber maßgeblich legitimiert weiß. Beschränken wir uns auf Röm 5,12: In der Einheitsübersetzung ist der ursprünglich ja griechische Text folgendermaßen übertragen: „Deshalb: Wie durch einen einzigen Menschen die Sünde in die Welt kam und durch die Sünde der Tod und auf diese Weise der Tod zu allen Menschen gelangte, weil alle sündigten …" Die letzten Verse des Textes sind in der Augustinus vorliegenden lateinischen Bibelausgabe mit „in quo omnes peccaverunt" übersetzt, was dem griechischen Original „ἐφ' ᾧ πάντες ἥμαρτον" schlichtweg nicht entspricht. Jedoch macht es einen gewaltigen Unterschied, ob alle Menschen den Tod zu sterben haben, *weil* alle sündigen, oder ob – wie Augustinus hier liest – der Tod durch die Sünde des einen zu allen Menschen kommt, *in dem* sie alle sündigten. Die Legitimation durch die Schrift wäre der augustinischen Erbsündenlehre damit schon entzogen.

Zudem ist, zweitens, die Erbsündenlehre in ihrer klassischen Formulierung auf die Hypothese angewiesen, dass die Menschheit aus lediglich einem Menschenpaar stammt. Augustinus erklärt, dass die Sünde Adams auf dem biologischen Wege der Zeugung eines Menschen (insbesondere durch die bei der Zeugung empfundene Lust) auf die Nachkommen übergeht. Damit ist er festgelegt auf einen sogenannten Monogenismus, hinter dem sich die These verbirgt, dass alle Menschen in einem biologischen Sinne von Adam und Eva abstammen. Dies ist aber nicht mit den gegenwärtigen Erkenntnissen der Naturwissenschaften kompatibel.

Das Hauptproblem der Erbsündenlehre Augustins jedoch liegt in einer theologisch wie ethisch fragwürdigen Sünden- und Gnadenlehre. Die These einer persönlich anzulastenden Sünde *vor* allem Tun führt sowohl das Verständnis von Schuld als auch das von Verantwortung ad absurdum. So ist, mit Helmut Hoping gesprochen, „eine Sünde, die natürlicherweise aufgrund von Zeugung und Geburt besteht, [...] eine contradictio in adiecto“ (Hoping 1990, 26). Moralische Schuld und so auch ihre theologische Deutung als Sünde muss sich immer (auch) an persönliche Entscheidungen und Handlungen knüpfen lassen – bei aller Verwobenheit dieser Entscheidungen in je vorgängige, gesellschaftliche Voraussetzungen, die unserer Gestaltung entzogen sind. Und insbesondere kann Schuld keine natürliche Qualität haben, weil sie nur die *Konsequenz* eines Freiheitsgeschehens sein kann. (Vgl. Essen 2011, 1092–1097) Gerade diese Tür hatte Augustinus mit Paulus ja selbst aufgestoßen, als er in *De libero arbitrio* noch den Ursprung des Bösen an die Tat des freien Willens zurückgebunden hatte. Weil er aber die göttliche Gnade nicht mit menschlicher Freiheit zusammen zu denken vermochte, „opfert er das, was man *Persönlichkeitsprinzip* nennen könnte“ (Flasch 2012, 74) der Konsistenz seiner Theodizee. Mit Augustinus gesprochen: „Zur Lösung dieses Problems habe ich mich zwar abgemüht für die Freiheit des menschlichen Willens, gesiegt aber hat Gottes Gnade“ (Augustinus: Retractationes II, 1, 1, zit. nach: Pröpper 2011, 1013). Damit also deutet sich unter den Vorzeichen eines neuzeitlichen Freiheitsbewusstseins eine aporetische Situation an, wenn darin impliziert ist, dass Schuld Verantwortung, Verantwortung aber Freiheit *voraussetzt.* Unter dieser Annahme wird die Behauptung einer vererbten Sünde selbstwidersprüchlich: Die Charakterisierung der Erbsünde als Schuld fällt umso schwerer, je stärker dabei von der Idee des „Erbes“ aus ihr Verhängnischarakter betont wird, der eben nicht von der freien Entscheidung des Einzelnen abhängt. Je mehr hingegen das Gewicht auf dem Begriff der „Sünde“ liegt, desto weniger lässt sich die Vorfindlichkeit im Zustand einer Erbsünde einholen.[2] Diesem Dilemma scheint heutige Theologie nicht mehr konsistent begegnen zu können, eine „systematische Begründung und Explikation der in der augustinischen Tradition stehenden Erbsündenlehre [scheint] prinzipiell nicht möglich zu sein.“ (Essen 2011, 1153)

Und doch bleibt bei aller begründeten Kritik ein Desiderat, das mit dem bloßen Verweis auf die freiheitliche Entscheidungsstruktur der Sünde noch unabgegolten bleibt. Und das ist gerade diejenige Erfahrung, die unser Gedankenexperiment abrufen wollte:

> Die „allgemeine Erfahrung des Bösen und des Übels, als Schädigung und Zerstörung des Lebens durch Gewalt – sowohl personal als auch sozial bzw. schöpfungsweit, in die wir Menschen irgendwie verwickelt sind: als Täter und Opfer; und zwar in einem universellen Zusammenhang, sowohl anthropologisch als auch geschichtlich. Dabei wirkt sich die in diesem Lehrstück [der Erbsünde, MB/JT] verborgene Skepsis verschärfend gegenüber aller Selbstbehauptung und Selbstlegitimation des Menschen aus. Nirgends sind wir so gefährdet wie dort, wo wir uns vernünftig, gut, fromm und auf bestem Wege vermuten.“ (Siebenrock 2021, 58)

Wir machen doch beständig die Erfahrung des Bösen in der Welt. Moralische Schuld und Sünde vor Gott und den Menschen ist nicht der Ausnahme-, sondern der Regelfall im Kleinen wie im Großen. Dabei lassen sich zwei Ansätze unterscheiden, die der Rede von der Erbsünde einen theologischen Sinn abgewinnen möchten, ohne sich die Probleme der augustinischen Erbsündenlehre aufzuladen. Beide Ansätze müssen sich nicht widersprechen, sondern fokussieren je unterschiedliche Motive der Universalität und Allgemeinheit der Sünde: Dass Menschen einerseits nämlich schlichtweg das Böse tun, obwohl sie es nicht müssten. Dass wir einen „Hang zum Bösen“ (Kant: RGV, AA VI, 32) entwickeln, und oft genug unseren Neigungen nachgeben, anstatt praktische Vernunft die Maximen des Willens wählen zu lassen. Und dass andererseits aber das Böse

[2] Vgl. die exemplarischen Analysen der Erbsündetheorien W. Pannenbergs und H. Hopings bei Essen 2011, 1124–1144.

eben nicht bloß Resultat individuell-moralischer Fehlentscheidungen ist, sondern – wie im Beispiel Ruths – sich auch beständig dort einstellt, wo es nicht selbst gewollt ist. Mit den beiden Dimensionen ist die zwiespältige Erfahrung reflektiert „daß jeder von uns das Böse wohl beginnt, in die Welt setzt [...], aber daß es auch jeder von uns vorfindet als etwas, das schon da ist, in ihm, außer ihm, vor ihm“ (Ricœur 1974, 158 f.).

Gerade dieser zweite Ansatz begegnet oben genanntem Desiderat also auf eine Weise, dass der Begriff der Schuld geradezu politisiert wird. Zur Beschreibung dieses Umstands hat sich der Begriff der ‚strukturellen Sünde‘ durchgesetzt, der seinen Ursprung in den lateinamerikanischen Theologien der Befreiung hat, aber auch lehramtliche Anerkennung erfahren hat. (Vgl. Hilpert 2021, 311–331) Der Begriff der Struktur umfasst dabei all jene zu Institutionen geronnene Praxis, die den individuellen Freiheitsraum zugleich eröffnet und normiert. Er lässt sich sowohl auf Staaten, internationale Vertragswerke oder Handelsrouten als auch auf Sportvereine, innerfamiliäre Routinen oder ganz allgemein internalisierte Habitus bzw. Praxismuster beziehen. Er bietet damit einen überaus hilfreichen Analysebegriff, um die Verzahnung individueller Handlungsakte und systemischer Zusammenhänge begrifflich zu adressieren. Phänomenologisch baut die Idee der strukturellen Sünde auf die Erfahrung „eines Verstrickt-Seins in Wirkungszusammenhänge, die man nicht in Gänze übersieht und noch viel weniger ändern kann.“ (Hilpert 2021, 315 f.) Zugleich aber (re)produzieren gerade jene scheinbar subjektlosen Wirkungszusammenhänge reales Unrecht und Leid – und bauen darin auf die regelgeleitete Praxis quasi-anonymer Handlungssubjekte, die in diesem Sinne auch für die Folgen ihres Handelns verantwortlich gemacht werden können:

> „Es sind also zwei Elemente, die für diese Art von strukturellem Handlungszusammenhang kennzeichnend sind, nämlich die Multikausalität in der Verursachung und ein Teil von einer überindividuellen, etablierten Praxis zu sein. Die sündigen Handlungen werden von den Einzelnen, die Teil solcher Netzwerke sind, einerseits begangen und andererseits auch erlitten. Vielleicht kann der Begriff der Partizipation oder des Beteiligtseins an der Struktur und ihrer Vitalität diese Gleichzeitigkeit von aktivem Tun und passivem Erleiden am besten erfassen.“ (Hilpert 2021, 16)

Konrad Hilpert schlägt vor, den Begriff der strukturellen Sünde für ein revidiertes Verständnis der Erbsünde fruchtbar zu machen:

> „Denn sie [die Erbsünde, MB/JT] bringt wie kein anderes Symbol [...] zum Ausdruck, dass sich der Mensch von Geburt an in einem Unheils- und Schuldzusammenhang vorfindet, den er in seinem eigenen bewusst geführten Lebenslauf durch sein Handeln in bestehenden Strukturen der Abhängigkeit, der Gewaltverhältnisse, und der Deformiertheit der Gemeinschaften bestätigt und am Leben zu erhalten hilft." (Hilpert 2021, 329)

Ist damit jeder Versuch eines gelingenden Lebens von vornherein zum Scheitern verurteilt? Lohnt die Mühe gar nicht, die Ruth sich macht? – Auch das ist nicht ausgemacht! Aber die alte, selbst so belastete Rede von der Erbsünde könnte am Ende für die Komplexität bürgen, die davor bewahrt, Fragen der Gerechtigkeit auf die Ebene individueller Freiheitsentscheidungen reduzieren. So kann sich die Geschichte manchmal drehen, dass Augustinus letztlich Pate steht für eine *der* drängenden Fragen unserer Zeit – eine Frage, die dann auch nicht mehr in den Kellern theologischer Fachbibliotheken zu verstecken wäre, sondern auf die allgemeine Verfasstheit menschlicher Existenz zielt:

> „[S]o spielt das Theologumenon von der Ursünde nicht auf eine spezifisch christliche Sicht der Wirklichkeit an, sondern expliziert ein allgemeines anthropologisches Phänomen im Zusammenhang und im Dienste der christlichen Erlösungshoffnung. [...] Die Einsicht, dass gerade in der Liebe das Entscheidende nie aus eigener Kraft geleistet werden kann und von daher der Mensch sich – schon als Baby – immer wieder Entscheidendes und Unverfügbares schenken lassen muss, ist ebenfalls auch ganz ohne christliche Voraussetzungen verstehbar." (Stosch 2013a, 94)

In Anlehnung an Theodor W. Adorno hat Judith Butler jenes allgemein menschliche Phänomen als Frage formuliert, die sich auch Ruth wohl stellen mag: „Wie können wir unser eigenes Leben so führen, so dass wir sagen können, wir führen ein gutes Leben in einer Welt, die vielen ein gutes Leben strukturell oder systematisch unmöglich macht?" (Butler 2012)

Literatur zum Weiterlesen

Pröpper, Thomas: Theologische Anthropologie, Freiburg i. Br. 2011, 922–1091. *[Vorzügliche Darstellung der sünden-, gnaden- und freiheitstheologischen Gemengelage rund um die Erbsündenlehre von den biblischen Vorgaben bis zur Dogmatisierung auf dem Konzil von Trient; hier auch die wichtigste Literatur bis 2011]*

Böttigheimer, Christoph/Dausner, René (Hg.): Die Erbsündenlehre in der modernen Freiheitsdebatte (QD 316), Freiburg i. Br. 2021. *[Sammelband zum Stand der Diskussion um die Erbsündenlehre mit vielfältigen Denkangeboten zu deren zeitgenössischer Reformulierung]*

Werbick, Jürgen (Hg.): Sühne, Martyrium und Erlösung? Opfergedanke und Glaubensgewissheit in Judentum, Christentum und Islam, Paderborn 2013. *[Interreligiöse Perspektivierung der Frage nach (Erb-)Sünde und Erlösung]*

III.4 Der unendliche Lockdown. Oder: Die Gemeinschaft der Kirche

Seit Jahren schon verzeichnen die Kirchen in westlichen Gesellschaften einen signifikanten Schwund an Mitgliedern. Und auch unter den (noch) konfessionell gebundenen Gläubigen meint eine überwältigende Mehrheit, dass man auch ohne Kirchenzugehörigkeit Christ:in sein könne. (Vgl. Bertelsmann Stiftung 2022, 5) Zugleich scheint das Interesse an religiösen Angeboten vom Rückgang der institutionellen Bindung zu einem gewissen Grad entkoppelt zu sein, wenn man die Absatzzahlen auf dem Markt alternativer Spiritualität als Maßstab nimmt. Diese Entwicklung führt unweigerlich zu der Frage, warum überhaupt christlicher Glaube auf Gemeinschaft angewiesen sein und warum diese Gemeinschaft ihren angemessenen Ort in der Kirche haben soll. Unser Gedankenexperiment führt uns dazu zunächst in eine schreckliche Einsamkeit ...

Stellen wir uns vor, dass in ferner Zukunft eine üble Pandemie die Menschheit heimsucht. Die schlimmsten Befürchtungen der gemeinsamen Taskforce IT/Medizin bewahrheiten sich: Ein hoch pathogenes Virus hat sich entwickelt, das seinen genetischen Code sowohl aus biologischen wie aus digitalen Quellen geschöpft haben muss. Es kann die Mensch-Maschinen-Hürde problemlos überwinden und führt in neuronalen Netzwerken gleich welcher Art zu irreversiblen Schädigungen. Das Virus befällt menschliche und tierische Hirne genauso wie die digitale Infrastruktur, nistet sich in den KI-Systemen ein und verbreitet sich in rasender Geschwindigkeit – und zwar sowohl auf dem digitalen Weg wie über die direkten Kontakte zwischen Menschen. Radikaler Kontaktabbruch ist der einzige Weg, um das Virus zu stoppen. Die Menschen gehen in den totalen Lockdown: Alle elektrischen Geräte werden abgeschaltet, weder sieht man sich im Park, noch telefoniert man mit den Eltern – selbst der Austausch von Kurznachrichten stellt eine kaum abzusehende Gefahr dar, von Radioempfang oder gar Videotelefonie ganz abgesehen. Jeglicher zwischenmenschlicher Kontakt ist ausgeschlossen, die Menschen saßen einsam und allein in ihren

Häusern – ohne Möglichkeit, andere Personen zu treffen oder auch nur digital Kontakt aufzunehmen.
Die Isolation führt bei einer Mehrheit der Menschen zu außerordentlichen emotionalen Ausnahmezuständen und enormen Traumatisierungen – dagegen waren die Auswirkungen des Corona-Lockdowns im Frühjahr 2020 ein Kinderspiel! Aber nach einiger Zeit lernen viele Menschen auch mit der neuen Situation umzugehen, sie entwickeln Rituale, sprechen sich selbst Hoffnung und Trost zu, einige kramen in ihren Kellern nach alten Gebetsbüchern, andere werden selbst kreativ und stellen aus erinnerten Fetzen liturgischer Feiern neukomponierte Lieder zusammen. Auch die biblischen Texte werden vielfach wieder gelesen! Nicht selten erwachen unterschiedliche Formen religiösen Lebens unter den unfreiwilligen Einsiedler:innen, und es gibt durchaus so etwas wie ein spirituelles Leben – das sich freilich nur je in der Einsamkeit der Menschen vollzieht.
Aus theologischer Sicht stellt sich angesichts dieser – glücklicherweise hypothetischen – Verunmöglichung von jeglicher Gemeinschaft die Frage nach Sinn und Notwendigkeit einer ‚Glaubens-Gemeinschaft': Zweifelsohne wird man den Menschen im unendlichen Lockdown eine individuelle Spiritualität, vielleicht sogar Religiosität unterstellen dürfen – aber wären diese Menschen auch Christ:innen zu nennen? Welche Konsequenz hätte der Verlust einer jeden erdenklichen Gemeinschaft für Kirche? Braucht es (kirchliche) Gemeinschaft, um den christlichen Glauben zu leben? Oder geht das auch, wenn es jeder für sich macht, ganz individuell und im unendlichen Lockdown eingekerkert?

Die Frage nach der Begründung von Kirche ist längst nicht so alt, wie die Kirche selbst. Zwar finden sich schon in Texten der ersten Jahrhunderte Reflexionen über die Gemeinschaft der Christ:innen, Überlegungen zu Ämtern und Strukturen, Gedanken um die rechte Praxis der Gemeinde usw., als ausgearbeitetes Traktat jedoch hat sich die Ekklesiologie – also die Lehre von der ekklesia, der Kirche –, erst als Reaktion auf die Reformation etabliert. Das lässt sich schnell einsichtig machen, denn eine grundlegende Kriteriologie und Bestimmung dessen, was eine Gemeinschaft zur *wahren* Kirche macht, ist erst dort drängend, wo mehrere Gruppierungen mit demselben, einander widerstreitenden Anspruch auftreten. Die damit verbundene theologische Aufgabe zielte im Kern entsprechend auf die Behauptung, dass die römisch-katholische Kirche identisch sei mit der von Jesus gewollten Kirche. Für deren Erweis sollte gezeigt werden, dass Jesus selbst eine Gründung der Kirche mitsamt ihrer hierarchischen Ämterstruktur im Abendmahlsgeschehen vorgenommen habe, die über eine ununterbrochenen Kette von Bischofsweihen *(apostolische Sukzession)* formal identisch mit sich selbst geblieben sei und dabei den Glaubensschatz unverändert durch die Zeit getragen habe.

Angesichts der Tatsache, dass Kirche heute gesellschaftlich selbst eine optionale Größe geworden ist, hat sich die Fragestellung und der Auftrag des Kirchentraktats verschoben. Fraglich scheint nicht mehr in erster Linie zu sein, *welche* der Kirchen ihren Anspruch legitimerweise erheben darf, sondern *warum* und *wozu* es überhaupt Kirche braucht – und *ob* ein je eigenes religiöses Dasein nicht auch individuell gelebt werden kann – darauf zielte ja unser Gedankenexperiment.

Zur Beantwortung dieser Fragen müssen wir zunächst eine theologische Bestimmung von Kirche vornehmen. Denn die Frage nach ihrer Notwendigkeit ist natürlich abhängig von der Angabe ihrer Bedeutung. Aufschlussreich für dieses Unterfangen sind die Texte des Zweiten Vatikanischen Konzils (1962–1965), das als das „Konzil der Kirche über die Kirche" (Rahner/Vorgrimler 2008, 24) in die Geschichte eingegangen ist. Darin finden sich mehrere prägnante Stellen, die die Bestimmung der Kirche sowohl historisch wie systematisch an das Christus-Geschehen rückbinden. An erster Stelle ist hier sicherlich der programmatische Auftakt der Kirchenkonstitution *Lumen Gentium* zu nennen, die noch vor jeder ekklesiologischen Aussage Christus in das Zentrum rückt: „Christus ist das Licht der Völker." (LG 1)[1] – mit diesen Worten beginnt der Text.

---

[1] Das volle programmatische Gewicht dieser Aussage *in einer Kirchenkonstitution* zeigt sich allerdings erst im Vergleich zu den vor dem Konzil erarbeiteten Entwürfen (sog. Schemata) des Dokuments. Dort hatte es noch geheißen *„Lumen gentium cum sit ecclesia ..."*, also: Die Kirche ist das Licht der Völker. Niemand Geringerem als Karl Rahner ist diese – heute scheinbar selbstverständliche – Korrektur zu verdanken, wie handschriftliche Notizen Rahners auf einer Kopie des Schemas zeigen. (Vgl. dazu Wassilowsky 2012, 31; zur spannenden Geschichte des Dokuments im Ganzen vgl. Pesch 2001, 132–208.)

Diese Komposition ist bedeutungsschwer: Über die Kirche lässt sich ohne Besinnung auf Jesus Christus nicht adäquat sprechen. Kirche lässt sich überhaupt erst sachgerecht verstehen, wenn die Bedeutung Jesu Christi verstanden ist, denn nur von ihm her erschließt sich, was Kirche eigentlich und letztlich ausmacht.[2] Das gilt auch hinsichtlich der Entstehung von Kirche:

> „Das Geheimnis der heiligen Kirche wird in ihrer Gründung offenbar. Denn der Herr Jesus machte den Anfang seiner Kirche, indem er frohe Botschaft verkündigte, die Ankunft nämlich des Reiches Gottes, das von alters her in den Schriften verheißen war: ‚Erfüllt ist die Zeit, und genaht hat sich das Reich Gottes' (Mk 1,15; vgl. Mt 4,17)." (LG 5)

Im Handeln und in der Botschaft, in der Praxis und Predigt Jesu vom nahegekommenen Gottesreich ist der Anfang der Kirche gemacht. Sie ist bleibend bezogen und gewinnt ihren Stand allein aus diesem zentralen Bezugspunkt der jesuanischen Verkündigung. Dabei warnt das Konzil eindringlich davor, die Kirche selbst schon mit dem Himmelreich zu verwechseln. Sie ist eben nicht in sich selbst genügsam und abgeschlossen, ist nicht selbst schon die Verwirklichung und Vollendung der Königsherrschaft Gottes, sondern „stellt […] Keim und Anfang dieses Reiches auf Erden dar. Während sie allmählich wächst, streckt sie sich verlangend aus nach dem vollendeten Reich; mit allen Kräften hofft und sehnt sie sich danach, mit ihrem König in Herrlichkeit vereint zu werden." (LG 5) Die Kirche ist in diesem Sinne ein ‚Übergangsphänomen': „nicht die institutionell verfaßte Kirche ist das Ziel der Selbstoffenbarung Gottes im Alten und Neuen Bund; nicht in ihr sollen alle Wege Gottes mit den Menschen endgültig münden, sondern im Reich Gottes" (Kehl 1992, 39). Ein inhaltliches Verständnis von Kirche ist daher angewiesen auf ein Verständnis der jesuanischen Reich Gottes-Verkündigung und -Praxis und dessen Rezeption in der Urgemeinde. (Vgl. Merklein 1989; Kehl 1992, 267–319) In aller gebotenen Kürze sind in dieser Hinsicht als prägende Dimensionen festzuhalten:

(1) Das Auftreten und die Praxis Jesu zielte auf die Verwirklichung einer Gemeinschaft, genauer: die Gemeinschaft des Volkes Israel. Diese Gemeinschaft zu sammeln und zu vereinen, die über

---

[2] Daher empfehlen wir an dieser Stelle auch die Lektüre des Gedankenexperiments „Amortentia" in Kapitel II.5.

einen ungekündigten Bund mit JHWH verbunden ist, um sie auf die nahegekommene Herrschaft Gottes vorzubereiten, darin muss Jesus seine Aufgabe erkannt haben und darauf zielte sein Handeln. Die Berufung des Zwölferkreises ist sichtbares Bild und Instrument dieser Sammlung. Als Symbol für die zwölf Stämme Israels ist in ihm die Einheit des Gottesvolkes schon sinnbildlich dargestellt und fragmentarisch verwirklicht. Die Zentrierung auf Israel ist dabei nicht exklusiv zu verstehen, sondern ist – mit dem Motiv der Völkerwallfahrt (vgl. Jes 2,2–4) – auch im Judentum schon auf die Welt hin geöffnet. Expliziert wird diese universelle Ausweitung des Evangeliums im nachösterlichen ‚Taufbefehl' (vgl. Mt 28,19 f.). So wie die von Jesus verkündete eschatologische Heilswirklichkeit eine soziale Größe ist, so geben die von ihm gesammelte Jünger:innenschaft und die von ihnen errichteten Gemeinden Zeugnis *(martyria)* von dieser Gemeinschaft.

(2) Die von Jesus geforderte ‚Umkehr' ist nicht bloß Aufruf zur Aktualisierung eines *mindset,* sondern die Forderung nach einer Praxis der Gerechtigkeit. Diese lässt sich als das zentrale Motiv seiner Verkündigung identifizieren und vielfältig in den Evangelien nachweisen. Unmissverständlich stellt der in den Evangelien gezeichnete Jesus das Tun der Gerechtigkeit als Geschehen der Gottesherrschaft in den Mittelpunkt seines Anspruchs,[3] das sich im Dienst *(diakonia)* am Nächsten und am Geringsten zeigt.

(3) Als drittes durchgängiges und zentrales Motiv für die Verkündigung des Gottesreichs ist auf das gemeinsame gastfreundliche rituelle Mahlhalten und Brotbrechen hinzuweisen, das nicht nur Erkennungszeichen der Jünger:innengemeinschaft, sondern auch konstituierende Praxis und Zentrum der nachösterlichen Gemeinden gewesen ist. In diesen Mahlfeiern *(leiturgia)* vergegenwärtigt die christliche Gemeinde die Gemeinschaft im Hl. Geist und bekennt sich darin zu Jesus als dem Christus.

---

[3] Besonders augenfällig wird dies in der Bergpredigt im MtEv, die gleichsam um die Entfaltung des Basileia-Motivs als das Tun der Gerechtigkeit komponiert ist. Vgl. etwa 5,20: „Wenn eure Gerechtigkeit nicht weit größer ist als die der Schriftgelehrten und der Pharisäer, werdet ihr nicht in das Himmelreich kommen."; 6,33: „Sucht aber zuerst sein Reich und seine Gerechtigkeit; dann wird euch alles andere dazugegeben."; 7,21: „Nicht jeder, der zu mir sagt: Herr! Herr!, wird in das Himmelreich kommen, sondern wer den Willen meines Vaters im Himmel tut."

Damit ‚gründet' die Kirche in ihrer ganzen Verfasstheit im Handeln und in der Verkündigung Jesu Christi. In der Ekklesiologie identifiziert man die drei oben genannten Dimensionen des Zeugnisses (martyria), des Gottesdienstes (leiturgia) und des Dienstes am Menschen (diakonia) als *Grundvollzüge* von Kirche, die zusammen im umfassenden Grundvollzug der *koinonia,* der Gemeinschaft zusammentreffen. Diejenigen also, die sich in die Nachfolge Jesu haben rufen lassen, wahren die Kontinuität zur Praxis Jesu in der durch die Taufe verliehenen Gemeinschaft des Geistes. So entschieden die Idee einer Substitution Israels durch die Kirche zurückzuweisen ist, so darf sich die Kirche doch verstehen als die „geschichtliche Bleibendheit Christi durch die Gemeinde derer, die an ihn glauben und ihn explizit im Bekenntnis als diesen Heilsmittler erfassen" (Rahner 1999 [1976], 306). So wie Jesus seine Jünger:innen in seine Nachfolge ruft, so sind Christ:innen zum Zeugnis und zum Dienst an den Menschen zur Ehre Gottes ‚Herausgerufene' – so die wörtliche Übersetzung des griechischen Begriffs ‚ekklesia'. Christliche Existenz hat demnach mehrere Orte, an der sie idealtypisch bei sich selbst ist: In der gemeinschaftlichen Feier des Mahles (Eucharistie), in der caritativen Zuwendung zu den Schwächsten der Gesellschaft und überhaupt überall dort, wo Menschen in ihrem Handeln Zeugnis ablegen vom Evangelium und durch ihr Tun Jesus als den Christus verkündigen. Insofern sich also christliche Existenz als Nachfolgepraxis Jesu verstehen lässt, scheint sie wesentlich auf Gemeinschaft hin angelegt.

Dies lässt sich auch an den Bildern und Metaphern nachvollziehen, die das Zweite Vatikanische Konzil für die Kirche findet. Es ist insbesondere die Rede von der Kirche als Sakrament (1), als *communio* (2) und als ‚Volk Gottes' (3), mit denen das Konzil sein Kirchenbild zeichnet.

Wenn gleich zu Beginn der Konstitution über die Kirche diese als ‚Sakrament' bezeichnet wird, dann bindet das Konzil Kirche ganz eng an die Berufung der Jünger:innen. Wir hatten deren Sammlung oben schon als sichtbares Bild und Instrument der eschatologischen Gottesherrschaft beschrieben. Gerade diese beiden Dimensionen ihrer Identität macht das Konzil für die Kirche stark und offenbart damit ein funktionales Kirchenverständnis: „Die Kirche ist ja in Christus gleichsam das Sakrament, das heißt Zeichen und Werkzeug für die innigste Vereinigung mit Gott wie für die Einheit der ganzen Menschheit." (LG 1) So wie der Zwölferkreis herausgerufen ist, Jesus nachzufolgen, um Bild und Instrument der angebrochenen Gottesherrschaft zu sein, so ist die Kirche herausgerufen, um Zeichen und Werkzeug derselben Wirklichkeit zu sein: An der Kirche soll ablesbar sein, dass die Königsherrschaft Gottes unumkehrbar angebrochen und Gott den Menschen vorbehaltlos zugewandt ist. Zugleich soll sie Werkzeug sein der performativen Verkündigung dieser Zusage in der Praxis der Nachfolge Jesu. In den Worten des brasilianischen Befreiungstheologen Leonardo Boff: „Die Kirche hat nämlich die essentielle Funktion, Platzhalter des Reiches Gottes zu sein, und muß sich deshalb theologisch verstehen als Werkzeug zur vollen Verwirklichung des Reiches und als Zeichen für den realen, wenn auch noch unvollkommenen Anbruch des Reiches in der Welt." (Boff 1985, 254f.) Damit ist ein normativer Anspruch definiert, ein Maß eingeführt, an dem sich Kirche je wieder neu zu messen hat: Sie hat die innigste Vereinigung mit Gott zeichenhaft in ihrem Umgang mit sich und mit anderen Wirklichkeit werden und sich einspannen zu lassen, diese Formen des Miteinanders und Füreinanders in der Welt zu realisieren.

Mit dem zweiten Bild verdichtet das Konzil den gott-menschlichen Doppelcharakter der Kirche. Diese ist zwar nicht zu verstehen als simple Fortsetzung der Selbstmitteilung Gottes, deren Fülle in Jesus Christus gegeben ist, doch „wird sie in einer nicht unbedeutenden Analogie mit dem Geheimnis des fleischgewordenen Wortes verglichen." (LG 8) So wie Christus als (unvermischte) Einheit von göttlicher und menschlicher Natur zu betrachten ist, so ist analog (!) die Kirche nicht bloß menschliche Gemeinschaft, sondern ist selbst mit der innertrinitarischen *communio* Gottes geeint.

Der Begriff von Kirche als Volk Gottes schließlich bestimmt den Gemeinschaftscharakter der Kirche noch weiter. Er wird als Korrektur eines statischen Kirchenverständnisses gedeutet, wie er im Bild einer Kirche als *societas perfecta*, als einer in sich abgeschlossenen und selbstgenügsamen Heilsanstalt zum Ausdruck kam. Dagegen impliziert die Idee eines pilgerndes Gottesvolkes mehr die „Entwicklungsoffenheit, Flexibilität und Geschichtlichkeit" (Miggelbrink 2003, 36) des Kirchengebildes, das eben nicht mit dem Gottesreich identisch ist, sondern sich vielmehr nach diesem verlangend ausstreckt (vgl. LG 5), und sich daher unter geschichtlichen Veränderungen als *ecclesia semper reformanda* selbst wandeln kann und muss. (Vgl. Seewald 2019)

Wenn damit die theologische Notwendigkeit umrissen ist, die Nachfolge Jesu in der Kirche als gemeinschaftlich verfasst zu betrachten, dann deckt sich dieser Befund mit anthropologischen Überlegungen. Im Hinblick nämlich auf die Bestimmung des Menschen als soziales Lebewesen *(zoon politikon)*, scheint es auch angemessen, das religiöse Leben von Menschen in Kategorien der Gemeinschaft zu denken. Weil der Mensch nicht aus sich selbst und für sich selbst lebt, ist auch der Versuch, Gottes zuwendende Selbstoffenbarung im eigenen Leben wirksam werden zu lassen, keine individuelle Angelegenheit – sondern im strengen Sinne immer sozial vermittelt. Gerade weil Liebe nicht für sich bleiben kann, sondern sich mitteilen will, initiiert sie von sich aus Gemeinschaft. Darauf zielt Karl Rahner ab, wenn er schreibt:

> „Wenn der Mensch nicht nur nebenbei auch das Wesen der Interkommunikation ist, sondern diese Eigentümlichkeit die ganze Breite und Tiefe seines Daseins mitbestimmt, und wenn das Heil den ganzen Menschen meint, ihn als ganzen mit allen Dimensionen seines Daseins in Beziehung zu Gott setzt [...] dann ist damit gesagt, daß diese Zwischenmenschlichkeit auch in die Religion des Christentums gehört." (Rahner 1999 [1976], 306 f.)

Nun darf die in diesem Kapitel immer wieder in den Mittelpunkt gestellte Rede von der Gemeinschaft im Glauben nicht darüber hinwegtäuschen, dass christlicher Glaube *auch* eine individuelle Dimension enthält. Zweifelsohne: Der Anspruch Jesu zur ‚Umkehr' gilt zunächst der individuellen Person. Dieser Anspruch ist getragen von der Zusage, dass es möglich ist, sich Gott zuzuwenden, das heißt: ‚umzukehren und an das Evangelium zu glauben' (vgl. Mk 1,15), weil Gott selbst sich den Menschen zuerst in seinem Sohn zugewandt hat. Darin ist eine persönliche und individuelle Entscheidung gefordert, diese Umkehr in seinem Innersten zu vollziehen. In diesem Sinne wird man den Menschen aus unserem Gedankenexperiment sicherlich eine Form von Glauben unterstellen dürfen. Aber die Sinnspitze *christlichen* Glaubens besteht in der Verkehrung und Aufhebung von innerer Haltung und äußerer Konsequenz. So formuliert Jürgen Werbick:

> „Das Geheimnis von Kirche [...] ist das Geheimnis Jesu Christi und seiner diakonisch-messianischen Sendung: Das ‚Draußen' ist zuinnerst; und die ‚Innenseite', das ‚Herz', ist ganz nach außen geöffnet (vgl. Joh 19,34). Es muss auch für die Kirche gelten: Ihr ‚Kerngeschäft' ist nicht beschränkt auf einen ‚sprituellen Binnenraum'. Es erstreckt sich in die Weite einer befreienden Diakonie, in der zu bezeugen ist, wer der Messias-Christus ist, dessen Verausgabung die Identität der Kirche ausmacht" (Werbick 2009, 240).

Letztlich zeigt sich daran: Christlicher Glaube ist erst dann als er selbst gelebt, wenn er nicht stehenbleibt in einer bloß emotionalen, erstpersönlichen Gottesbeziehung, sondern wenn sich das Vertrauen auf diesen Gott in Gemeinschaft – „mit dem Gesicht zur Welt" (Metz 2015) – materialisiert.

Kommen wir zurück zum Gedankenexperiment: Es ist natürlich nicht auszuschließen, dass manche Menschen in der tiefen Einsamkeit und Versenkung unseres Lockdown-Szenarios eine tiefe, vielleicht mystische Form der Spiritualität entwickeln würden. Theologisch ist aber davon auszugehen, dass in der Regel die christliche Religiosität des Einzelnen verkümmern würde, wenn er oder sie ihren Glauben nicht länger innerhalb einer Gemeinschaft leben könnte. Der ganz grundlegende Sinn von Kirche besteht also darin, ‚Glaubens-Gemeinschaft' zu sein und diesen Glauben zu bezeugen, ihn zu feiern und für andere Menschen erlebbar zu machen. Als Christ:in ist man ‚Herausgerufene' – und zwar herausgerufen in eine Gemeinschaft, die die Zusage der unendlichen Liebe Gottes in Jesus von Nazareth bereits im irdischen Leben sichtbar machen soll. Mit dieser Grundaufgabe der Kirche ist zugleich ein Maßstab benannt, an dem sich ihr Handeln bewerten lässt: Welche kirchlichen Handlungen sind Zeichen und Werkzeug der radikal inklusiven Praxis und der unbedingten Liebe Christi – und bei welchen fällt es schwerer, diese als solche zu interpretieren?

Literatur zum Weiterlesen

Sattler, Dorothea: Kirche(n) (Grundwissen Theologie), Paderborn 2013. *[Übersichtliche Einführung in die Ekklesiologie mit konsequent ökumenischem Interesse]*

Theobald, Christoph: Christentum als Stil. Für ein zeitgemäßes Glaubensverständnis in Europa, Freiburg i.Br. 2018. *[Radikale Besinnung auf die Möglichkeit christlichen Glaubens als Gastfreundschaft unter den Bedingungen der Gegenwart]*

Werbick, Jürgen: Grundfragen der Ekklesiologie, Freiburg i.Br. 2009. *[Ausführliche Einführung in die Grundlagen katholisch-theologischer Ekklesiologie von einem der führenden Experten in diesem Bereich]*

Hoff, Gregor Maria: Ekklesiologie (Gegenwärtig Glauben Denken 6), Paderborn 2011. *[Historisch ‚rückwärts' strukturierte Ekklesiologie, die ihren Ausgang von gegenwärtigen Herausforderungen nimmt, um schließlich die biblische Reich-Gottes-Botschaft anzuzielen]*

III.5 Chips und Cola statt Brot und Wein? Oder: Die Welt der Sakramente

Ein zentraler Baustein kirchlicher Identität ist, wie gerade gesehen, ihre sakramentale Verfasstheit. Dies gilt sowohl für ihre Grundstruktur – die Kirche selbst ist das ‚Grundsakrament' – als auch für die Spendung der Einzelsakramente. Was aber genau bedeutet der Ausdruck ‚Sakrament'? Welche Sakramente gibt es – und was ist ihr Sinn? Dazu besuchen wir zunächst eine Freikirche, die einige verrückte Ideen hat ...

Stellen Sie sich vor, dass ein Freund Sie eines Tages ganz begeistert anruft und um ein Treffen bittet. Sie verabreden sich in einem Café, und kaum dass Sie sitzen, sprudelt es aus ihm heraus: „Ich war neulich in einer ganz neuen Art von Gottesdienst! Dort ist alles ganz anders als bei uns in der katholischen Gemeinde – die Leute stehen bei den Liedern auf und tanzen, es gibt keine Orgel sondern eine Rockband und der Pfarrer spricht in Zungen!" Sie sind etwas verwundert, dass Ihr Freund sich so schnell von einer freikirchlichen Spiritualität beeindrucken lässt und fragen sich, ob er wachsam genug für die oft fundamentalistischen Tendenzen solcher Bewegungen ist. Bevor Sie einsetzen und Ihren Freund auf den Boden der Tatsachen zurückholen können, geht es aber schon weiter. Er fährt fort: „Doch das verrückteste war das, was diese Leute während der Eucharistie gemacht haben. Sie haben zwar auch ein Hochgebet gesprochen und Rituale vollzogen, die entfernt an eine katholische Eucharistiefeier erinnern. Aber es gab kein Brot und Wein – das Brot war ersetzt durch Chips, und der Wein war ersetzt durch Cola! Jeder durfte nach vorne gehen und sich eine große Handvoll Chips und einen Schluck Cola gönnen." Sie sind völlig verdattert und überlegen später auf dem Nachhauseweg, wie Sie Ihren Freund von diesem Weg wieder abbringen können. Darüber hinaus nagt aber auch ein anderes Unbehagen in Ihnen: Kann man einfach so Brot und Wein durch Chips und Cola ersetzen?

Was meinen Sie? Sind die Gestalten, in denen die Kirche Eucharistie feiert, einfach austauschbar? Oder wäre das komisch?

Die Intuition, die das Gedankenexperiment abrufen möchte, ist, dass es merkwürdig wäre, Brot und Wein in der Eucharistiefeier durch Chips und Cola zu ersetzen. Zumindest für christlich sozialisierte Menschen ist diese Intuition wahrscheinlich weit verbreitet: Brot und Wein sind als Gestalten der Eucharistie so tief verwurzelt im liturgischen Vollzug der Gemeinde, dass die Idee, ab dem nächsten Sonntag Chips und Cola zu verwenden, unendlich komisch erscheinen muss. Warum aber ist das so? Ist das nur die Macht der Gewohnheit?

Theologisch betrachtet ist dies nicht der Fall: Jenseits der Verwurzelung in der liturgischen Tradition gibt es gewichtige inhaltliche Argumente, die diese Intuition verstärken. Dazu tauchen wir im Folgenden ein in die Welt der Sakramente und klären zunächst einmal, was überhaupt ein Sakrament ist – um dann zu erkennen, dass die Gestalten, in denen die Kirche Eucharistie feiert, auch aus theologischen Gründen nicht einfach austauschbar sind.

Was also ist ein Sakrament? Das Wort Sakrament geht auf das lateinische Wort *sacramentum* zurück, in dem das Wort *sacrum* steckt, was ‚das Heilige' bedeutet. Das griechische Äquivalent lautet *mysterion,* was am ehesten mit ‚Geheimnis' oder ‚Zeichen' zu übersetzen ist. Im klassischen Verständnis, wie es maßgeblich von Augustinus entwickelt wurde, sind Sakramente also heilige Zeichen, in denen sich das Geheimnis Gottes zugänglich macht und deren Wirkung nicht vom Menschen selbst, sondern von Gott erzeugt wird. Sakramente haben eine performative Qualität: In ihrer zeichenhaften *Performance* stellen sie die Wirklichkeit her, auf die sie verweisen und realisieren diese symbolisch.

Dabei ist nicht nur an die Einzelsakramente wie Taufe, Firmung oder Eucharistie zu denken. Diese verdanken sich im christlichen Glauben nämlich einem *Ursakrament* und einem *Grundsakrament.* Das Ursakrament ist Jesus Christus selbst. Er ist das heilige Zeichen schlechthin, das eine neue Wirklichkeit für den Menschen setzt und das Geheimnis der Liebe Gottes für Menschen allererst eröffnet. Das Christusereignis ist also der Ursprung und die Mitte jeder sakramentalen Wirklichkeit. Von diesem Ursakrament unterschieden ist die Kirche, die als Grundsakrament gilt. Die Kirche als Grundsakrament spendet nicht nur Einzelsakramente, sondern ist als solche sakramental verfasst: All ihr Handeln und Tun soll die

Liebe Gottes zeichenhaft realisieren.[1] Vom Ursakrament und vom Grundsakrament leiten sich alle Einzelsakramente ab.[2]

Die Unterscheidung von Christus als Ursakrament und Kirche als Grundsakrament hat eine institutionentheoretische Spitze: Die Kirche ist ‚nur' das Grundsakrament, d. h. sie ist nicht identisch mit dem göttlichen Ursakrament und keine neue Erscheinungsweise des sündlosen Christus. Damit entlastet sich die Kirche von unplausiblen Überhöhungen und ermöglicht dadurch allererst den Anspruch, das Reich Gottes zu verkünden und anfanghaft in der Welt zu realisieren. In den Worten Magnus Lerchs:

> „Kirche ist gerade darin ‚Grundsakrament', dass sie die Differenz zu Jesus Christus als dem ‚Ursakrament' wahrt. Sie kann das Reich Gottes nur dann zur praktischen Darstellung bringen, wenn sie sich von ihm zugleich bleibend unterscheidet. [...] Kirche muss die Differenz zur Zuwendung Gottes wahren, durch die sie unverfügbar konstituiert ist und die sie nur ‚exzentrisch' realisieren kann, indem sie diese Zuwendung nicht für sich selbst, sondern für die Welt zur Darstellung bringt." (Lerch 2022, 103)

Die Sakramententheologie ist also gleichermaßen christologisch wie ekklesiologisch zentriert, da das Christusereignis Ursprung und Mitte aller sakramentalen Vollzüge ist und die Kirche als Grundsakrament aller sakramentalen Einzelvollzüge zu gelten hat. Ein zentraler Begriff zur Erschließung der einzelnen Sakramente ist dabei derjenige des ‚Realsymbols'. Ein Symbol ist ein konkretes Zeichen, das auf eine Dimension der Wirklichkeit verweist. Für die Sakramententheologie ist die Einsicht wichtig, dass Sakramente aber nicht nur informierende Zeichen sind, sondern dass sie einen

---

1 Vgl. auch die Einleitung der Dogmatischen Konstitution über die Kirche ‚Lumen Gentium' des Zweiten Vatikanischen Konzils: „Die Kirche ist ja in Christus gleichsam das Sakrament, das heißt Zeichen und Werkzeug für die innigste Vereinigung mit Gott wie für die Einheit der ganzen Menschheit." (LG 1)

2 Aus diesem Grund sind Ihnen die Begriffe mysterion und sacramentum womöglich auch schon in den Gedankenexperimenten „Amortentia" in Kapitel II.5 und „Der unendliche Lockdown" in Kapitel III.4 begegnet. Diese Wiederholung ist natürlich kein Zufall, sondern zeigt, dass ‚die Sakramente' nur im Kontext eines bestimmten Kirchenbildes sinnvoll verstanden werden können (die nämlich selbst sakramentalen Charakter hat) und Kirche wiederum nur in ihrer Herkünftigkeit von Christus, dem Ursakrament, sinnvoll verstanden werden kann.

Sachverhalt durch den Vollzug des Zeichens überhaupt erst realisieren. Das ist mit der Rede von ‚Realsymbol' gemeint: Sie bedeutet, dass das Symbol eine Wirklichkeit überhaupt erst realisiert und nicht bloß auf eine Wirklichkeit verweist. Daher sind die realisierenden Zeichen der Sakramente keine Zeichen in dem Sinne, dass sie einfach nur auf eine Wirklichkeit hinweisen oder über diese informieren. So könnte das Schild, welches Verkehrsteilnehmer:innen signalisiert, dass auf den nächsten Metern Wachsamkeit geboten ist, weil eine Kindertagesstätte passiert wird, ohne weiteres durch ein alternatives Schild ersetzt werden. Es verweist schlicht auf eine mögliche Gefahr im Straßenverkehr und kann, im Anschluss an Rahner, als ‚Vertretungssymbol' bezeichnet werden. (Vgl. Rahner 2003 [1959], 423–457)

Im Gegensatz dazu sind ‚Realsymbole' Zeichen, die eine bestimmte Wirklichkeit allererst mit erzeugen. Durch die Performance eines Realsymbols entsteht eine neue Wirklichkeit, ohne dass diese Wirklichkeit schon im Realsymbol vollständig aufgeht. Etwas abstrakter ausgedrückt: Der *Inhalt* einer sakramentalen Handlung ist an die *Form* seiner Erscheinung gebunden, und diese Bindung ist nicht rein willkürlich (deshalb heißt es auch *Real*symbol); aber Inhalt und Form sind nicht strikt identisch miteinander – ein Sakrament ist nicht die vollständige göttliche Wirklichkeit selbst (deshalb bleibt es ein Real*symbol*).

Sie kennen diesen Gedanken vielleicht schon aus den Überlegungen zum Offenbarungsbegriff und zum Kirchenbegriff. Das Zweite Vatikanische Konzil hatte das Offenbarungsgeschehen ja aus dem göttlichen Entschluss erklärt „das Geheimnis seines Willens bekannt zu machen" (DV 2) und mit dem Begriff des „Geheimnisses" (= mysterion/sacramentum) darauf verwiesen, dass Christus nicht nur vom Geschehen der Zuwendung Gottes Kunde bringt, sondern diese zugleich realisiert. Analoges ist von der Kirche zu sagen: Ihr sakramentaler Charakter ergibt sich daraus, dass sie zugleich „Zeichen und Werkzeug" (LG 1) des Gottesreiches ist. In beiden Fällen wird mit der Bezeichnung ‚Sakrament' auf eine je größere Wirklichkeit verwiesen, die im konkreten Zeichen aber schon anfanghaft verwirklicht ist.

Mit Thomas Pröpper gesprochen drückt die Kategorie des Realsymbols daher auch die für das Christentum entscheidende „Spannung von Schon und Noch-nicht" (Pröpper 2011, 1350) aus, da die zeichenhaften Geschehnisse einerseits ‚schon' den absoluten Sinn enthalten und dieser in ihnen konkret manifest wird, dieser absolute Sinn aber andererseits ‚noch nicht' in seiner Unbedingtheit erfahrbar wird, sondern unter einem Index der Vorläufigkeit steht.

Weil die Herstellung des absoluten Sinns oder der göttlichen Gegenwart nicht in der Verfügungsmacht des Menschen steht, gilt sakramententheologisch der Grundsatz, dass die Sakramente *ex opere operato*, d. h. kraft des vollzogenen Ritus gelten: Die Gültigkeit eines Sakraments ist nicht abhängig von Menschen, sondern gründet in Gottes Initiative. Zugleich gilt auch der Grundsatz des *ex opere operantis*: Es braucht eine Offenheit des einzelnen Menschen für die personale Teilhabe an einem sakramentalen Geschehen, damit dieses eine sakramentale Wirklichkeit realisieren kann. Kurz gesagt: Wer sich nicht ehrlich auf ein Sakrament einlässt, wird nicht erfahren, welche Wirklichkeit sich durch dieses Sakrament erschließt. Diese Offenheit ist eine *Bedingung* dafür, dass Sakramente wirksam werden können, der *Ursprung* der Wirksamkeit des Sakraments liegt allein in Gott.

Die Einführung der Kategorie des Realsymbols ist deshalb so wichtig, weil damit eine fragwürdige Alternative überwunden wird, die das mittelalterliche theologische Denken zur Theologie der Eucharistie prägte und zu einigen ökumenischen Streitigkeiten geführt hat. Insgesamt wurde in der Scholastik ein zunehmend verrechtlichtes Verständnis der Sakramente entwickelt, das auf die kausale Herstellung des göttlichen Heils durch das Spenden von Sakramenten zielte. Die Zeichenfunktion der Sakramente wurde zunehmend von ihrer instrumentellen Funktion überlagert, weshalb es der Scholastik kaum möglich war „die symbolische Natur der Sakramente gegen ein primär kausales Verständnis zu sichern [...]: Im gängigen Verständnis [wurden] Sakramente vielfach als übernatürliche Medizin interpretiert, die quasi-magisch wirksam und absolut heilsnotwendig ist." (Dürnberger 2020, 355)

Dies kann beispielhaft mit Blick auf die Eucharistie verdeutlicht werden: Durch die theologische Isolierung einzelner Aspekte der eucharistischen Wandlung sah sich die Theologie im Mittelalter zunehmend vor die Alternative gestellt, die Eucharistie entweder als bloß informierendes Zeichen zu verstehen oder die Wandlung als primär physikalisch-chemische Transformation von Brot und Wein. Eva-Maria Faber markiert diese problematische Alternative so: „Wird aber das Mysterium nicht als Wahrheit im Zeichen verstanden, kommt es zur Aporie: Entweder man sieht die Eucharistie nur noch als bloßes Zeichen ohne Wirklichkeitsgehalt an, oder man versteht sie als sinnenhaftes Gegebensein des historischen Leibes Jesu Christi." (Faber 2011, 112) Die Alternative zwischen einem Verständnis der Eucharistie als bloßer Informationsveranstaltung zur Liebe Gottes oder als magischer Verwandlung der chemischen Zusammensetzung von Brot und Wein ist jedoch keine, auf die man sich theologisch einlassen sollte – vielmehr verkennt sie ja gerade das Zueinander von äußerem Zeichen und innerer Wirkung, die sich bis auf Augustinus zurückverfolgen lässt: Sakramente informieren nicht nur über die unbedingte Zugewandtheit Gottes, sondern sie realisieren sie zeichenhaft. Zugleich stellen sie diese nicht auf magische Weise her. Sakramente sind keine Zauberei, sondern die konkrete Zusage der unbedingten Zuwendung Gottes an einzelnen Punkten im Leben.

Vor dem Hintergrund dieser allgemeinen Ausführungen zur Sakramententheologie kann nun unser Gedankenexperiment zur Eucharistie aufs Neue in den Blick rücken. Die Eucharistie ist das Zentrum einer christlichen Gemeinde, weil sie konstitutiv für die Bildung und Bewahrung einer christlichen Identität ist und die Praxis des gemeinsamen Brotbrechens das gemeinschaftsstiftende Zeichen für christliche Gemeinden schlechthin ist. Dabei sind Brot und Wein von Jesus selbst eingesetzte Zeichen, weshalb es im ökumenischen Gespräch auch unstrittig ist, dass die Eucharistie ein zentrales Sakrament ist – diese Einsicht teilen katholische und evangelische Christen. Ebenso wenig kontrovers ist die Behauptung, dass in der Eucharistie Jesus Christus real präsent ist. Die Realpräsenz Christi hat auch Luther stets verteidigt. Umstritten ist jedoch, was genau während der Eucharistie passiert. Evangelischerseits wird eine Konsubstantiation behauptet: Die Substanzen von Brot und Wein verändern sich während der Eucharistiefeier nicht, aber es gesellen sich die Substanzen von Jesu Leib und Blut zu ihnen hinzu. Katholischerseits wird dagegen eine Transsubstantiation verteidigt: In der eucharistischen Wandlung verändern sich die Substanzen von Brot und Wein und werden zu Leib und Blut Christi. Es ist sehr wichtig zu sehen, dass der Begriff ‚Substanz' hier in einem philosophischen Sinne gebraucht wird und nicht in einem modernen oder naturwissenschaftlichen Sinne, wie z. B. im

Ausdruck ‚chemische Substanz'. Es geht also im katholischen Verständnis *nicht* darum, dass sich auf magische Art und Weise die chemische Zusammensetzung von Brot und Wein verändern. Vielmehr erhalten sie durch die Wandlung einen neuen Status:

> „Brot und Wein, die bereits aufgrund ihrer Basissymbolik semantisch bedeutsam sind, erhalten vielmehr einen neuen performativen Index im Prozess der Vergegenwärtigung einer veränderten Einstellung zum Verhältnis von Leben und Tod. Hierbei ereignet sich keine magische Wesensverwandlung von Objekten, sondern ein semiotischer Statuswandel von Zeichen." (Höhn 2022, 47)

Die Frage der Realpräsenz Christi ist also keine Frage, auf die Chemiker:innen eine Antwort finden könnten. Vielmehr ist die Realpräsenz Christi in der Eucharistie mit den Zeichen Brot und Wein verknüpft, die in der Hinsicht gewandelt werden, als dass sie nun wesentlich Zeichen der Zuwendung Gottes sind. In den Worten Martin Dürnbergers: „In der Eucharistie ändern sich jene Handlungszusammenhänge, die im Fall der Artefakte Brot und Wein essenziell dafür sind, was diese wirklich, eigentlich und im Letzten sind – aus Nahrungs- und Genussmitteln werden Realsymbole der Zuwendung Gottes: Das ist, was sie nun wesentlich sind." (Dürnberger 2020, 360)

Wichtig ist dabei das alltägliche Verständnis von ‚Brot' und ‚Wein'. Es macht Brot und Wein aus, anthropologische Größen zu sein – es gibt sie nicht in der Natur, sondern sie sind Frucht menschlicher Arbeit. Chemische und physikalische Untersuchungen sind daher nicht in der Lage zu erfassen, was normalsprachlich als Brot und Wein gilt. Deshalb belegen vermeintlich gewitzte Anfragen wie ‚Was passiert, wenn eine konsekrierte Hostie erbrochen wird?' oder ‚Was passiert, wenn ein Tropfen konsekrierter Wein in eine Badewanne tropft?' nur, dass hier ein Eucharistieverständnis im Sinne der magischen Wesensverwandlung von Objekten vorliegt. Da niemand Erbrochenes als Brot oder eine Badewanne voll Wasser mit einem Tropfen Wein als Wein bezeichnen würde, liegen normalsprachlich (ob chemisch, ist irrelevant) nicht mehr Brot und Wein vor. Brot und Wein sind vielmehr zentrale Zeichen für die gemeinschaftsstiftende Aktivität schlechthin: das gemeinsame Mahl halten.

Kommen wir zurück zum Gedankenexperiment: Christlich sozialisierte Menschen würden die Idee, Brot und Wein durch Chips und Cola auszutauschen, für absurd halten. Wie wir gesehen haben, sprechen für die Unaustauschbarkeit von Brot und Wein gute theologische Gründe: Jesus feiert das letzte Abendmahl mit seinen Jüngern, indem er Brot und Wein mit ihnen teilt (Mk 14, 12–26; Mt 26,21–30; Lk 22, 7–28). Das Sakrament der Eucharistie geht auf die direkte Einsetzung, die direkte Weisung Jesu zurück. Daher gilt die eucharistische Gemeinschaft auch theologisch als das Zentrum einer christlichen Gemeinde. Und es ist klar, dass sich die Gestalten des Sakraments nicht einfach austauschen lassen. Daher gilt: In der Eucharistie, in Brot und Wein wird nicht nur auf die Liebe Gottes verwiesen, sondern sie ereignet sich im Vollzug des Sakraments. Die Grundsignatur des Sakraments ist diese Vergegenwärtigung und dieses Sich-Ereignen der Liebe Gottes, denn: „Sakramente feiern diese Liebe auf den Wegstrecken des Alltags wie an den Weggabelungen des Lebens: liturgisch verdichtet, mit geradezu absurd anmutendem Optimismus und nicht ohne Momente eines subversiven Exzesses, der gottesgemäß menschenfreundlich ist." (Dürnberger 2020, 362) In diesem Sinne sind sie Realsymbole der Liebe Gottes, sie sind Ereignisse seiner freien Zuwendung, seiner Aussage des ‚Es ist gut, dass du da bist!'. Dies zielt in das Herz der eigenen Existenz, und nicht zuletzt diese existenzielle Ernsthaftigkeit macht es so merkwürdig und für viele zu einem Grund der Verwunderung, wenn man Brot und Wein einfach durch Chips und Cola ersetzen würde.

Literatur zum Weiterlesen

Dirscherl, Erwin/Weißer, Markus (Hg.): Wirksame Zeichen und Werkzeuge des Heils? Aktuelle Anfragen an die traditionelle Sakramententheologie, Freiburg i. Br. 2022. *[Wichtige und aktuelle Beiträge des Forschungsdiskurses zur allgemeinen und speziellen Sakramentenlehre]*

Faber, Eva-Maria: Einführung in die Katholische Sakramentenlehre, Darmstadt [3]2011. *[Gut gelungene Einführung in die Sakramentenlehre aus katholischer Perspektive, gerade für Einsteiger gut geeignet]*

Höhn, Hans-Joachim: spüren. Die ästhetische Kraft der Sakramente, Würzburg 2002. *[Innovativer fundamentaltheologisch geprägter Blick auf die Sakramententheologie]*

Rahner, Karl: Leiblichkeit der Gnade. Schriften zur Sakramentenlehre (Sämtliche Werke 18), Freiburg i.Br. 2003. *[Sammlung der wichtigsten Schriften Karl Rahners zur Sakramententheologie, die die Neuaufbrüche der Sakramententheologie im 20. Jahrhundert fokussieren]*

III.6 Drei Ringe, sie zu knechten … Oder: Von der Frage, welche Religion die wahre ist

Manche theologischen Probleme kommen erst auf, wenn man sich die Zeit nimmt, intensiv über den Glauben nachzudenken. Andere Fragen sind unmittelbar evident und auch im Alltag ganz praktisch präsent. Zur letzteren Gruppe gehört sicherlich auch die Frage, die sich aus dem Faktum religiöser Pluralität ergibt: Wie ist das Verhältnis der unterschiedlichen Religionen zueinander zu bestimmen? Aufgerufen ist damit die sogenannte Theologie der Religionen, in die wir über einen Erbstreit hineinfinden …

> Mit Ihren beiden Geschwistern waren Sie einst ein Herz und eine Seele. Obwohl Sie – Ihren jeweiligen Talenten entsprechend – durchaus unterschiedliche Lebenswege eingeschlagen hatten und so verschiedene Lebensstile pflegten, dass Sie ohne familiäre Bande wohl nie miteinander in Kontakt gekommen wären, waren Sie wunderbar miteinander ausgekommen, hatten sich vertraut und je das Besondere aneinander sehr geschätzt. Ihre Eltern hatten keinen geringen Anteil an dieser Situation: Von klein auf waren nicht nur gemeinsame Unternehmungen fester Bestandteil des Familienlebens gewesen, regelmäßig konnten Sie ganz exklusive Zeit mit ihnen verbringen. Ein:e jede:r von Ihnen durfte sich geliebt, angenommen und einzigartig fühlen.
>
> Nun kam die Zeit, als sich der Gesundheitszustand Ihrer Eltern zusehends verschlechterte und abzusehen war, dass sie bald sterben würden. Voll Furcht aber dachten die Eltern an jene Situation zurück, als sie einst mit ihren eigenen Geschwistern über das hinterlassene Erbe in Streit gerieten. Besonders der wertvolle Familienring, der stets nur an das Lieblingskind weitervererbt werden durfte, hatte die Geschwister damals entzweit und für Streit, Zwietracht, Missgunst und Enttäuschung gesorgt. Diesen Streit wollten die Eltern Ihnen und Ihren Geschwistern ersparen und setzten einen lange gereiften Plan in die Tat um: Sie suchten die beste Goldschmiedin des Landes auf, der sie den Auftrag gaben, zwei neue Ringe zu schmieden, die dem Erbstück in jeder Hinsicht gleichen sollten.

Als das Erbe dann ausgezahlt wurde, war ein:e jede:r von Ihnen froh zu sehen, dass Ihnen mit dem je vermachten Ring zugleich die Ehre zuteil wurde, das liebste Kind Ihrer Eltern gewesen zu sein – bis Sie sich mit Ihren Geschwistern das nächste Mal trafen und der scheinbar identische Ring an drei verschiedenen Fingern glänzte. Wollten die Eltern Sie zum Narren halten? Hatten sie wirklich gedacht, dass sich ein Streit dadurch vermeiden ließe, dass sie zwei der Geschwister täuschten? Dass Sie nicht alles daran setzen würden herauszufinden, welcher Ring das Original sei? Und war ihnen überhaupt noch zu vertrauen, dass auch nur eine:r von ihnen den echten Ring besaß? So wetteiferten Sie darum und brachten Argumente vor, wer von Ihnen das Lieblingskind der Eltern gewesen sei – und je mehr sie stritten, desto weiter entfernten Sie sich voneinander.
Jahre vergingen und die drei Geschwister entwickelten – so unterschiedlich wie sie waren – verschiedene Deutungen auf das, was geschehen war. Der erste konnte nicht ablassen von der Überzeugung, selbst und allein den wahren Ring zu besitzen und blickte verächtlich auf die beiden Fälschungen herab. Auch die zweite war sich sicher, selbst im Besitz des einen Rings zu sein, deutete aber die beiden anderen Ringe als den ehrlichen Versuch der Eltern, auch den anderen Geschwistern gegenüber ihre Wertschätzung und Liebe auszudrücken, immerhin waren sich die Ringe zum Verwechseln ähnlich. Der dritte schließlich behauptete, als einziger die eigentliche Intention der Eltern erkannt zu haben und sah in den Ringen drei gleichermaßen ‚echte' Ringe, die symbolisch dafür standen, dass sie unterschiedslos alle drei sich als geliebte Kinder Ihrer Eltern wissen sollten.[1]
Sie müssen nun wählen: Identifizieren Sie sich mit einem der Geschwister! Welche Sicht auf die Dinge können Sie am ehesten nachvollziehen? Aus welchen Gründen?

So unmittelbar vielleicht einleuchtet, dass die Vielfalt religiöser Vorstellungen problemerzeugend sein kann, so wichtig ist es doch

[1] Dieses Gedankenexperiment ist – trotz einiger Veränderungen im Detail – offensichtlich angelehnt an die sogenannte Ringparabel, die Gotthold Ephraim Lessing von Nathan dem Weisen im gleichnamigen Drama erzählen lässt. Lessing selbst greift damit auf noch weit älteren Stoff zurück.

auch, die spezifisch theologische Frage hinter dem Gedankenexperiment herauszuarbeiten. Denn in Ihrer Rolle als Mitglied eines liberalen Verfassungsstaates fällt es Ihnen vermutlich relativ leicht, die Frage nach dem Verhältnis der verschiedenen Religionen untereinander zu beantworten. Einem solchen Staat liegt ja gerade die Idee zugrunde, dass er sich in weltanschaulichen Fragen einerseits neutral verhält und andererseits dafür Sorge trägt, dass unterschiedliche religiöse Sinndeutungssysteme friedlich nebeneinander existieren können.[2] Der Staat geht zu den Religionsgemeinschaften auf Äquidistanz und anerkennt alle religiösen Praktiken und Überzeugungen als Ausdruck der individuellen Religionsfreiheit, soweit sie mit der freiheitlich-demokratischen Grundordnung kompatibel sind. Untereinander verlangt er von den Religionsgemeinschaften, insofern er deren Mitglieder als Bürger:innen des Gemeinwesens ansieht, gerade einen solchen Blick auf die je anderen Konfessionen und Religionen, d.h. er verlangt von Ihnen gegenseitige Toleranz und friedliche Koexistenz.

Anders als der Staat aber müssen sich die einzelnen Gläubigen einer Wertung der Religionen untereinander nicht enthalten – und das können Sie kaum, denn zu einem religiösen Weltverhältnis gehört es auch, dass bestimmte Überzeugungen mit Geltungsansprüchen vertreten werden: Gläubige behaupten, dass das, wovon sie überzeugt sind, wahr und richtig ist. Zugleich koexistieren unterschiedliche Religionen, die dezidiert andere Gehalte für wahr halten, die häufig genug dem widersprechen, was Christ:innen für wahr halten. Sie unterscheiden sich hinsichtlich ihrer religiösen Praxis, hinsichtlich ihrer sozialen Ordnung, hinsichtlich ihres ethischen Normenkatalogs voneinander – und gleichzeitig sind sie ohne einander oft nicht denkbar: das Christentum etwa stellt einen Juden ins Zentrum seines Glaubens. Welche theologischen Gründe gibt es nun, sich auf die eine oder andere Weise zu dieser Pluralität zu verhalten und welche Gründe gibt es, die eigene, christliche Religion im Kontext der anderen Religionen zu verorten? Wie also reagieren Sie auf das Faktum des religiösen Pluralismus, wenn Sie als Christ:in gefragt werden, der:die sowohl von der Universalität des göttlichen Heilswillens als auch von der Unüberbietbarkeit der

---

[2] Vgl. dazu auch das Gedankenexperiment „Die Heiligkeit der Gänseblümchen“ in Kapitel III.2.

Zuwendung Gottes in einem partikularen Ereignis (nämlich der Person Jesus von Nazareth) überzeugt ist?

Im Anschluss an den anglikanischen Theologen Alan Race hat sich in der Theologie der Religionen ein Schema etabliert, das durch vollständige Fallunterscheidung eine Klassifikation möglicher Positionen erlaubt, die verschiedentlich auf die religionstheologische Doppelfrage reagieren. (Vgl. Race 1983) Das Schema ist ein Entscheidungsbaum, der mit der Frage ‚Gibt es in den Religionen Heil?' beginnt. Wenn Sie diese Frage rundheraus verneinen und nicht glauben, dass es überhaupt so etwas wie Heil in Religionen gibt, vertreten Sie die Position des *Atheismus* (das ist zwar durchaus eine theologische Herausforderung, aber für eine Theologie der Religionen ist es keine interessante Position, da es ja um eine Verhältnisbestimmung der Religionen untereinander geht). Wenn Sie diese Frage bejahen, haben Sie nun drei Optionen vor sich, weshalb dieses Schema in der Regel auch als ‚Dreierschema' bezeichnet wird: Wenn Sie sagen, dass es genau eine und nur eine Religion gibt, die zum Heil führen kann, vertreten Sie einen *Exklusivismus*. Wenn Sie sagen, dass im Prinzip mehrere Religionen zum Heil führen können, es aber eine Religion gibt, die alle anderen Religionen überragt, vertreten Sie einen *Inklusivismus*. Und wenn Sie sagen, dass es mehrere Religionen gibt, die gleichermaßen und unterschiedslos zum Heil führen, vertreten Sie einen *Pluralismus*.

Nun haben Sie vermutlich längst gemerkt, dass Sie sich in unserem Gedankenexperiment einer der genannten religionstheologischen Optionen zuordnen sollten. Das erste Kind, das sich allein im Besitz des wahren Rings wähnt und die anderen als simple Fälschungen abtut, nimmt die Rolle eines Exklusivisten ein. Das zweite Kind anerkennt die Ringe der Geschwister als authentischen Ausdruck der elterlichen Liebe, hält aber daran fest, im Besitz des wahren Rings zu sein – und wäre also als Inklusivistin zu bezeichnen. Das dritte Kind schließlich behauptet – einem Pluralisten gleich –, dass jeder der drei Ringe der wahre Ring sei, insofern sie alle Ausdruck der elterlichen Liebe sind. Im Folgenden wollen wir die drei Positionen vorstellen und ihre theologische Angemessenheit diskutieren.[3]

---

[3] In allen drei religionstheologischen Positionen hat sich inzwischen eine Vielzahl untereinander sehr differenzierter Ansätze herausgebildet, die

Die exklusivistische Position scheint auf den ersten Blick die zwingende Option zu sein: Von den drei Ringen ist nur einer das echte Familienerbstück. Die anderen Ringe mögen noch so kunstvoll gefertigt sein, noch so schön anzusehen sein und noch so ein tröstendes Gefühl bei ihren Träger:innen auslösen – letztlich ist nur der eine Ring Ausdruck dafür, das Lieblingskind der Eltern gewesen zu sein. In dieser Hinsicht unterscheiden sich noch die teuersten Kopien des Rings nicht von ‚Schmuckstücken' aus dem Kaugummi-Automaten. Etwas formaler: Weil einander widersprechende Positionen nicht in derselben Hinsicht wahr sein können, folgt aus der Wahrheit der einen Position die Falschheit der anderen. Wenn Christus „die Wahrheit" (Joh 4,16) ist und niemand zum Vater kommt außer durch ihn (vgl. ebd.), dann können Religionen, die Jesus nicht als den Christus anerkennen, natürlich nicht zum Heil führen.

Die notwendige Verknüpfung von Heil und Kirche hatte schon früh etwa Cyprian von Karthago (200/210–258) gelehrt, von dem der vielzitierte Satz „*Extra ecclesiam nulla salus.* – Außerhalb der Kirche kein Heil" (Cyprian von Karthago: Epist. 73, 21) überliefert ist. Noch heute setzen einige evangelikale und Pfingst-Kirchen auf diese Option, die auch von einigen wenigen Theolog:innen und Religionsphilosoph:innen geteilt wird. (Vgl. Stosch 2012, 62–87) Spuren dieser Position finden sich auch noch im kirchlichen Gesetzbuch, das das Kapitel über die Taufe mit den Worten eröffnet: „Die Taufe ist die Eingangspforte zu den Sakramenten; ihr tatsächlicher Empfang oder wenigstens das Verlangen danach ist zum Heil notwendig" (c. 849 CIC). Aus der Wahrheit des christlichen Glaubens und der Notwendigkeit der Gemeinschaft mit der (römischen) Kirche scheint schon aus logischen Gründen die Falschheit aller anderen Religionen zu folgen.

Motiviert durch unser Gedankenexperiment lassen sich jedoch auch schnell einige gewichtige Anfragen an den Exklusivismus formulieren: Zum einen droht die Ununterscheidbarkeit der Ringe zum Problem zu werden: Zwar gleichen sich die Ringe in unserem Gedankenexperiment natürlich deutlich stärker als die Religionen der Welt es tun, jedoch findet sich auch in ihnen nicht nur Ähn-

---

auch mit den je erhobenen Einwänden konstruktiv umzugehen versuchen. Wir beschränken uns im Folgenden auf die Grundzüge der drei Optionen.

liches, sondern sogar „jene Eigenschaften, die im Christentum als Frucht des Heiligen Geistes und als Zeichen echten Glaubens gewertet werden." (Schmidt-Leukel 2005, 122 f.) Damit fällt das eben noch hochgehaltene Nicht-Widerspruchsprinzip auf den Exklusivismus zurück. Denn ein und dieselben Überzeugungen und Praktiken lassen sich eben nur auf Kosten eines Selbstwiderspruchs in der eigenen Religion als Ausdruck eines geheiligten Lebens verstehen, in der anderen Religion zumindest als wertlos oder gar heilshinderlich. Abgesehen davon scheint einer solchen einseitigen Wertschätzung der eigenen Religionen die Möglichkeit zu fehlen, Andersheit in seiner Freiheit und Subjektivität anzuerkennen, was im Letzten zur Unmöglichkeit der Anerkennung universaler Rechte führt, die demokratische Gesellschaften ausmachen.

Zum anderen missachtet die exklusivistische Position die einzigartigen Beziehungen und das liebevolle Verhältnis, das die Eltern eben mit allen drei Kindern haben wollten. Analog gilt: Zwar vermag der Exklusivismus die Unüberbietbarkeit der Selbstmitteilung Gottes in Jesus von Nazareth religionstheologisch zu übersetzen, er ignoriert aber den ja ebenso biblisch bezeugten universellen Heilswillen Gottes, dem gemäß Gott „will, dass alle Menschen gerettet werden und zur Erkenntnis der Wahrheit gelangen." (1 Tim 2,4) Insbesondere werden all diejenigen Menschen für den Exklusivismus damit zum Problem, die nie mit dem Christentum in Kontakt kommen konnten, etwa weil sie vor Jesus von Nazareth gelebt haben oder weil sie in entlegenen Gebieten der Erde gewohnt haben, in denen sie Christ:innen nie begegnet sind. Ein strenger Exklusivismus muss sogar für die Stammväter und -mütter Israels und die Prophet:innen des AT genauso die Verdammnis behaupten wie für ungetauft verstorbene Säuglinge. Kurzum, der Exklusivismus kann den universellen und unbedingten Heilswillen Gottes nicht angemessen in seine Theorie integrieren. Diese Kritik richtet sich insbesondere auf die Erlösungslehre, da ein definitiver Ausschluss von Anders- und Nichtgläubigen von Erlösung der Universalität des Heilsanspruchs, der im Christusgeschehen ausgesagt wird, widerspricht. Die christliche Grundbotschaft ist mit einem Exklusivismus also nicht kompatibel. (Daran ändern auch nachträgliche Hilfskonstruktionen nichts, nach denen etwa als Ort für die sündlosen, aber ungetauften Kinder bloß der Rand der Hölle *(limbus puerorum)* gedacht wird, oder die zwar die Heilsrelevanz anderer verfasster Religionen verneinen, den Menschen aber trotzdem eine – allein Gott bekannte – Heilschance unterstellen.)

Angesichts dieser Einwände gewinnt der Inklusivismus deutlich an Plausibilität, insofern er als Mittelposition auf der einen Seite an der auch für den Exklusivismus so entscheidenden Heilsbedeutung Christi festhält, ohne auf der anderen Seite die Heilsmöglichkeit in anderen Religionen bestreiten zu müssen. Es mache, so würde vielleicht unsere zweite Erbin von oben gegen den Bruder einwenden, nämlich sehr wohl einen Unterschied, ob die unechten Ringe aus dem Kaugummi-Automaten kämen oder dem Original in Material, Gewicht, Glanz, Größe etc. glichen. Ähnliche Ringe haben – ungeachtet der Vorrangstellung des einen Rings – ähnliche Bedeutungen; ähnliche Religionen haben – ungeachtet der Fülle der Heilsmittel im Christentum – eine ähnliche Heilsbedeutung.

Nun stellt der Inklusivismus nicht nur die offizielle römisch-katholische Lehrposition seit dem Zweiten Vatikanischen Konzil dar, er lässt sich zudem so weit zurückverfolgen wie der Exklusivismus auch. Ein frühes inklusivistisches Konzept findet sich beispielsweise beim frühchristlichen Kirchenvater Justin, der zwar die Fülle des Heils in Christus betont, in den anderen Religionen und bei den Philosoph:innen und Dichter:innen der Antike aber Spuren, Teilchen oder Samen des göttlichen Logos *(logos spermatikos)* erkennen möchte, die ihnen Anteil an dessen Wahrheit geben. Er schreibt:

> „Somit erweisen sich unsere Lehren als erhabener als jede menschliche Lehre, weil die gesamte Vernunftkraft der für uns erschienene Christus wurde – als Leib, Logos und Seele. Denn was immer die Philosophen und Gesetzgeber schön ausgedrückt und gefunden haben, das ist gemäß ihres Anteils am Logos durch Auffindung und Betrachtung in mühevoller Arbeit von ihnen gewonnen worden. Aber weil sie nicht alles erkannten, was den Logos, der Christus ist, betrifft, haben sie sich auch häufig widersprochen." (Justin: 2 apol. 10,1–3)

Im 20. Jahrhundert wurden diese schon in der frühen Kirche einigermaßen weit verbreiteten Ideen wiederentdeckt. Besonders große Wirkung konnte die Theorie vom ‚anonymen Christentum' von Karl Rahner entfalten, die gleich am Zentrum seines Theologiedesigns überhaupt ansetzt. Rahner hatte die Offenheit eines jeden

Menschen für das göttliche Wort behauptet,[4] um stichhaltig dafür argumentieren zu können, dass die unbedingte Selbstmitteilung Gottes vom bedingten Menschen überhaupt vernehmbar ist. Diese Eröffnetheit auf Gott hin aber ist nichts geringeres als selbst schon ein Akt der Gnade Gottes. Dann lässt sich folgern:

> „Hat er [i.e. der Mensch, MB/JT] aber die Gnade Gottes schon erfahren, hat er unter Umständen diese Gnade in der Annahme der Unabsehbarkeit und der ins Unendliche offenen Weite seines sterbenden Daseins schon angenommen [...], dann ist in ihm, schon bevor das missionarische Wort von außen auf ihn auftrifft, in einem wahren Sinn schon Offenbarung geschehen, weil diese Gnade als apriorischer Horizont aller seiner geistigen Vollzüge zwar nicht gegenständlich gewußt, aber subjektiv mitbewußt ist. Und die Offenbarung, die von außen an ihn herantritt, ist dann nicht die Verkündigung des bisher schlechthin Nichtgewußten, so wie man einem bayrischen Kind in der Schule zum erstenmal mitteilt, daß es einen Kontinent Australien gibt, sondern ist die gegenständlich-begriffliche Aussage dessen, was dieser Mensch in der Tiefe seines geistigen Daseins schon vollzogen hat" (Rahner 2003 [1962], 570f.).

Das lässt sich an unserem Gedankenexperiment veranschaulichen: Die Auszeichnung der Kinder mit den Ringen ist nicht als singulärer Akt zu verstehen, als wenn ihnen sonst verborgen geblieben wäre, dass sie geliebt sind. Vielmehr können sich die Kinder – und zwar alle drei und unterschiedslos – immer schon als „Adressaten" der unbedingten elterlichen Liebe verstehen. Mit der posthumen Gabe der Ringe wird dieses Verhältnis noch einmal konkret ausgesprochen – und im Falle des einen Rings eben auf vollkommene Art und Weise (so vollkommen sich eine Liebesbeziehung postmortal aussagen lässt – hier scheint uns die Passung der Ringparabel allmählich zu verlassen ...). Letztlich sind damit alle Menschen, die sich zu ihrem gottgeschenkten Dasein positiv verhalten können, als ‚anonyme Christ:innen' zu bezeichnen, die auch und gerade in ihrer eigenen Religion als kategoriale Antwort der in der transzendentalen Erfahrung gegebenen, unthematischen Offenbarung gerecht zu werden versuchen.

---

4 Vgl. dazu die Erläuterungen im Gedankenexperiment „Der Super-Religionswissenschaftler Ulf" in Kapitel I.3.

Den so bei Rahner und anderen vorbereiteten Inklusivismus kann das Zweite Vatikanische Konzil lehramtlich aufnehmen. Im Text über das Verhältnis des Christentums zu den nichtchristlichen Religionen *Nostra Aetate* heißt es feierlich:

> „Die katholische Kirche lehnt nichts von alledem ab, was in diesen Religionen wahr und heilig ist. Mit aufrichtigem Ernst betrachtet sie jene Handlungs- und Lebensweisen, jene Vorschriften und Lehren, die zwar in manchem von dem abweichen, was sie selber für wahr hält und lehrt, doch nicht selten einen Strahl jener Wahrheit erkennen lassen, die alle Menschen erleuchtet." (NA 2, vgl. auch LG 16)

Hier schließt sich der Kreis zu Justin, denn auch das Konzil erkennt die Möglichkeit eines Strahls jener Wahrheit an, die zwar alle Menschen erleuchtet, dessen Fülle aber in der Inkarnation des göttlichen Logos, d. h. in Christus, zu finden ist. Die anderen Religionen haben Anteil an dieser Wahrheit, wo und weil sie dem christlichen Glauben gleichen, können aber letztlich nur Vorstufen zur vollen Wahrheit der Kirche sein.

An diesem Verständnis nichtchristlicher Religionen setzt auch die Kritik am Inklusivismus an. (Vgl. Stosch 2012, 93–100; Schmidt-Leukel 1997, 171–235) Schon früh hatte Hans Küng das Rahner'sche Modell vom anonymen Christentum dahingehend kritisiert, dass es eine übergriffige „Vereinnahmung" (Küng 1974, 90) fremder Religionen darstelle, wenn diese nicht in ihrer Eigenart verstanden, sondern als verkapptes Christentum interpretiert würden. Darauf läuft der Inklusivismus ja letztlich hinaus, dass das Fremde wertgeschätzt wird, insofern sich in ihm wiederfindet, was an der eigenen Tradition hochgeschätzt ist. Dadurch, so der Vorwurf, werde aber die Besonderheit des Fremden in den eigenen Verständnishorizont gepresst. Die Stichhaltigkeit dieses Einwands ist nicht unumstritten, wenn man etwa bedenkt, dass man einerseits „nicht anders kann, als das Gegenüber auf Basis jener Kategorien zu deuten, über die man selbst verfügt *(hermeneutischer Inklusivismus)*" (Dürnberger 2020, 394) und andererseits die Bezeichnung ‚anonyme Christin' für eine Muslima in etwa so übergriffig ist, wie die Bezeichnung ‚Geschöpf Gottes' für eine Atheistin – woran sie sich wohl auch stören dürfte, aber religiöse Menschen nicht davon abbringen würde, sie als solches anzusehen, sofern man seinerseits bereit ist, sich als anonymen Muslim oder „anonymen

Humanisten" (Dürnberger 2020, 394, im Original kursiv) o. ä. bezeichnen zu lassen.

Ein zweites Problem des Inklusivismus ist, dass der ausgesagte christliche Überlegenheitsanspruch eine Degradierung jeder anderen Religion darstellt. Jedes Fremde ist immer schon defizitär, immer schon vorläufig, immer nur der Versuch von Religion im eigentlichen (d. h. christlichen) Sinne. Ohne je eine:n Vertreter:in einer anderen Religion getroffen zu haben, weiß der:die Inklusivist:in bereits mit Sicherheit, dass in dieser Religion kein adäquater Weg zum Heil gegeben ist (maximal ein steinig-mühsamer Trampelpfad). Vor jedem interreligiösen Gespräch scheint schon festzustehen, wer die beste, gewissermaßen ‚heilsamste' Religion haben wird – nämlich man selbst. Der Inklusivismus setzt die Unüberbietbarkeit der Selbstoffenbarung Gottes in Christus mit der Superiorität der christlichen Religion in eins – und legt damit im Vorhinein fest, wessen Wahrheitsanspruch der überlegene ist. Durch die bleibende Fixierung auf die vermeintliche Überlegenheit des Eigenen sei der Inklusivismus „zu einer genuinen theologischen Würdigung religiöser Vielfalt nicht in der Lage." (Schmidt-Leukel 2005, 156) Zu einer ähnlichen Bewertung gelangt auch Klaus von Stosch, wenn er dem Inklusivismus eine „grundsätzliche Unfähigkeit [bescheinigt; MB/JT], Andersdenkende in ihrer Andersheit anders als negativ zu bewerten." (Stosch 2012, 96) Dies ist für den konkreten Dialog mit anderen Religionsgemeinschaften jedoch eine problematische Herangehensweise und dürfte in der konkreten Praxis scheitern, weshalb es in den letzten Jahrzehnten verschiedene Versuche gab, einen Inklusivismus ohne Überlegenheitsanspruch zu formulieren. An der Unüberbietbarkeit der Selbstoffenbarung Gottes in Jesus Christus lässt sich auch festhalten, ohne zugleich eine Superiorität des Christentums auszusagen. (Vgl. Arens 2007; Bernhardt 2005)

Die in der Kritik am Inklusivismus zum Ausdruck gebrachte Intuition weist offenbar schon den Weg zur pluralistischen Position. Deren grundsätzliche Lernbereitschaft und Offenheit lässt sich noch einmal am Gedankenexperiment veranschaulichen (vgl. Schmidt-Leukel 2005, 180 f.): Stellen wir uns vor, dass die drei so unterschiedlichen Kinder mit ihren unterschiedlichen Deutungen der Gabe der drei Ringe einander treffen und ihrer Eltern gedenken. Sie sprechen über die Zeit mit ihnen und die Liebe, die sie erfahren durften. Mit welcher Erwartung und welcher Haltung gehen die Kinder in dieses Treffen hinein? Das exklusivistische Kind wird seinen Geschwistern erklären wollen, warum nur er die elterliche Liebe in Fülle empfangen habe. Er wird auf besondere Erlebnisse hinweisen, auf teure Geschenke und Bevorzugungen gegenüber seinen Geschwistern. Das inklusivistische Kind wird sich mit den Geschwistern vergleichen wollen. Sie wird liebevoll auf ihre Geschwister blicken und wird in ihnen mehr und mehr erkennen, in dem sie ihr gleichen. Und über diese Ähnlichkeit wird sie sich darin bestärkt wissen, dass – ungeachtet der Tatsache, dass sie selbst das Lieblingskind ihrer Eltern war – auch ihre Geschwister im Licht dieser Liebe stehen. Das pluralistische Kind jedoch wird weder auf sich selbst, noch in erster Linie auf seine Geschwister schauen. Es wird das Andenken an die Eltern nutzen wollen, um noch tiefer zu verstehen, was die Geschwister den Eltern bedeutet haben. Voller Neugier will er lernen von seinen Geschwistern, die doch auf die ihnen angemessene Weise Adressat:innen ihrer Liebe geworden sind. Um diese Liebe zu verstehen, die er in den Geschwistern verwirklicht sieht, geht das dritte Kind in das Treffen. Die Grundoption des religionstheologischen Pluralismus besteht also gerade darin, dass er die unvergleichliche Fülle der transzendenten Wirklichkeit in mehreren Religionen gleichermaßen unterstellt.

Nun sieht sich auch der Pluralismus kritischen Einwänden ausgesetzt. Zunächst ist es problematisch, dass der Pluralismus beansprucht, eine allgemeine Aussage über die Gleichwertigkeit alle Religionen zu treffen. Von welchem Standpunkt aus wird eine solche Aussage aber getroffen? Braucht es dazu nicht eine Art von Vogelperspektive auf alle Religionen der Welt, wenn über die Heilsangemessenheit aller Religion entschieden wird? Dies ist besonders problematisch, weil der Pluralismus ja eigentlich behauptet, dass Aussagen über die göttliche Wirklichkeit als solche nicht möglich sind und verschiedene Religionen nur ‚Linsen' sind, durch die man die göttliche Wirklichkeit in kleinen Ausschnitten beobachten kann. Dadurch, dass er nun aber ein Urteil über alle Religionen fällt, nimmt er nun aber genau die Perspektive ein, die er den einzelnen Religionen nicht zugesteht. Eng verwandt mit diesem Problem ist die Rückfrage nach den Kriterien, nach denen der Pluralismus feststellen möchte, welche der Religionen adäquate Heilswege bieten – und welche eben nicht: Wie lassen sich Religionen, die sich auf die göttliche Wirklichkeit beziehen, im Rahmen des Pluralismus eigentlich von solchen unterscheiden, die das nicht tun? Oder sind wirklich *alle* Religionen gleichwertig – und es gibt keine Unterschiede zwischen Judentum, der Sekte des Fliegenden Spaghettimonsters und dem Islamischen Staat?

Ein zweiter Einwand fragt den Pluralismus fundamental an, wenn die Möglichkeit bestritten wird, dass die pluralistische Position überhaupt konsistent zur Geltung gebracht werden könne. Tatsächlich scheint der Pluralismus auf den ersten Blick auch einander widersprechende Überzeugungen in den unterschiedlichen Religionen – die es offensichtlich gibt – gleichermaßen für wahr halten zu wollen. Der Pluralismus würde damit aber gegen basale Regeln logischen Schließens verstoßen und sich damit als ernst zu nehmende Option selbst verabschieden: „Die Auffassung, wonach etwas für mich ‚wahr' sein kann, ohne deshalb schon für alle ‚wahr' sein zu müssen, ist nicht ein Indiz für Toleranz, sondern eher ein untrügliches Indiz für die Verabschiedung des Wahrheitsbegriffs." (Kreiner 1998, 88) Diesen Einwand wird der Pluralismus entweder dadurch entkräften können, dass gezeigt werden kann, dass die gegensätzlichen, zentralen Überzeugungen und Praktiken in den Religionen sich nur scheinbar widersprechen – was angesichts der teils erheblichen Unterschiede zwischen den Religionen nicht leicht sein dürfte, oder dass sich die einander widersprechenden Aussagen nur auf Erscheinungen einer letzten Wirklichkeit beziehen, die je noch einmal größer sei als alles, was die Religionen dafür halten. Dies aber scheint nun aus christlicher Perspektive keine Option zu sein, insofern es geradezu Grundaxiom christlicher Gottesrede ist, dass sich Gott so und nur so zeigt, wie er an sich ist.[5]

Drittens wird sich der Pluralismus hinsichtlich seiner tatsächlichen Pluralität anfragen lassen müssen. Hier läge dann auch der Grundfehler unseres Gedankenexperiments, dass von vornherein davon ausgegangen ist, dass die drei Geschwister Kinder *derselben*

---

[5] Zur Diskussion um die Konsistenz des Pluralismus mit den theologischen Grundüberzeugungen in der Christologie und der Trinitätslehre vgl. Stosch 2012, 42–55.

Eltern gewesen sind. Wer das analog für die Religionen behauptet, hat aber zumindest schon eine Ähnlichkeit unter ihnen behauptet, die doch allererst in Frage steht – was die pluralistische Option tendenziös erscheinen lässt. Ein wirklich pluraler Pluralismus müsste also nicht nur die Religionen, sondern das Heil, die göttliche Wirklichkeit, den transzendenten Urgrund des Seins plural denken müssen. Bloß: Gibt er damit nicht das jüdische Erbe des Monotheismus auf? Muss man aus Gründen der Widerspruchsfreiheit nicht daran festhalten, dass Gott sich nicht radikal anders mitteilen kann als in der Inkarnation in Jesus von Nazareth, wenn dies wirklich eine Selbstmitteilung Gottes sein soll?

Jede der drei Grundoptionen des Dreierschemas scheint also vor grundlegenden Einwänden zu stehen. Aus dieser aporetischen Situation schöpft sich die Plausibilität der sogenannten Komparativen Theologie, die von Francis Clooney, Marianne Moyaert, Catherine Cornille und im deutschen Sprachraum insbesondere von Klaus von Stosch entwickelt wurde und den religionstheologischen Diskurs der letzten Jahre maßgeblich geprägt hat. Die Komparative Theologie beansprucht, quer zu den Optionen des Dreierschemas zu liegen. Die Frage der Theologie der Religionen, so deren Grundaxiom, erlaube keine Großvergleiche *der* Religionen untereinander, sondern verlange vielmehr den mikrologischen Blick in *gelebte* Religion, um allererst die Bedeutung der verschiedenen religiösen Überzeugungen und Praktiken erschließen zu können. Das Dreierschema könnte schon deshalb problematisch sein, weil es voraussetzt, dass man Religionen als in sich geschlossene Gebilde betrachten kann, deren Heilswege im Ganzen miteinander verglichen werden können. Dies scheint aber angesichts der Pluralität schon innerhalb des katholischen Christentums, aber auch innerhalb der anderen Weltreligionen keine plausible Annahme zu sein: Religionen sind keine Container, deren Inhalte man miteinander vergleichen und diese dann in eine Beziehung zueinander setzen könnte. (Vgl. Stosch 2012, 133–252; Stosch 2021) Oder, in unserem Gedankenexperiment gesprochen: Eine Weltreligion ist nicht identisch mit einem konkreten raumzeitlich begrenzten Gegenstand wie ein Ring – daher würde aus komparativ-theologischer Perspektive auch die Angemessenheit der Ringparabel in Frage stehen.

Kommen wir abschließend noch einmal zurück zum Gedankenexperiment: Würden Sie bei Ihrer ursprünglichen Identifikation mit einem der Kinder bleiben? Welche Position sagt Ihnen am meisten zu? Und wie gehen Sie mit den Einwänden um, die wir im Laufe des Kapitels diskutiert haben? Kurzum: Wie ist in Ihren Augen eine Wertschätzung des Anspruchs nichtchristlicher Religionen, einen Heilsweg zu bieten, möglich, ohne zugleich den eigenen Universalitätsanspruch aufzugeben?

Literatur zum Weiterlesen

Bernhardt, Reinhold: Inter-Religio. Das Christentum in Beziehung zu anderen Religionen (Beiträge zu einer Theologie der Religionen 16), Zürich 2019. *[Kulturtheoretisch informierte Religionstheologie im Angesicht der Wirklichkeit eines religiösen Pluralismus]*

Cornille, Catherine (Hg.): The Wiley-Blackwell Companion to Inter-Religious Dialogue, Eugene 2020. *[Gutes einführendes Handbuch in die Welt des interreligiösen Dialogs mit großem praktischen Teil zu konkreten Dialogen zwischen verschiedenen Religionsgemeinschaften]*

D'Costa, Gavin: Christianity and World Religions. Disputed Questions in the Theology of Religions, Eugene 2009. *[Aktuelle katholisch-theologische Einführung in die Theologie der Religionen, Betonung der Fähigkeit der christlichen Religion zur Wertschätzung von Pluralität]*

Schmidt-Leukel, Perry: Gott ohne Grenzen. Eine christliche und pluralistische Theologie der Religionen, Gütersloh 2005. *[Klassiker der Religionstheologie, einerseits breite Diskussion der verschiedenen Optionen und breite Rezeption auch der anglo-amerikanischen Literatur, andererseits ausführliches Plädoyer für eine pluralistische Position]*

Stosch, Klaus von: Komparative Theologie als Wegweiser in der Welt der Religionen (Beiträge zur Komparativen Theologie 6), Paderborn 2012. *[Umfassende Diskussion der religionstheologischen Grundoptionen und ihrer differenzierten Weiterentwicklungen; dazu Grundlegung einer Komparativen Theologie]*

III.7 „And no Religion, too". Oder: Wäre eine Welt ohne Religionen besser?

Es gibt ein Gedankenexperiment, zu dem Sie von einem großen Musiker aufgefordert werden – John Lennon singt im Beatles-Song ‚Imagine' die folgenden Zeilen:

> „Imagine there's no countries –
> it isn't hard to do.
> Nothing to kill or die for.
> And no religion, too.
> Imagine all the people –
> livin' life in peace."
>
> *Damit sind Sie zu einem interessanten Gedankenexperiment aufgefordert: Stellen Sie sich vor, es gäbe keine Religion: Was würde sich ändern? Versuchen Sie möglichst konsequent zu denken: Wäre das Landschaftsbild der Gegend, in der Sie leben, ein anderes? Hätte Ihr Leben einen anderen Rhythmus? Würden sich moralische Urteile verschieben? Oder würde sich gar die Art und Weise Ihrer Lebensführung wandeln, wenn Sie nicht religiös wären? Oder, wenn Sie nicht religiös sind: Würden sich Ihre Beziehungen zu religiösen Freund:innen ändern? Wie würde sich die politische Landschaft verändern – zum Positiven oder zum Negativen? Gäbe es vielleicht auch Aspekte, die die Welt besser machen würden, wenn es keine Religionen gäbe?*

Dieses Gedankenexperiment muss heutzutage wohl wieder als hypothetisches Szenario betrachtet werden: Kaum jemand glaubt, dass Religionen wirklich verschwinden oder die Religiosität in modernen Gesellschaften einfach verdunstet. Das war aber nicht immer so: In den 1970er- und 1980er-Jahren war in Soziologie und Philosophie eine Auffassung in Mode, die als ‚Säkularisierungsthese' bezeichnet wurde: Sie besagte, dass Religion ein Auslaufmodell sei, da alle ihre Funktionen in der Moderne durch säkulare Äquivalente übernommen werden könnten: Die Erklärung der Entstehung der Welt und des Lebens übernehmen nun die Naturwissenschaften, die Kontingenzbewältigung die Psychotherapie, die Legitimation von politischer Macht das moderne Vernunftrecht, die Begründung ethischer Gebote die autonome Moral. (Vgl. Höhn

2010, 15–25) Die Modernisierung der Gesellschaft schien die Religionen so weit an den Rand zu drängen, dass sie irgendwann ganz verschwinden würde. Je mehr Moderne, desto weniger Religion – dies ist, in aller Kürze, die Prognose der Säkularisierungsthese.

In soziologischer Hinsicht hat sich diese Auffassung als unterkomplex herausgestellt: Eine zweistellige Relation ‚Je mehr X, desto weniger Y‘ wird den komplexen Verknüpfungen zwischen Säkularisierung, Moderne und Religion nicht gerecht. Der Religionssoziologe José Casanova hat in mehreren Fallstudien herausgearbeitet, dass Säkularisierung mehrere Dimensionen umfasst: Den Niedergang der Religiosität, die Privatisierung der Religion und die funktionale Differenzierung der Gesellschaft. (Vgl. Casanova 1994) ‚Niedergang‘ der Religiosität bedeutet schlicht, dass die Zahl der a-religiösen Personen in einer Gesellschaft im Vergleich zu den religiösen Personen steigt. ‚Privatisierung‘ bedeutet, dass Religion zu einer Privatsache wird – in einer säkularen Gesellschaft kann jeder und jede selbst entscheiden, ob und auf welche Weise sie religiös ist, und wenn sie sich dann entschieden hat, soll sie mit dieser Entscheidung ihre Mitbürger:innen auch nicht mehr belästigen, da Religion ein Privatvergnügen sei. ‚Funktionale Differenzierung‘ zielt auf die Zunahme der Arbeitsteilung in säkularen Gesellschaften: Verschiedene Bereiche übernehmen zunehmend komplexe Aufgaben, und eine religiöse Integration dieser differenten Bereiche findet nicht mehr statt. Die öffentliche Verwaltung, das Rechtssystem, die Wissenschaft, Wirtschaft, Politik oder auch die Kunst folgen eigenen Gesetzen und sind nicht auf religiöse Bezüge angewiesen.

In den Nachkriegsgesellschaften des westlichen Europas kamen diese drei Aspekte gleichzeitig zum Vorschein. Casanova versucht aber zu zeigen, dass diese Prozesse nicht notwendig miteinander verknüpft sind. Der Fehler der Säkularisierungsthese besteht darin, aus dieser historischen Zufälligkeit in Westeuropa ein universales Entwicklungsgesetz abzuleiten und zu glauben, dass die Modernisierung von Gesellschaften immer genau gleich ablaufe. Weitet man den Blick, lassen sich aber eine Vielzahl von Gegenbeispielen finden, in der nicht alle drei Dimensionen von Säkularisierung gleichzeitig auftreten. Zwar zeichnen sich nahezu alle modernen Gesellschaften durch die ‚funktionale Differenzierung‘ aus – anders wäre die Komplexität moderner Gesellschaften wohl auch nicht zu bewältigen. Keineswegs folgt die Säkularisierung aber dem vermeintlichen ‚Gesetz', dass sie ebenso einen Niedergang der Religion oder auch nur eine Privatisierung der Religion mit sich bringe. Die wichtige Einsicht Casanovas ist, dass es soziologisch problematisch ist, universale Gesetze der Entwicklung von modernen Gesellschaften zu behaupten, denen alle Prozesse der Säkularisierung auf globaler Ebene folgen würden.

Auch der Philosoph und Soziologe Jürgen Habermas schließt sich – nachdem er selbst lange die Säkularisierungsthese verteidigt hatte – in seinen jüngeren Schriften der Kritik der Säkularisierungsthese an. (Vgl. Habermas 2001) Er prägt für westliche Gesellschaften den Begriff der ‚postsäkularen Gesellschaft' – und lädt damit zunächst einmal zu Missverständnissen ein, denn ‚postsäkular' bedeutet nicht, dass das Zeitalter der Säkularität vorbei sei oder wir nicht mehr in säkularen Gesellschaften leben. Vielmehr bedeutet dieser Ausdruck zweierlei: Zum einen ist er eine soziologische Beschreibung eines wissenschaftlichen Bewusstseinswandels. Moderne Gesellschaften sollten sich auf das bleibende Fortbestehen religiöser Gemeinschaften einstellen, weil die Säkularisierungsthese falsch ist. Habermas geht es weniger um empirische Belege einer ‚Wiederkehr der Religion' als vielmehr um einen grundlegenden Bewusstseinswandel, d.h. ein verändertes Selbstverständnis der Bürger:innen und der Gesellschaft im Ganzen im Hinblick auf die Persistenz des Religiösen. Man kann nicht mehr in einer säkularistisch-postreligiösen Erwartungshaltung davon ausgehen, dass in absehbarer Zeit Religionen absterben oder auf säkulare Äquivalente reduziert werden.

Diese soziologische Abkehr von der Säkularisierungsthese hat, zum anderen, auch philosophische Konsequenzen. Habermas fordert eine Begegnung der nicht-religiösen Philosophie mit religiösen Überzeugungen ‚auf Augenhöhe' ein: Es ist nicht länger möglich, der Religion im Gestus der Überlegenheit zu begegnen, so als ob die Irrationalität der Inhalte der Religion schon vor jeder ernsthaften Auseinandersetzung mit ihr feststünden. Im Gegenteil berge die Religion viele wertvolle Aspekte für eine plurale und liberale Gesellschaft – Habermas hat bestimmte moralische Intuitionen im Blick, aber auch Fragen des gesellschaftlichen Zusammenhalts und der Solidarität über das persönliche Umfeld hinaus. In seinem großen Werk *Auch eine Geschichte der Philosophie* rekonstruiert er auf über 1700 Seiten das Verhältnis von Glauben und Wissen, von Theologie und Philosophie und sucht einen Schulterschluss der beiden: Auch wenn die Philosophie nicht länger über Glaubenswahrheiten urteilen dürfe, seien beide mit der Frage beschäftigt, wie die menschliche Existenz im Ganzen zu deuten sei. (Vgl. Habermas 2019) Zwar lehnt Habermas eine Rückkehr zu einer philosophischen Theologie ab (obschon man diese durchaus mit seiner philosophischen Rahmentheorie entwickeln kann), aber er behauptet die Notwendigkeit von Transzendenz für die Vernunft: „Die säkulare Moderne hat sich aus guten Gründen vom Transzendenten abgewendet, aber die Vernunft würde mit dem Verschwinden jeden Gedankens, der das in der Welt Seiende im Ganzen transzendiert, selber verkümmern.“ (Habermas 2019, 807)

Es sind also gerade Vertreter:innen der säkularen Philosophie, die darauf beharren, dass es gut ist, dass es Religionen gab und gibt. Sie übernehmen nicht nur viele wichtige Rollen in der Zivilgesellschaft und sind aus funktionalen Gründen sinnvoll, sondern sie liefern auch wertvolle inhaltliche Stichworte, um die Vernunft selbst vor dem Verkümmern zu bewahren. Das Scheitern der Säkularisierungsthese, die von dem gesetzmäßigen Verdunsten der Religion in allen modernen Gesellschaften ausgeht, führt auch die Philosophie aus einem Gewohnheitsatheismus zurück zu Fragen der Religionsphilosophie und der Philosophischen Theologie. Nicht umsonst gibt Habermas einem seiner zentralen Texte zu dieser Frage den poetischen Titel *Ein Bewusstsein von dem, was fehlt* – und spielt damit unabsichtlich auf die Frage unseres Gedankenexperiments an, das ja auch danach fragt, was fehlt, wenn die Religionen fehlen. (Vgl. Habermas 2009a, 408–416)

Kommen wir zurück zum Gedankenexperiment und machen es ein bisschen anschaulicher: Was würde denn nun konkret fehlen, wenn Religionen fehlen? Wenn wir uns, als Bürger:innen westeuropäischer Gesellschaften, vorstellen, dass es von jetzt auf gleich keine Religionen mehr gäbe, würde sich zunächst einmal die Landschaft stark verändern: Es gäbe keine Kathedralen, Moscheen oder Synagogen mehr. Die Aufteilung der Woche in 7 Tage und einem freien Wochenende wäre ohne Basis, und die Strukturierung des Jahres anhand von großen Festen – in westlichen Gesellschaften Neujahr, Ostern, Pfingsten, Advent, Weihnachten etc. – gäbe es auch nicht mehr. Die Auswirkungen auf unser Menschenbild – die

Betonung der Unvertretbarkeit der individuellen Menschenwürde, die sich (nicht nur, aber auch) aus der christlichen Idee der Gottebenbildlichkeit des Menschen speist – sind schwer abzuschätzen, aber insbesondere die letzte Unverfügbarkeit des menschlichen Daseins könnte wohl einfacher angetastet werden. Jenseits dieses wegbrechenden kulturellen und moralischen Horizonts würde sich aber auch der gesellschaftliche Diskurs ändern: Es würden Auffassungen darüber fehlen, was ein Leben eigentlich gut macht und gelingen lässt. Diese Intuitionen sind nicht nur für moralische Urteile, sondern auch für die eigene Lebensführung relevant. Dabei geht es nicht darum, dass Religionen ihre Auffassungen über das Gute in einer pluralistischen Gesellschaft allgemein verbindlich zu machen suchen, sondern darum, dass sie Optionen bereitstellen, um in der Unübersichtlichkeit pluraler und liberaler Gesellschaften das Finden einer eigenen Identität zu ermöglichen.

Wenn man über die positiven Seiten einer religionsfreien Welt nachdenkt, so liegt es nahe, eine Abnahme religionspolitischer Konflikte zu vermuten. Es gäbe keine religiösen Fundamentalist:innen mehr, die schreckliche Terroranschläge durchführen, Menschen aufgrund ihrer Homosexualität diskriminieren oder Religionskriege anzetteln. Vielleicht gäbe es auch weniger Polarisierungen, weil es keine religionspolitischen Konflikte mehr gäbe und auch keine religiös motivierten kriegerischen Auseinandersetzungen (obschon es schwer vorstellbar ist, dass die Konflikte insgesamt zurückgingen – wahrscheinlich würde man einfach andere Begründungen für sie finden).

Andererseits ginge auch einiges verloren, wenn man Religion aus der Welt streichen würde. So ist sie häufig auch die Wurzel politischen Fortschritts: Martin Luther King hatte in seinen flammenden Plädoyers für die Gleichberechtigung von Schwarzen und Weißen hauptsächlich religiöse Gründe angeführt; ohne ihren religiösen Hintergrund wäre das Wirken vieler bekannter Wohltäter:innen – von Franziskus von Assisi bis Mutter Theresa – kaum denkbar, und das gesellschaftliche Engagement vieler Menschen speist sich aus ihrer religiösen Motivation.

Insgesamt ist eine Welt ohne Religion de facto schwer vorstellbar, weshalb das Gedankenexperiment ein hypothetisches bleibt. Für religiöse Menschen ist zumeist auch klar, dass es gut ist, dass es Religionen gibt. Denn Religion ist, mit dem evangelischen Theologen Paul Tillich gesprochen, das, „was uns unbedingt angeht." (Tillich 1966, 9) Dass religiöse Menschen Religion gut finden, ist aber nicht besonders überraschend. Viel interessanter ist, dass auch viele säkulare Philosoph:innen oder Atheist:innen Religionen einen Wert zuschreiben. Literarisch wird dies im Roman ‚Nachtzug nach Lissabon' deutlich, den der säkulare Philosoph Peter Bieri unter seinem Pseudonym Pascal Mercier veröffentlicht hat. Dort lässt er seinen Protagonisten Raimund Gregorius den folgenden Text des fiktiven Schriftstellers Prado finden:

> „Ich möchte nicht in einer Welt ohne Kathedralen leben. Ich brauche ihre Schönheit und Erhabenheit. Ich brauche sie gegen die Gewöhnlichkeit der Welt. Ich will zu leuchtenden Kirchenfenstern hinaufsehen und mich blenden lassen von den unirdischen Farben. Ich brauche ihren Glanz. Ich brauche ihn gegen die schmutzige Einheitsfarbe der Uniformen. Ich will mich einhüllen lassen von der herben Kühle der Kirchen. Ich brauche ihr gebieterisches Schweigen. Ich brauche es gegen das geistlose Gebrüll des Kasernenhofs und das geistreiche Geschwätz der Mitläufer. Ich will den rauschenden Klang der Orgel hören, diese Überschwemmung von überirdischen Tönen. Ich brauche ihn gegen die schrille Lächerlichkeit der Marschmusik. Ich liebe betende Menschen. Ich brauche ihren Anblick. Ich brauche ihn gegen das tückische Gift des Oberflächlichen und Gedankenlosen. Ich will die mächtigen Worte der Bibel lesen. Ich brauche die unwirkliche Kraft ihrer Poesie. Ich brauche sie gegen die Verwahrlosung der Sprache und die Diktatur der Parolen. Eine Welt ohne diese Dinge wäre eine Welt, in der ich nicht leben möchte." (Mercier 2004, 198 f.)

Das Gedankenexperiment der Welt ohne Religionen ist deshalb so schwer, weil Religionen so tief verwoben mit unserer Existenzweise sind, dass alle Konsequenzen eines hypothetischen Streichens auf einmal schwer zu überblicken sind. Dennoch lohnt es sich, sowohl aus der Perspektive einer säkularen Bürger:in als auch aus der Perspektive eines Gläubigen oder einer Nicht-Gläubigen über die Frage nachzudenken. Denn dann wird leichter verständlich, welche Vor- und welche Nachteile die Religion hat – für die eigene Existenz als auch für das Zusammenleben in einer pluralen und globalen Gesellschaft. Die Provokation der Frage des Gedankenexperiments bleibt also bestehen: Wie sähe eine Welt ohne Religion aus – und wäre dies eine bessere oder eine schlechtere Welt?

Literatur zum Weiterlesen

Casanova, José: Europas Angst vor der Religion, Berlin 2009. *[Anwendung von Casanovas De-Privatisierungsthese der Religion auf den europäischen Kontext]*

Joas, Hans: Glaube als Option. Zukunftsmöglichkeiten des Christentums, Freiburg i. Br. 2012. *[Soziologische Betonung der Optionalität des religiösen Glaubens in einer pluralen Gesellschaft, aus der sich philosophisch und theologisch viele Chancen ergeben]*

Reder, Michael/Schmidt, Josef: Ein Bewusstsein von dem, was fehlt. Eine Diskussion mit Jürgen Habermas, Frankfurt a. M. 2008. *[Kurzer Text von Habermas zu seiner Sicht auf die Religion und verschiedene theologische und religionsphilosophische Repliken]*

Taylor, Charles: Ein säkulares Zeitalter, Frankfurt a. M. 2009. *[Großerzählung der Geschichte des Verhältnisses von Religion und Säkularität durch einen katholischen Philosophen, der auf der Unerfülltheit einer rein säkularen Moderne beharrt]*

Vorschlag zum Gebrauch dieses Buches

Wir glauben, dass die Gedankenexperimente und erläuternden Texte in diesem Band zu vielfältigen Gelegenheiten gewinnbringend gelesen, bedacht und diskutiert werden können: von der kurzweiligen Zuglektüre gestandener Profs, über die Verwendung als Nachschlagewerk und Begleiter zur Vorbereitung auf theologische Abschlussprüfungen bis hin zu ersten Berührungspunkten mit wissenschaftlicher Theologie im Religionsunterricht der Oberstufe oder der außeruniversitären Erwachsenenbildung. Wir meinen aber auch, dass sich mit den Kapiteln des Buchs eine klassische Einführung in die Systematische Theologie bestreiten lässt, in denen die einführenden Gedankenexperimente als wiederkehrendes (hochschul-)didaktisches Mittel den Kurs strukturieren können. Wir möchten im Folgenden einen *Vorschlag* machen, wie sich die Einzelkapitel auf etwa 15 Semesterwochen verteilen könnten, um einen Überblick über die zentralen Traktate der Systematischen Theologie zu gewinnen. Es versteht sich von selbst, dass dabei nicht alle angegebenen Gedankenexperimente der jeweiligen Sitzung behandelt werden können und dass Sitzungsthemen und -anzahl an die Gegebenheiten und Vorgaben vor Ort angepasst werden müssen. Wo spezifische Einführungen in die Dogmatik bzw. in die Fundamentaltheologie angeboten werden, ist ebenfalls eine passende Auswahl zu treffen. Nichtsdestoweniger könnte doch ein Seminarplan den Bedürfnissen von Lehrenden und Studierenden gerecht werden, der sich an den folgenden Gedankenexperimenten als Leitkategorien orientiert.

Zugleich möchten wir mit der folgenden Aufstellung denjenigen, die Theologie nicht professionell betreiben, zeigen, wie die einzelnen Kapitel die Themen einer klassischen, nach Traktaten gegliederten Systematischen Theologie abbilden.

Sitzung	Thema		Gedankenexperimente
1	Religiöse Epistemologie	I.2	Der Widerstandskämpfer im Unrechtsregime
		I.3	Der Super-Religionswissenschaftler Ulf
2	Gottesbeweise	I.4	Denken Sie groß!
		I.5	Von nix kütt nix
		I.6	Das Leben als Lotterie
3	Religionskritik	I.1	Fliegende Teekannen im Weltall
		I.7	Mit Liebeskummer ins Kino
4	Eigenschaften Gottes	I.9	Ich weiß, was Du nächsten Sommer getan haben wirst
		I.10	Das Burrito-Problem
		I.11	Die Unverfügbarkeit des Geistesblitzes
5	Schöpfungslehre	I.12	Kann ein Tornado auf einem Schrottplatz ein Flugzeug zusammenbauen?
6	Theodizee	II.2	Die hypermoralische Maschine
		II.3	Die zerbrochene Lego-Skulptur
7	Anthropologie	II.1	Der böse Neurochirurg
		II.4	Der menschliche Geist auf einer Festplatte
		II.10	Das Kind auf der einsamen Insel
		II.11	Christentum für Außerirdische
8	Trinitätslehre	I.8	Amelie allein auf dem Konzert
9	Offenbarungslehre & Christologische Dogmengeschichte	II.5	Amortentia
		II.6	Wer pinkelt denn in die Nordsee?
10	Soteriologie & Auferstehung	II.7	Die Another Day
		II.8	‚Clickbaiting' mit einem Video aus dem Grab Jesu
		II.9	Ostern unter Palmen
11	Eschatologie	II.12	Das Schiff des Theseus
12	Religion, Politik & Gesellschaft	III.2	Die Heiligkeit der Gänseblümchen
		III.3	Ruths Versuch moralischer Perfektion
		III.7	„And no Religion, too"
13	Ekklesiologie	III.4	Der unendliche Lockdown
14	Sakramentenlehre	III.5	Chips und Cola statt Brot und Wein?
15	Theologie der Religionen	III.1	Das fliegende Spaghettimonster
		III.6	Drei Ringe, sie zu knechten ...

Literaturverzeichnis

Alston, William: Perceiving God. The Epistemology of Religious Belief, Ithaca/London 1991.
Ammicht-Quinn, Regina: Von Lissabon bis Auschwitz. Zum Paradigmenwechsel in der Theodizeefrage, Freiburg i. Br. 1992.
Anselm von Canterbury: Cur Deus Homo. Warum Gott Mensch geworden. Lateinisch und deutsch. Besorgt und übersetzt von Franciscus Salesius Schmitt, Darmstadt [3]1956.
Anselm von Canterbury: Monologion, in: ders.: Monologion. Proslogion. Die Vernunft und das Dasein Gottes. Deutsch-lateinische Ausgabe. Übersetzt, eingeleitet und erläutert von Rudolf Allers, Köln 1966, 11–190.
Anselm von Canterbury: Proslogion, in: ders.: Monologion. Proslogion. Die Vernunft und das Dasein Gottes. Deutsch-lateinische Ausgabe. Übersetzt, eingeleitet und erläutert von Rudolf Allers, Köln 1966, 191–243.
Ansorge, Dirk/Kehl, Medard: Und Gott sah, dass es gut war. Eine Theologie der Schöpfung, Freiburg i. Br. [3]2018.
Ansorge, Dirk: Gerechtigkeit und Barmherzigkeit Gottes. Die Dramatik von Vergebung und Versöhnung in bibeltheologischer, theologiegeschichtlicher und philosophiegeschichtlicher Perspektive, Freiburg i. Br. 2009.
Arens, Edmund: Gottesverständigung. Eine kommunikative Religionstheologie, Freiburg i. Br. 2007.
Arens, Edmund: Drei Denker der Kritischen Theorie der Frankfurter Schule. Max Horkheimer, Theodor W. Adorno, Walter Benjamin, in: Breul, Martin/Langenfeld, Aaron (Hg.): Der Glaube im Denken. Eine Philosophiegeschichte, Freiburg i. Br. 2023, 304–312.
Aristoteles: Physik. Vorlesung über die Natur. Griechisch-deutsch von Hans-Günter Zekl. Band I: Buch I–IV, Hamburg 1986.
Audi, Robert: Religious Commitment and Secular Reason, Cambridge 2000.
Augustinus, Aurelius: De Civitate Dei. Der Gottesstaat. In deutscher Sprache von Carl Johann Perl. Zweiter Band (Buch VIII–XV), Salzburg 1952.
Augustinus, Aurelius: Confessiones. Bekenntnisse. Lateinisch/deutsch. Übersetzt, herausgegeben und kommentiert von Kurt Flasch und Burkhard Mojsisch. Mit einer Einleitung von Kurt Flasch, Stuttgart 2009.
Barth, Karl: Die Lehre vom Wort Gottes. Prolegomena zur Kirchlichen Dogmatik (KD I/1–2), Zürich 1947.
Becker, Jürgen: Die Auferstehung Jesu Christi nach dem Neuen Testament. Ostererfahrung und Osterverständnis im Urchristentum, Tübingen 2007.
Benjamin, Walter: Über den Begriff der Geschichte, in: ders.: Abhandlungen (Gesammelte Schriften 1,2), Frankfurt a. M. 1980, 691–704.
Berger, Peter L.: Zur Dialektik von Religion und Gesellschaft. Elemente einer soziologischen Theorie, Frankfurt a. M. 1988.

Bernhardt, Reinhold: Ende des Dialogs? Die Begegnung der Religionen und ihre theologische Reflexion (Beiträge zu einer Theologie der Religionen 2), Zürich 2005.

Bernhardt, Reinhold: Inter-Religio. Das Christentum in Beziehung zu anderen Religionen (Beiträge zu einer Theologie der Religionen 16), Zürich 2019.

Bertelsmann Stiftung (Hg.): Religionsmonitor kompakt. Die Zukunft der Kirchen – zwischen Bedeutungsverlust und Neuverortung in einer vielfältigen Gesellschaft. Ergebnisse des Religionsmonitors 2023 – eine Vorschau, in: https://www.bertelsmann-stiftung.de/fileadmin/files/Projekte/51_Religionsmonitor/Religionsmoni_kompakt_final2.pdf (zuletzt abgerufen am 02.05.2023).

Bertram, Georg W.: Philosophische Gedankenexperimente. Ein Lese- und Studienbuch, Stuttgart 2012.

Boethius: Trost der Philosophie. Consolatio Philosophiae, Lateinisch und deutsch. Herausgegeben und übersetzt von Ernst Gegenschaft und Olof Gigon. Eingeleitet und erläutert von Olof Gigon, Düsseldorf/Zürich [6]2002.

Boff, Leonardo: Kirche: Charisma und Macht. Studien zu einer streitbaren Ekklesiologie, Düsseldorf 1985.

Bonhoeffer, Dietrich: Widerstand und Ergebung. Briefe und Aufzeichnungen aus der Haft (DBW 8), Gütersloh 1998.

Bossart, Yves: Ohne Heute gäbe es Morgen kein Gestern. Philosophische Gedankenspiele, München 2014.

Bostrom, Nick: Die Zukunft der Menschheit, Berlin 2018.

Böttigheimer, Christoph: Wie handelt Gott in der Welt? Reflexionen im Spannungsfeld von Theologie und Naturwissenschaft, Freiburg i. Br. 2013.

Böttigheimer, Christoph/Dausner, René (Hg.): Die Erbsündenlehre in der modernen Freiheitsdebatte (QD 316), Freiburg i. Br. 2021.

Böttigheimer, Christoph: Lehrbuch der Fundamentaltheologie. Die Rationalität der Gottes-, Offenbarungs- und Kirchenfrage, Freiburg i. Br. [4]2022.

Breul, Martin: Religion in der politischen Öffentlichkeit. Zum Verhältnis von religiösen Überzeugungen und öffentlicher Rechtfertigung, Paderborn 2015.

Breul, Martin: Eine Kritik des metaphysischen Realismus, in: Wendel, Saskia/Breul, Martin: Vernünftig glauben – begründet hoffen. Praktische Metaphysik als Denkform rationaler Theologie, Freiburg i. Br. 2020a, 157–269.

Breul, Martin: Die Digitalisierung des Geistes? Theologische Anthropologie und die Herausforderung des Transhumanismus, in: SaThZ 24 (2020b), 193–207.

Breul, Martin: ‚Alles kommt in der Religion aufs Tun an'. Chancen und Grenzen einer kantischen Postulatenlehre für die rationale Verantwortung des Glaubens im 21. Jahrhundert, in: ders. u. a.: Gibt es Gott wirklich? Gründe für den Glauben – ein Streitgespräch, Freiburg i. Br. 2022a, 79–104

Breul, Martin: Gottes Geschichte. Konturen einer theologischen Hermeneutik der Rede vom Handeln Gottes (ratio fidei 79), Regensburg 2022b

Breul, Martin/Langenfeld, Aaron: Was ist Freiheit? Ein Versuch zur Klärung begrifflicher Missverständnisse, in: ThPh 92 (2017), 346–370.

Breul, Martin u.a.: Gibt es Gott wirklich? Gründe für den Glauben – ein Streitgespräch, Freiburg i.Br. 2022.

Breul, Martin: Freiheit, Gnade und das Kind auf der einsamen Insel. Ein Gedankenexperiment zur Naturgeschichte der Freiheit, in: BThZ 40 (2023), 301–320.

Breul, Martin: Schöpfung (Grundwissen Theologie), Paderborn 2023.

Bromand, Joachim/Kreis, Guido (Hg.): Gottesbeweise. Von Anselm bis Gödel, Berlin 2011.

Brüntrup, Godehard/Rungel, Matthias/Schwartz, Maria (Hg.): Auferstehung des Leibes – Unsterblichkeit der Seele, Stuttgart 2010.

Buchheim, Thomas u. a. (Hg.): Gottesbeweise als Herausforderung für die moderne Vernunft, Tübingen 2012.

Büchner, Christine: Wie kann Gott in der Welt wirken? Überlegungen zu einer theologischen Hermeneutik des Sich-Gebens, Freiburg i.Br. 2010.

Butler, Judith: Kann man ein gutes Leben im schlechten führen? Dankesrede anlässlich der Verleihung des Theodor-W.-Adorno-Preises der Stadt Frankfurt 2012, in: http://www.fr.de/kultur/judith-butlers-dankesrede-kann-man-ein-gutes-leben-im-schlechten-fuehren-a-805966, zuletzt abgerufen am 26.04.2023

Camus, Albert: Die Pest. Deutsch von Uli Aumüller, Reinbek bei Hamburg, [71]2004.

Casanova, José: Public Religions in the Modern World, Chicago 1994.

Casanova, José: Europas Angst vor der Religion, Berlin 2009.

Chakrabarty, Dipesh: Das Klima der Geschichte im planetarischen Zeitalter, Berlin 2022.

Cleese, John: Creativity. A Short and Cheerful Guide, New York 2020.

Coakley, Sarah: What does Chalcedon Solve and What Does it Not? Some Reflections on the Status and Meaning of the Chalcedonian ‚Definition', in: Davis, Stephen T./Kendall, Daniel/O'Collins Gerald (Hg.): The Incarnation. An Interdisciplinary Symposium on the Incarnation of the Son of God, Oxford 2002, 143–163.

Cornille, Catherine (Hg.): The Wiley-Blackwell Companion to Inter-Religious Dialogue, Eugene 2020.

Cyprian von Karthago: Epist. 73, in: ders.: Briefe (BKV[1] 60), München/Regensburg 1928.

D'Costa, Gavin: Christianity and World Religions. Disputed Questions in the Theology of Religions, Eugene 2009.

Dalferth, Ingolf: Volles Grab, leerer Glaube. Zum Streit um die Auferweckung des Gekreuzigten, in: ZThK 95 (1998), 379–409.

Denzinger, Heinrich: Kompendium der Glaubensbekenntnisse und kirchlichen Lehrentscheidungen. Verbessert, erweitert, ins Deutsche übertra-

gen und unter Mitarbeit von Helmut Hoping herausgegeben von Peter Hünermann, Freiburg i.Br. [45]2017.
Dostojewskij, Fjodor: Die Brüder Karamasow. Aus dem Russischen von Swetlana Geier, Zürich 2003.
Drecoll, Volker Henning (Hg.): Trinität (Themen der Theologie), Tübingen 2011.
Durkheim, Émile: Die elementaren Formen des religiösen Lebens, Berlin 2007 [1912].
Dürnberger, Martin: Die Dynamik religiöser Überzeugungen. Postanalytische Epistemologie und Hermeneutik im Gespräch mit Robert B. Brandom, Paderborn 2017.
Dürnberger, Martin: Basics Systematischer Theologie. Eine Anleitung zum Nachdenken über den Glauben, Regensburg 2020.
Eicher, Peter: Offenbarung. Prinzip neuzeitlicher Theologie, München 1977.
Enxing, Julia: Entschieden anders?! Überlegungen zu einer anthropozentrismuskritischen Theologie des Lebens, in: Ökumenische Rundschau 70 (2021), 300–317.
Enxing, Julia: Und Gott sah, dass es schlecht war. Warum uns der christliche Glaube verpflichtet, die Schöpfung zu bewahren, München 2022.
Essen, Georg: „Da ist keiner, der nicht sündigt, nicht einer …“. Analyse und Kritik gegenwärtiger Erbsündentheologien und ihr Beitrag für das seit Paulus gestellte Problem, in: Pröpper, Thomas: Theologische Anthropologie, Freiburg i.Br. 2011, 1092–1156.
Essen, Georg/Striet, Magnus (Hg.): Kant und die Theologie, Darmstadt 2005.
Essler, Wilhelm K.: Was ist und zu welchem Ende betreibt man Metaphysik?, in: Dialectica 49 (1995), 281–315.
Etzelmüller, Gregor: Gottes verkörpertes Ebenbild. Eine theologische Anthropologie, Tübingen 2021.
Evans, C. Stephen (Hg.): Exploring Kenotic Christology. The self-emptying of God, Oxford 2006.
Faber, Eva-Maria: Einführung in die Katholische Sakramentenlehre, Darmstadt [3]2011.
Fehige, Yiftach: Gedankenexperimente in der Offenbarungstheologie? Eine erste Annäherung, in: DZPhil 59 (2011), 109–129.
Feuerbach, Ludwig: Das Wesen des Christentums (Gesammelte Werke 5), Berlin [3]2006.
Flasch, Kurt: Logik des Schreckens. Augustinus von Hippo: De diversis Quaestionibus ad Simplicianum I 2. Lateinisch/Deutsch, Mainz [3]2012.
Forst, Rainer: Das Recht auf Rechtfertigung. Elemente einer konstruktivistischen Theorie der Gerechtigkeit, Frankfurt a.M. 2007.
Frankfurt, Harry G.: Alternate Possibilities and Moral Responsibility, in: The Journal of Philosophy 66 (1969), 829–839.
Frankfurt, Harry G.: The Logic of Omnipotence, in: The Philosophical Review 73 (1964) 2, 262–263.

Franziskus: Enzyklika ‚Laudato Si' vom 24. Mai 2015 über die Sorge über das gemeinsame Haus (VApS 202), Bonn 2015.
Fresacher, Bernhard: Kommunikation der Offenbarung. Das revelatorische Prinzip von Dei Filius (1870) im Vergleich zu Dei Verbum (1965), in: Knop, Julia/Seewald, Michael (Hg.): Das Erste Vatikanische Konzil. Eine Zwischenbilanz 150 Jahre danach, Darmstadt 2019, 73–93.
Freud, Sigmund: Die Zukunft einer Illusion, in: ders.: Werke aus den Jahren 1925–1931 (Gesammelte Werke 14), Frankfurt a. M. [7]1991 [1927], 323–380.
Freud, Sigmund: Zwangshandlungen und Religionsausübungen, in: ders.: Werke aus den Jahren 1906–1909 (Gesammelte Werke 7), Frankfurt a. M. [7]1993, [1907] 129–139.
Freud, Sigmund: Zur Psychopathologie des Alltagslebens. Über Vergessen, Versprechen, Vergreifen, Aberglaube und Irrtum (Gesammelte Werke 4), Frankfurt a. M. [10]2005 [1904].
Freud, Sigmund: Neue Folge der Vorlesungen zur Einführung in die Psychoanalyse (Gesammelte Werke 15), Frankfurt a. M. [10]2008 [1933].
Fuchs, Thomas: Die Verteidigung des Menschen. Grundfragen einer verkörperten Anthropologie, Berlin 2020.
Gäde, Gerhard: Eine andere Barmherzigkeit. Zum Verständnis der Erlösungslehre Anselms von Canterbury, Berlin [2]2018.
Gasser, Georg (Hg.): Personal Identity and Resurrection. How Do We Survive Our Death?, Farnham/Burlington 2010.
Gasser, Georg: Personale Identität und leibliche Auferstehung, in: ders./Jaskolla, Ludwig/Schärtl, Thomas (Hg.): Handbuch für analytische Theologie (STEP 11), Münster 2017, 611–640.
Gerhardt, Volker: Immanuel Kant. Vernunft und Leben, Stuttgart 2002.
Gerhardt, Volker/Weber, Matthias/Schepelmann, Maja (Hg.): Immanuel Kant 1724–2024. Ein europäischer Denker, Berlin/München/Boston 2022.
Gettier, Edmund: Is Justified True Belief Knowledge?, in: Analysis 23 (1963), 121–123.
Girard, René: Das Ende der Gewalt. Analyse des Menschheitsverhängnisses, Freiburg i. Br. 2021.
Göcke, Benedikt/Knapp, Markus (Hg.): Gotteserkenntnis und Gottesbeweis. Philosophische und theologische Zugänge, Freiburg i. Br. 2022.
Göcke, Benedikt/Meier-Hamidi, Frank (Hg.): Designobjekt Mensch? Die Agenda des Transhumanismus auf dem Prüfstand, Freiburg i. Br. 2018.
Gotteslob. Katholisches Gebet- und Gesangbuch. Ausgabe für die Diözese Aachen, hg. v. den (Erz-)Bischöfen Deutschlands und Österreichs und dem Bischof von Bozen-Brixen, Stuttgart/Aachen 2014.
Grau, Christopher (Hg.): Philosophers Explore the Matrix, Oxford 2005.
Greshake, Gisbert: Erlösung und Freiheit. Zur Neuinterpretation der Erlösungslehre Anselms von Canterbury, in: ThQ 153 (1973), 323–345.
Greshake, Gisbert: Das Verhältnis „Unsterblichkeit der Seele" und „Auferstehung des Leibes" in problemgeschichtlicher Sicht, in: ders./G. Loh-

fink: Naherwartung, Auferstehung, Unsterblichkeit. Untersuchungen zur christlichen Eschatologie (QD 71), Freiburg i. Br. 1982, 82–130.

Greshake, Gisbert: Der dreieine Gott. Eine trinitarische Theologie, Freiburg i. Br. [5]2007.

Grillmeier, Alois: Jesus der Christus im Glauben der Kirche. Bd. 1: Von der Apostolischen Zeit bis zum Konzil von Chalkedon, Freiburg i. Br. [3]1990.

Grössl, Johannes: Die Freiheit des Menschen als Risiko Gottes. Der Offene Theismus als Konzeption der Vereinbarkeit von göttlicher Allwissenheit und menschlicher Freiheit (STEP 3), Münster 2015.

Grössl, Johannes/Remenyi, Matthias: Glückliches Scheitern. Über Grenze und Größe der Gottesbeweise, in: IKaZ Communio 50 (2021), 22–36.

Gruber, Franz: Im Haus des Lebens. Eine Theologie der Schöpfung, Regensburg 2001.

Habermas, Jürgen: Faktizität und Geltung. Beiträge zur Diskurstheorie des Rechts und des demokratischen Rechtsstaats, Frankfurt a. M. 1992.

Habermas, Jürgen: Glauben und Wissen, Frankfurt a. M. 2001.

Habermas, Jürgen: Ein Bewusstsein von dem, was fehlt, in: ders.: Kritik der Vernunft (Philosophische Texte 5), Frankfurt a. M. 2009a, 408–416.

Habermas, Jürgen: Hat die Demokratie noch eine epistemische Dimension? in: ders.: Politische Theorie (Philosophische Texte 4), Frankfurt a. M. 2009b, 89–139.

Habermas, Jürgen: Auch eine Geschichte der Philosophie, Berlin 2019.

Haidt, Jonathan: The Righteous Mind. Why Good People are Divided by Politics and Religion, London 2013.

Hansberger, Andreas: Wird der Glaube durch Erfahrung gerechtfertigt? Zum erkenntnistheoretischen Status des Gehalts religiöser Erfahrung, Stuttgart 2007.

Häring, Hermann: Die Macht des Bösen. Das Erbe Augustins (Ökumenische Theologie 3), Zürich/Köln/Gütersloh 1979.

Hartmann, Martin: Die Praxis des Vertrauens, Frankfurt a. M. 2011.

Hasker, William: The Foreknowledge Conundrum, in: International Journal for Philosophy of Religion 50 (2001), 97–114.

Hauschild, Wolf-Dieter/Drecoll, Volker Henning: Alte Kirche und Mittelalter (Lehrbuch der Kirchen- und Dogmengeschichte 1), Gütersloh [5]2016.

Helmus, Caroline: Der neue (Unter-)Gang des Menschen? Das Menschenbild des Transhumanismus und seine Herausforderung für die Theologische Anthropologie (ratio fidei 72), Regensburg 2020.

Henderson, Bobby: Das Evangelium des fliegenden Spaghettimonsters, München 2008.

Henning, Rudolf C.: Die protestantische Seele – Der Mensch vor Gott, in: Gasser, Georg/Quitterer, Joseph (Hg.): Die Aktualität des Seelenbegriffs. Interdisziplinäre Zugänge, Paderborn 2010, 343–360.

Hilpert, Konrad: Strukturelle Sünde, in: Böttigheimer, Christoph/Dausner René (Hg.): Die Erbsündenlehre in der modernen Freiheitsdebatte (QD 316), Freiburg i. Br. 2021, 311–331.

Hoff, Gregor Maria: Offenbarungen Gottes? Eine theologische Problemgeschichte, Regensburg 2007.

Hoff, Gregor Maria: Die neuen Atheismen. Eine notwendige Provokation, Kevelaer 2009.

Hoff, Gregor Maria: Religionskritik heute, Kevelaer [2]2010.

Hoff, Gregor Maria: Ekklesiologie (Gegenwärtig Glauben Denken 6), Paderborn 2011.

Hoffmann, Veronika: zweifeln und glauben, Stuttgart 2018.

Höhn, Hans-Joachim: zustimmen. Der zwiespältige Grund des Daseins, Würzburg 2001.

Höhn, Hans-Joachim: spüren. Die ästhetische Kraft der Sakramente, Würzburg 2002.

Höhn, Hans-Joachim: Zeit und Sinn. Religionsphilosophie postsäkular, Paderborn 2010.

Höhn, Hans-Joachim: Gott – Offenbarung – Heilswege Fundamentaltheologie, Würzburg 2011.

Höhn, Hans-Joachim: Experimente mit Gott. Ein theologischer Crashkurs, Würzburg 2021.

Höhn, Hans-Joachim: Wirksame Zeichen? Aktuelle Baustellen der Sakramententheologie, in: Dirscherl, Erwin/ Weißer, Markus (Hg.): Wirksame Zeichen und Werkzeuge des Heils? Aktuelle Anfragen an die traditionelle Sakramententheologie (QD 321), Freiburg i. Br. 2022, 29–47.

Hoping, Helmut: Freiheit im Widerspruch. Eine Untersuchung zur Erbsündenlehre im Ausgang von Immanuel Kant (Innsbrucker theologische Studien 30), Innsbruck/Wien 1990.

Inwagen, Peter van: The Possibility of Resurrection, in: International Journal for Philosophy of Religion 9 (1978) 2, 114–121.

Irenäus von Lyon, Adv. Haer., in: Fontes Christiani, Band 8/2, Freiburg i. Br. 1993.

Jackson, Frank: Epiphenomenal Qualia, in: Philosophical Quarterly 32 (1982), 127–136.

Jackson, Frank: What Mary Didn't Know, in: Journal of Philosophy 83 (1986), 291–295.

Joas, Hans (Hg.): Was sind religiöse Überzeugungen?, Göttingen 2003.

Joas, Hans: Glaube als Option. Zukunftsmöglichkeiten des Christentums, Freiburg i. Br. 2012.

Jonas, Hans: Der Gottesbegriff nach Auschwitz. Eine jüdische Stimme, Frankfurt a. M. 1987.

Jüngel, Eberhard: Von Zeit zu Zeit. Betrachtungen zu den Festzeiten im Kirchenjahr (Kaisertraktate 22), München 1976.

Jüngel, Eberhard: Das Evangelium von der Rechtfertigung des Gottlosen als Zentrum des christlichen Glaubens, Tübingen [6]2011.

Junker-Kenny, Maureen: Nicht magisch, sondern kommunikativ durch Ansprechen anderer Freiheit. Erlösung als ‚schöpferisches Hervorbringen des Ihn-in-sich-aufnehmen-Wollens' (§ 100,2) in der 2. Auflage von Schleiermachers Glaubenslehre, in: Danz, Christian/Essen, Georg (Hg.):

Dogmatische Christologie in der Moderne. Problemkonstellationen gegenwärtiger Forschung (ratio fidei 70), Regensburg 2019, 69–88.

Justin: Apologien. Übersetzt und erklärt von Jörg Ulrich, Freiburg i.Br. 2019.

Kane, Robert: A Contemporary Introduction to Free Will, Oxford 2005.

Kant, Immanuel: Kritik der reinen Vernunft (KrV). Nach der ersten und zweiten Originalausgabe herausgegeben von Jens Timmermann. Mit einer Bibliographie von Heiner Klemme, Hamburg 1998.

Kant, Immanuel: Beantwortung der Frage: Was ist Aufklärung? (WA), in: ders.: Was ist Aufklärung? Ausgewählte kleine Schriften. Mit einem Text zur Einführung von Ernst Cassirer. Herausgegeben von Horst D. Brandt, Hamburg 1999, 20–27.

Kant, Immanuel: Kritik der praktischen Vernunft (KpV). Mit einer Einleitung, Sachanmerkungen und einer Bibliographie von Heiner F. Klemme herausgegeben von Horst D. Brandt und Heiner F. Klemme, Hamburg 2003.

Kant, Immanuel: Kritik der Urteilskraft (KU). Beilage: Erste Einleitung in die ‚Kritik der Urteilskraft'. Mit Einleitungen und Bibliographie herausgegeben von Heiner F. Klemme. Mit Sachanmerkungen von Piero Giordanetti, Hamburg 2009.

Kant, Immanuel: Die Religion innerhalb der Grenzen der bloßen Vernunft (RGV). Mit einer Einleitung und Anmerkungen herausgegeben von Bettina Stangneth, 2., durchgesehene Auflage, Hamburg 2017.

Kany, Roland: Christologie im antiken Christentum, in: Ruhstorfer, Karlheinz (Hg.): Christologie (Grundwissen Theologie), Paderborn 2018, 141–213.

Kehl, Medard: Die Kirche. Eine katholische Ekklesiologie, Würzburg 1992.

Keil, Geert: Willensfreiheit, Berlin/Boston ³2017.

Kessler, Hans: Jenseits von Fundamentalismus und Rationalismus, in: ders. (Hg.), Auferstehung der Toten. Ein Hoffnungsentwurf im Blick heutiger Wissenschaften, Darmstadt 2004, 296–321.

Kessler, Hans: Art. Auferstehung Christi. III. Systematisch-theologisch, in: LThK (Sonderausgabe 2009a), 1185–1190.

Kessler, Hans: Evolution und Schöpfung in neuer Sicht, Kevelaer 2009b.

Kessler, Hans: Sucht der Lebenden nicht bei den Toten. Die Auferstehung Jesu Christi, Kevelaer ²2011.

Kierkegaard, Søren: Philosophische Brocken. Übers. u. hrsg. v. L. Richter, Hamburg 1992 [1844].

Kierkegaard, Søren: Reflexionen über Christentum und Naturwissenschaft, in: ders.: Eine literarische Anzeige. Aus dem Dänischen übersetzt von Emanuel Hirsch (Gesammelte Werke 17), Gütersloh ²1994 [1846], 123–140.

Kirschner, Martin: Gott – größer als gedacht: Die Transformation der Vernunft aus der Begegnung mit Gott bei Anselm von Canterbury, Freiburg i.Br. 2013.

Kling, Marc Uwe: Qualityland. Berlin 2017.

Knapp, Markus: Weltbeziehung und Gottesbeziehung. Das Christentum in der säkularen Moderne – eine anerkennungstheoretische Erschließung, Freiburg i. Br. 2020.

Knapp, Markus: Schwacher Naturalismus und Transzendenz, Theologische Überlegungen zu Jürgen Habermas' Rekonstruktion des Diskurses über Glauben und Wissen, in: ders./Gruber, Franz (Hg.): Wissen und Glauben. Theologische Reaktionen auf Jürgen Habermas Werk ‚Auch eine Geschichte der Philosophie', Freiburg i. Br. 2021, 15–39.

Knauer, Peter: Eine andere Antwort auf das Theodizee-Problem, in: ThPh 78 (2003), 193–211.

Kreiner, Armin: Anfragen an die pluralistische Religionstheologie, in: Religionsunterricht an höheren Schulen 41 (1998), 83–91.

Kreiner, Armin: Gott im Leid. Zur Stichhaltigkeit der Theodizeeargumente, Freiburg i. Br. 2005.

Kreiner, Armin: Das wahre Antlitz Gott – oder was wir meinen, wenn wir Gott sagen, Freiburg i. Br. 2006.

Kreiner, Armin: Jesus, UFOs, Aliens: Außerirdische Intelligenz als Herausforderung für den christlichen Glauben, Freiburg i. Br. 2011.

Kreutzer, Ansgar: Politische Theologie für heute. Aktualisierungen und Konkretionen eines theologischen Programms, Freiburg i. Br. 2017.

Krings, Hermann: Freiheit. Ein Versuch Gott zu denken, in: Philosophisches Jahrbuch der Görresgesellschaft 77 (1970), 225–237.

Kühnlein, Michael (Hg.): Religionsphilosophie und Religionskritik. Ein Handbuch, Berlin 2018.

Küng, Hans: Christ sein, München/Zürich [2]1974.

Lane Ritchie, Sarah: Divine Action and the Human Mind, Cambridge/New York 2019, 169–175.

Lange, Andrea: Allmacht denken. Studien zur widerspruchsfreien Konzipierbarkeit eines fundamentalen Gottesprädikats (Münchener Theologische Schriften 71), St. Ottilien 2012.

Langenfeld, Aaron: Das Schweigen brechen. Christliche Soteriologie im Kontext islamischer Theologie (Beiträge zur Komparativen Theologie 22), Paderborn 2016.

Langenfeld, Aaron: Art. Gnade, in: ders./Dockter, Cornelia/Dürnberger, Martin (Hg.): Theologische Grundbegriffe. Ein Handbuch, Paderborn 2020, 68–70.

Langenfeld, Aaron: Frei im Geist. Studien zum Begriff direkter Proportionalität in pneumatologischer Absicht (Innsbrucker theologische Studien 98), Innsbruck 2021.

Langenfeld, Aaron: Wirklichkeit begreifen. Versuch einer Plausibilisierung des ontologischen Arguments unter existenzphilosophischen Vorzeichen, in: Breul, Martin u. a.: Gibt es Gott wirklich? Gründe für den Glauben, Freiburg i. Br. 2022, 9–36.

Langenfeld, Aaron/Lerch, Magnus: Theologische Anthropologie, Paderborn 2018.

Langthaler, Rudolf: Führt Moral unumgänglich zur Religion? Zur Kritik der Kantischen Religionsphilosophie bei Jürgen Habermas – eine Entgegnung, Freiburg/München 2021.

Leftow, Brian: Eternity, in: Taliaferro, Charles/Draper, Paul/Quinn, Philip L. (Hg.): A Companion to Philosophy of Religion, Maiden [2]2010, 278–284.

Lerch, Magnus: Selbstmitteilung Gottes. Herausforderungen einer freiheitstheoretischen Offenbarungstheologie (ratio fidei 56), Regensburg 2015.

Lerch, Magnus: Gnade und Freiheit – Passivität und Aktivität. Anthropologische Perspektiven auf ein ökumenisches Grundproblem, in: IKaZ 45 (2016) 408–425.

Lerch, Magnus: Kirche als Grundsakrament. Zum Problem der Vermittlung von Gehalt und Gestalt, in: Dirscherl, Erwin/Weißer, Markus (Hg.): Wirksame Zeichen und Werkzeuge des Heils? Aktuelle Anfragen an die traditionelle Sakramententheologie (QD 321), Freiburg i. Br. 2022, 102–116.

Levinas, Emanuel: Zwischen uns. Versuch über das Denken und die Anderen, München 1995.

Lewis, C. S.: The Problem of Pain, London [18]1950.

Luhmann, Niklas: Funktion der Religion, Frankfurt a. M. 1977.

Lüke, Ulrich: Das Säugetier von Gottes Gnaden. Evolution, Bewusstsein, Freiheit, Freiburg i. Br. [3]2016.

Marcel, Gabriel: Geheimnis des Seins, Wien 1952.

Marschler, Thomas: Kenosischristologie. Strukturen und Probleme, in: Knop, Julia/Lerch, Magnus/Claret, Bernd J. (Hg.): Die Wahrheit ist Person. Brennpunkte einer christologisch gewendeten Dogmatik, Regensburg 2015, 101–128.

Marx, Karl: Zur Kritik der politischen Ökonomie, in: ders.: MEW 13, 12., überarb. Aufl. der 11. Aufl. 1990, Berlin 2015, 3–160.

Marx, Karl: Thesen über Feuerbach, in: ders.: MEW 3, Berlin [9]1990, 533–535.

Marx, Karl: Zur Kritik der Hegelschen Rechtsphilosophie. Einleitung, in: ders.: MEW 1, 17., unv. Aufl. der 16., überarb. Aufl. 2006, Berlin 2017, 378–391.

Mendieta, Eduardo/Van Antwerpen, Jonathan (Hg.): Religion und Öffentlichkeit, Berlin 2012.

Menke, Karl-Heinz: Handelt Gott, wenn ich ihn bitte?, Kevelaer 2008.

Menke, Karl-Heinz: Jesus ist Gott der Sohn. Denkformen und Brennpunkte der Christologie, Regensburg 2012.

Mercier, Pascal: Nachtzug nach Lissabon, München 2004.

Merklein, Helmut: Jesu Botschaft von der Gottesherrschaft. Eine Skizze, Stuttgart [3]1989.

Metz, Johann Baptist: Theologie als Theodizee?, in: Oelmüller, Willi (Hg.): Theodizee – Gott vor Gericht?, München 1990, 103–118.

Metz, Johann Baptist (Hg.): „Landschaft aus Schreien". Zur Dramatik der Theodizeefrage, Mainz 1995.

Metz, Johann Baptist: Im Eingedenken fremden Leids. Zu einer Basiskategorie christlicher Gottesrede, in: ders./Reikerstorfer, Johann/Werbick, Jürgen (Hg.): Gottesrede, Münster 1996, 3–20.

Metz, Johann Baptist: Zum Begriff der Neuen Politischen Theologie: 1967–1997, Mainz 1997.

Metz, Johann Baptist: Memoria Passionis. Ein provozierendes Gedächtnis in pluralistischer Gesellschaft, Freiburg i.Br. 2006.

Metz, Johann Baptist: Mit dem Gesicht zur Welt (Gesammelte Schriften 1), hg. von Johann Reikerstorfer, Freiburg i.Br. 2015.

Metz, Johann Baptist: Glaube in Geschichte und Gesellschaft. Studien zu einer praktischen Fundamentaltheologie, in: ders.: Im dialektischen Prozess der Aufklärung (Gesammelte Schriften 3/1), Freiburg i.Br. 2016 [1977].

Miggelbrink, Ralf: Einführung in die Lehre von der Kirche, Darmstadt 2003.

Mitchell, Basil: Theology and Falsification, in: Ders. (Hg.): The Philosophy of Religion, New York 1971, 13–22.

Moltmann, Jürgen: Trinität und Reich Gottes. Zur Gotteslehre, Gütersloh ^{3}1994.

Müller, Klaus: Gott erkennen. Das Abenteuer der Gottesbeweise, Regensburg 2001.

Müller, Tobias/Schmidt, Thomas M. (Hg.): Was ist Religion? Beiträge zur aktuellen Debatte, Paderborn 2013.

Nietzsche, Friedrich: Ecce homo. Wie man wird, was man ist, in: ders.: Sämtliche Werke. Kritische Studienausgabe in 15 Bänden hg. von Giorgio Colli und Mazzino Montinari. Band 6, München ^{2}1988, 255–274.

Nitsche, Bernhard: Gott und Freiheit. Skizzen zur trinitarischen Gotteslehre (ratio fidei 34), Regensburg 2008.

Nitsche, Bernhard/Remenyi, Matthias (Hg.): Problemfall Offenbarung. Grund – Konzepte – Erkennbarkeit, Freiburg i.Br. 2022.

O'Neill, Onora: Vernünftige Hoffnung. Tanner Lecture I über Kants Religionsphilosophie, in: Nagl, Ludwig (Hg.): Religion nach der Religionskritik, Wien 2003, 86–110.

Oord, Thomas: Gottes Liebe zwingt nicht. Ein offener und relationaler Zugang zum Wirken Gottes in der Welt, Downers Grove 2020.

Otto, Rudolf: Das Heilige. Über das Irrationale in der Idee des Göttlichen und sein Verhältnis zum Rationalen, München 2004 [1917].

Paley, William: Natural History or Evidence of the existence and attributes of the deity, collected from the appearances of nature. Edited with an introduction and notes by Matthew D. Eddy and David Knight, New York 2006 [1802].

Pannenberg, Wolfhart: Grundzüge der Christologie, Gütersloh ^{6}1982.

Pannenberg, Wolfhart: Systematische Theologie. Bd. 2, Göttingen 1991.

Pesch, Otto Herman: Das Zweite Vatikanische Konzil – Vorgeschichte, Verlauf, Ergebnisse, Nachgeschichte, Würzburg 2001, 132–208.

Pesch, Otto Hermann: Katholische Dogmatik aus Ökumenischer Erfahrung. Band 1: Die Geschichte der Menschen mit Gott. Teilband 1/1: Wort Gottes und Theologie. Christologie, Ostfildern 2008.

Peukert, Helmut: Wissenschaftstheorie – Handlungstheorie – Fundamentale Theologie. Analysen zu Ansatz und Status theologischer Theoriebildung. Mit einem Vorwort zur Neuauflage und einem neuen Nachwort, Frankfurt a. M. 2009.

Pike, Nelson: Divine Omniscience and Voluntary Action, in: The Philosophical Review 74 (1965), 27–46.

Platon: Politeia. Der Staat. Über das Gerechte. Übersetzt und erläutert von Otto Apelt. Durchgesehen und mit ausführlicher Literaturübersicht, Anmerkungen und Registern versehen von Karl Bormann,. Einleitung von Paul Wilpert, Hamburg 1961.

Platzbecker, Paul: Radikale Autonomie vor Gott denken. Transzendentalphilosophische Glaubensverantwortung in der Auseinandersetzung zwischen Hansjürgen Verweyen und Thomas Pröpper (ratio fidei 19), Regensburg 2003.

Pröpper, Thomas: Erlösungsglaube und Freiheitsgeschichte. Eine Skizze zur Soteriologie, München ²1988.

Pröpper, Thomas: Allmacht Gottes, in: ders.: Evangelium und freie Vernunft. Konturen einer theologischen Hermeneutik, Freiburg i. Br. 2001, 288–293.

Pröpper, Thomas: Theologische Anthropologie, Freiburg i. Br. 2011.

Putnam, Hilary: Mind, Language, and Reality. Philosophical Papers 2, Cambridge 1975.

Quante, Michael: Person, Berlin/Boston ²2012.

Race, Allan: Christians and Religious Pluralism. Patterns in the Christian Theology of Religions, London 1983.

Rahner, Karl: Wie kann man nach Auschwitz an Gott glauben, in: ders.: Politische Dimensionen des Christentums. Ausgewählte Texte zu Fragen der Zeit, hg. von Herbert Vorgrimler, München 1986, 95–96.

Rahner, Karl: Grundkurs des Glaubens. Einführung in den Begriff des Christentums, in: ders.: Grundkurs des Glaubens. Studien zum Begriff des Christentums (Sämtliche Werke 26), Freiburg i. Br. 1999 [1976], 1–442.

Rahner, Karl: Das Christentum und die nichtchristlichen Religionen, in: ders.: Kirche in den Herausforderungen der Zeit. Studien zur Ekklesiologie und zur kirchlichen Existenz, Freiburg i. Br. 2003 [1962], 557–573.

Rahner, Karl: Zur Theologie des Symbols, in: ders.: Leiblichkeit der Gnade. Schriften zur Sakramentenlehre, (Sämtliche Werke 18), Freiburg i. Br. 2003 [1959], 423–457.

Rahner, Karl: Die Assumptio-Arbeit von 1951 mit den Ergänzungen bis 1959, in: ders.: Maria, Mutter des Herrn. Mariologische Studien (Sämtliche Werke 9), Freiburg i. Br. 2004, 3–392.

Rahner, Karl: Das Leben der Toten, in: ders.: Menschsein und Menschwerdung Gottes (Sämtliche Werke 12), Freiburg i. Br. 2005 [1959], 540–546.

Rahner, Karl: Erfahrungen eines katholischen Theologen, in: ders.: Erneuerung des Ordenslebens. Zeugnis für Kirche und Welt (Sämtliche Werke 25), Freiburg i.Br. 2008 [1984], 47–57.

Rahner, Karl: Der dreifaltige Gott als transzendenter Urgrund der Heilsgeschichte, in: ders.: Dogmatik nach dem Konzil. Erster Teilband: Grundlegung der Theologie, Gotteslehre und Christologie. Teil B (Sämtliche Werke 22/1b), Freiburg i.Br. 2013 [1967], 513–628.

Rahner, Karl: Theologie und Anthropologie, in: ders.: Dogmatik nach dem Konzil. Erster Teilband: Grundlegung der Theologie, Gotteslehre und Christologie, Teil A (Sämtliche Werke 22/1a), Freiburg i.Br. 2013 [1967], 283–300.

Rahner, Karl/Vorgrimler, Herbert: Das Zweite Vatikanische Konzil. Allgemeine Einleitung, in: dies.: Kleines Konzilskompendium, Freiburg i.Br. [35]2008, 13–33.

Ratzinger, Joseph: Einführung in das Christentum. Vorlesungen über das Apostolische Glaubensbekenntnis, München 2000 [1968].

Ratzinger, Joseph: Was die Welt zusammenhält. Vorpolitische moralische Grundlagen eines freiheitlichen Staates, in: Habermas, Jürgen/Ratzinger, Joseph: Dialektik der Säkularisierung. Über Vernunft und Religion, Freiburg i.Br. 2005, 39–60.

Ratzinger, Joseph: Jesus von Nazareth. Beiträge zur Christologie. Erster Teilband (Gesammelte Schriften 6/1), Freiburg i.Br. 2013.

Rawls, John: Politischer Liberalismus, Frankfurt a.M. 1998.

Reder, Michael/Schmidt, Josef: Ein Bewusstsein von dem, was fehlt. Eine Diskussion mit Jürgen Habermas, Frankfurt a.M. 2008.

Rediker, Benedikt: Die Fragilität religiöser Hoffnung. Zur Transformation praktischer Theodizee im Anschluss an Immanuel Kant, Regensburg 2021.

Reitinger, Andreas: Theodizee prozesstheologisch gedacht. Gott, Welt und Leid im Paradigma eines panentheistischen Konzepts (STEP 17), Münster 2019.

Remenyi, Matthias: Auferstehung denken. Anwege, Grenzen und Modelle personaleschatologischer Theoriebildung, Freiburg i.Br. 2016.

Ricoeur, Paul: Hermeneutik und Psychoanalyse. Der Konflikt der Interpretationen II, München 1974.

Ritter, Adolf Martin: Dogma und Lehre in der Alten Kirche, in: Andresen, Carl/Ritter, Adolf Martin (Hg.): Die Lehrentwicklung im Rahmen der Katholizität (HDThG 1), 2., überarb. und erg. Auflage, Göttingen 1999, 99–283.

Rosenhauer, Sarah: Die Unverfügbarkeit der Kraft und die Kraft des Unverfügbaren: Subjekttheoretische und gnadentheologische Überlegungen im Anschluss an das Phänomen der Kontingenz, Paderborn 2018.

Rosenhauer, Sarah: Der nahe Gott. Das Argument aus religiöser Erfahrung, in: Breul, Martin u.a.: Gibt es Gott wirklich? Gründe für den Glauben – ein Streitgespräch, Freiburg i.Br. 2022, 113–149.

Russell, Bertrand: Is there a God?, in: Slater, John (Hg.): The Collected Papers of Betrand Russell, Band 11, Abingdon 1998, 543–548.

Sattler, Dorothea: Erlösung? Lehrbuch der Soteriologie, Freiburg i. Br. 2011.

Sattler, Dorothea: Kirche(n) (Grundwissen Theologie), Paderborn 2013.

Schärtl, Thomas: Theo-Grammatik. Zur Logik der Rede vom trinitarischen Gott (ratio fidei 18), Regensburg 2003.

Schärtl, Thomas: Was heißt „Auferstehung des Leibes“?, in: Brüntrup, Godehard/Rugel, Matthias/Schwartz, Maria (Hg.): Auferstehung des Leibes – Unsterblichkeit der Seele, Stuttgart 2010, 59–80.

Schärtl, Thomas, Beyond Dualism? The Track-Switch Model of Resurrection, in: Göcke, Paul Benedikt (Hg.): After physicalism, Notre Dame 2012, 335–368.

Schärtl, Thomas: Analysis Fidei und Analytische Philosophie, in: Kruck, Günter/Valentin, Joachim (Hg.): Rationalitätstypen in der Theologie, Freiburg i. Br. 2017, 95–147.

Schärtl, Thomas: Allmacht, Allwissenheit, Allgüte, in: Viertbauer, Klaus/Gasser, Georg (Hg.): Handbuch analytische Religionsphilosophie, Stuttgart 2019, 124–143.

Schiefen, Fana: ‚Von Nichts kommt Nichts‘? Zur integrativen und religionskritischen Funktion kosmologischer Argumente, in: Breul, Martin u. a.: Gibt es Gott wirklich? Gründe für den Glauben – ein Streitgespräch, Freiburg i. Br. 2022, 45–71.

Schillebeeckx, Edward: Menschen. Die Geschichte von Gott, Freiburg i. Br. 1990.

Schlieter, Jens (Hg.): Was ist Religion? Texte von Cicero bis Luhmann, Stuttgart [2]2018.

Schmidt-Leukel, Perry: Theologie der Religionen. Probleme, Optionen, Argumente (Beiträge zur Fundamentaltheologie und Religionsphilosophie, Bd. 1), Neuried 1997.

Schmidt-Leukel, Perry: Gott ohne Grenzen. Eine christliche und pluralistische Theologie der Religionen, Gütersloh 2005.

Schneider, Theodor: Zeichen der Nähe Gottes. Grundriß der Sakramententheologie. Durchgängig überarbeitet und ergänzt zusammen mit Dorothea Sattler, Ostfildern [9]2008.

Schubert, Christiane: mere passive? Inszenierung eines Gesprächs über Gnade und Freiheit zwischen Eberhard Jüngel und Thomas Pröpper (ratio fidei 55), Regensburg 2014.

Seckler, Max/Kessler, Michael: Die Kritik der Offenbarung, in: Kern, Walter/Pottmeyer, Hermann J./Seckler, Max (Hg.): Handbuch der Fundamentaltheologie. Bd. 2: Traktat Offenbarung, 2., verb. und aktualisierte Auflage, Tübingen 2000, 13–39.

Seewald, Michael: Reform. Dieselbe Kirche anders denken, Freiburg i. Br. 2019.

Siebenrock, Roman: Geneigt oder verfallen. Ein skeptisches Plädoyer für die noch anhaltende Bedeutung der Rede vom „peccatum originale“ als Dechiffrierungspotential zur Erkenntnis der Ursachen verletzten Lebens und unserer eigenen theologischen Leerstellen, in: Böttigheimer, Christoph/Dausner, René (Hg.): Die Erbsündenlehre in der modernen Freiheitsdebatte (QD 316), Freiburg i.Br. 2021, 46–68.

Söding, Thomas: Ein Gott – Ein Herr – Ein Geist. Die neutestamentliche Basis der Trinitätstheologie und ihre liturgische Bedeutung, in: Groen, Bert/Kranemann, Benedikt (Hg.): Liturgie und Trinität, Freiburg i.Br. 2008, 12–57.

Stosch, Klaus von: Was sind religiöse Überzeugungen, in: Joas, Hans (Hg.): Was sind religiöse Überzeugungen? Göttingen 2003, 103–146.

Stosch, Klaus von: Gott – Macht – Geschichte. Entwurf einer theodizeesensiblen Rede vom Handeln Gottes, Freiburg i.Br. 2006.

Stosch, Klaus von: Gottes Wesen denken? Zur Rolle Anselms im aktuellen Streit um die Reichweite der Vernunft in der Fundamentaltheologie, in: Ernst, Stephan/Franz, Thomas (Hg.): Sola ratione. Anselm von Canterbury und die rationale Rekonstruktion des Glaubens, Würzburg 2009, 73–96.

Stosch, Klaus von: Neuer Atheismus im Gefolge des Darwinismus, in: Schmidt, Konrad (Hg.): Was ist der Mensch? Evolutionstheorie und Schöpfungsglaube, Paderborn 2010, 236–256.

Stosch, Klaus von: Komparative Theologie als Wegweiser in der Welt der Religionen (Beiträge zur Komparativen Theologie 6), Paderborn 2012.

Stosch, Klaus von: Streit um die Erbsünde?, in: Werbick, Jürgen (Hg.): Sühne, Martyrium und Erlösung? Opfergedanke und Glaubensgewissheit in Judentum, Christentum und Islam (Beiträge zur Komparativen Theologie 9), Paderborn 2013a, 81–96.

Stosch, Klaus von: Streit um die Trinität, in: ders./Tatari, Muna (Hg.): Trinität – Anstoß für das islamisch christliche Gespräch, Paderborn 2013b, 237–258.

Stosch, Klaus von: Allmacht als Liebe denken, in: Marschler, Thomas/Schärtl, Thomas (Hg.): Eigenschaften Gottes: ein Gespräch zwischen systematischer Theologie und analytischer Philosophie (STEP 6), Münster 2016, 251–266.

Stosch, Klaus von: Zur Marginalität der Gottesbeweise in der Theologie, in: Gasser, Georg/Jaskolla, Ludwig/Schärtl, Thomas (Hg.): Handbuch für Analytische Theologie (STEP 11), Münster 2017a, 189–203.

Stosch, Klaus von: Trinität (Grundwissen Theologie), Paderborn 2017b.

Stosch, Klaus von: Theodizee (Grundwissen Theologie), Paderborn [2]2018.

Stosch, Klaus von: Einführung in die Komparative Theologie, Paderborn 2021.

Stosch, Klaus von u.a. (Hg.): Streit um die Freiheit. Philosophische und theologische Perspektiven, Paderborn 2019.

Striet, Magnus: Offenbares Geheimnis. Zur Kritik der negativen Theologie (ratio fidei 14), Regensburg 2003.

Striet, Magnus: Konkreter Monotheismus als trinitarische Fortbestimmung des Gottes Israels, in: ders. (Hg.): Monotheismus Israels und christlicher Trinitätsglaube (QD 210), Freiburg i.Br. 2004, 155–198.

Striet, Magnus: Monotheismus und Schöpfungsdifferenz. Eine trinitätstheologische Erkundung, in: Walter, Peter (Hg.): Das Gewaltpotenzial des Monotheismus und der dreieine Gott (QD 216), Freiburg i. Br. 2005, 132–153.

Striet, Magnus: Das Versprechen der Gnade. Rechenschaft über die eschatologische Hoffnung, in: Pröpper, Thomas (Hg.): Theologische Anthropologie, Freiburg i. Br. [2]2012, 1490–1520.

Stuart, Michael T./Fehige, Yiftach/Brown, James R.: The Routledge Companion to Thought Experiments, Abingdon 2017.

Stump, Eleonore: Non-Cartesian Substance Dualism and Materialism without Reductionism, in: Faith and Philosophy 12 (1995), 505–531.

Stump, Eleonore/Gasser, Georg/Grössl, Johannes (Hg.): Göttliches Vorherwissen und menschliche Freiheit. Beiträge aus der aktuellen analytischen Religionsphilosophie, Stuttgart 2015.

Stump, Eleonore: Resurrection, Reassembly, and Reconstitution. Aquinas on the Soul, in: Niederbacher, Bruno/Runggaldier, Edmund (Hg.): Die menschliche Seele. Brauchen wir den Dualismus?, Frankfurt a. M. 2006, 151–172.

Stump, Eleonore: The Openness of God: Eternity and Free Will, in: Arbour, Benjamin (Hg.): Philosophical Essays Against Open Theism, New York 2018, 21–36.

Swinburne, Richard: Die Existenz Gottes, Stuttgart 1987

Tapp, Christian: Ewigkeit Gottes. Analytische Perspektiven, in: Gasser, Georg/Jaskolla, Ludwig/Schärtl, Thomas (Hg.): Handbuch für analytische Theologie (STEP 11), Münster 2019, 363–402.

Tappen, Julian: Hoffen dürfen. Fundamentaleschatologische Überlegungen zu einer zeitgemäßen Eschatologie der Versöhnung (ratio fidei 74), Regensburg 2021.

Taylor, Charles: Ein säkulares Zeitalter, Frankfurt a. M. 2009.

Theobald, Christoph: Christentum als Stil. Für ein zeitgemäßes Glaubensverständnis in Europa, Freiburg i. Br. 2018.

Thomas von Aquin: Summa Theologica. Die deutsche Thomas-Ausgabe. Übers. von Dominikanern u. Benediktinern Deutschlands u. Österreichs. Vollst., ungekürzte dt.-lat. Ausg., Salzburg 1933 ff.

Thomas von Aquin: Summa contra gentiles. Gesamtausgabe in einem Band. Lateinisch und deutsch, hrsg., übers. und mit Anm. vers. von Karl Albert u. a., Darmstadt [4]2013.

Tillich, Paul: Wesen und Wandel des Glaubens. Berlin 1966.

Tillich, Paul: Die Lehre vom Menschen (1934–35), in: ders.: Frühe Vorlesungen im Exil. Herausgegeben, übersetzt und mit einer historischen Einleitung versehen von Erdmann Sturm (Ergänzungs- und Nachlassbände zu den gesammelten Werken von Paul Tillich XVII), Berlin/Boston 2012, 158–188.

Tomasello, Michael: Eine Naturgeschichte des menschlichen Denkens, Berlin 2014.

Tomasello, Michael: Eine Naturgeschichte der menschlichen Moral, Berlin 2016.

Tomasello, Michael: Mensch werden. Eine Theorie der Ontogenese, Berlin 2020.

Verweyen, Hansjürgen: Auferstehung. Ein Wort verstellt die Sache, in: ders. (Hg.): Osterglaube ohne Auferstehung? Diskussion mit G. Lüdemann (QD 155), Freiburg i. Br. 1995, 105–144.

Verweyen, Hansjürgen: Botschaft eines Toten? Den Glauben rational verantworten, Regensburg 1997.

Verweyen, Hansjürgen: Gottes letztes Wort. Grundriß der Fundamentaltheologie, 3., vollständig überarbeitete Auflage, Regensburg 2000.

Voltaire: Candide. Oder die beste aller Welten, Stuttgart 1986 [1782].

Wassilowsky, Günther: Als die Kirche Weltkirche wurde. Karl Rahners Beitrag zum II. Vatikanischen Konzil und seiner Deutung (Rahner Lecture 2012), Freiburg i. Br. 2012.

Weger, Karl-Heinz (Hg.): Texte zur Theologie. Religionskritik, Graz/Wien/Köln 1991.

Weidemann, Hans-Ulrich: ‚Der in Gottesgestalt war'. Zur Theologie des Christuspsalms (Phil 2, 6–11), in: IKaZ Communio 44 (2015), 224–234.

Weingartner, Paul: Gottes Allwissen und menschliche Freiheit, in: Gasser, Georg/Jaskolla, Ludwig, Schärtl, Thomas (Hg.): Handbuch für analytische Theologie (STEP 11), Münster 2017, 313–329.

Wendel, Saskia: Affektiv und inkarniert, Ansätze Deutscher Mystik als subjekttheoretische Herausforderung (ratio fidei 15), Regensburg 2002.

Wendel, Saskia: Die Wurzel der Religionen, in: FZPhTh 53 (2006), 21–38.

Wendel, Saskia: Religionsphilosophie (Grundwissen Philosophie), Stuttgart 2010.

Wendel, Saskia: Theismus nach Kopernikus. Über die Frage, wie Gott in seiner Einmaligkeit zugleich Prinzip des Alls sein kann, in: Knop, Julia/Lerch, Magnus/Claret, Bernd (Hg.): Die Wahrheit ist Person. Brennpunkte einer christologisch gewendeten Dogmatik, Regensburg 2015, 17–46.

Wendel, Saskia: Die Rationalität des Glaubens, in: Kühnlein, Michael (Hg.), Gott und Sinn. Im interdisziplinären Gespräch mit Volker Gerhardt, Baden-Baden 2016, 37–52.

Wendel, Saskia: Offenbarung – Deutungskategorie statt Glaubensgrund. Plädoyer für eine rationale Theologie, in: Dürnberger, Martin u. a. (Hg.): Stile der Theologie. Einheit und Vielfalt katholischer Systematik in der Gegenwart, Regensburg 2017 (ratio fidei 60), 245–259.

Wendel, Saskia: In Freiheit glauben. Grundzüge eines libertarischen Verständnisses von Glauben und Offenbarung, Regensburg 2020.

Wendel, Saskia: Die Unausdenkbarkeit der Verzweiflung. Theologische Anknüpfung an und Unterscheidung von Habermas' nachmetaphysischer Interpretation Kantischer Metaphysik, in: Gruber, Franz/Knapp, Markus (Hg.): Wissen und Glauben. Theologische Reaktionen auf das Werk von Jürgen Habermas ‚Auch eine Geschichte der Philosophie', Freiburg i. Br. 2021a, 124–144.

Wendel, Saskia: Offenbarung anders denken. Von der Wahrheitsgarantin zum Moment religiöser Selbst- und Weltdeutung, in: Hans-Joachim

Höhn u.a. (Hg.): Analytische und Kontinentale Theologie im Dialog (QD 314). Freiburg i.Br. 2021b, 326–341.

Wendel, Saskia/Breul, Martin: Vernünftig glauben – begründet hoffen. Praktische Metaphysik als Denkform rationaler Theologie, Freiburg i.Br. 2020.

Werbick, Jürgen: „Zur Freiheit hat uns Christus befreit" (Gal 5,1). Was Luthers Widerspruch gegen Erasmus einer theologischen Theorie der Freiheit heute zu denken gibt, in: Böhnke, Michael u.a. (Hg.): Freiheit Gottes und der Menschen, Regensburg 2006, 41–70.

Werbick, Jürgen: Grundfragen der Ekklesiologie, Freiburg i.Br. 2009.

Werbick, Jürgen: Gnade (Grundwissen Theologie), Paderborn 2013a.

Werbick, Jürgen (Hg.): Sühne, Martyrium und Erlösung? Opfergedanke und Glaubensgewissheit in Judentum, Christentum und Islam, Paderborn 2013b.

Werbick, Jürgen: Christlich glauben. Eine theologische Ortsbestimmung, Freiburg i.Br. 2019a.

Werbick, Jürgen: Kirche der Freiheit? Eine katholische Perspektive, in: Stosch, Klaus von u.a. (Hg.): Streit um die Freiheit. Philosophische und theologische Perspektiven, Paderborn 2019b, 497–514.

Werbick, Jürgen: Theologie anthropologisch gedacht, Freiburg i.Br. 2022.

Wiertz, Oliver: Allgegenwart, (Außer-)Zeitlichkeit und Unveränderlichkeit, in: Viertbauer, Klaus/Gasser, Georg (Hg.): Handbuch analytische Religionsphilosophie. Akteure – Diskurse – Perspektiven, Berlin 2019, 159–174.

Wiertz, Oliver (Hg.): Logische Brillanz – Ruchlose Denkungsart? Möglichkeiten und Grenzen der Diskussion des Problem des Übels in der analytischen Religionsphilosophie (STEP 20), Münster 2020.

Wiesel, Elie: Alle Flüsse fließen ins Meer. Autobiographie, Hamburg 1995.

Wittgenstein, Ludwig: Philosophische Untersuchungen, in: ders.: Werkausgabe Band 1, Frankfurt a.M. 1984, 225–581.

Wittgenstein, Ludwig: Vermischte Bemerkungen, in: ders.: Werkausgabe 8, Frankfurt a.M. 1984, 445–573.

Xenophanes: Fragment 15, in: ders.: Die Fragmente. Herausgegeben, übersetzt und erläutert von Ernst Heitsch (Sammlung Tusculum), München 1983, 42–43.

Zagzebski, Linda: Eternity and Fatalism, in: Tapp, Christian/Runggaldier, Edmund (Hg.): God, Eternity, and Time, Surrey 2011, 65–80.

Namensverzeichnis